KB165632

유령의
자연사

유령의 자연사

A NATURAL
HISTORY OF
GHOSTS

우리가 알고 있는 모든 유령 현상에 대하여

로저 클라크
ROGER CLARKE

김빛나 옮김

글항아리

일러두기

• 미주는 모두 저자 주이고, 본문에서 첨자로 부연 설명한 것은 옮긴이 주다.

• 원서에서 이탤릭체로 강조한 것은 고딕으로 표기했다.

나의 유령의 집들
My Haunted Houses

> 오 죽음이여, 나를 잠재워다오,
> 나의 조용한 안식을 가져다오.
> 경계심에 찬 무고한 나의 혼령을
> 조심스러운 마음으로부터 나가게 해다오.
> ＿앤 불린이 런던타워에서 처형되기 전 작성했다고 전해짐

복도 끝에는 죽은 여자가 서 있었다. 직접 보지는 못했지만, 그녀가 거기 있다는 것을 나는 알고 있었다. 층계 꼭대기에서 시작된 복도는 왼쪽으로 나 있었고, 복도 끝에는 빈 침실과 부모님 방이 있었다. 복도 끝은 언제나 그늘에 가려져 있었다. 한여름에도 나는 이곳을 끔찍이 싫어했다. 늦은 오후, 학교에서 돌아올 무렵 집에는 아무도 없었다. 나는 매일 이 층계를 올라가는 것을 미루다가 손이 차가워진 채로 눈을 질끈 감고 내 방까지 미친 듯이 뛰어가곤 했다.

우리 가족은 17세기에 교구 목사관이었던 시골집에 살고 있었다. 짚으로 지붕을 덮은 집 서쪽 벽에는 장미넝쿨이 뒤덮여 있었으며 정원 담장은 아주 오래된 것이었다. 당시는 1960년대였고, 와이트섬에 지어진 집은 토머스 하디가 살던 영국의 모습을 아직 간직하고 있었다. 오랜 옛날부터 시골인 지역이었다. 학교는 매년 농산물 품평회가 열릴 때마다 휴교했고, 대부분의 학부모는 농장에서 일했다.

학교에서 급식을 담당하던 아주머니는 우리에게 이야기를 들려주곤 했다. 나는 아주머니의 이야기에 흠뻑 빠져들었다. 뱀브리지로 진입하는 길목의 숲속에는 고대 로마의 백부장 유령이 살고 있으며, 산책로로 종종 걸었던, 깨끗한 시냇물이 가로지르는 울버턴 근처에는 늪에 빠진 기마병의 유령이 나타난다는 내용이었다.

나는 유령을 다룬 책들을 탐독하기 시작했다. 여러 책을 읽으면서 알게 된 흥미로운 사실 한 가지는 영국에는 다른 어떤 나라보다 평방 마일당 존재하는 유령의 수가 많다는 것이었다. 하지만 그 이유는 무엇일까?

내가 유령 이야기에 점점 빠져드는 것을 본 어머니는 층계 꼭대기의 복도 끝에서 귀신을 본 적이 있다고 말해주었다. 우리 집에 놀러왔던 친구도 그녀를 보았다. 이 유령은 친구가 빈 침실에서 자고 있을 때 방으로 들어왔다. 아침식사 시간에 의문이 제기되었다. '그녀는 누굴까?' 그녀가 누구였든 간에, 귀신의 에너지는 집이 개조될 때마다 약해지는 듯했다.

그러나 여전히, 내 마음속에 그녀는 생생히 살아 있었다.

내가 열다섯 살이 되었을 때 우리 집은 한때 노르만 양식의 사원에 속한 영주의 저택이었던 더 낡은 집으로 이사했는데, 이 집 역시 유령의 집이었다. 와이트섬¹의 마지막 이교도 왕이 근처 언덕의 숲속에 묻혀 있었다. 연못가에는 주목나무가 마치 손가락에 낀 결혼반지 주위로 부어오른 살처럼 맷돌용 바위 주변에 자라고 있었다. 어떤 방의 목재 패널은 썩어 있었다. 중세 시대 비둘기장의 석회에는 밀수업자들의 표식인 범선 모양이 새겨져 있었다.

집 안에서는 가끔 유령의 목소리가 들렸다. 남녀가 이야기하는 소리는 마치 누군가가 라디오를 틀어놓은 것 같았다. 개들은 부엌의 특정 지점을 향해 으르렁거렸다. 유령들은 집 밖에도 있었다. 아버지가 키우던 말은 수백 야드 떨어진 샬컴다운의 초원에 있던 백악갱에서 뒷걸음질치곤 했다. 1957년, 신혼부부들을 가득 태우고 마요르카로 향하던 비행정이 이곳에 추락했다고 한다. 45명의 목숨을 앗아간 사고였다. 여전히 말들은 이 백악갱을 싫어한다고 한다. 전나무 가로수 근처인 꼭대기 지점에는 수풀이 덮인 아래로 흰 금속 파편들이 묻혀 있었다.

빈 침실은 잠을 자기에 적당한 곳이 아니었다. 방 밖의 돌계단을 통해 난파된 비행정에서 발굴된 시신들이 옮겨졌고, 방은 며칠 동안 임시 시체 안치소로 사용되었다.

내 머릿속은 언제나 유령과 고스트헌팅에 대한 생각으로 가득했다. 유령을 봤다는 사람들에 대한 책은 많았지만, 유령이 무엇인가에 대한 책은 거의 찾아볼 수 없었다. 어떤 유령들은 산 자의 존재를 알고 있는 듯했지만, 어떤 유령들은 모르는 것 같았다. 나는 그처럼 열정적으로 탐독했던 책들의 저자들과 편지를 주고받기 시작했다.

그중 한 명이 고스트헌터 앤드루 그린이다. 그는 유령이 자기장에 의한 뇌의 작용이 일으키는 현상이거나, 자기장 그 자체라고 봤다. 인본주의자였던 그는 호의적인 회의주의 노선을 취한다고 알려졌고, 의심 많은 인문학자로서 자신이 믿지 않았던 유령의 공격을 받은 전형적인 예에 속했다. 나는 유령에 대한 책을 여러 권 저술한 피터 언더우드와도 편지를 주고받았는데, 그는 자서전 『흔하지 않은 임무No Common Task』(1983)에서 내 이론의 일부를 인용하기도 했다. 그리하여

나는 아직 10대였을 당시 영국에서 가장 유명한 고스트헌터였던 그린과 언더우드의 책 속 감사의 말에 등장하게 되었다. 앤드루 그린의 제안으로 나는 열네 살의 나이로 영국 심령연구학회SPR, Society for Psychical Research의 최연소 회원이 되었다.

그럼에도 나는 여전히 유령을 실제로 목격하지 못하고 있었다. 그리고 점점 지쳐갔다.

나는 1980~1989년 사이에 유령이 자주 출몰한다는 네 군데 장소인 런던타워, 와이트섬의 나이턴 조지스, 케임브리지셔의 소스턴 홀 그리고 울부짖는 해골로 유명한 도싯의 베티스컴 하우스를 방문하게 된다.

런던타워는 당시에도 그리고 지금도 '데스 존death zone'이다. 밤에는 죽음의 냄새가 풍긴다. 런던타워 밑에는 전설 속 왕²의 잘린 머리가 묻혀 있다. 1077년에 강제노역을 동원하여 처음 세워진 화이트타워는 런던 시민들에게 공포심을 불어넣기 위해 고안된 저주받은 건축물이었다. 런던타워는 오랜 기간 왕족들의 거주 공간이었다. 그 후 교도소로 바뀐 뒤에는 주로 반역죄를 선고받은 죄수들을 수감하는 감옥으로 쓰였는데, 감방마다 등급이 매겨졌으며 앤 불린의 숙소에서부터 일어설 수도, 누울 수도 없는 것으로 악명이 높았던 리틀 이스 감방까지 그 종류도 다양했다. 중세 시대에는 이곳에 대장장이 부부가 살았는데 남편은 고문 도구를, 아내는 족쇄와 쇠고랑을 만들었다고 한다.

오늘날 런던타워는 낮 동안에는 여행자들 사이에서 인기 있는 이색 여행지이지만 밤에는 영국 정규군이 보초를 서는 경비가 삼엄한 구역이다. 이곳에 거주하는 사람들 사이에서 유령을 목격하는 일은 흔했다. 1957년 웨일스 출신의 근위병 존스는 새벽 3시경 솔트타워에서 형체가 없는 유체가 차갑고 축축한 공기로부터 천천히 부풀어 오르더니 젊은 여인의 얼굴이 나타나는 것을 목격했다. 그가 속했던 근위대의 한 장교는 후에 다음과 같이 말했다. "보초병 존스는 자신이 유령을 봤다고 확신했죠. 우리 연대를 대변해 말하자면, 당시 우리의 태도는 '좋아, 자네가 유령을 봤다 그거지, 그 정도로 해두자고'였어요."

런던타워 유령에 관한 유일한 책의 저자는 근위병이었던 조지 애벗이다. 애벗은 1974년 튜더 근위병 '약식' 군복을 입기 전까지 영국 공군 부사관으로 35년간 근무했다. 그는 고문 도구에 관한 그의 대표 저서를 포함해 런던타워의 다양한 모습에 관한 네 권의 책을 저술했는데, 은퇴 후에는 때때로 휘황찬란하게 긴 수염을 달고서 고문에 관한 다큐멘터리에 등장해 각색하지 않은 오싹한 사실들을 증언하곤 했다.

1980년 가을, 내가 열여섯 살 되던 해의 어느 날 나는 낮에 런던타워를 방문하는 수백 명의 관광객이 모두 빠져나간 후 게이트가 막 닫힐 때 미들타워에 도착했다. 조지 애벗은 그곳에서 나를 기다리고 있었고, 우리는 함께 안으로 들어갔다. 타워 안은 어두웠다. 그리고 예상과 달리 내부는 바람이 잘 통하고 넓은 공간이었다. 관광객들이 떠나 그곳은 마침 휑한 상태였다. 벨타워 근처에 다다르자 경비병 한 명이 우리를 가로막으며 빗장이 단단히 걸어진 피의 탑 문을 통과하기 전에 신원을 밝히라고 말했다. 녹색 탑 위에서는 방범등이 하얀 인광을 발하며 오래된 건물 벽에 바람에 춤추는 나무 그림자의 매직랜턴

환등 장치를 이용하여 그림, 필름 따위를 확대하여 스크린에 비추는 기계 쇼를 펼치고 있었지만, 경광등이 비치지 않는 타워 안은 어두컴컴했다. 애벗은 전투에서 돌아온 암살단이 침입하기 전까지 플랜태저넷의 어린 공주들이 누워 있었을 어두운 구석을 가리켰다. 언제나 그렇듯이, 문은 금방이라도 열릴 것처럼 보였다. 유령 이야기는 주로 '무슨 일이 일어날 것 같은' 직감에 대한 것이다.

타워 바깥의 한 보도를 걷고 있을 때, 난 또다시 비슷한 직감이 들었다. 애벗은 마틴타워 근처에서 곰 유령이 보석방 문 뒤에서 솟아나와 보초병을 놀라게 했던 지점을 알려주었다. 나는 쇼가 시작되기를 반쯤 기대하는 심정으로 그곳을 노려봤지만 아무 일도 일어나지 않았다. 나무는 여전히 바람에 흔들리고 있었고 무정한 불빛은 마치 운동경기장의 '킬링필드'에 비치는 투광조명처럼 계속되었으며 새로 깎은 잔디는 대량 학살이 일어난 구역을 덮고 있었다. 성 베드로St Peter ad Vincula, 사슬에 매인 성 베드로라는 뜻 부속 예배당에서는 기술자가 오르간을 조율하고 있었다. 계속해서 제멋대로 음을 내고 있는 오르간은 고딕 분위기를 고조시켰다.

지하실에서 애벗은 한쪽 벽면 전체에 내장된 미니버스 크기의 무덤을 보여주었다. 탑에 투옥된 죄수 대부분은 밖으로 끌려나와 처형되었지만, 이것은 여전히 수많은 죄수가 사라진 것을 설명하지 못하고 있다. 애벗의 턱수염 실루엣이 연마된 돌 위로 떨어지며 예이젠스테인 영화에 등장하는 이반Ivan the Terrible의 이미지를 연상시켰다. 애벗이 말했다. "누군가 장미를 심으려 할 때마다 경찰이 출동해야 했죠. 화단에서 인간의 유해가 계속 발견됐거든요. 결국 우리는 대규모 구역을 발굴하기로 결정했고, 작업이 끝난 후 발굴된 1톤 상당의 유골은 모두 이곳에 모아서 교회장을 치렀습니다."

고작 몇 야드 떨어진 곳에서 처형당한 앤 불린은 예배당 재단 아래에 묻혔다. 1882년 '유령에 시달리는Spectre Stricken'이라는 필명으로 책 한 권이 출간되었는데, 그 책에는 성 베드로 예배당에서 활활 타오르는 빛을 목격한 군인의 이야기가 실려 있다. 예배당 안으로 들어가는 대신(군인은 여러 이야기를 알고 있었던 게 분명하다), 그는 발판사다리를 딛고 올라서서 예배당 안을 들여다보았다. 예배당 안은 유령 같은 광채가 환하게 비추고 있었다. "통로 위에는 고대 복장을 한 기사단과 부인들의 위풍당당한 행렬이 천천히 움직이고 있었다. 행렬 앞에는 우아한 부인이 걷고 있었는데, 그녀의 얼굴은 그와 반대 방향을 향하고 있었지만 그녀의 형체는 유명한 앤 불린 초상화에서 본 것과 흡사했다. 예배당 안을 반복하여 행진하던 전체 행렬은 빛과 함께 사라졌다."

1864년 있었던 또 다른 사건에서는 보초병이 자신을 향해 걸어오는 하얀 형체를 공격했는데, 이 장면은 피의 탑에서 내려다보던 두 명의 보초병에게도 목격되었다. 그에게는 다행스러운 일이었다. 이 보초병은 직무 수행 중 졸았다는 혐의로 군법재판에 회부되었기 때문이다. 그가 총검을 들고 그 형체에 돌진하자, 갑자기 충격이 가해졌고 그는 정신을 잃었다. 그 외 어떤 보초병들은 피의 탑에서 목 없는 여자 유령들을 보고 놀란 적이 있고, 또 한번은 템스 강에서부터 샐리 포털 입구로 이어지는 순찰 구역을 뒤따라오는 이름 모를 형체에 놀란 사건이 있었다. 1978년에는 봉쇄되어 접근이 불가능했던 총안 흉벽에서 두 명의 보초병 위로 돌무더기가 쏟아진 사례가 보고되었다.

1817년 10월 어느 토요일 밤, 레갈리아 관리인인 에드먼드 렌솔 스위프트의 주최로 마틴타워에서 저녁 연회가 열렸다. 존 오피가 그린 그의 음침한 초상화는 테이트 박물관 웹사이트에서 확인할 수 있다. 웰링턴 공작의 추천에 의해 런던타워 관리직으로 승진한 그는 전직 아일랜드 법정변호사였고 이류 시인으로서 시집을 출간한 적이 있으며, 네 번의 결혼으로 얻은 28명의 자식을 슬하에 두고 있었다. 그 역시 유령에 푹 빠져 있었다.

그날 밤 그가 '마법의 시간the witching hour'이라고 멋들어지게 이름 붙인 바로 그 시간에, 방으로 향하는 세 개의 문은 모두 굳게 닫혀 있었고 창문에는 커튼이 드리워진 채로 관리인은 그의 아내, 처제 그리고 일곱 살 난 아들과 식탁에 둘러앉아 있었다. 벽 높이가 9피트 가까이 되는 이 방은 앤 불린의 감방이었다고 전해졌다. 방구석까지 불빛을 비추는 벽난로 위로 유화가 걸려 있었다.

벽난로를 등지고 앉아 있던 스위프트가 와인 잔을 입술에 가져다 댔을 때, 그의 아내가 갑자기 소리쳤다. "맙소사, 저게 뭐지?" 직사각형의 테이블 위에 둥둥 떠 있던 것은 그의 표현을 빌리자면 직경 3인치 정도의 반투명 원기둥이었는데, 그 안에는 푸르스름하고 하얀 색깔이 지속적인 흐름 안에서 뒤섞이고 있었다. 그 원통형 물체가 그의 아내 뒤로 이동하자 그녀는 소리를 꽥 지르며 멀리 떨어졌다. "오 하느님! 저게 날 움켜잡았어!" 충격에서 벗어난 스위프트는 펄쩍 뛰어올라 그 물체를 향해 의자를 던졌지만 물체는 테이블 상단을 가로질러 창문의 구석진 곳으로 유유히 사라졌다. 그는 방에서 뛰쳐나와 하인들을 불렀다. 그는 훗날 다음과 같이 적었다. "내가 글을 쓰고 있는 이 순간까지도 그때의 공포감이 생생하게 떠오른다. 더 놀라운 사실은 처제나 아들은 그것의 출현을 목격하지 못했다는 것이다."3

런던타워는 수천 년 동안 죽음과 고문의 중심지였으며, 따라서 건물 구조 깊숙이 이것이 스며든 것은 그리 놀라운 일이 아닐지도 모른다. 에드워드 1세 시대의 한 시점에는 600명의 유대인이 다양한 지하 감방에 갇혔으며 그중 일부는 심지어 동물 우리에 가둬졌다고 한다. 런던타워 유령의 일부는 아기 울음소리, 목욕탕에 앉아 있을 때 어깨에 얹힌 누군가의 손, 출처를 알 수 없는 향료 냄새 및 말의 땀 냄새, 샌들을 신은 수사가 카펫이 깔린 바닥을 철퍽거리며 걷는 소리 등 미미한 형태로 나타난다. 하지만 나머지는 유혈 장면으로 구성된다. 1970년대까지만 하더라도 비명이 들렸는데, 이는 녹색 탑 처형대 주위를 돌며 도망치다가 결국 그녀를 쫓아온 사형 집행인이 휘두른 도끼에 맞아 죽은 솔즈베리 백작 부인 엘리자베스 폴의 유령이 낸 소리라고 추측된다.

또 하나의 유령의 집은 우리 집 근처에 있었다. 조지 애벗과 편지를 주고받던 즈음, 나는 집에서 몇 마일 떨어진 장소에 푹 빠져 있었다. 내 빨간색 스즈키 오토바이를 타고 언덕 위를 달리면 몇 분 안에 나이턴 조지스의 버려진 문설주에 다다를 수 있었다. 단지 집에서 유령이 나타나는 것이 아니라, 집 자체가 유령이었다. 영지에 지어졌다가 19세기 초 누군가가 악의로 무너뜨린 저택의 잔해였다.

내가 자라면서 들은 이야기의 전말은 이렇다. 본래 그 집은 노르만 정복 이전에 고드윈 백작이 사용하던 색슨족 사냥꾼용 오두막으로서 이끼 낀 기와지붕은 두꺼운 벰브리지 석회암 판으로 만들어졌으며 담쟁이덩굴로 뒤덮여 있었다. 집의 동북쪽 모퉁이에 서 있는 탑에는 유령이 출몰한다고 알려진 '눈물의 방'이 있었다. 14세기, 사람이

19세기 초, 나이턴 조지스를 스케치한 그림에는 타워 윗부분에 위치한 거대한 직사각형 모양의 '눈물의 방'이 나타나 있다.

살 수 없을 정도로 와이트섬을 황폐화시킨 프랑스의 침공에 맞서 싸우던 이웃집 귀족이 전장에서 입은 상처로 앓다가 죽은 곳이 바로 이 방이었다.

나는 이 이야기를 좋아했으며, 이야기는 실화와 크게 다르지 않은 것으로 밝혀졌다. 나이턴은 분명 역사가 있는 곳이었다. 집의 첫 소유주는 성 토머스 베켓을 죽인 기사단 중 한 명이자 템플 기사단과 십자군 소속이었다가 기독교에서 파문되었던 휴 드 모빌로서 그는 예루살렘의 알아크사 모스크에 묻혀 있다. 이 부지는 딜링턴스 가문 소유로 넘어갔다. 그들은 집을 개조하고 그들의 가문을 상징하는 사자문장이 꼭대기에 장식된 시골풍 문설주를 세웠다. 이후 나이턴은 1780년대, 젊은 난봉꾼 조지 모리스 비셋의 수중에 떨어진다.

비셋의 악명은 그가 와이트섬 주지사의 아내와 눈이 맞아 달아난 후 극에 달했다. 전해지는 이야기에 따르면 그의 딸이 자신의 반대를 무릅쓰고 결혼하자 그는 그녀가 다시는 집에 발을 디딜 수 없을 거라고 선언했으며 이 집을 완전히 철거해버림으로써 이 맹세를 지켰다. 1821년, 매독에 걸리고 수은에 중독된 데 이어 정신 착란 증세까지 일으키던 그는 자신의 침대를 정원사의 오두막으로 옮긴 후 철거 작업단을 불러 그들이 집을 무너뜨리는 것을 만족스럽게 지켜보았다고 한다.

재미있는 사실은, 실제로 집이 불태워진 것은 1815년에서 1816년 사이라는 점이다. 그보다 몇 년 앞선 해, 거대한 산사태로 섬 남부 해안에 지진이 발생하면서 이미 집은 심각한 구조적 손상을 입었을 것이다. 하지만 그 후 재건되지 않았다. 집이 철거된 후, 비셋은 셉턴 맬릿으로 이사했다가 후에 애버딘셔의 헌틀리 근처에 있는, 최근에 상속받았던 비셋 가 소유의 저택으로 옮겼다. 그는 레센드럼의 가족 지하납골당에 묻혔으며 그의 딸들은 한 번도 상속권을 박탈당하지 않았다.

대부분의 사람에게 고전으로 받아들여지고 있는 이야기의 상당 부분은 와이트섬 가이드북 두 권을 저술한 에설 하그로브에 의해 처음 기술되었다. 에설은 나이턴에서 두 번 유령 현상을 경험했는데, 그중 하나는 1913~1914년 섣달그믐날에 일어났다. 당시 그녀는 "한밤중에 소프라노를 부르는 여인의 목소리가 기적처럼 들려왔으며 (…) 이윽고 앙증맞고 고상한 미뉴에트 선율이 흘러나왔다"고 회고한다.

2년 후 섣달그믐날, 그녀는 오래된 게이트 근처에 자리를 잡고 다시 무슨 일이 일어나기를 기다리며 밤을 지새웠다. 그녀와 함께 있던 친구는 "집 하단부가 담쟁이넝쿨로 뒤덮인 흰 사각형의 집"을 볼 수 있었으며 손님들이 도착한 후 18세기 옷을 입은 남자가 새해맞이 축배를 하는 것을 보았다고 주장한다. 음악은 개 짖는 소리, 마차 바퀴 소리와 함께 유령의 출현을 위한 테마 곡으로 잘 어울렸다. 공교롭게도 원래의 저택은 조지 왕조 시대에 지어진 흰 저택이 아니었으며, 파티가 열렸을 큰방은 지상이 아닌 1층에 있었고 이야기 속에 등장했던 내닫이창도 없었다고 전해진다. 그녀의 친구가 그날 저녁 본 것이 무엇이었든 간에, 그것은 대중적인 인쇄물에서 볼 수 있는 집과는 달랐다.

두 명의 현지 교구 목사는 이야기에 좀더 생기를 불어넣고 있다. 골동품 수집 애호가였던 프랜시스 뱀퍼드는 루시 라이트풋이라는 소녀에 관한 비슷한 타임슬립 이야기를 들려주었는데 이로 인해 그는 후에 갯컴 교구 목사가 되었던 제임스 에번스에게 길을 열어주었다. 루시 라이트풋은 갯컴 교회에 있던 십자군 무덤 동상과 사랑에 빠졌다. 그리고 무시무시한 천둥번개가 몰아치던 날, 그가 살던 시대로 순간이동해서 그를 만나는 데 성공했다. 그의 이야기의 토대가 되었던 실제 목상은 폐허가 된 나이턴의 중세 예배당에 관한 묘사에서 비롯된 것이 거의 확실하다. 이야기를 들려준 또 다른 성직자는 R. G. 데이비스다. 햄프셔 필드클럽에서 출간한 신문에 실린 그의 이야기는 눈물의 방과 팬텀뮤직의 전설을 언급하고 있다.[4]

1916년 나이턴 유령 목격담의 자세한 이야기는 에드워드 시대의 학자였던 샬럿 앤 모벌리(1846~1937)와 엘리너 저데인(1863~1924)이 자신들의 유령 경험을 토대로 5년 앞서 편찬한 유명한 책『어드벤처 An Adventure』와 비슷하다. 두 학자는 자신들이 마리 앙투아네트의 시대로 순간이동을 했다고 믿었으며 베르사유에서 기인들과 사라진 건물을 직접 체험한 이야기를 들려준다(좀더 자세한 이야기는 다음 장에서 다루기로 하자). 1415년 아쟁쿠르 전투에서 싸웠던 궁수들이 1914년 포위된 영국군을 돕기 위해 나타났다는, 널리 받아들여지고 있는 '몽스의 천사들Angels of Mons' 이야기는 또 다른 종류의 타임슬립이다. 나이턴의 경험이 전쟁이 일어났던 시기에 겹쳐서 발생했다는 것 역시 의미심장하다. 이 책 후반부에서도 보겠지만, 전시에는 유령에 대한 믿음이 증가하는 경향이 있으며 특히 제1차 세계대전의 이 시점에 이와 같은 특징이 두드러졌다.

하지만 나이턴 전설의 기원은 1916년보다 조금 앞선 시기의 작가인 콘스턴스 매큐언으로 거슬러 올라간다. 매큐언에게 명성을 가져다준 책은 세 명의 귀부인과 고양이 틴토레토가 템스 강에서 배를 타고 모험을 하는 이야기를 그린 『한 배를 탄 세 여인Three Women in One Boat』이다. 오스카 와일드는 이 책이 제롬 K. 제롬에 대한 원형적 페미니스트의 반격이라며 조롱하는 글을 쓰기도 했다. 1892년, 그녀는 저질 역사 로맨스 소설 『캐벌리어의 숙녀A Cavalier's Ladye』를 발표했다. 이 소설은 18세기 그녀가 주디스 디오니시아 딜링턴이라고 이름 붙인 여성이 쓴 일기의 형태로 만들어졌다.

그녀는 와이트섬에서 영감을 얻은 듯하다. 그녀는 지역 하원의원이자 법무장관이었던 리처드 웹스터 경에게 이 책을 헌정했다. 그가 루컴에 새로 지은 집 근처의 시골 마을 뒷길을 하루 이틀 배회하던 그녀는 신新교회에 다다랐으며, 그곳에서 민간에 전승되어오던 사라진 집에 얽힌 으스스한 사연에 대해 듣고 딜링턴 묘지를 방문했을 것이다. 그녀는 '사실들Facts'이라는 제목을 붙인 서문에 나이턴 정원에서 발굴한 커다란 해골에 대한 상세한 묘사와, 어디선가 들려오는 음악소리 그리고 이웃 마을인 브레이딩에서 한 신부가 집의 악령을 쫓아내려 방문했던 일 등을 기술하고 있다. 이것은 마을에 전해져 내려오는 이야기를 브래딩의 성직자 레그 리치먼드가 들려준 것이라고 생각되며, 그는 자신의 방문기를 『낙농인의 딸The Dairyman's Daughter』에 저술했다. 이 이야기는 이후 몇 년간 인근 마을에서 집집마다, 그리고 이전 세대에서 다음 세대로 전해지면서 왜곡되었을 것이다. 이 책 후반부에서 우리는 지역에서 구전되어 내려오는 이야기의 전통이 여전히 반복해서 작용하고 있는 것을 보게 될 것이다.

나이턴 조지스는 영국에서 지금도 유효한 몇 안 되는 민간 전승 이야기 중 하나다. 매년 새해 섣달그믐날, 사람들은 집이 나타나는 것을 보기 위해 몰려든다. 부분적으로는 현대 문명의 침범을 거의 받지 않았기 때문인지 잡초가 무성하게 자란 채 방치되어 있는 이곳에는 여전히 상상할 만한 공간이 남아 있다. 이 집이 건재했을 당시에는 한 번도 유령이 출몰한다고 기록된 적이 없다는 것은 중요하지 않다.

이곳에 몰려든 사람들에게 이 장소는 두 세계를 구분 짓는 장막이 얇아지는 공간이다. 가장 흔하게 보고되는 현상으로는 게이트 옆에 세워둔 차의 엔진이 갑자기 멈추면서 음악과 말의 울음소리가 들려오고, 문설주에 가문의 문장인 사자가 원상 복구되는 것 등을 들 수 있다.

나는 유령을 보기 위해 모든 계절에 밤낮을 가리지 않고 시간에 관계없이 나이턴 택지에 가봤지만 실망스럽게 아무것도 목격하지 못했다.

대학 입학을 앞두고 나는 마침내 공식적인 고스트헌트에 나섰다. 내가 열한 살이 되었을 때 아버지는 내게 『영국의 민담, 신화, 전설

『Folklore, Myths and Legends of Britain』이라는 책을 주셨고, 이 책은 내 손을 떠난 적이 없었다. 나는 책에 나오는 유령 이야기를 손으로 직접 필사했으며 미술 시간에는 삽화를 목각판화와 리노판화로 복제했다. 유령 이야기책에는 놀라운 사진들이 가득했는데, 그중 다섯 손가락에 꼽히는 매혹적인 사진은 우울하고 분위기 있는 벽판으로 장식된 방 안에 엘리자베스 시대의 사주침대four-poster bed가 놓인 사진으로서 침대 뒤에는 태피스트리가 드리워져 있었다. 사진 아래에는 이 침대가 영국에서 유령이 가장 많이 나오는 침대라는 설명이 붙어 있었다. 나는 언젠가 이 침대에서 자고 말리라 결심했다. 그리고 열아홉 번째 생일을 한 달 앞둔 어느 날, 케임브리지셔에 있는 소스턴 홀의 소유주에게 편지를 보냈다. 몹시 추운 1월 어느 저녁 나는 그곳에 갔고, 그 침대에서 잠들었으며, 아마도 귀신을 본 것 같다.

혼자 간 것은 아니었다. 심령연구학회에 연락했을 때 그들은 케임브리지 SPR 회원이자 폴터가이스트에 특히 관심을 갖고 있던, 초자연 현상 분야의 선구적 인물인 토니 코넬과 연결시켜주었다. 코넬은 케임브리지 졸업생 몇 명으로 이루어진 작은 팀을 꾸려왔고, 도착한 날 밤 우리는 집 안에서 야영을 했다. 곧 랭귀지 스쿨로 개조될 새로운 운명을 기다리고 있기라도 하듯, 집 안에는 유명한 침대 외에는 거의 아무 가구도 없었다.

소스턴 홀은 1553년 레이디 제인 그레이의 짧은 통치 기간 개신교도들에 의해 전소되었다. 개신교도는 헨리 8세의 가톨릭교도 딸인 메리를 쫓고 있었는데, 그녀는 서쪽으로 가는 여정 중에 소스턴에서 잠시 머물렀다. 그들은 메리를 숨겨주었던 가톨릭 신자 허들스톤 가家에 대한 처벌로 집을 불태웠다. 이 집은 후에 메리 여왕이 직접 하사

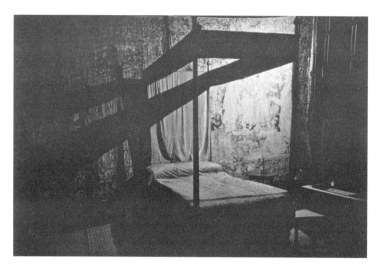

소스턴 홀의 유령이 나오는 침실. 열한 살 때 나는 이 사진에 매료되었고, 8년 후 이 침대에서 잠을 잤다.

한 기금으로 재건된다. 허들스톤 가는 이 집을 팔았지만, 내가 사진 속에서 봤던 침대는 400년이 지난 후에도 여전히 메리의 침대로 그 자리에 남아 있었다. '웨어의 위대한 침대Great Bed of Ware'와 달리, 침대 자체에서 유령이 나타나는 것은 아니었다.[5] 그보다는, 침대는 전체 드라마를 위한 일종의 초점을 제공했다.

겨울날 늦은 오후 그곳에 도착했을 무렵, 얼어붙을 듯한 축축한 습기가 케임브리지셔 소택지로부터 뿜어져 나오고 있었다. 날씨와 계절 모두 유령이 나타나기에 적격이었다. 영국의 가장 유명한 고스트헌터 해리 프라이스는 크리스마스나 12월 같은 전통적인 시기보다 1월에 유령이 더 자주 나타난다는 말을 한 적이 있다.

토니 코넬은 집 문단속을 위해 표준이 된 관행을 따랐다. 고스트

헌트에 대한 정보를 입수한 지역 청년들이 현장에서 장난을 치는 일은 흔했다. 우리는 출입문에 모두 빗장을 질러 잠갔는지 확인했다. 집을 수색했고 모든 사람의 소재를 파악했다. 거실에 있는 거대한 튜더왕조의 벽난로에는 장작불이 타올랐다. 이 모든 과정에는 요즘 TV에 방영되는 고스트헌트 소가극에서는 볼 수 없는, 예상하지 못했던 진지함이 깃들어 있었다. 우리는 사자死者와의 교감에 들어갈 준비를 하고 있었다.

이 집은 유령을 믿는 가톨릭교와 개신교의 회의론이 충돌하던 발화점이었고, 따라서 신학적 분위기가 배어 있었다. 집 내부 곳곳에는 엘리자베스 1세의 개신교 숙청을 피해 숨어 있었던 사제들의 은신처가 있었다. 가톨릭 사제는 유령의 존재를 믿었을 것이고, 이들을 뒤쫓던 개신교도들은 유령을 믿지 않았을 것이다. 벽판 속으로 사라짐으로써, 이 성직자들은 말하자면 이미 유령이 되는 과정에 돌입한 것이나 마찬가지였다.

우리는 밤새도록 개별적으로 또는 팀을 이뤄 집 안 곳곳을 뒤졌다. 그곳에 있던 다른 이들에 대해서는 거의 기억나지 않는다. 롱 갤러리에서, 나는 와이트섬에서 만난 무당의 지침에 따라 석영 조각을 내려놓았다. 그리고 영매를 통해 무당과 소통할 수 있도록 속삭이는 톤으로 홀의 영혼을 불러냈다. 주문을 외면서 바보가 된 듯한 기분이 들었지만, 어쨌든 공기의 탄성이 바뀐 것 같다고 느꼈다.

나는 잠을 설쳤다. 침대 속으로 들어가는 대신, 스스로 여닫힌다고 알려진 문 밑으로 새어 들어오는 빛줄기를 바라보며 침대 커버 위에 걸치듯 누워 있었기 때문이다. 유령들은 알 수 없는 이유로 문과 창문에 특히 관심을 보인다. 나는 잠결에 아이의 공이 튀는 소리를 들었다고 생각했다.

　새벽녘, 우리는 전원 침실에 집합했고 모두 그곳에 누워 슬리핑백 안에서 잠이 들었다. 옛날식 중앙 난로만으로는 축축한 한기를 물리 치기는 힘들었다. 처음에는 모든 것이 고요했지만, 새벽 4시경 나는 노크 소리를 듣고 잠에서 깼다. 조용히, 규칙적으로 여러 차례 두드리는 소리였다. 나는 녹음기를 켜고 다시 잠이 들었다. 문을 두드리는 소리는 끊이지 않았지만 우리는 모두 계속 잠을 잤다. 나중에 녹음테이프를 재생해보니 잠자는 이들의 부스럭거리는 소리나 재채기 소리 가운데 이상한 소리가 섞여 있었다. 특히 목관악기로 세 개의 음조가 연주되는 소리가 들렸다.

　우리는 그날 아침 모두 헤어졌으며 이후 나는 그들 중 아무도 만나지 못했다. 며칠 후, 와이트섬의 집으로 돌아오는 길에 석영 조각을 돌려주기 위해 무당에게 들렀다. 중년 여성인 그녀는 벤트너에서 볕이 잘 드는 낙석 절벽의 벽돌집에 살고 있었다. 그녀는 이미 자신의 유령 체험담에 관한 책을 여러 권 저술했다. 이전에 만났을 때 그녀는 한 영혼이 '제비꽃물'을 그녀의 옷에 뿌린 이야기를 해주었다. 제비꽃물은 향수였는데, 즉시 부패하기 시작해 몇 분 안에 썩은 야채 냄새를 풍겼다고 한다. 향수가 뿌려진 옷은 불태워 없애야 했다. 그녀는 수정을 몇 분 동안 움켜잡은 후 내게 건네주었다. 그것은 이상할 정도로 따뜻했는데, 마치 오븐에서 갓 꺼낸 컵케이크처럼 뜨끈뜨끈 했다. 체열만으로 데워질 수 있는 것보다는 분명 높은 온도였다. 수정 조각은 에너지로 쪼개질 것만 같았다. 무당은 펜을 꺼내 들더니 빠르게 적어 내려가기 시작했다.

　나는 그녀가 적었던, 역사적인 것처럼 지어낸 대사를 기억한다. "저린, 선생님, 제 손을 놓아주세요!Fie, sir, unhand me!" 그것은 집주인 아들에 의해 임신한 후 살해된 하녀의 이야기였다.

전화 통화에서 토니 코넬은 테이프에 녹음된 소음이 일부 폴터가이스트 사례에서 관찰되는 것처럼 '전화음정sonic inversion' 또는 '램프 기능'을 나타냈다고 말해주었다. 분석 결과 음파는 뒤쪽을 향하고 있었는데, 이는 자연 현상으로는 불가능하다. 1980년대 당시, 이것은 최첨단 초심리학이었다. 하지만 나는 이 녹음을 직접 듣지 못했다. 1984년도의 SPR 저널 분기별 호에 실린 논문에서 다뤄지기도 했던 이 테이프는 현재 소실되었다고 보고된다.

시간이 흘렀고, 나는 유령에 대한 집착을 부끄럽게 여기기 시작했다. 그리고 다른 열정이 유령의 자리를 대신했다. 그러다 1989년 크리스마스 날 친구들과 함께 어떤 집에서 머물게 되었는데, 알고 보니 그곳은 내가 어릴 적 책에서 읽었던, 도싯의 베티스컴 하우스였다. 몇 세기 동안 그 집에 살았던 페니 가는 최근에 집을 매각한 상태였다. 12월의 그날 오후, 그 집에 도착하자마자 나는 다락방으로 올라갔다. 그곳에는 '울부짖는 해골'이 갈색 종이상자 안에 들어 있었고 상자 뚜껑 위에는 성경이 놓여 있었다. 전해지는 바에 의하면 두개골의 주인은 아프리카인 노예였으며 그는 죽기 전에 '고국에 묻히기 전까지 자신의 영혼이 잠들지 않을 것'이라고 맹세했다고 한다. 그 뒤로 비명소리가 온 집 안에서 들리며, 해골이 물리적으로 이 집에서 옮겨질 때마다 폴터가이스트가 발생했다고 전해진다.

하루 이틀이 지난 후 나는 독감에 걸렸고, 오후가 되었을 때 침대에 누웠다. 4시경 친구들이 나를 보러 왔다. 친구들은 내가 왜 시끄

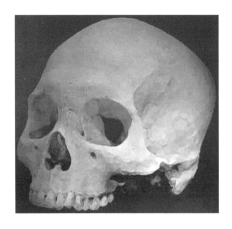

베티스컴 하우스의 울부짖는 해골

러운 소리를 내고 있었는지 의아해하며 방을 둘러보았다. 마치 무거운 가구를 옮기고 있는 듯한 소리가 들렸다는 것이다. 하지만 나는 내내 침대에 누워 있었다.

그날 저녁, 나는 큰 침실에서 잤는데 새로운 집주인이 여자와 작은 소녀의 형체를 보았다는 바로 그 방이었다. 나는 밤새도록 사람들이 왔다갔다하는 것 같은, 소란스러운 분위기를 느꼈다. 다음 날 아침, 나는 작곡가 친구인 마테오가 밤새도록 끔찍한 굉음에 잠을 잘 수 없었다는 것을 알게 되었다. 그에 따르면 마치 누군가가 벽난로에서 빠져나오기 위해 애쓰는 것 같은 소리였다고 한다. 하지만 나는 아무 소리도 듣지 못했다.

✳

그리고 이것이 바로, 내가 이 책을 쓰는 이유다.

대부분의 유령은 한 차례 목격된 후에는 다시 나타나지 않는다. 대부분의 목격담은 글로 기록되거나 녹음되지 않는다. 나는 서론, 본론, 결론을 갖춘 제대로 된 유령 이야기는 거의 찾아보기 힘들다는 사실을 알게 되었다. 이 책에서는 내러티브 역할을 하는 이야기들에 초점을 맞추었다. 종종 유령보다는 유령을 목격하는 사람들이 좀더 내 흥미를 끌었다. 유령의 정체가 무엇이든 간에, 그것들은 사람들을 놀라게 하려 한다는 것이 지금까지의 통념이었다. 우리는 공포에 대해 제각기 다른 반응을 보인다. 이들은 우리를 놀라게 하려고 한 것이 아닐지도 모른다. 아마도 영화 「디아더스The Others」에서처럼, 유령들은 자신들의 세계에 갇혀 있고 우리는 그들에게 그림자로서 존재할 뿐이며, 인간과 유령이 마주치는 사건은 대단히 복잡한 혼돈의 결과물인 것인지도 모른다.

'유령'이라는 주제는 잘못된 정보를 지닌 사람들과 가공되지 않은 원초적 감각을 추구하는 사람들에 의해 질적 저하를 겪어왔다. 담론은 18세기 이후로 진전이 없으며, 유령을 믿는 대부분의 사람은 여전히 유령을 목격하는 것이 사자死者가 되살아난 형태와 마주치는 것이라고 믿고 있다.

하지만 이제 세상은 변하고 있다. 뇌의 화학 작용에 대한 신비가 서서히 벗겨지기 시작했다. 지난 수십 년간 초자연 현상을 무시해오던 학계에서는 최근 들어 유령에 대한 믿음과 민속학에 관심을 갖고 150년 전 중단했던 지점에서부터 다시 연구를 시작했다. 담론은 재개되고 있다. 이 책에서 나는 최근의 학술적 연구를 다뤘으며, 여기에는 빅토리아 런던의 플래시숍에 대한 자료와 테드워스 북치기Drummer of Tedworth와 미세스 빌의 유령에 관한 기록을 중심으로 새로 발견된 사실 등이 포함되어 있다.

감사하게도, 논점은 유령의 존재 유무를 증명하려는 시도에서 이동했다. 유령의 존재에 대한 논의는 1880년대 런던의 것이다. 기본적으로, 유령을 봤다는 사람들의 보고가 끊이지 않는다는 것은 유령이 존재한다는 것을 의미한다. 이 책은 유령이 진짜로 존재하는지 아닌지에 대한 책이 아니다. 이 책은 우리가 유령을 봤을 때, 그 유령이 무엇이었는지 서로에게 들려줄 만한 이야기다.

2장

유령의 분류학
A Taxonomy of Ghosts

티 파티에서 '귀신의 존재를 믿나요?'라고
누가 묻는다면 대답하기 애매한 질문이겠지만,
'때때로 사람들이 유령을 경험한다는 것을 믿나요?'라고 바꿔 묻는다면,
대답은 분명 '예'일 것이다.
_해리 프라이스

유령에 대해 이야기하려면 분류 체계, 즉 유령의 다양한 종류에 대해 먼저 논할 필요가 있다. 유령 이야기를 수집하고 조사하는 데 일생을 바친 피터 언더우드는 유령을 크게 여덟 가지로 분류했는데, 이 여덟 종류의 유령으로 이야기를 시작하는 것이 무난할 것 같다. 여덟 가지 유령은 다음과 같다.

엘리멘털

폴터가이스트

전통적 유령 또는 역사적 유령

정신적 각인의 구현

위기유령 또는 생사유령

타임슬립

생자生者의 유령

유령이 깃든 움직이는 물체

엘리멘털은 대개 묘지를 떠도는 유령을 가리키며 언더우드는 이를 '원시적 또는 유전 기억의 구현'이라고 정의했다. 미국의 고스트헌터들은 엘리멘털을 악령이라고 여긴다. 웨일스와 스코틀랜드의 유령은 대부분 호수의 '물의 정령'과 같은 엘리멘털로서, 토속신앙을 믿던 과거에서 분리되어 나온 파편이었다. 영국이 배출한 걸출한 유령 이야기 작가 중 한 명인 로버트 에이크먼(1914~1981)은 엘리멘털을 다음과 같이 묘사했다.

> 엘리멘털은 매우 원시적인 존재로 여겨진다. 이들은 한 장소에 웅크리고 있으며 (가끔 대낮에도 나타나서 공포를 일으키기도 하지만) 땅거미가 질 무렵에도 이것을 노려보면 순간 착란[1]을 일으킨다. 심령연구에 관심이 많았던 영국의 저명한 정치가(많은 사람이 누구를 말하는지 알 것이다)[2]는 서머싯 저택의 지하 저장고에 가끔 출현했던 엘리멘털을 보기 위해 지인들을 데리고 이곳을 방문했다……. 무리 중 한 명은 유령을 너무 오랫동안 쳐다보았고, 이후 전혀 다른 사람이 되어 있었다. 정치가는 그 뒤로 다시는 엘리멘털을 찾지 않았다고 한다.

에드먼드 렌솔 스위프트가 런던타워에서 목격한 유령 역시 엘리멘털 스펙트럼에 속했다. M. R. 제임스(1862~1936)의 이야기에 등장하는 유령들은 흑마술과 관련된 엘리멘털이거나, 또는 중세 시대나 스칸디나비안 스타일[3]로 되살아난 시체들이었다. 제임스 1세 시대의 일부 청교도들은 신학적인 이유로 모든 유령을 엘리멘털 또는 자신들이 가끔 이용했던 마스크나 분장을 일컫는 '라르바larvae'로 분류했다.

할리우드 영화 덕분에, 폴터가이스트는 현재 가장 잘 알려진 유령의 한 종류다.[4] 폴터가이스트는 초점 인물과 연결된 폭력 에너지의 형태로 나타난다. 하지만 현존하는 세계 최고의 전문가인 가이 라이언 플레이페어(1935~)에 따르면 폴터가이스트가 '살아 있는 존재인지 죽은 존재인지'에 대한 문제는 여전히 논란의 대상이다. 초점 인물은 대부분 10대 소녀다. 1930년대, 심리학자 낸더 포더(이 책 후반부에서 만나게 될 인물)는 억압된 분노 또는 좌절된 성적 욕망이 분출된 결과가 폴터가이스트로 나타난다는 개념을 발전시켰다. 근대에 들어 가장 유명한 사례는 1970년대 후반에 있었던 엔필드 폴터가이스트 사건으로, 온갖 현상이 파노라마처럼 펼쳐졌다.[5] 유령 이야기에는 계급이 등장하기 마련인데, 폴터가이스트에는 때때로 '임대주택 유령'이라는 꼬리표가 붙기도 했다. 전형적인 폴터가이스트 유령 이야기는 대부분 무섭고 불쾌한 현상들에 둘러싸인 가족들의 이야기다. 가장 괴이하고 유명한 사건으로는 1817년 테네시에서 있었던 벨 마녀 사건[6]과 이 책 후반부에 다뤄질 테드워스 북치기 사건을 들 수 있다.

전통적 유령의 범주는 간단하다. 죽은 자의 혼령이면서, 산 자의 존재를 인식하고 이들과 상호 교류할 수 있는 유령이 여기에 속한다.

정신적 각인의 구현은 1972년에 제작된 TV 드라마의 이름을 딴 스톤테이프stone tape 이론에서도 설명하고 있다. 방출된 정신적 에너지가 방과 같은 특정한 장소에 스며들어, 극단적 상태의 정신이 심령 모형으로 나타난다는 것이다. 이 유령들은 문을 여닫거나 방을 가로지르는 등의 행동을 반복하지만 의식은 없는 상태다. 또한 이 유령들은 특정한 날짜 및 정해진 일정과 관련된 경우가 많다. 이들은 기념일—

가령 레이디 제인 그레이는 그녀의 처형일―에 나타나는데, 18세기에 달력이 조정된 것을 감안하면 이 설은 터무니없게 들릴 수도 있다. 사실 이 개념은 영국의 유령에 대한 믿음을 특징짓는, 가톨릭이 승화된 형태와 관련이 있을 확률이 높다. 그렇다면 유령의 날은 사실상 성인의 날로 보는 게 맞을 것이다. 앤 불린처럼, 제인 그레이는 영국 가톨릭의 민간 신화에 등장하는 또 한 명의 악녀다.

위기유령 또는 생사유령은 역사가 깊다. 가까운 지인이 죽음 또는 생명의 고비를 넘기고 있는 순간에 그들을 목격하거나 경험하는 일은 오래전부터 흔했다. 이 유령들은 전시에 자주 나타났는데, 윌프레드 오언의 형제였던 해럴드는 HMS 아스트라이아 호_{영국 해군의 순양함}에서 군복무하고 있을 당시 그의 유령을 목격했다고 한다.7

타임슬립은 1911년부터 제1차 세계대전 종전 때까지 유행처럼 번졌던 현상이다. 지금 돌이켜볼 때, 타임슬립이 잃어버린 세계 또는 무너지려고 하는 세계에 대한 향수로 읽히는 점은 부정할 수 없다. 타임슬립은 대개 영화의 한 장면 속으로 들어가는 것처럼 아름답고 생생하게 묘사되며, 특히 역사적 감각이 있고 상상력이 풍부한 사람들이 타임슬립에 매혹되었다.

책 서두에서 프랑스에서 일어난 역사상 가장 유명한 타임슬립을 짧게 소개한 바 있다.

1901년 8월 어느 날 오후, 두 명의 영국 여성이 베르사유 궁전을 향해 즐거운 여행길을 가는 중이었다. 프티 트리아농을 찾아다니던 엘리너 저데인과 샬럿 모벌리는 길을 잃고 헤매던 중 음울하고 무거운 분위기가 엄습해오는 것을 느꼈다. 어디선가 잿빛의 긴 녹색 코트를 입고 삼각형의 모자를 쓴 두 명의 남자가 나타나 두 여성을 인도

했는데, 이들이 도착한 곳에는 나무그늘에 가려진 정자 한 채가 서 있었고 그 안에서 곰보자국으로 뒤덮인 역겨운 얼굴의 사내가 그들을 기분 나쁘게 노려보고 있었다.

그때 누군가 부리나케 달려와서는 두 여성에게 길을 잘못 들어섰다고 경고했다. 그자가 알려준 대로 작은 다리를 건너자 프티 트리아농으로 보이는 곳이 나타났다. 그곳에는 한 여인이 등받이 없는 의자에 앉아 스케치를 하고 있었다. 구식 드레스를 입은 그 여인은 빛이 바랜 녹색 스카프를 머리에 두르고 있었다. 갑자기 음울하고 강렬한 기운이 다시 이들을 엄습했다. 그때, 근처에 있던 건물의 하인 한 명이 문을 쾅 닫으며 이들에게 황급히 달려나왔다. 하인은 프티 트리아농의 입구가 건물 반대편이라고 말했고, 그의 말대로 건물을 돌아가자 그곳에서 결혼식 하객들이 객실을 둘러보기 위해 기다리고 있었다. 암울한 기운은 사라졌고, 이상한 일은 더 이상 일어나지 않았다.

그 당시에는 이상한 점을 눈치 채지 못했던 두 여성은 세 달이 지난 후, 다시 이 사건을 회상하면서 서로 경험한 내용이 일치하지 않는다는 사실을 깨달았다. 예를 들어, 저데인은 스케치하는 여성을 보지 못한 것이다. 이들은 알 수 없는 일이 일어났다는 확신을 갖게 된다. 또한 저데인은 베르사유 궁전을 방문한 날이 특정한 날이라는 사실을 알게 되었다. 1792년 그날은, 왕궁을 급습해 튀일리 궁전을 약탈한 혁명단에 의해 루이 16세와 마리 앙투아네트가 투옥된 날이었다.

비록 두 여성은 신분을 밝히기를 꺼렸지만, 이들이 옥스퍼드 세인트 휴스 칼리지의 교장과 부교장이었다는 사실은 이야기에 무게를 실어준다. 학식이 있고 존경을 받던 사람들이 유령을 목격했다고 고백하는 일은 당시 드물었기 때문에(뒤에서 다루겠지만 중산층은 유령을 목격한 사실을 부인하는 경우가 많았다), 많은 사람은 이 여성들이 실제로 마리 앙투아네트의 세계로 들어갔었다고 믿었다. 모벌리는 저데인과 함께 여왕의 살아생전 기억이 발현된 곳으로 자신들도 모르게 들어갔던 것이라고 추측했다.

이후, 두 여성이 목격한 것이 사실은 가장무도회였다는 주장이 제기됐다. 두 여성을 옹호하는 사람들은 이 주장이, 이들이 목격한 풍경, 건물, 다리가 변형된 형태였던 것을 설명하지 못한다고 반박했다. 이후에도 다른 사람들의 비슷한 경험담이 나왔다. 두 여성의 경험보다 30년 앞선 1870년에는 도즈워스 가족의 경험담이 보고됐는데, 이들이 목격한 것은 보불전쟁이 발발하기 전 나폴레옹 3세의 마지막 황제 사냥이었던 것으로 보인다.

1908년, 모벌리·저데인의 경험담이 책으로 출간되기 전, 크룩 가의 일원이 모벌리가 목격했던 스케치하는 여인을 보았다는 보고가 있었다. 그에 따르면 이 여인은 마치 풍경 밖으로 튀어나온 것 같았으며 주변 환경과의 미세한 조정으로 약간의 떨림이 있었다고 한다. 하지만 이 비교적 새로운 초자연적 경험의 밑바탕이 된 것은 두 여성이 출간한 책이었다.

심령연구학회의 최초이자 가장 위대한 사례 모음집이 1886년『살아 있는 자들의 환영Phantasms of the Living』이라는 제목의 두 권의 책으로 출간되었다. 여기에는 유령이 죽은 자들의 혼이라는 대중적 믿음을 완전히 뒤엎는 현상을 보여주는 701가지 사례 연구가 수록되었다. 산 자들의 혼을 경험한 사례 중 일부는 심상心象 또는 반쯤 잠든 상태에서 포착되는 불완전한 상에 대한 것이었다. 흥미롭게도, 고스트헌터였던 앤드루 그린[8]도 그러한 사건의 주인공으로 등장한다. 그린이 서식스주의 로버츠브리지에서 이사한 후, 그가 살던 집으로 이사 온 한 가족이 그의 새 오두막집을 방문했다. 그린이 문을 열었을 때, 그 집의 딸이 그린의 얼굴을 보자마자 기절했다. 백지장처럼 새하얀 얼굴로 깨어난 그녀는 그의 옛날 집 정원에서 그를 여러 번 보았다고 말했다.

그린의 정신이 배회하는 동안, 그는 공들여 지었지만 이사 오면서 떠나야 했던 석정원이 있는 정든 집을 방문했던 것으로 보인다. 산 자들의 영혼은 특히 초심리학자들의 흥미를 끌었다. 이는 특정한 초자연적 현상을 넘어서 두뇌의 기능에 대한 어떤 단서를 제공할 것으로 보였으며 특히 이러한 현상이 망자들과는 전혀 무관한 것임을 암시하는 듯했기 때문이다. ESP와 상을 만들어내는 두뇌 기능을 이용해, 보이지 않는 신호가 잡히고 처리되기도 했다.

언더우드의 유령 분류 목록 마지막에 등장하는 항목은 바로 '유령이 깃든 움직이는 물체'다. 침대 또는 누군가 살아생전 즐겨 앉던 의자에 유령이 붙는 것은 드문 일이 아니다.[9] 유령은 물건을 따라다니기 때문이다. 창, 권총처럼 죽음과 관련된 물건에는 그 주위를 떠도는 존재가 깃들 수 있다. 사연 많은 귀중한 보물이나 보석 역시 그 결정체 구조 속에 이야기가 기호화되는 것으로 여겨진다. 흑태자의 루비나 코이누어의 다이아몬드와 같은 왕실 보석에서 그 예를 찾을 수 있다.[10] 이베이E-bay에서는 귀신 붙은 가구의 경매가 활발히 이루어지며, 미국에서는 장난감에 귀신이 따라다닌다는 미신이 강하게 남아 있다.

언더우드의 리스트에는 인간의 유령만 거론되었지만, 나는 짐승의 혼도 추가하고자 한다. 짐승 혼의 놀라운 특징은 고양이, 개, 말과 같은 사육동물이 유령으로 나타난다는 사실이다.

런던에서는 몇 차례 유령 곰이 목격되었다. 개 유령은 종종 악령, 다시 말해 엘리멘털의 형태로 나타난다. 서쪽의 시골길에서는 사냥개 유령이 자주 출몰했으며, 번게이 교회에서는 문 위에 깊게 패인 발톱 자국이 나타나기도 했다. 동물 유령에는 갤리트롯, 블랙석, 요견妖犬 바게스트와 같은 드라마틱한 이름이 붙기도 한다. 짐승의 혼이 대부분 이스트 앵글리아와 요크셔 지방에서 나타나는 것은 바이킹 조상의 영향인 것으로 보인다.[11]

애지중지하던 개나 고양이가 죽은 직후 주인이 이들을 다시 목격하는 사례도 자주 보고된다. 애완동물이 유령을 볼 수 있다는 미신도 일반적이다. 개나 고양이, 또는 아기가 계단을 오르내리거나 방을 가로지르는 보이지 않는 존재를 뚫어져라 쳐다보았다는 이야기는 여기저기서 들려온다. 얽매이지 않은 정신이기에 유령을 볼 수 있는 것인지도 모른다.

목이 없는 개나 말은 19세기 괴담의 모티프가 되었다. 17세기, 새나 당나귀와 같은 민담에 등장하는 동물들은 마녀가 변신한 것이거나 보이지 않는 초자연적 힘의 징조라고 여겨졌다.[12] 콘월의 랜리스에 있던 펀치볼 여관에서는 한 성직자가 검은 수탉의 모습을 한 악령으로 돌아왔다고 전해진다.

서식스의 어린들성城에 살던 사람들은 작고 하얀 새가 창문 밖에 나타나면 이를 죽음의 전조로 여겨 두려워했다.

시간의 흐름에 따라 유령은 변화했다. 이것이 내가 유령의 자연사를 한 번은 다뤄야 한다고 제안하는 이유다. 예를 들어, 길가메시 서사시의 초기 유령은 그 이후에 나타난 유령들과 거의 관련이 없다. 바빌론의 사자死者들은 인간과 비非인간의 경계에서 맴돌았다. 고대 그리스의 유령은 망령(또는 생령生靈, wraith)과 같은 날개 달린 비극적 존재였으며 산 자들에게 아무런 영향을 미치지 못했다. 중세 시대의 유령은 소생한 시체이거나 성령들이었으며, 자코비언제임스 1세 시대, 1603~1625 시기 유령은 인간의 흉내를 내는 악령이었다.

왕정복고 이후의 유령들은 불의를 바로잡고 정의를 바로 세우며 잃어버린 문서나 소중한 물건에 대한 정보를 제공하기 위해 돌아왔다. 섭정 시대의 유령들은 고딕풍이었다. 빅토리아 시대의 유령들은 강령회에서 질문에 답을 내리는 존재였고, 유령을 보는 것은 여성과 밀접하게 연관되어 있었다. 후기 빅토리아 시대에는 초자연적 현상이 받아들여졌으며, 유령을 목격하는 것은 아직 밝혀지지 않은 자연법칙의 현현이라고 여겨졌다. 1930년대에는 폴터가이스트가 발견되었다.

그렇다면 현재는 어떤 유령들이 목격되고 있을까? 17세기에 신세계로 미신을 퍼뜨렸던 대서양 연안의 자코비언 후손들이 영국으로 유령을 재유입한 측면이 많다. 대중문화에는 유령에 대한 동시대의 믿음이 다양하게 존재하는데, 사람들은 있을 법한 일에 대해 분명한 생각을 갖고 있다. 부인할 수 없는 사실은 사람들이 여전히 고스트헌트에 참여하거나, 갑자기 오싹한 기운을 느끼며, 기온이 급작스레 떨어지거나, 문이 저절로 열리고 단말마와 같은 이상한 소리가 갑자기 들려온다는 것이다. 밝은 대낮에 유령을 보는 일은 드물지만 이들은 카메라에 잡히며, 디지털카메라에는 유령이 인간 앞에 나타나기 위해 옷을 입기 전의 형태라고 알려진 '구체'가 찍히기도 한다.[13]

1999년에 이루어진 한 연구에 따르면 맨체스터의 한 여성 그룹은 '유령은 죽은 자가 자신을 알리기 위해 영혼으로 나타나는 것이 아닌, 일종의 저주와 같은 해로운 존재 혹은 안 좋은 느낌에 더 가깝다'라고 생각했다.

유령은 더 이상 영혼이 아니다. 유령은 감정의 영역이다.

3장

고스트헌팅의 간략한 역사
The Visible Couch: A Brief History of Ghost-Hunting

> 유령을 믿느냐고? 아니다, 하지만 난 유령이 두렵다.
> —마리 안 드비시 샹롱, 데팡 후작

나는 30년 전 중단했던 주제, 고스트헌트를 다시 꺼내 들기로 했다. '고스트헌트'라는 용어가 처음 생겨난 것은 아일랜드인 엘리엇 오도널(1872~1965)이 그의 저서 『고스트헌터의 고백Confessions of a Ghost-Hunter』[1]에서 이 용어를 사용하면서부터다. 하지만 20세기에 영국에서 가장 잘 알려진 고스트헌터를 꼽으라면 단연 해리 프라이스를 들 수 있을 것이다.

프라이스는 송장과 같은 외모에 뾰족한 귀를 지녔으며 적어도 한 명의 젊은 여자[2]가 '무례하다'고 표현했던 눈빛의 사나이였다. 그는 입을 씰룩거렸고 줄담배를 피웠으며 나치 성향이 있었고 런던 동부 지역의 사투리를 감추고 유창한 표준어를 사용했다. 동종업계의 전문가들 사이에서는 평판이 안 좋았지만, 대중과 언론의 사랑을 받았다.

젊은 청년이었던 프라이스도 대중에게 널리 인기가 있던 『카내키, 고스트파인더The Ghost-Finder』[3]를 읽었을 것이다. 하지만 프라이스는

과장된 포즈의 해리 프라이스.

유령 목격자들과 차나 한잔 마시면서 잡담하는 것을 싫어했다. 대신 그는 여러 기술적 장치를 이용해 유령이 나타나는 집에 잠복하고, 기록하고, 철저히 조사하는 것을 선호했다. 사람들은 다른 이들을 인터뷰하기보다는, 직접 유령을 체험하기를 원했다. 그의 고스트헌팅 키트에 브랜디 병이 들어 있는 것도 무리는 아니었다. 주도적으로 일을 처리하는 이 새로운 방식은 조사원을 이야기의 중심에 올려놓았다.

　프라이스는 심령연구학회의 고위층과 귀족들의 주목을 받고자 하는 인물이 아니었다. 어쨌든 그는 '장사Trade'라는 문을 통해서 들어왔다. 그는 일생을 외판원으로서 런던 캐넌가街에 있는 '에드워드 손더스 앤 손'에서 제빵업자와 야채 가게 상인들에게 대량으로 비닐봉지와 찻잎 봉지를 파는 아르바이트를 하며 돈을 벌었다.

하지만 그는 오를록 백작처럼, 밤이 되면 생기를 찾았다. 런던과 독일에서 초자연 현상을 테마로 한 공연을 벌였으며, 미국과 영국에서 고스트헌팅 쇼가 인기를 얻기 시작한 시점보다 70년 앞서 BBC와 손을 잡고 유령의 집에서 생방송 프로그램을 만들기도 했다.

1936년 3월 10일, 그는 BBC 라디오를 통해 켄트의 로체스터 근처에 있는 유령의 집 딘 저택Dean Manor에서 두 차례 진행된 유령 수색 과정을 사상 처음으로 실황 중계했다.[4] 그와 함께 수색 과정에 참여했던 사람 중에는 유령의 본성에 관해 흥미로운 아이디어를 갖고 있었던, 런던 소재 버크벡 칼리지의 C. E. 조드도 있었다.[5]

1930년대 초까지만 하더라도 프라이스는 그의 손이 닿는 한 최대한 많은 영매의 허튼 수작을 밝혀냄으로써 자신의 이름을 알릴 수 있으리라고 믿었다. 비록 이 확신은 H. G. 웰스와 같은 친구들과의 우정에도 영향을 미쳤지만, 그는 단호하고 당당하게 자신이 회의론자임을 알렸다. 그와 해리 후디니의 긴밀한 우정은 그가 속임수와 요술을 판별할 수 있는 훈련받은 마술사로서 여행 동반자가 된다는 조건 하에 형성된 것이었다. 사실, 이후 그의 활동에서 볼 수 있듯이, 프라이스가 회의론자가 되었던 것은 일을 맡기 위해서였다.

한때 '영국에서 가장 귀신이 많이 나타나는 집'으로 알려진 볼리 목사관에 관해 그가 저술한 두 권의 책을 비교해보면, 그에게 어떤 변화가 일어났다는 사실을 알 수 있다. 두 권의 책은 마치 서로 다른 사람에 의해 쓰인 것 같다. 첫 번째 책은 냉정하고 침착한 반면, 두 번째 책은 사람들이 듣고 싶어하는 이야기를 들려준다. 사냥터 관리인은 밀렵꾼으로 둔갑했으며, 그 결과 초심리학이라는 새로운 과학에 관심을 가졌던 사람들과는 영원히 적대적 관계에 놓이게 되었다.

"사람들은 진실을 폭로하는 것debunk을 원하지 않는다. 단지 속임수bunk를 원할 뿐이다."

그가 신랄하게 내뱉은 말이다.

해리 프라이스는 타고난 글쟁이였다. 그는 최소한 글에서는 예민하고 동정심이 많았으며 다른 사람들에게 싫은 소리를 하는 일이 거의 없었다. 그리고 이야기를 장황하게 꾸며낼 줄도 알았다. 저널리스트들은 프라이스의 안에서 이야기에 색깔과 질감을 부여하기 위해 전혀 거리낌 없이 양념을 치는 작가를 발견했다. 이러한 측면에서, 국가 신문의 첫 페이지에 어렵지 않게 이야기를 실을 수 있었던 그는 폭넓은 인맥을 지녔던 것 같다.(하지만 동종업계 종사자들은 이런 그를 부러워하지 않았는데, 그의 쇼맨십을 달갑게 여기지 않았으며 심지어 그를 사기꾼으로 여겼기 때문이다.)

프라이스가 죽은 후 그의 진실성에 의혹을 제기하는 책이 늘어나기 시작했다. 진실은, 과학이 극적 효과를 일으키는 것과 관련이 있거나 기득권층에 편입하고자 했던 그의 꿈을 이루는 데 쓸모가 있을지도 모르는 경우가 아니라면, 그는 과학에 전혀 관심이 없었다는 것이다. 그의 일생과 그가 창시한 엔터테인먼트 형태의 고스트헌트는 오늘날 우리에게 익숙한 방식으로 여전히 많은 영향을 미치고 있다.

프라이스가 찍힌 동영상은 오늘날 유튜브에서 볼 수 있다. 동영상 속의 그는 홀번의 외판원이었던 실제 모습과는 다소 거리가 먼데, 책이 가득 꽂혀 있는 서가에 앉아 옥스브리지 교수처럼 자세를 취하고 있다. 그에 대해 관대한 사람들은 그가 좋은 배경에서 태어났으나 무슨 이유에서인지 일이 잘 풀리지 않았던,[6] 시대를 앞서간 노동자 계급 미디어 선구자였다고 평가하는 것 같다. 진실을 추구하고자 했던 그의 의지는 먹고사는 문제를 위해 타협될 수밖에 없었으며, 이는 그가 종종 시험했던 영매들 사이에서는 흔한 일이었다. 하지만 과학은 신뢰에 대한 문제에서는 그리 관대하지 않다. 단 한 차례의 거짓이라도 발견되면 모든 것은 사기로 여겨진다. 실제로는 그렇지 않을지라도.

프라이스는 쇼맨이었다. 하지만 고스트헌팅은 매우 진지한 정신으로 시작되었다. 조지프 글랜빌(1636~1680)은 초자연 현상을 주제로 영향력 있는 책을 여러 권 발표했으며, 이를 증명하기 위해 직접 현장 탐사도 나섰던, 가히 영국의 '고스트헌터 장군'으로 불러도 좋을 만한 인물이었다. 1662년, 그는 서머싯에 위치한 프롬 셀우드 교구의 목사로 부임했으며, 그가 마녀사냥과 주술에 관해 탐구하기 시작한 것도 바로 이곳에서였다. 비록 시골 출신이었지만 그는 목사로서 높은 평가를 받고 있었으며 기득권층에 영향력 있는 친구도 많았다. 지능적으로, 그는 최신 실험과학에 대한 열망을 좇으면서도 종교적 믿음을 잃지 않았으며, 그가 왕립학회에 선출되자 일각에서는 마녀와 유령을 좇는 그가 신新합리주의의 가장 현대적인 지지자들과 함께 일하는 것에 대해 의심쩍은 눈초리를 보냈다. 그러나 그는 과학자들을 대할 때에는 미신을 조심스럽게 제쳐두었던 것으로 보인다.[7]

전통적인 청교도들의 입장은 유령을 부정하는 것이었지만(청교도주의는 신학적으로 의심스러운 로마가톨릭 교리인 연옥[8]이 존재하지 않는다고 믿었다), 글랜빌은 유령이 신의 존재를 입증하고 무신론자들이 틀렸다는 것을 기독교 내에서 자체적으로 보여줄 수 있는 가장 좋은 수단이라고 믿었다. 유령은 신의 전지전능함을 보여주는 초자연적인 빛의 쇼의 평범한 부분에 불과할지도 모르나, 어쨌든 그 일부분이었다.

유령들이 연옥으로부터 온 것이 아니라면 지옥에서 온 것일 터이고, 이것 역시 글랜빌의 책에서 다룰 수 있는 증거였다.[9] 어쨌든, 유령은 『성경』에도 나오니까 말이다.[10] 영국 역사에서 이 시기에는, 극단주의에 대한 엄청난 두려움이 존재했고, 재사才士나 한량들이 당시 유행하던 런던의 커피하우스에서 신을 조롱하는 것은 정신의 총체적 위기를 상징하는 것이라고 여겨졌다.

글랜빌이 조사했던 가장 유명한 사건인 '테드워스 북치기'는 이 책의 후반에서 다룰 예정이다.

비록 유령은 1762년 이후 다시 큰 관심을 불러일으켰지만, 콕 거리 유령이 조지 왕조시대 런던의 잡지와 신문에 새로운 파장을 일으켰을 때, 18세기의 고스트헌터라고 일컬을 만한 인물은 부재했다. 우리는 빅토리아 시대에 이르러서야 고스트헌터들을 만나게 되는데, 굉장히 다른 스타일의 두 여성, 바로 캐서린 크로(1790~1872)와 엘리너 시지윅(1845~1936)이다.

캐서린 크로는 1848년 『자연계의 이면The Night Side of Nature』이라는 책으로 대중에게 처음 알려졌다. '유령과 유령 목격자들'을 연구한 이 책은 6년간 18쇄를 찍은 베스트셀러였으며 '폴터가이스트'(마르틴 루터가 처음 '발견'한 단어)를 영어로 처음 번역한 책으로 꼽는다. 크로는 그녀가 들은 수많은 이야기의 불필요한 장식을 제거하고 핵심을 요약하기 위해 애썼다. 유령에 대한 그녀의 믿음은 긴박하고 손에 만져질 듯했다. 이 주제에 많은 영향을 미쳤던 한 작가에 따르면, 그녀의 책은 '사회와 초자연 현상과의 관계'에 전환점이 되었다.[11] 하지만 크로의 성공과 그에 뒤따른 명성이 그녀에게 행복감과 사회적 존경을 가져다 주지는 못했으며, 정신적인 붕괴를 겪은 후 그녀는 공인으로서의 삶에서 완전히 은퇴했다.

그녀와는 매우 다르지만 많은 존경을 받았던 인물이자 차기 영국수상[12]의 여동생이었던 엘리너(또는 노라) 시지윅은 심령연구학회의 초대 운영위원 중 한 명이었다. 그녀는 재능이 많고 강인한 여성으로서, 그녀의 형부이자 물리학자였던 레일리 경의 연구실에서 능력 있는 조수로서 그의 연구를 도왔으며 그 과정에서 아르곤을 발견하기도 했다.[13] 그녀는 유령을 조사하는 SPR의 공식 업무가 주어졌을 때 망설였는데, 당시에는 유령을 믿지 않았기 때문이라고 후에 고백했다. 과학자였던 그녀로서는 당연한 일이었겠지만, 예를 들어 그녀는 옷에는 영혼이 없음에도 불구하고 죽은 자의 영혼이 왜 옷을 입고 있는지에 대해 고민했으며, 이것이 유령이 죽은 자가 돌아온 것이 아니라는 증거라 믿었다.

1901년, 그녀는 첼트넘에 소재한 유령의 집을 조사했다. 목격담에 의하면 유령은 키 큰 여인으로, 입고 있는 울 소재의 검은 드레스가 움직일 때마다 소리가 난다는 내용이었다. 그녀의 얼굴은 오른손에 쥔 손수건으로 음산하게 가려져 있었고, 그 집에서 부모님과 살고 있는 네 명의 자매가 이 유령을 보았다는 것이었다. "머리에는 모자를 쓰고 있지 않았지만, 보닛으로 보이는 검은 그림자가 드리워 있었고, 긴 베일 또는 후드를 쓰고 있었다." 때때로 그녀가 침실 문을 여는 소리가 들렸으며, 가끔은 무언가 말을 하려는 것처럼 보였다. 밑창이 얇은 부츠를 신은 듯 그녀의 발걸음은 아주 부드러웠다. 자매 중 한 명이 그녀를 만지려고 시도했으나, "그녀는 언제나 손이 닿지 않는 곳에 있는 것 같았다"고 한다.

그 당시에는 질서 있게 구성된 타임 프레임 안에서 체계적인 감시를 할 수 있는 방법이 거의 전무했다. 고스트헌터가 유령이 나타났다는 집을 방문하면 집 주인은 차를 내왔고, 케이크는 마치 설탕으로 만든 강령(물리적인 매개체 없이 이동하는 물체)처럼 나타났으며, 목격자의 증언을 받아 적을 노트가 준비되었을 것이다. 유령이 나타났다고 하는 장소를 오래도록 들여다보며 시선이 향하는 방향이나 문이 열린 방향 등을 확인했을 것이다.

해리 프라이스는 이 모든 관행을 바꾼 인물로서, 특히 기술을 중요시했던 그의 접근 방식은 오늘날 고스트헌팅에서 가장 익숙한 방법이다.

그 밖에도 다른 접근 방식을 도입해 고스트헌팅 현장을 정형화하는 데 일조한 20세기 고스트헌터로 두 명을 더 들 수 있다.

1927년에 태어난 앤드루 그린은 런던정경대를 졸업한 후 1973년 『고스트헌팅: 실습 가이드Ghost Hunting: A Practical Guide』라는 제목의 책[14]을 저술했다. 이 책은 해리 프라이스에 의해 시작된 절차적 민주화의 최종판이라고 볼 수 있다. 그린은 일정한 장비를 사용해 조사하는 것을 선호했으며, 그에게 명예를 가져다 주었던 마지막 사건인 1996년 앨버트 홀의 불가사의를 조사하기 위해 20시간 동안 수색했던 때에도 이 장비를 사용했다. 그린은 죽을 때까지 유령은 감정의 전기적 잔재가 산 자들과 얽히는 현상이라고 믿었다.

이 믿음은 그가 10대였을 당시 비어 있는 일링 탑을 방문했던 사건에서 비롯되었다. 당시 그린과 함께 탑을 방문했던 그의 아버지는 제2차 세계대전 폭격으로 집을 잃은 사람들에게 새로 살 집을 마련해주는 일을 담당했던 퇴역 경찰관이었다. 이 탑은 1건의 살인 사건과 20건의 자살이 일어난 장소였는데, 10대 소년이었던 그린은 갑자기 꼭대기에서 뛰어내리고 싶은 강한 충동을 느꼈다고 한다. 그는 가까스로 뒤로 물러났으나, 아슬아슬한 순간이었다. 그는 탑을 사진으로 남겨놓았는데, 이후 그의 책에 실린 사진 속에는 창문 밖으로 그를 쳐다보고 있는 한 여자의 얼굴이 찍혀 있었다.

같은 분야에서 그린보다 더 오래 살았으며 비슷한 영향력을 지닌 인물은 한스 홀처(1920~2009)다. 오스트리아 출신의 괴짜였던 그는 1962년 책『고스트헌터Ghost Hunter』를 발표한 후 출판 경력을 쌓기 시작했으며 TV 쇼도 오래 진행했다. 1977년, 그는 악명이 높았던 '아미티빌 호러'[15] 사건을 조사했으며, 이 이야기는 이후 책과 영화로 만들어졌다. 이야기 속에서 그와 늘 함께 일했던 영매들 중 한 명은 시네콕 인디언 추장의 영혼과 '연결channel'된다. 그는 유령과 관련된 대중문화에서 너무나 친숙한 나머지 장면의 일부분인 것처럼 여겨지는,[16] '인디언묘지'라는 전형적 비유를 도입한 사람으로 여겨지고 있다.

『데일리 텔레그래프』에 실린 그의 부고는 그의 말을 인용해 다음과 같이 적고 있다. "그의 사전에는 세 개의 '금기어'가 있었다. 믿음, 불신 그리고 초자연적인supernatural"이 그것이다. "믿음은 증명할 수 없는 것을 비판 없이 그대로 받아들이는 것이다"라고 그는 말했다. "나는 증거를 기반으로 한다." 그러나, 홀처는 기술의 유용함을 과신하지는 않았다. 그는 여러 대학에서 연구하고 석사학위도 받았으나, 그에게 더 많은 영향을 미쳤던 것은 마법 숭배자 위칸Wiccan의 제사장이 되었던 것과 그가 전생을 믿는 철저한 채식주의자 비건으로[17] 전환한 사건이었다.

한스 홀처. 그는 유령도 치유가 필요하다고 믿었다.

　그는 유령이 '감정적 기억의 잔재' 즉 오렌지의 껍질처럼 살아 있는 사람의 정신에서 떨어져 나온 일종의 파편이라고 보았다. 이 유령들은 자기가 죽었다는 것을 인식하지 못하는 경우가 많으며 혼란스러워한다. "유령은 그들의 고유한 특성상 정신병자와 크게 다르지 않다. 이들은 자신이 처한 곤경을 제대로 이해하지 못하는 경우가 많다"고 그는 적었다. 유령이 뇌 손상을 입은 환자처럼 행동한다는 이 개념은 유령을 다루는 현대문학에서 되풀이되는 주제다.

　홀처는 유령 의사를 자처했으며, 마치 의사가 맥박을 재듯이 유령의 두드리는 소리나 노크 소리를 진단했다. 그는 "유령이 자신의 고통에 대해 이야기할 때, 유령이 나타나는 지역에 갇혀 있던 압력을 풀어준다. 이것은 '환자'가 눈에 보이는 진료 침대에 누워 있지 않다는 점을 제외하고는 정신분석학과 비슷하다"[18]고 기록했다. 그는 유령을 도와야 할 '도의적 의무'를 느꼈다.

현대에 들어 서구사회의 유령은 점차 인간의 감정적 자아와 연관되기 시작했으며 초자연 현상 내지는 불가사의한 현상의 증거를 제공하는 것과는 점차 멀어져왔다. 홀처의 주장은 일종의 과거로의 회귀였다. 근대 고스트헌트는 감각의 탐색인 반면, 그는 언제나 이야기를 찾아다녔다.

오늘날, 고스트헌트에 관한 제왕은 TV 쇼[19]다. TV 쇼는 계급을 가리지 않고, 빠르게 진행되며, 현대인의 구미에 맞게 문제를 해결하는 방식을 알고 있다. 오늘날 공식적으로 진행되는 SPR 조사는 드물며, 현장 조사를 하는 전문 초심리학자는 거의 찾아볼 수 없다. 몇 가지 측면에서, 지난 수년간 우리가 알게 된 몇몇 사실과 과거의 위대한 이야기를 들여다보는 것이 아무도 그 정체를 모르는 무언가를 경험하기 위해 몰려다니는 것보다 나을 것이다. 유령에게 접근하는 것은 꽤 오랫동안 대중의 관심을 받고 있다. 군중은 이제 유령이 나오는 방에 주목한다.

4장

지독하게 귀신 들렸던 집

The House That was Haunted to Death

한 부인은 내게 유령과 허깨비를 믿는지 물었다.
나는 진실하고 짤막하게 답했다.
"아닙니다, 부인! 저는 실제로 너무 많이 봐왔거든요!"

—새뮤얼 테일러 콜리지

1871년, 크리스마스 특집으로 한 시골 흉가에 대한 이야기가 『젠틀맨 매거진』에 실렸다. 이야기에는 모든 요소가 갖춰져 있었다. 흉가는 엘리자베스 시대 저택이었고, 이야기의 출처가 확실했으며, 신뢰할 만한 증인들이 있었고, 환영, 쿵쾅거리는 소리, 유령 음악, 무서운 신음 소리, 덜컹거리는 창문 등 모든 것이 이 집터로 요약되고 있었다.

오늘날, 힌턴 앰프너는 저택이 딸린 정원으로 매각된 후 일반 대중에게 공개된 내셔널트러스트영국, 웨일스, 북아일랜드에서 역사적인 의미가 있거나 자연미가 뛰어난 곳을 소유, 관리하며 일반인들에게 개방하는 일을 하는 민간단체의 자산이다. 화창한 날, 이곳은 평화롭다. 유령에 열광하는 사람들은 마지막 개인 소유주였던 랠프 더턴이 1986년에 죽기 전 국가에 환원한 저택과 66에이커의 부지 위에 만들어진 정원을 행복하게 거닌다. 이후 설립된 신新조지아 시대 저택에 대한 가이드북만 봐서는 200년 전 이곳에서 무슨 일이 일어났는지 전혀 알 길이 없으며, 사라진 '튜더 흉가'에 대해서는 지나가는 말로 살짝 언급이 되어 있을 뿐이다.

이 이야기의 축약된 버전은 대강 이렇다. 1771년, 교양과 상식이 풍부한 여성 메리 리케츠는 정체를 알 수 없는 공포를 자아내는 사건이 계속되자 지친 나머지 짐을 싸서 집을 떠났다. 이 집은 결국 그 누구도 살 수 없다는 진단을 받은 후에 철거되었다.

이 이야기가 특히 매력적인 데에는 몇 가지 이유가 있다. 첫째로, 영향을 받은 가족들 사이에서 4대에 걸쳐 자세한 이야기가 전해져 내려왔음에도 불구하고, 왜 그토록 이 이야기가 오랫동안 베일에 싸여 있었는지에 대한 것이다. 둘째로는, 당대는 유령에 대한 대중적 개념이 그리스·로마 문학과 엘리자베스 1세 시대의 극작에서 유래된 극적 효과에 그쳤던 시대였음에도 불구하고, 이야기가 굉장히 현대적으로 비춰진다는 것이다. 셋째로는, 차기 해군 장관에서부터 영국 왕의 처남(또는 자형) 그리고 바베이도스 총독까지 아우르는 수많은 증인의 사회적 지위와, 그들이 제공하는 수많은 목격담의 일관성을 들 수 있다.

하지만 그중에서도 가장 마음을 끄는 요소는 이 이야기가 헨리 제임스의 『나사의 회전The Turn of the Screw』에 토대를 제공했으며, 캔터베리 벤슨 주교가 1895년 어느 겨울날 저녁 제임스에게 들려주었을 것이라고 추정되는, 그 유명한 '잃어버린' 유령 이야기였을 것이라는 사실이다.

이 이야기의 마지막 불꽃이 비교적 최근에 다시 타오른 것은 문학적 측면에서였다. 1968년, 랠프 더턴은 힌턴 앰프너에 관한 책 『햄프셔 저택A Hampshire Manor』을 펴낸다.(힌턴은 그의 조상이 살던 집이었다.) 더턴은 이탈리아 예술에 열정적인 취미가 있었는데, 특히 유연한 젊음을 표현한 예술작품을 좋아했다. 그는 반암斑巖을 좋아하고 휴식을 취하며 정원을 가꾸는 것을 즐겼으며, 지역 주민 사이에서 백인 신교도를 일컫는 와스프WASP, White Anglo-Saxon Protestant 오찬 파티를 여는 것으로 유명했다. 자연스레 그는 유령 이야기에 흥미를 느꼈다. 귀족 계층의 대다수는 유령 이야기를 일종의 조상숭배로 여기는 입장을 견지하고 있었다. 그는 자신이 유령을 믿는지에 관해 어떠한 힌트도 남기지 않기 위해 주의를 기울였고, 유령의 일부가 1793년 남쪽으로 60야드 떨어진 곳에 새로 지어진 집으로 이동했고 이른 아침 소음이 들려온다는 소문에 대해서도 직접 언급하는 것을 삼갔다. 하지만 그는 이 이야기를 알고 있었다.

더턴은 그가 보관하고 있는 유령 관련 기록을 자신의 할머니가 직접 교정을 봤던 사실에 대해 언급했다. 그녀는 더턴의 증조할머니에 대해 다음과 같이 적었다. "[레이디 셔번]은 그녀가 여섯 살 때1786년경 힌턴 저택에서 머무르던 당시, 한밤중에 굉음이 너무 커서 레이디 스타웰이 그 집에 머무를 수 없었기 때문에 목사관으로 옮겨야 했던 것을 기억한다."

집 북쪽에서 내려다보이는 과수원은 올세인트 교회까지 뻗어 있는데, 이곳은 더턴과 그의 친지들이 묻혀 있는 곳이다. 과수원 주변에는 손질한 주목나무 울타리가 쳐져 있으며 초여름에는 만개한 벚나무 사이에서 수선화가 시든 채로 썩게 방치되기 때문에 잡초가 무성하다. 사람들은 이 과수원에 들어가려 하지 않으며, 대신 고광나무속의 각종 꽃나무 사이에서 산책하거나 남쪽에 위치한 땅이 약간 가라앉은 정원을 거니는 것을 좋아한다. 더턴은 그의 저서에서 이 과수원의 나무뿌리들이 철거된 집의 폐허 더미에 찡겨 있어서 과일나무를 재배하는 일이 얼마나 어려웠는지 적고 있다.

이 집의 실제 모습이 어떠했는지는 알 길이 없다. 사라진 이 구역을 찍은 사진은 존재하지 않으며, 외관을 그린 그림이나 스케치, 또는 묘사하는 글 역시 남아 있지 않다. 내관은 유령이 출몰했던 상황에 대한 메리 리케츠의 이야기나 빈약한 조사를 통해서만 불완전하게 보존되고 있을 뿐이다. 영국 국립도서관에는 간략하게 스케치한 평면도가 보관되어 있다. 이 평면도를 보면 집은 고전적인 건축 양식인 E모양이며, 중세 시대에서 유래되었을 중앙 홀이 있고 양 동棟에는 응접실이 있었던 것으로 보인다. 한쪽 동에는 식당이 있었으며 반대쪽 동에는 아침식사용 응접실과 가정부의 방 그리고 부엌이 있었다. 건물은 현장에서 만들어져 바로 구웠을 벽돌로 지어졌으며, 모서리는 근처의 셀본에서 캐온 석재로 덮여 있었다. 집은 당대에 지어진 많은 집이 그렇듯 북향이었다. 당시에는 남풍이 질병을 가지고 온다는 믿음이 더러 존재해, 남향 문은 대륙의 학질을 집안으로 불러들인다고 여겼다.

위층에는 하인 방들 위로 특히 유령이 자주 나오던 노란 침실이 있었는데, 이 방 역시 남향이었으며 새로 지은 집을 마주보고 있었다. 그리고 현관 로비 위에는 친츠 방이 있었는데, 현관의 박공지붕을 내다보는 북향이었다. 그 밖에 노란 침실 맞은편에는 놀이방과 아이들을 돌보는 이들을 위한 방(빨간 놀이방)이 있었고, 꼭대기 층에는 하인들을 위한 다락방이 있었다. 1649년, 내전 끝에 집이 의회에 압류되고 매각된 후 조사했을 당시 마당에는 양조장과 제분소, 곡물 저장소, 구기장, 마구간, 맥아 저장소 등이 있었던 것으로 드러났다.

당시 상황에 대한 더턴의 실제적 지식과, 필자가 생각하기에 가족의 잠재의식에 남아 있는 것을 토대로 형성된 이 집에 대한 그의 인상은, 작은 언덕 꼭대기에 세워진 춥고 외풍이 드는 장소였다. 현재 영국해협을 건너 비스케이만으로부터 불어오는 해풍을 막는 데 도움이 되는 나무들을 심기 훨씬 전의 일이었다. 이 지역을 난타한 다른 폭풍으로는 최소한 한 명 이상의 역사학자가 이 집 벽에 올라가 지켜보았던, 1644년 체리턴 전투를 들 수 있다. 고약하고 성마른, 우레와 같은 접전이었다. 결국 전투는 의회군의 승리로 끝났고, 따라서 전투 동안에 그리고 전투 이후에도 왕당파를 지지했던 주민들은 그 대가를 치러야 했으리라는 것은 짐작하고도 남는다.

그리하여 1765년 1월 어느 날, 메리 리케츠가 덜컹거리는 차를 운전하며 교회를 지나 가파른 비탈길을 올라갔을 때 목격한 것은 이 튜더양식의 영주 저택이었다. 그녀가 운전하며 지나쳤을 라임 가로수는 현재 거의 500년 된 참나무와 마찬가지로 여전히 그 자리에 서 있다. 1765년 1월 런던과 잉글랜드 남부 지역의 날씨는 아침에 맑았다가 다시 안개가 끼고 부슬비가 내렸다고 기록되어 있다. 런던에서 여행을 마치고 도착한 저택은, 런던 집에서 하인들이 미리 도착해 불을 지폈음에도 불구하고 춥고 어두웠을 것이다. 저택의 역사상 최초로, 스튜클리 가家와 그들의 후손인 스타웰 가족은 자발적으로 이곳을 떠났다. 레이디 스타웰은 이 집에서 불행한 유년기를 보냈으며, 이곳을 사냥용 별장으로만 사용했던 남편과 일찍 사별한 후 그녀에게 남은 최선의 선택은 집을 임대하는 것이었다.

그리하여 리케츠 부부와 그들의 상속자인 두 살 난 어린 아들은 잉글랜드 남부의 다소 외딴 지역에 있는 케케묵은 시골집에서 살게 되었다. 메리 리케츠는 그녀의 남편 윌리엄 헨리를 자메이카에서 만났는데, 리케츠 가족은 자메이카에서 명성과 영향력이 있는 가문이었고 윌리엄의 할아버지는 17세기 중반 스페인으로부터 자메이카를 되찾은 펜(펜실베이니아 창시자의 아버지인 윌리엄 펜)과 베너블스 의회군 소속 해군 대위였다. 그는 이후 장군의 자리에까지 올랐다. 리케츠 가는 이 시기에 식민지에서 전후 군수품을 기민하게 이용한 교역으로 부를 쌓았으며, 결혼 또는 새로운 직함을 만듦으로써 상류층으로의 편입을 목전에 두고 있었다. 어떤 기록에는 윌리엄 헨리 리케츠를 링컨스 인Inn 법학원의 '하원의원' 또는 변호사로 묘사하고 있다.

메리 리케츠 역시 견고한 스태퍼드셔 상류층 가문 출신이었고, 그녀의 아버지는 법정 변호사이자 해군성의 변호인이었으며 런던 그리니치 병원의 회계 담당자였다. 그녀의 남동생 존 저비스는 훗날 영국 해군을 개혁한 등불과 같은 지도자가 되었으며, 성 빈센트 전투에서의 공로로 백작의 지위를 받았고 특히 허레이쇼 넬슨의 멘토로서 존경받았다.[1]

만약 학구적이고 집념이 강하며, 과학을 신봉하고, 유약하고 태생적인 특권주의에 대항하여 노력의 정당한 대가를 요구하는 능력주의를 거창하게 옹호하는, 빅토리아 시대의 원형적 캐릭터가 필요하다면, 존 저비스가 적합한 인물일 것이다. 그는 비상식을 용인하지 않는 남자였다. 하지만 잠시 그는 배경 인물로 두기로 하자. 그는 아직 힌턴을 방문하지 않았다.

다시 유령 이야기로 돌아가보자. 리케츠 가족이 힌턴에 도착한 후 사건이 시작되기까지는 오랜 시간이 걸리지 않았다. 1755년, 에드워드 배런 스타웰 4세가 죽었을 때 이미 힌턴 저택은 지역 주민 사이에서 사악한 흉가로 악명이 높았다.

"우리가 힌턴에 자리를 잡고 얼마 지나지 않아, 밤마다 시끄러운 소리가 들려오기 시작했다. 마치 사람들이 거칠게 문을 여닫는 것 같았다"고 메리 리케츠는 오직 자손들에게 물려줄 목적으로 작성한 일기에 기록했다.[2] 리케츠 부인은 남편에게 무슨 일인지 알아봐달라고 부탁했다. 그는 시끄러운 소리가 주택 침입자나 하인들의 부주의한 행동 때문이라고 생각했지만, 이 두 가지 가능성과 관련된 어떤 흔적도 찾을 수 없었다. 방 밖으로 나와 돌아다니는 하인들도 없었을뿐더러, 가택 침입의 흔적도 찾을 수 없었다. 그럼에도 소리는 다음 날 밤에도, 그다음 날 밤에도 계속 들려왔다. 모든 문의 잠금장치가 교체되었다. "마을 사람들 중 몇몇이 복사본 열쇠를 가지고서 집을 들락날락하며 장난친다는 것 외에는 설명할 길이 없었다." 하지만 달라진 것은 없었다. 한밤중에 문이 쾅 닫히는 소리는 계속되었다. 쾅, 쾅, 쾅, 쾅!

메리가 아끼는 고양이는 이상한 행동을 보이기 시작했다. 아래층 응접실에서 "익숙한 편안함으로 테이블이나 의자에 앉아 있던 나비는 갑자기 엄청난 공포에 질린 것처럼 몸을 낮추고는 내 의자 밑으로 숨거나 내 발 가까이에 머리를 올려놓았다. 하지만 금세 무심한 모습으로 기어 나왔다." 하인들 역시 집에 살고 있던 스패니얼에 대해 비슷한 진술을 했다.

여름이 왔고, 후덥지근한 6월의 어느 날 저녁 엘리자베스 브렐스퍼드는 위층 놀이방에서 아기 옆에 앉아 있다가 무심코 고개를 들었다. 방 안은 무더웠고 엘리자베스는 동료인 하녀 몰리가 자신의 저녁을 담은 쟁반을 들고 올라오기를 기다리고 있었기 때문에, 방문은 시원한 공기가 들어오도록 복도를 향해 열린 상태였다. 그때 '칙칙한 색의 양복'을 입은 남자가 복도를 지나서 노란 침실로 들어가는 것이 보였다. 노란 침실은 '주로 안주인이 묵는' 방이었다. 곧이어 몰리가 음식을 들고 나타났을 때, 엘리자베스는 그 남자가 누구인지 지나가는 말로 물었다. 낯선 이방인이 집 안에 있다는 것을 깨달은 둘은 두려움에 떨면서 노란 침실로 들어갔지만 그곳에는 아무도 없었다. 이들은 이 이야기를 안주인에게 곧장 보고하지 않았으며, 얼마 후 사실을 털어놓았을 때에도 안주인은 심각하게 받아들이지 않았다. 이것은 당대뿐만 아니라 역사적으로 대부분의 하인이 겪는 운명이었다. 메리 리케츠는 후에 후회스럽다는 듯이 다음과 같이 적었다. "당시에 나는 이것이 두려움이나 미신의 영향이라고 생각했다. 하층민들은 미신을 믿는 경향이 강했기 때문이다. 이 사건은 내 기억에서 깨끗이 사라졌다."

그로부터 몇 달이 지나고 가을이 찾아왔다. 마부 리처드 터너의 아들 조지는 침실로 가기 위해 우연히 그레이트 홀을 지나다가 '칙칙한 색의 양복'을 입은 남자를 보았는데, "칙칙한 색깔의 옷 때문에, 밤늦게 와서 간 요리를 준비하는 집사일 것"이라고 여겼다고 한다. 유모와 마찬가지로 젊은이는 경험적 차원의 이 사건에 대해 크게 동요하지 않았는데, 남자가 형체를 가지고 있었으며 그 밖에 다른 것이라고 생각될 만한 여지를 남기지 않았기 때문이다. 하지만 터너가 위층의 하인 방에 들어갔을 때, 집사는 침대에서 자고 있었으며 따라서 그가 본 남자를 설명할 길이 없었다.

1767년 7월 우리는 또 다른 초저녁 유령을 보게 되는데, 이 유령은 대낮에 네 명의 사람에 의해 동시에 목격되었다는 점에서 굉장히 보기 드문 사례다.

리케츠 가족은 4개월 된 둘째 아들 에드워드와 함께 런던에서 돌아왔다. 리케츠 가의 친척들이 힌턴에 머물고 있었다. 힌턴 저택은 사람들로 가득 들어찼고 부산했다. 저녁 7시경, 요리사 데임 브라운은 부엌에서 냄비와 프라이팬을 닦고 있었으며, 좌마坐馬 기수 토머스 휠러와 유모 두 명 그리고 네 번째 인물인 데임 레이시가 부엌에 앉아 있었다. 먼저 이상한 소리가 들렸다. 실크드레스[3]의 치맛자락이 거칠게 바닥에 끌리는 소리였는데 치마를 입은 누군가가 뒤 계단을 내려와 부엌으로 이어진 복도로 들어오는 것 같았다. 그리고 그들이 미처 알아차리기 전에, 한 여성의 형체가 '하우스도어'를 통해 부엌으로 황급히 들어왔고, 어두운 색의 옷을 입은 키 큰 형체가 그들의 눈앞에 서 있었다. 하지만 설거지를 끝낸 요리사가 갑자기 부엌에 들어오면서 주문은 풀렸고 실크드레스의 여인은 눈앞에서 사라졌다.

재미있는 건, 뒤뜰에서 들어온 또 한 명의 남자 하인은 아무것도 보지 못했다는 사실이다. 하지만 상상해보라. 한여름, 두 개의 문이 열려 있었고, 두 사람이 부엌에 들어왔고, 그곳에는 네 명이 앉아 있었고, 햇빛이 닿자 유령은 사라졌다. 독특한 시나리오다. 메리 리케츠의 설명에는 드러나 있지 않지만, 이 유령은 동요하고 서두르는 것 같은 인상을 주며 이 이미지는 아마도 해리 프라이스의 1945년 책 『영국의 폴터가이스트Poltergeist over England』에 실린 삽화에서도 포착되었을 것으로 추측된다. 점묘법으로 표현된 삽화 속의 형체는 구식 옷을 입고 있으며, 입에는 상처가 난 채로 하인들을 빠르게 스쳐 지나가고 있다.

이상한 소리는 "간헐적으로 계속 들려왔다"고 메리 리케츠는 기록한다. 그녀를 방문 중이던 친척의 하녀 미세스 포인츠는 부엌에서 유령을 보았고, 여자 사촌의 하녀인 미스 파커[4]는 "그녀의 침대 주위에서 나는 끔찍한 신음 소리와 버석거리는 소리를 들으며 공포에 떨었다". 하지만 이때 메리는 세 번째 임신에 온통 마음을 쏟고 있었고, 1768년 딸이 태어났다.

1769년 11월, 윌리엄 헨리 리케츠는 가족 및 사업과 관련된 여러 업무를 처리하기 위해 자메이카에 있는 가족의 사유지로 호출된다. 여기에는 친척을 위한 24명의 노예⁵와 가족묘를 사들이는 일도 포함되어 있었다.(여러 차례에 걸친 자메이카의 노예 폭동으로 백인 정착민들의 무덤이 훼손되는 경우가 많았고, 윌리엄은 새로운 묘지를 지어서 가족의 유골을 좀더 안전한 장소로 이장하는 일을 감독하는 임무를 맡고 있었다.) 자메이카는 아이들을 키우기에 적합한 곳이 아니라는 결정이 내려졌다. 메리 리케츠는 그녀의 스위스인 집사 루이스 챈슨과 여섯 명의 하인, 시녀인 앤 스파크스, 앤의 남편이자 마부 존 스파크스, 가정부 루시 웨브, 요리사 데임 브라운, 유모 세라 호너 그리고 16세의 신입 좌마 기수 존 호너(부엌에서 유령을 봤던 좌마 기수는 그 뒤 죽었다)와 함께 힌턴 앰프너에 남기로 했다.

메리는 이제 부엌 위층 침실에서 잠을 잤는데, 후에 '빨간 놀이방'이라고 불린 이 방이 아이들 방과 좀더 가까웠기 때문이다. 유령들은 방 밖의 복도를 서성거렸다. 메리는 부엌 찬장에서 걸어다니는 것의 정체가 무엇인지 알아내기 위해 찬장을 샅샅이 뒤졌다. 문 밖에서 들려오는 바스락거리는 실크 옷자락 소리도 마찬가지였다. 부드럽게 떨어지는 천이 조용히 스치는 소리가 아니라 "너무 시끄럽게 계속되어서 잠이 들 수 없을 정도"였다.

이와 비슷한 시기에, 그녀는 웨스트 미언에 있는 구빈원의 한 노인으로부터 마을에 전해져 내려오는 이야기를 듣게 된다. 그는 남북전쟁 당시 이 집을 짓는 데 참여했던 목수 한 명을 알고 있었다. 그가 전해준 이야기에 따르면 목수는 휴 스튜클리 경의 지시에 따라 식당의 마룻바닥을 뜯어내고 그 밑에 상자 하나를 숨겼다고 한다. 그런 다음 휴 경은 목수에게 마룻바닥을 다시 봉하라고 명했다.

무슨 이유에서인지—아마도 그들은 지쳤을 것이다—메리의 하인들은 하나둘 집을 떠나기 시작했다. 시녀와 마부는 사직했으며, 앤 스파크스를 루스 터핀으로 교체하려던 시도는, 메리의 말을 빌리자면 그녀의 "정신착란 증세가 단 몇 달을 제외하고는 계속되었기 때문"에 수포로 돌아갔다. 신음 소리나 발자국 소리, 허깨비가 그녀의 정신건강에 도움이 되지 않았음은 물론이다. 결국, 옷 입는 시중을 드는 것과 같은 일은 지역 식료품상의 여동생이 맡게 되었는데, 그러고 얼마 지나지 않아 스위스인 집사도 집을 떠났다. 이즈음, 메리가 런던에서 데려온 하인들은 한 명도 남지 않게 되었다.

메리가 발자국 소리를 들었을 때 그녀는 노란 침실에 있었다. 다시 여름이었고, 힌턴 유령이 좋아하는 삼복더위가 계속되고 있었다. 메리는 침대에 누운 지 30분이 채 지나지 않아 그녀의 침대 끝으로 걸어오는 무거운 발소리를 들었다. 발소리의 주인은 마치 어둠 속을 볼 수 있는 것 같았다. 메리는 너무 놀란 나머지 방을 뛰쳐나왔다. 후에 그녀는 이 발소리에 앞서 누군가 창턱에서 뛰어내리는 소리가 들렸다고 기록했는데, 이는 누군가 1층 창문을 통해 기어 들어왔다는 것을 암시한다. 유모는 메리가 집을 수색하는 것을 도왔지만, 두말할 필요 없이, 아무것도 발견되지 않았다. "이 공포는 그 전의 어느 것과도 비교할 수 없을 정도로 나를 혼란스럽게 했는데, 바로 내 방에서, 내가 말짱히 깨어 있고 침착했던 상태에서 발소리가 그 어느 때보다 또렷하게 들려왔기 때문이다." 메리 리케츠가 위축되거나 겁에 질리기를 거부하고 같은 침실로 다시 돌아가 잠이 들었다는 이야기는 그녀의 성품에 관해 많은 점을 시사한다.

하지만 11월이 되었을 때, 그녀는 침실을 다른 곳으로 옮긴다. 이번에는 홀 위에 있던 친츠 방이었다. 이곳에서 그녀는 음악을 두어 번 들었다고 확신했으며, 한번은 현관문을 매우 둔탁하고 '난폭하게' 세 번 두드리는 소리를 들었는데 이 소리는 그녀를 놀라게 하기에 충분했으며 그녀는 침대맡의 벨을 울려 또다시 성과 없는 수색 작업을 벌였다. 쪼개지는 것 같은 굉음이 너무나 컸기 때문에, 그녀는 누군가 현관문을 억지로 열려고 한다고 확신했다.

크리스마스가 지나고 며칠 되지 않아 중얼거리는 소리가 시작되었다. 깊은 저음의 웅얼거림이었다. 사람들이 말을 하고 있었다. 한두 명이 아니었다. 집의 깊숙한 목구멍에서 나는 소음이었다. "나는 종종 집 전체를 집어삼킬 듯한 공허한 중얼거림을 감지했다. 바람 소리와는 무관했으며, 가장 고요한 밤에도 동일한 크기로 들려왔다"고 메리는 적고 있다.

1771년 2월 27일은 늙은 하녀가 불과 몇 야드 떨어진 힌턴 교회에 매장된 날이었는데, 그날 저녁 메리의 새로운 하녀 엘리자베스 고딘은 죽은 하녀가 쓰던 침대 주위에서 나는 "음침한 신음 소리와 펄럭이는 소리"가 들려와 "태어나서 가장 끔찍한 공포"에 질렸다고 한다. 늙은 하녀는 은퇴 후 그 저택에서 숨을 거뒀으며, 오직 메리 리케츠만이 그날 장례식이 있었다는 것을 알고 있었다. 메리 리케츠는 상황이 악화되는 것을 막기 위해 엘리자베스 고딘에게 이 사실을 언급하지 않기로 결심한다.

다소 우울한 시기였다. 메리 리케츠의 남편은 수천 마일 떨어진 곳에서 가족 묘지를 세우고 있었으며 그녀의 남동생은 지브롤터의 예배당에 최근에 죽은, 가족이 알고 지내던 친구의 기념물을 세우고 있었다. 그리고 곧이어 검은 밀랍으로 봉인된 서한이 도착했다. 메리의 아버지가 스태퍼드셔의 집에서 돌아가셨다는 부고였다. 그리고 불쌍한 엘리자베스 고딘은 전혀 잘 지내지 못하고 있었다. 4월이 되었고, 그녀는 열병으로 침대에 누워 있었다. 그녀는 새벽 두 시에 그녀를 호출하는 안주인의 벨소리에 잠에서 깼다. 복도에서 누구를 보지 못했느냐고, 안주인은 두 개의 닫힌 문 뒤에서 울부짖었다. 메리 리케츠는 20분 동안 누군가 오락가락하는 소리와, 마치 누군가 밀어젖히려고 하는 것처럼 문이 끼익거리는 소리를 듣고 있었던 것이다. 처음으로 그녀는 그녀의 방문과 놀이방 사이에서 한 명 이상의 사람이 살금살금 돌아다니는 것을 느낄 수 있었다.

이들이 창문과 벽난로를 살펴보고 소파 밑을 들여다보며 수색을 벌일 때, 갑자기 이들 뒤에서 노란 침실로 향하는 문이 움직였으며, "마치 문 뒤에 서 있는 사람이 장난치듯" 계속해서 앞뒤로 움직였다. 이들은 놀이방으로 달려가 남자 하인들의 숙소로 연결된 벨을 울렸다. 새로 들어온 집사 로버트 캐미스가 무슨 일인지 알아보기 위해 내려왔다. 하지만 이상한 점은 찾을 수 없었다.

몇 주가 흘렀다. 5월 7일, 메리는 웅얼거림이 커진 것을 느꼈다. "중얼거리는 소리가 유난히 크게 들렸다"며 잠드는 것을 방해받고 있다고 그녀는 불평을 적었다. 그녀는 온 집안을 샅샅이 뒤지면서 돌아다녔다고 묘사했다. 놀이방에서 아이들과 한 시간 동안 잠들었다가, 다시 현관문을 쾅쾅 두드리는 엄청난 굉음에 그녀는 다시 일어나서 아마도 친츠 방으로 되돌아갔을 것이다. 그리고 어느덧 동이 트기 시작하자 원인을 찾을 수 있을까 하는 마음에 침대에서 벌떡 일어나 잔디에 하얀 어스름이 낀 현관을 내려다보았을 것이다. 그리고 여전히 문은 잠겨 있고 빗장은 닫혀 있다는 사실을 재확인했을 것이다.

그녀는 "괴롭고 혼란스러웠다"고 고백하고 있다. 이 시점에서 메리는 모든 일이 기록되고 빠짐없이 목격되도록 하는 데 신경이 곤두서 있었기 때문에, 그녀의 곁을 지키고 증인으로 두기 위해 하인을 그녀의 방에서 자도록 했다. "한여름이 지난 후 소음은 매일 밤 견딜 수 없을 정도로 심해졌다." 소음은 동이 트기 전까지 계속되었으며, 어떤 때는 해가 뜬 이후에도 계속되었다. 그녀는 이제 여러 사람의 목소리를 구별할 수 있었다. 새된 목소리로 말하는 여자가 한 명, 그리고 중저음의 목소리를 가진 남자를 포함해 남자는 두 명이었다. 어떤 밤에는 마치 누군가가 그녀의 사주침대 커튼을 스쳐 지나가는 것 같은 소리가 났다. 음악인 듯 음악이 아닌, "조화로운 음조의 진동" 소리도 들려왔다. 그리고 걸음 소리, 말소리, 노크 소리, 문을 여는 소리, 쾅 닫는 소리가 밤마다 들려왔다.

메리의 오빠가 잠시 힌턴에 머무르기 위해 방문했을 때, 그가 비상식을 용납하지 않는 사람이라는 것을 잘 아는 그녀는 어떻게 해야 좋을지 알 수 없었다. 그녀는 4개월 전 성직자 친구들인 뉴볼트의 수도사 존 부부(그는 윈체스터의 성 모리스 교구 목사였다)에게 비밀을 털어놓은 적이 있었지만, 이제 누군가가 동정 어린 태도로 귀를 기울여주는 것만으로는 충분하지 않았다. 어느 날 아침, 더 이상 참을 수 없었던 메리는 불쑥 입을 열었다.

"지난밤 내 하인들이 오빠를 방해한 것 미안하게 생각해요. 난 하인들에게 침대로 돌아가라고 벨을 울렸어요."

그녀의 오빠는 어리둥절했다. 그는 아무 소리도 듣지 못했다고 말했다. 하지만 메리는 적어도 한밤의 소음에 대해 언급할 수 있었다.

존 저비스가 포츠머스로 떠났을 때, 메리는 그 집에 거주했던 6년을 통틀어 가장 무서운 사건을 겪는다. 밤이 되었고 그녀는 잠이 들었다. 새벽 3시. 메리는 벌떡 일어났다.

"하느님 맙소사! 저 소리 들었니?"

그녀는 같은 방의 이동식 침대에서 자고 있던 엘리자베스 고딘에게 소리쳤다. "아무 소리도 못 들었는데요." 메리는 다시 물었다. 엘리자베스는 더듬거리는 소리를 냈다. 그녀는 공포로 마비되어 있었다. 바로 그 순간, 침실 밖에서 그 일이 일어났다. "마치 무언가 맹렬한 속도로 돌진하고 낙하하는 것처럼 엄청난 굉음이 깊은 곳에서부터 울려 퍼졌다." 그리고 그것은 이내 "날카롭고 끔찍한 비명으로 변했다. (…) 소리는 서너 번 반복되었으며, 땅속 깊숙이 꺼지듯 내려가는가 싶더니 점차 희미해졌다".

아이들과 놀이방에 있던 해나 스트리터[6]도 이 소리를 들었으며 거의 두 시간 동안 충격에 빠진 채로 누워 있었다. 그녀는 이 소리가 마치 누군가 지옥으로 끌려가는 것 같았다고 묘사했다.

존 저비스는 포츠머스에서의 출발이 늦어지고 있었다. 메리는 심한 기침감기를 앓고 있었으며 고열도 내리지 않는 상태였다. 그녀는 냉정을 잃게 될까봐 걱정했던 것이 틀림없다. 이상한 소리는 그녀와 온 집안을 계속 따라다녔다. 그녀의 오라버니가 포츠머스에서 일을 무사히 처리하고 집에 도착한 날, 메리는 자신의 절망적 상황을 숨기려 애썼으나 그와 왕래한 서신에서도 알 수 있듯이 존은 여동생의 지치고 초췌한 모습에 큰 충격을 받았다. 그녀는 몇 시간을 더 버텼다. "그 사건을 알리고 싶은 마음은 굴뚝같았지만, 다음 날 아침까지 욕구를 억눌렀다"고 그녀는 회상했다.

때는 1771년 8월 첫째 주였다.

다음 날 아침, 그녀는 오빠에게 모든 것을 털어놓았다. 그는 타고난 회의주의자였지만, 온 집안이 풍비박산 난 것을 두 눈으로 목격했을 것임이 분명하다. 그녀의 편지를 보면 메리는 이야기를 뒷받침해주기를 바라는 마음에 뉴볼트 가족을 아침식사에 초대한 것으로 보인다. 그녀의 이야기가 끝나갈 무렵 초대된 또 다른 이웃인 러트럴 씨가 도착했고, 이야기의 두 번째 진술이 끝나갈 무렵 러트럴과 저비스는 사기꾼의 소행이 틀림없다고 확신하며 범인을 붙잡기 위해 그날 저녁 밤을 지새우기로 결정했다.

러트럴과 저비스 대위(이 무렵, 저비스는 자신이 지휘하는 부대 HMS 알람을 거느리고 있었다)는 저택의 비밀 통로를 알아냈을 것이라고 여겨지는 지역의 사기꾼들과 최후의 결전을 벌이게 될 저녁이 오기를 기다리며 만반의 태세를 갖췄다. 저비스와 그의 종자 또는 당번병이었던 존 볼턴은 그날 저녁, 체계적으로 집을 수색하며 모든 벽장과 숨을 만한 장소를 샅샅이 확인한 후 집의 모든 출입구를 굳게 잠그고 빗장을 질러 문단속을 철저히 했다. 준비를 마친 저비스는 아무 일도 일어나지 않을 것이라 확신하며 자신의 침실로 돌아갔다. 볼턴과 러트럴은 근처의 친츠 방에 잠복했다가 무슨 일이 벌어지면 그를 깨우기로 했다. "오빠는 경보가 울리면 호출되기로 되어 있었다." 두 남자는 권총으로 무장했다. 모험을 할 수는 없는 일이었다.

그날 밤, 같은 층에서 비어 있는 침실은 하나도 없었다. 아이들은 놀이방에, 메리 리케츠는 엘리자베스 고딘의 방에 있었다. "나는 러트럴이 감시하고 있는 방을 통하지 않고서는 들어올 수 없게끔 뒤쪽 계단에서 그 층으로 연결되는 문에 빗장을 지르고 굳게 잠갔다."

다시 말해, 이들은 집의 한 구역을 완전히 차단했다. 이 방식은 몇 년 후, 유령이 나타나는 지역을 조사하기 위한 기준이 되었고 현재까지도 관행으로 여겨지고 있다.

그들은 오래 기다릴 필요도 없었다.

메리가 누워 있는 방문 밖에서 다시 실크 천이 스치며 버석거리는 소리가 났다. 처음에는 알아채기 힘들 만큼 작은 소리였다. 그녀는 엘리자베스 고딘에게 잠시 앉아 있다가 소리가 계속되면 러트럴에게 가서 알리라고 말했다.

곧이어, 엘리자베스는 "소리를 들었고 그와 동시에 러트럴의 방문이 벌컥 열렸으며 그가 말하는 것을 들을 수 있었다".

러트럴 역시 발자국 소리를 들었다. 그는 방문을 열어 "무언가가 휙 스치고 지나가"자 "거기 가는 게 누구냐"고 외쳤다. 이 소리는 저비스를 깨웠고, 그 역시 발자국 소리가 친츠 방을 향해 점점 다가오는 것을 들었다. 러트럴, 볼턴, 엘리자베스 고딘, 저비스, 메리 리케츠는 모두 같은 소리를 듣고 있었다. 친츠 방으로 향하는 여자의 발걸음 소리였다. 발소리가 점점 가까워지자 저비스가 크게 소리쳤다.

"내 방문을 봐!"

남자들이 복도로 나왔을 때, 그곳에는 아무것도 없었다. 메리 리케츠가 사용하던 방 바로 옆의 계단으로 향한 문 역시 여전히 굳게 잠긴 채였다. 남자들은 하인들이 방에 있는지 확인하기 위해 다락방으로 뛰어 올라갔지만 하인들은 방 안에 있었다. 그 불청객의 방문 이후 다시 침묵이 내려앉은 듯했지만 러트럴과 저비스는 날이 밝은 후 저비스가 마침내 친츠 방으로 돌아갈 때까지 러트럴의 방에 머물렀다.

메리는 다음과 같이 기록한다. "이즈음, 나는 친츠 방의 문이 열렸다가 부서질 듯이 쾅 닫히고, 이어서 홀의 응접실 문이 열렸다가 같은 방식으로 닫힌 것을 기억한다." 메리는 엘리자베스에게 그녀의 오빠가 그런 행동을 했다는 것에 얼마나 충격을 받았는지 이야기한다. 왜냐하면 그녀가 알고 있는 오빠는 "아이들을 놀라게 하거나 방해하지 않기 위해 늘 조심하는 사람"이었기 때문이다. 한 시간 후, 저택의 현관문이 열렸다가 쾅 소리를 내며 세게 닫혔는데 집 전체가 흔들릴 정도였다. 하지만 러트럴이 경험한 것은 이와 달랐다. "나는 저비스가 어떠한 소리도 내지 않았다고 확언한다. 당신이 묘사한 것처럼 열리고 닫힌 것은 당신이 있던 방과 그 옆방의 문이었다."

저비스는 아무것도 듣지 못했다. 하지만 그는 침대에서 처음 잠들었을 때, "끔찍한 신음 소리"를 포함한 출처를 알 수 없는 다른 소리들을 들었다고 다소 소심하게 고백했다.

아침식사 시간이 되자, 러트럴은 이 집이 "어떤 인간이 거주하기에도 부적합"하다고 과감히 선언했다. 가장 경험이 적었던 저비스는 회의적이었지만 집주인에게 연락해야 된다는 데에는 모두가 동의했다.[7] 그날 아침, 메리는 그녀의 친구 뉴볼트 목사에게 편지를 썼다. "오빠는 어젯밤 자신과 러트럴 대위가 들은 것이 무엇이었는지 자연 현상으로는 설명할 수 없음을 당신에게 말해도 좋다고 허락했습니다." 그녀는 "내 보고가 완전히 인정받은 것에 대해 만족"을 느꼈다고 고백했다.

그다음 주, 저비스는 매일 밤 화나고 불안한 표정으로 경계하며 앉아 있었다. 메리는 다음과 같이 기록했다. "당시 나는 한밤중에 내 근처에서 총이 장전되는 소리와, 뒤이은 고통에 찬, 또는 죽어가는 사람의 신음 소리에 놀라서 잠이 깨곤 했다. 이 소리는 마치 내 방과 옆방인 놀이방으로 이어지는 것 같았다." 그러나 아이들과 있던 유모나 보초를 서고 있던 저비스 그리고 추측건대 아이들도 그 소리를 들을 수 없었다.

"한두 명의 사람이 굉장히 큰 소음을 듣는 사건이 몇 차례 발생했다. 하지만 그 근처에서 같은 방향에 있던 다른 사람들은 아무런 소리도 감지하지 못했다." 다시 말해서, 같은 시각 같은 장소에 있던 사람들이 같은 소리를 듣지 못하고 있었다. 이것은 부엌 경험담과 비슷하다. 당시 부엌에 있던 하인들은 각자 위치에 따라 서로 다른 것을 목격했다. 그런데 이 인지적 수수께끼는 이후 근대에 기록된 이야기에서는 흔히 발견되지만, 당시의 문헌에는 알려져 있지 않은 것이었다.

저비스는 밤을 지새웠기 때문에, 낮 시간에 부족한 잠을 보충했다. 어느 날 오후, 메리는 아래층 응접실에서 책을 읽고 아이들은 산책을 하러 나갔을 때였다. 그녀는 그의 방으로 이어진 벨이 다급하게 울리는 것을 들었다. 방으로 달려가보니 저비스는 평소답지 않게 흐트러진 모습이었다. 그는 자신의 침실에서 엄청난 굉음을 들었다고 했다. 마치 "무지막지한 무게의 물건이 천장에서부터 마호가니 서랍장을 지나 바닥으로 떨어지는 것" 같았다. 하지만 아래층에서 다른 하인과 앉아 있었던 그의 하인 볼턴을 포함해 이상한 소리를 들은 사람은 아무도 없었다. 저비스는 더 이상 상황을 의심할 수 없었다.

그는 무슨 일이 일어나고 있는지는 몰랐지만, 그 상황이 꺼림칙하다는 것과 메리가 그 집을 떠나야 한다는 것 그리고 자신이 메리의 이사를 도와야 한다는 것은 확신할 수 있었다. 만약 그가 갑자기 포츠머스로 소환된다면, 영국 해군 중위 니컬스를 보내 여동생을 돌보도록 할 것이었다. 그는 사안의 심각성을 상향 조정하기로 결정했으며, 가족이 위기에 처했다고 판단했다.[8]

저비스는 즉시 자메이카에 있는 윌리엄 리케츠에게 편지를 보냈다.[9] 그는 리케츠를 잘 알고 있었지만, 여전히 편지로 옮겨 적기란 쉽지 않은 일이었다. '민감한 성격'의 사안이었지만, 그렇다고 듣기 편하게 표현할 방법도 없었다.

> 이러한 연유로 저는 4월 2일부터 오늘까지 힌턴 앰프너 저택에서 이상하고 설명할 수 없는 소음이 끊임없이 발생하고 있으며, 귀하의 가족이 이곳에서 한시도 머물러서는 안 된다는 것을 알리는 바입니다. 다행히도 아이들은 무슨 일이 벌어지고 있는지 전혀 모르고 있습니다만. 제 여동생은 이 모든 일을 겪으면서 너무 오랫동안 가슴앓이를 해왔으며 절대적 안정이 필요한 상태입니다.

그리고 그는 그의 사령을 떠난 후 여동생과 함께 머무르지 못한 것에 대해 사죄한다. 하지만 당시 그는 왕의 동생인 글로스터 공작을 이탈리아로 이송하는 임무를 맡았고 회피할 방법은 없었다.[10] 그는 자신의 동서와 상의한 결과 서인도제도에서 서둘러 빠져나올 필요는 없다는 결론을 내린다.(메리가 "이 계속되는 소동에 괴로워하고 있지만 공포에 질려 있지는 않다"고 판단되었기 때문이다.) 하지만 그는 자신의 계획에 시동을 건다. 흥미롭게도, 메리는 이 편지 말미에 직접 메모를 남겼는데 내용인즉슨 "오라버니와 재회한 이후로 내 건강과 기운은 크게 회복되었기 때문에 더 이상 우려할 필요가 없다"는 것이었다. 그녀는 또한 남편에게 재차 확신을 주기 위해, 뉴볼트 목사와 그의 아내 역시 이에 동의한다는 내용의 서명을 하도록 했다.

불면증과 온갖 공포와 동요한 하인들을 다루는 문제를 제외하면, 메리 리케츠는 대체로 꽤 잘 대처하고 있었다. 그녀가 가장 우려하는 부분은 아이들이었는데, 아이들은 놀랍게도 유령을 경험하지 않은 힌턴 앰프너의 유일한 거주인이었다. 흥미롭게도, 그녀 역시 소음이 너무 커서 온 집안을 깨울 정도였을 때 그녀의 어린 기수가 곤히 잠들어 있는 것을 보고 우연히 이 사실을 알아차렸다. 그 집에서 열여덟 살 이하인 사람들은 아무도 괴롭힘을 받지 않았다. 메리는 놀이방 바깥의 '로비'라고 부르던 곳에서 가장 활개를 치는 유령들을 그녀의 아이들이 언젠가 보거나 듣게 될까봐 두려웠다. 결국 그런 일이 발생한다면 아이들에게 굉장히 좋지 않은 영향을 미칠 것이고, 그런 날은 언젠가 오고야 말 것이었다. 그들의 주위를 고요하게 둘러싸고 있는 거품은 오직 거품일 뿐이었다. 왜 유령들은 아이들을 건드리지 않고 있었을까?

당시 스핏헤드에 정박해 있던 HMS 알람에서 저비스가 여동생에게 보내는, 8월 11일 자로 기록된 편지에서(현재 영국 국립도서관에 보관되어 있으며 출판된 적은 없다) 저비스는 흥미롭게도 러트럴의 신뢰성에 대해 의심을 품고 있지만(한 기록에 따르면 둘은 상대방이 소리를 낸 장본인이라고 주장하고 있었다), 그럼에도 그는 "그와 같은 두려운 현장에서 네가 빠져나올 수 있게 되어 매우 기쁘게 생각한다"고 자신의 입장을 표명했다.

그는 나름대로 조사를 했고 햄프셔에서 대대로 전해지는 힌턴 유령에 대한 전설을 파헤친 상태였다. 그는 포츠머스 경비대원 존 블런던과 이야기를 나눴는데, 그는 요리사였던 데임 브라운의 동생이었다. "그는 그 저택에서 지금 들려오는 것과 비슷한 소리에 대한 많은 이야기를 내게 들려줬다. 그의 아버지와 어머니가 언급한 적이 있다고 한다." 블런던 대원은 "스타웰 경과 함께 살았고 이후 월섬에서 화이트 하트를 지켰던" 루크 스텐트에 대해 언급했다. 블런던은 "스텐트는 힌턴 저택에서 겪은 소동에 대해 이야기하도록 설득받을 때마다 그가 목격한 일들로 인한 정신적 고통을 떠올리며 눈물을 흘렸다"고 했다. 이는 스타웰 경이 그 저택에 살았을 때에도 유령에게 시달렸다는 것을 가리키는 듯 보인다. 유령이 출몰하기 시작한 것은 스타웰 경과 그의 처제 호노리아가 살았던 시기를 모두 앞선다.

이후 며칠 동안 화창한 날이 계속되었다. 저비스는 리밍턴에서 떨어진 곳에서 순항하고 있었다. 솔런트영국 본토와 와이트섬 사이의 해협가 물방앗간 연못처럼 잔잔했던 꿈같은 여름의 나날 중 하루였다. 그는 8월 16일 여동생에게 급히 편지를 휘갈겨 썼다. "그 사건을 생각하면 할수록, 결단을 내려야 한다는 확신이 든다. 크리스마스에 저택을 포기하는 것이 적절하다고 판단된다." 그는 저택에 대해 다음과 같이 결론을 내렸다. "일단 그 저택을 떠나게 되면, 다시는 그 집에 발을 들여놓지 말기를 간곡히 부탁한다." 그는 이 소동의 성격과, 왜 메리가 집을 떠나야 하는지에 대해서는 직접적인 언급을 피한 채 현실적인 문제에 집중했다. 메리는 건강을 잃고 있다는 이유만으로도 집에서 나와야 했다.

이틀 후, 메리는 남편에게 다음과 같이 적었다. "지난 몇 년간 힌턴 앰프너의 비슷한 소동을 증언할 사람들이 여럿 있다는 사실을 깜빡 빠뜨렸네요."

남은 것은 세든 집을 갑작스레 떠날 때 세입자로서의 법적 의무에 대한 우려였으나, 이 우려는 곧 사라졌다. 레이디 힐즈버러[11]가 군말 없이 임차계약을 해지해주었기 때문이다. 더턴은 레이디 힐즈버러가 그 저택에 유령이 나온다는 사실을 원래부터 알고 있었다고 말한다. 그녀가 직접 그 일을 경험했든지 아니든지 간에, 그녀는 자신의 아버지 스타웰 경과 이모 호노리아의 유령이 계속 그 집에 나타난다는, 마을에 떠도는 이야기를 알고 있었다. 몇 가지 요소가 4월 2일과 관련이 있어 보였다. 스타웰 경은 1755년 같은 날 응접실에서 뇌졸중으로 사망했다고 전해졌으며, 저비스는 같은 날 마지막 에피소드가 시작되었다고 말한다. 레이디 힐즈버러의, 통풍을 앓았지만 충직했던 대리인 세인즈버리는 세 곳의 마을 교회 문에 힌턴 가에서 여름내 벌어졌던 소동을 상세히 규명하는 자에게 포상금 50기니를 주겠다는 벽보를 붙였는데, 그 후 이 포상금은 60기니로, 곧이어 100기니로 인상되었다. 윌리엄 리케츠와 레이디 힐즈버러가 공동으로 제안한 포상금의 최종 금액은 당시 반숙련 기술자가 받던 연봉의 세 배에 이르는 금액이었지만, 이 포상금을 받겠다고 나서는 자는 아무도 없었다.

1771년 9월 20일. 지난 몇 달 동안, 힌턴 앰프너에 있는, 리케츠 부인이 거주했던 맨션 하우스에서는 악의를 가진 정체불명의 사람 또는 사람들이 종종 온갖 소음을 만들었습니다. 이 벽보는 누구든지 그 범인 혹은 범인들을 발견해 저에게 데려오는 사람 또는 사람들에게, 50기니에 해당하는 포상금을 내릴 것이라 공지하기 위함입니다. 포상금은 피의자들이 유죄 판결을 받을 시에 지급될 것입니다. 또한, 이 소음을 만든 장본인과 연루된 사람은 자신의 공범을 신고할 시에 사면될 것이며, 위에 언급된 포상금이 피의자의 유죄 판결이 내려진 후 지급될 것입니다.

랠프 더턴은 다음과 같은 점에 주목했다.

"그 저택에서 퇴마 수행을 시도했다는 기록은 없다. 리케츠 부인이 주교들과 폭넓은 친분을 쌓고 있었던 것을 생각하면, 그녀가 유령들을 물리치기 위해 이 종교 권위자들을 부르지 않았다는 것은 이상한 일이다."[12]

하지만 성직자들이 메리 리케츠를 도우러 오지 않은 것은 아니었다. 기록 보관소에는 그녀의 이웃 존 호들리가 메리에게 보낸 서한이 보관되어 있는데, 그는 윈체스터 성당의 고문관이자 영국 왕세자의 사제였다. 그는 메리 리케츠에게 최대한 빨리 힌턴을 떠날 것을 당부했는데, 애정이 담겨 있는 이 편지들은 메리 리케츠가 학식이 높은 사람들 사이에서 얼마나 인정받는 인물이었는지 보여준다. 그녀는 "명석한 두뇌와 훌륭한 마음씨를 지녔다". 호들리는 유령에 관해서는 다소 회의적이었다. 『영국인명사전Dictionary of National Biography』의 기록에 따르면 "그는 절친한 친구이자 호들리와 편지를 왕래했던 개릭 그리고 호가스와 함께 셰익스피어의 율리우스 카이사르 작품에서 유령이 등장하는 장면을 저속한 패러디로 만든 적이 있다". 메리를 보호하려는 그의 자세는 감동적이다. 그는 "당신을 불안하게 만드는 사악한 시도"에 개탄하며 "집안의 모든 하인에게 급료를 지불하지 않은 것은 아닌지" 궁금해한다.

메리는 서둘러 집을 떠났으며 알고 지내던 뉴볼츠 가에 머무르기로 한다. 한층 더 권위 있는 친구, 윈체스터 주교는 메리의 온 가족이 울버지성에 있는 자신의 오래된 저택에 살도록 터전을 마련해준다. 그녀가 윈체스터를 떠나려 하자, 성 아사프 주교[13]는 런던에 있는 그의 집을 제공했다. 메리 리케츠는 영국 성공회의 고위직과 친분이 닿아 있었으며, 그녀의 지인은 처음에는 교구 목사뿐이었지만 힌턴을 떠난 지 석 달 만에 그녀는 두 명의 주교와 한 명의 대성당 평의원의 집에 머무르게 되었다. 대성당 평의원의 집에 머무는 동안 그녀는 래드너 경과 포크스턴 경의 방문을 받았다. 그녀의 기록에 따르면 그들은 "유령의 집에서 온 숙녀 분을 만나 뵙기를 희망한다"고 요청했다고 한다. 적어도 몇 개의 모임에서 소문이 퍼지고 있었다.

메리는 마침내 위험이 닿지 않는 곳으로 아이들을 대피시키기 위해 아이들을 미리 윈체스터로 보냈고, 자신은 마을에서 신뢰를 받던 캐미스 가족과 함께 머물며 이삿짐을 정리하기 위해 힌턴에 좀더 남아 있었다. 그녀의 오빠는 그 집에 다시 돌아가지 말 것을 당부했다. 하지만 그녀는 부탁을 듣지 않았다. 그리고 저택은 그녀에게 마지막 작별 인사로 호화로운 퍼포먼스를 선사했다. 어떤 측면에서 이 사건은 가장 소름끼쳤을 것으로 추정되는데, 세부적인 특징이 잘 묘사되어 있지 않기 때문이다.

"그 건물에 되돌아갔을 때, 나는 이내 한 번도 들어보지 못했던 소음의 공격을 받았다. 굉장히 가까이에서 나는 소리였고, 그때 내가 느낀 공포는 이곳에 표현하지 않기로 한다."

이것은 경외할 만한 메리 리케츠가 매우 드물게 인정한 공포였다. 그녀가 들었던 것이 무엇이든지 간에, 너무나 끔찍해서 기록으로 남기지 않는 것이 낫다고 여길 정도였던 것이다. 마치 기록하는 행위 자체가 그것을 보존하는 효과를 낳는 것처럼. 그 소리는 그녀가 죽을 때까지 그녀의 기억 속에 갇히게 될 것이었다.

메리 리케츠가 노년에 접어들었을 때—실제로 그녀는 아주 오래 살았다[14]—그녀는 이 주제에 대해 쉽게 입을 열지 않았다. 그러나 그녀의 자손들을 위해 남긴 여러 이야기 중 하나에 기록을 남겼는데(종이 한 묶음으로 남겨진 이 기록은 현재 영국 국립도서관에 보관되어 있다) 윈체스터 주교에게 그녀가 했던 이야기는 다음과 같다. "나는 로버트 캐미스로부터 귀에 익은 목소리가 창문에서 그를 세 번 부르는 소리를 들었다는 이야기를 들었다. 그것은 다트머스 경[15] 집사의 목소리였다고 한다. 그는 성부, 성자, 성령에 의해 그를 소환했을 것이라고 말했다. 이 집사는 주인의 황금 버클을 훔쳤으며, 다른 부정행위에 대해서도 의심을 받고 있었다." 그렇다. 창문의 유령은 저택의 창문에서 있던 부정직한 집사의 혼령이었다.

이 단편 정보는 1943년 서셰버럴 시트웰의 폴터가이스트에서 처음 대중에게 알려졌다. 여기서 시트웰은 이 사건을 둘러싼 추가적인 기록의 대부분을 다시 만들어냈다. 『나사의 회전』에 영감을 준 것은 힌턴 앰프너 이야기에 대한 단서였다. 그리고 창문의 유령 집사에 대한 자세한 내막을 알고 있었을 유일한 인물은 리케츠 가족과 캐미스 가족 그리고 영국 성공회의 고위 간부들뿐이었다. 『나사의 회전』에서, 죽은 종 퀸트의 타락한 유령이 블리의 창문에 접근하는 장면은 주요 장면 중 하나다.

게다가, 성직자들 사이에서 이 이야기가 회자하고 있었다는 증거가 있다. 프랜시스 윌리엄스 윈[16]의 일기를 보면, 그녀는 귀족들 사이에 구전되었던 이야기를 언급하고 있다. 그녀가 '리케츠 유령 이야기'라고 부르는 1830년 11월 15일에 작성된 여러 페이지를 보면, "성 아사프 주교이자 시플리의 사제인 스트롱 씨가 티퍼드와 그 동네에 있을 때, 같은 방식으로 전해지는 그 전설에 대해 얼마나 자주 들었는지"에 대해 언급하고 있다.

다시 말해서, 메리 리케츠에게 런던 자택을 제공해준 바로 그 아사프 주교는 그 이야기를 그의 사제들에게 들려주기를 좋아했다는 것이다. 한 쌍의 주교가 들려준 이야기가 몇십 년 후 캔터베리 대주교의 귀에까지 들어간 것은 그리 놀라운 일이 아니다. 벤슨 역시 윈체스터와 오랜 관계를 맺은 사이였는데, 일 년에 한 번 그곳에 있는 아들의 무덤에 들렀으며 그의 아내 역시 그가 죽은 후 그곳에서 은퇴했다. 윈체스터를 방문하는 동안, 그는 메리 리케츠가 수년 전 묵었던 바로 그 주교의 궁전에 머물렀을 가능성이 높다.

윈체스터에 안전하게 정착한 메리는 임대가 끝날 때까지 그 대저택을 주시하고 있던 캐미스 가족과 여전히 연락하고 있었다. 로버트 캐미스는 편지에서 레이디 힐즈버러의 대리인인 세인즈버리가 자신의 집에 들러서 그의 어머니에게 '그 소음'에 관한 내막을 자세히 물었다고 밝힌다. 그 뒤 어느 날 밤, 세인즈버리는 저택 감시단을 꾸린다. 그들이 무엇을 찾았는지 또는 들었는지는 모르지만, 유령의 출몰은 벌건 대낮에도 계속되었다.

한번은, 메리 캐미스와 딸 마사는 한낮에 힌턴 저택의 부엌에 있을 때 "엄청나게 큰 끔찍한 신음 소리"를 들었다. 옆방인 가정부 방에서 나는 소리였다. 그리고 또 어떤 날은 오전 11시에 마사가 부엌에서 혼자 바느질을 하고 있을 때 "우레와 같은 뇌성"을 들었는데, 창문이 덜컹거릴 정도였다. 이 소음은 노란 방에서 나오고 있었고, 부엌은 놀이

방 아래에 위치해 있었다.

1773년 3월 8일, 괴성은 잠시 중단되었고, 가족의 일원이나 다름없던 로버트 캐미스는 자신의 어머니의 꿈 이야기를 고용주에게 들려주었다. 그것은 이상하고도 매혹적인 글이며, 18세기 유령의 출몰과 관련된 서민계급의 잠재의식을 들여다볼 수 있는 드문 자료다.[17]

> 그녀는 사흘 중에 하루는 꿈을 꾸었는데, 다락방으로 이어지는 커다란 계단의 층계참에 서 있었고, 꿈속에서 불안해하고 있었으며, 끝없이 주위를 배회하다가 결국에는 같은 곳으로 돌아오는 내용이었다. 어떤 날 꿈속에서 그녀는 C***에서 이어지는 길 위에 있었는데, 은 레이스가 잔뜩 달린 커다란 신발 한 켤레와 장갑 한 짝을 발견했다. 그녀는 그것을 당신에게 가져와서 보여주고는 그 커다란 층계 꼭대기로 가지고 갔다.

리케츠 가족이 저택을 떠나고 레이디 힐즈버러가 다시 소유권을 가지기 전까지의 어느 한 시점에서, 리케츠의 사촌인 조지 포인츠 리케츠(훗날 바베이도스 주지사가 된다) 준장은 가족 중 한 명과 저택 근처에 있는 목초지를 걷고 있었다. 리케츠 가家가 너무 멀리 이사하는 것을 꺼렸던 이유 중 하나는 리케츠 가에서 투자의 일환으로 힌턴의 목장을 임대한 후 가축을 대량으로 사들였기 때문이었다. 두 사촌이 남쪽 작은 방목장 쪽에 있던 그 집을 지날 때, "그 안에서 굉장한 소음이 들렸으며, 그 굉음에 대해 둘 중 한 명은 '다시 장난을 치나 보네, 한번 가서 들여다봅시다'라고 말했다".

저택의 창문은 메리 캐미스가 환기를 시키기 위해 열어놓은 상태였고, 두 젊은이는 그중 하나로 기어올라 유령을 찾기 위해 온 집안을 뒤졌다. "집 안에서는 어떠한 생물체도 찾을 수 없었고, 움직이면서 소음을 일으켰을 만한 물체도 찾을 수 없었다."[18]

일 년 후, 레이디 힐즈버러는 또 다른 가족, 로런스 가家에 다시 집을 세놓을 수 있었다. 그들은 자신들이 세 들어가는 집이 어떤 집인지 정확히 알고 있었던 것처럼 보인다. 로런스 하인들에게는 유령 이야기를 꺼낼 시 해고를 각오해야 할 것이라는 엄명이 내려졌다. 그 후 한 하녀가 노란 방의 복도에서 여자처럼 생긴 유령을 목격했다고 전해진다. 일 년 후, 로런스 가족이 갑자기 한밤중에 아무런 설명도 없이 그 저택에서 도망쳐 나왔을 때, 이상하게 생각하는 사람은 아무도 없었다.

1793년, 스타웰 경은 집을 철거했고, 비바람이 덜 들이치는 장소에 조지아 풍의 사냥용 오두막을 새로 지었다. 언덕 꼭대기 아래, 노랑 벽돌로 만든 정육면체 모양의 오두막이었다. 이 집에도 역시 유령이 나타났기 때문이거나, 또는 단지 불편하거나 구식이었기 때문일지도 모른다. 이유가 어찌 됐든 간에, 아무도 그 집에서 살려 하지 않았다.

하지만 이 오래된 집의 장난은 아직 끝나지 않았다. 집이 철거되면서 상자 한 개가 발견된 것이다. 어떤 기록은 그것이 노란 방 바깥의 복도 마룻바닥 밑에서 발견되었다고 하고, 또 다른 기록에는 1층 바닥 밑에서 발견되었다고 적혀 있다. 상자 안에는 작은 해골이 들어 있었는데, 유인원처럼 보이기도 했지만 인간 아기일 것이라고 추측되었다. 그뿐 아니라 숨겨져 있던 상당한 양의 종이 더미도 발견되었다.[19]

모두의 예상을 뒤엎고, 목사관에서 머무르던 메리 리케츠는 힌턴 앰프너의 마을을 다시 방문한다. 1772년 7월 7일, 그녀는 자신의 인생에서 이 이야기를 끝내기로 결심한다. 그녀는 책상에 앉아 자신이 경험한 일에 대한 상세한 설명을 적어 내려가기 시작했는데, 필체는 그녀가 빠른 속도로 맹렬히 써 내려갔음을, 그리고 당시 심적 동요가 일어나고 있었음을 암시한다. 독자는 바로 그녀의 아이들이었다. 그 사건을 기록하게 된 동기를 명백하게 밝히지는 않았지만, 그녀의 아이들이 자라서 이야기를 듣게 된다면 자신이 완전히 이성적이고 강직한 방식으로 대처했음을 알리는 것이 어머니인 그녀에게는 중요했던 것으로 보인다. 그녀는 특히 하느님의 은혜, 가족을 둘러싸고 있던 '위협과 공포'로부터 자신들을 지켜준 '신의 섭리와 특별한 자비'에 대해 감사함을 표하고 있다. 그리고 자신의 선천적인 정직성을 강조하기 위해 장황한 설명을 덧붙이고 있는데, 정직한 사람들이 으레 그러하듯, 심지어 제3자를 인용하며 "훌륭한 인격자 호들리 고문관의 증언에 따르면 그녀는 진실 그 자체다"라고 주장한다.

이 문서와 그 밖의 다른 문서들은 오랫동안 리케츠 문중에서 보관했고, 가능할 때마다 내용이 추가되었다. 예를 들어 1818년, 메리의 손녀였던 마사 저비스는 이 사건을 조사할 목적으로 유령을 체험했던 마지막 생존자들의 목격담을 수집하기 위해 힌턴 마을을 방문한다. "농장에 있던 루시 캐미스 할머니께 부탁을 드렸다"고 그녀는 기록한다. 루시는 마찬가지로 여생을 보내고 있던 전직 유모, 해나 스트리터를 방문했다. 50년이 지난 후, 또 다른 사건이 드러난다. 루시는 해나에게 그 사건을 기억하는지 물었다. 어느 날 밤 하인들이 모두 잠든 시각, 이들은 식료품 저장실에 앉아 있었다. 그때 갑자기 꽝음이 들렸는데, 마치 '놋쇠로 만든 난로'가 이상하리만큼 격렬한 추진력을 지니고 방 한가운데를 뚫고 떨어지고 있는 것 같았다. "그것은 땅

속으로 가라앉을 때까지 휘릭! 휘릭! 휘릭! 소리를 내며 돌아가고 있었다." 루시는 너무나 공포에 질린 나머지 그날 밤, 침실이 있는 다락방으로 가기 위해 층계를 올라갈 엄두를 내지 못했다. 그녀는 또한 리케츠 부인의 방에서 잠을 자던 어느 날 밤, 둘 다 음악 소리에 잠에서 깼고 "그 소리를 향해 힘차게 걸어가던 누군가의 발소리"를 들었던 것을 기억했다.

가족 보관 문서에 등장하는 또 다른 이야기는 오즈번 마컴이 기록한 것으로, 그는 1821년 마사와 결혼했다. 다음 이야기는 1820년대의 어느 시점에 작성된 것으로 추정된다.

눈에 보이거나 귀에 들리는 존재들이 처음 나타난 것은 리케츠 부인이 힌턴 앰프너의 안주인이 되기 전부터였지만, 부인이 알게 된 것은 집안에 동요가 일어나고도 시간이 흐른 뒤였다. 조지프 시블리(마부)는 당시 그 집에 머물던 하인 중 한 명이다. 어느 날, 다락방의 침대에 누워 있을 때였다. 눈부신 달빛이 방 안으로 쏟아져 들어오고 있었고, 잠에서 완전히 깬 상태였던 그는 칙칙한 빛깔의 코트를 입은 한 남자가 그의 죽은 전 주인이 그랬던 것처럼 뒷짐을 지고 그를 단호한 눈빛으로 내려다보는 것을 보았다.

이 유령을 자세히 한번 살펴보자. 이 유령은 1755년 스타웰 경이 죽은 후, 그의 하인 중 한 명에 의해 목격되었다. 마부는 그가 죽은 스타웰 경이라는 사실을 주인이 늘 취했던 태도에서 알아차릴 수 있었고, 왜 그가 하인 구역에 있는지에 대한 문제는 제쳐두었다. 그는 칙칙한 황갈색 코트를 입고 있었으며, 이것은 격식을 비교적 덜 중시하는 시골에서 당시 하인들이 입던 옷과 흡사했다. 유령이 목격되었던 다른 사례에서 완전했던 형체의 색깔이 수년간의 시간이 흐르면서 빛이 바랬던 것처럼. 이 유령도 점차 희미해져갔던 것일 수도 있다. 따라서 조지 터너가 몇 년 후 복도에서 이 형체를 보았을 때, 그것은 실제로 하인처럼 보였을 것이다. 어느 여름날 저녁 노란 방으로 가던 한 하녀가 그를 다시 목격했을 때, 단순히 갈색 옷을 입은 남자로 보였던 것도 그 때문이었다. 관례상 안주인의 침실로 쓰였던 노란 방에 들어갈 남자 하인은 물론 없을 것이다. 그 하인의 신분이 상승한 것이 아니라면 말이다.

1893년 4월, 심령연구학회 저널 수록용으로 리케츠의 기록을 편집했던 뷰트 경 역시 위와 마찬가지로 생각했던 것이 분명하다. 그는 스타웰 경이 뇌졸중으로 아래층 응접실에서 죽었을 때, "그는 피를 뽑아달라고 울며 애원했지만 주변에 있던 사람들은 마치 그의 죽음을 원하는 듯이 아무도 그의 부탁을 들어주지 않았다"는 것에 주목했다. 부친이 죽은 후 메리 스타웰이 가장 먼저 해고한 하인 중 한 명은 집사 아이작 매크렐이었다. "그가 정직하지 않다는 말들이 있었다"는 메리 리케츠의 의견에 뷰트 경은 주목한다. "만약 그의 부도덕성이 조짐에서 나타난 것처럼 해악을 끼칠 정도였다면 그동안 처벌받지 않고 넘어갔다는 것이 수상하며, 그가 스타웰 경을 뒤에서 조종했을 것이라고 의심된다." 뷰트는 또한 "로버트 캐미스는 그것이 아이작 매크렐의 (…) 목소리라는 것을 알아차렸다"고 언급한다. 세 차례 목격된 칙칙한 색의 옷을 입은 남자는 모두 아이작 매크렐이었던 것으로 여겨진다.

1740년대, 스타웰 경의 아내가 죽었을 때 그의 처제 호노리아가 힌턴 앰프너 저택으로 이사 오게 되었다. 그녀는 아직 젊고 미혼이었으며, 스타웰 경과 부정을 저지르고 그의 아이를 낳았다고 전해진다. 아이작은 스타웰 가문이 추문에 휩싸이는 것을 막기 위해 아기의 목을 졸라 죽인 후, 목수를 불러 아기의 시체를 마룻바닥 밑에 숨겼다고 한다. 일부 사람들은 이 아기가 1793년 집이 철거될 당시 발견된 해골의 주인이라고 주장한다.

당연한 일이지만, 미혼의 호노리아 스튜클리와 스타웰 경은 아이작 매크렐을 유언의 증인으로 내세운다. 당시의 시대적 배경에서, 남작이 일개 하인을 유언의 증인으로 내세우는 것은 흥미로운 일이었다. 하지만 그는 그렇게 했으며, 스타웰 경의 딸이자 다트머스 백작 1세의 넷째 아들인 헨리 레그와 5년 전 결혼했던 메리는 유언을 읽은 즉시 매크렐을 해고했다. 그녀의 행동은 많은 점을 시사한다. 만약 뷰트 경이 추측했던 것처럼 매크렐이 일종의 사건 은폐·조작에 연루되었으며 그 과정에서 이득을 챙겼다면, 그녀의 아버지를 조종했던 그에 대한 그녀의 혐오심이 깊었으리란 것은 충분히 짐작할 수 있다. 아이작 매크렐이 언제 죽었는지는 분명하지 않다. 그는 이 이야기의 여느 등장인물들과 달리, 힌턴 교회에 묻히지 않았으며 유언도 남기지 않았다.

『나사의 회전』에서 여자 가정교사는 영국 남부 카운티의 커다란 시골 저택 블리로 보내진다. 그녀는 한 독신남의 런던 소재 자택에 고용되어 시골에서 아버지를 여읜 후 그가 후견인을 맡게 된 어린 조카 마일스와 조카딸 플로라를 가르치게 된다. 그녀에게 그는 "햄프셔 목사관 출신 시골 처녀의 꿈이나 오래된 소설 속에서나 볼 수 있었던, 심장을 두근거리게 만드는 인물"이었다. 가정교사는 어떠한 상황에서도 아이들의 일로 고용주를 성가시게 할 수 없었으며, 아이들을 보살피는 일을 전담하게 된다. 마일스에게는 한 가지 미스터리가 있었는데 밝혀지지 않은 어떤 범죄로 인해 아이가 공립학교에서 퇴학을 당했다는 사실이었다. 하지만 이내 그녀는 아이들의 순수함에 흠뻑 빠지게 된다.

곧이어 그녀는 악령 퀸트를 보기 시작한다. 그는 처음에는 탑 위에서 그녀를 내려다보고 있지만, 먹잇감을 노리듯 점차 그녀에게 가까워진다. 비 오는 어느 일요일 오후였다. 죽은 퀸트가 희멀건 얼굴과 붉은 곱슬머리를 한 채, 마치 닭장 안을 유심히 살피는 여우처럼 식당 창문으로 안을 들여다보고 있었다. 가정부 그로즈는 유령의 생김새에 대한 묘사를 듣고 그가 퀸트임을 알아챈다. 그리고 아이작 매크렐이 힌턴 창문에 나타났던 것처럼, 그 역시 창문가에서 목격된다. 그리고 칙칙한 색깔의 코트를 입은 유령의 경우에서처럼, 그가 누구인지에 대한 의문이 제기된다. 그 역시 주인의 옷을 입고 있었기 때문이다. 헨리 제임스는 이 정체성의 혼란을 『나사의 회전』의 기본 뼈대로 만든 것으로 보인다. 하인이 주인의 옷을 입으며 사회적 관습을 뒤엎는다. "그는 한 번도 모자를 쓰지 않았지만 유령은 쓰고 있었으며, 조끼 몇 개도 사라져 있었다"라고 그로즈는 가정교사에게 말한다. 독자 여러분은 매크렐이 주인의 황금 혁대를 훔쳤던 것을 기억할 것이다.

매크렐은 1750년 8월, 글로스터의 기록에서 그의 주인 스타웰 경과 게이트하우스 씨가 토지 임대계약에 서명하는 장면에 다시 등장한다. 그는 변호사와 비슷한 권한을 지녔던 것으로 보인다.

이외에도 『나사의 회전』에는 전직 가정교사였던 미스 제셀의 유령이 등장한다. 그녀가 퀸트와 일종의 불경스러운 성적 동맹 관계를 형성해 아이들에게 마수의 손을 뻗친다는 설정이다. 제셀의 유령이 나타나기 시작했다. 가정교사는 퀸트와 미스 제셀이 어떤 말할 수 없는 방식으로 아이들을 노린다는 생각에 사로잡혔다. 이들은 포식자이자 소아성애자 유령들이었다. 그녀는 아이들도 이 유령들을 볼 수 있다고 확신하며, 이를 부인하는 아이들의 말을 믿지 않았다. 결국 그녀의 광기는 극에 달했고, 창문 밖에 퀸트 유령이 보인다는 자백을 받아내기 위해 아이들에게 극도의 심리적 압박을 가한 결과 어린 마일스는 심장마비로 숨을 거둔다.

호노리아는 1754년 죽었으며, 그로부터 수개월 후인 1755년 스타웰 경 역시 숨을 거둔다. 그의 딸은 집사를 해고했다. 이후 그녀가 얼마나 그 집에 오래 머물렀는지는 알 길이 없지만, 그녀의 남편은 국무로 바빴기 때문에 햄프셔에서 오래 머무르지는 않았을 것이다. 그녀는 자신의 이복 여동생이 마룻바닥 아래에 매장되었다는 소문을 들었을 것이다. 그리고 남동생 스튜클리 스타웰도 11살에 죽었기 때문에 이 소문은 그녀에게 더욱 불쾌감을 주었을 것이다. 웨스트민스터 학교에는 1731년 8월 15일 첫 등교한 후 2개월 만에 천연두로 목숨을 잃은 남동생을 기리는 명패가 세워져 있었다.

수십 년이 지난 후, 이 이야기는 리케츠와 스타웰 가문의 가슴속에서 희미해져갔다. 하지만 이야기는 대중 사이에서 다시 수면 위로 떠오르려 하고 있었다.

1830년 11월 15일, 여행가이자 작가이며 사교계의 명사였던 웨일스 귀족의 딸 프랜시스 윌리엄스 윈은 일기에 이 이야기를 적었는데, 1864년 출판되었을 당시 많은 독자층을 확보했다.

휴스 부인은 그녀가 어렸을 때 귄 부인이 직접 목격하거나 들은 것을 이야기로 들려준 것을 토대로 리케츠 가 유령 이야기의 내막을 글로 적고 있다고 내게 말한 적이 있다. 이 이야기는 넌지시 언급되었으며, 그녀의 고모는 이야기를 중단시키며 아이가 잠자리에 들 때까지 기다리겠다고 간청했다. 하지만 이야기를 멈출 수 없었고, 잠자리에 들라는 명이 떨어지자 휴스는 커튼 뒤에 몸을 숨기는 데 성공했다. 쉰 목소리가 등장하는 지점까지 이야기가 진행되도록 그녀는 발각되지 않았는데, 이 부분에서 그녀는 극도의 공포가 처벌에 대한 두려움을 넘어선 나머지 숨어 있던 곳에서 뛰쳐나오다가 그만 넘어져서 코방아를 찧고 말았다.

여기서의 휴스 부인은 회의적인 월터 스콧이 1830년『악마론에 대한 글Letters on Demonology』에 실은 이야기를 들려주었던 바로 그 휴스 부인이며, 또한『잉골즈비 전설Ingoldsby Legends』의 작가 리처드 바럼에게 이야기를 들려준 휴스 부인과도 동일인이다. 대중에게 공개된 버전의 이야기의 출처를 세 번이나 제공한 그녀는 스스로의 힘으로 작가가 되었던 그 메리 앤 휴스다. 그녀는 어핑턴 교구 목사[20]의 아내였으며『톰 브라운의 학창 시절Tom Brown's Schooldays』저자의 할머니이기도 하다.(그녀의 남편 토머스 역시 바럼처럼 한때 런던 세인트 폴 성당의 수사 신부였다.)[21]

리케츠의 기록에 대해서는 짐작조차 하지 못한 채로 스콧은 존 저비스의 역할이 충격적이라 여기면서도 이 이야기를 하인들의 잡담으로 치부해버린다. 그는 거들먹거리는 태도로 "성 빈센트 경이 1등급 선원의 유명한 자질 중 하나인 미신을 믿는 경향에 어느 정도 물들었던 것은 아닌지"를 의심했다.

메리 권은 구술사로서의 힌턴 유령 이야기에 가족 외 출처를 제공한 인물로 보인다. 1870년에 무심코 튀어나왔던 이야기의 또 다른 버전이 있었는데, 이것은 『리처드 바럼의 일생과 편지The Life and Letters of Richard H. Barham』에 수록되었다. 이 단계에서 이야기의 디테일은 컬러풀하게 채색되었다. 이름의 철자는 잘못 표기되었고 기본적인 사실조차 다르게 꾸며졌다. 권은 마룻바닥이 폴터가이스트에 의해 뜯겨져 나가는 소리를 들은 것으로 바뀌었고, 메리 리케츠 부인이 자신의 침실에서 발자국 소리를 들었을 때 그녀를 돕기 위해 달려간 것으로 묘사되었다. 윌리엄스 윈 버전에서처럼, 이름과 세대가 뒤죽박죽되었다.(둘 모두 이야기에 등장하는 악랄한 대지주로 형편없는 난봉꾼 헨리 레그를 지목하지만, 모든 증거와 정황은 그것이 그의 장인 스타웰 경이었다고 말해준다.) 또 다른 전형적인 생략으로는 17세기에 마룻바닥에 상자를 숨겼던 스튜클리 가의 이야기를 빌려와 근대의 발정 난 귀족들과, 그들 사이에서 태어난 사생아를 사악한 집사와 공모해 처리하는 이야기에 입힌 것을 들 수 있다. 스튜클리의 서류 상자는 아기의 관으로 둔갑했고, 들려온 소리는 범죄를 덮기 위해 마룻바닥이 뜯기는 소리로 바뀌었다. 마룻바닥 아래에 아기의 시체를 숨기는 이야기가 앞뒤가 맞지 않는다는 점을 지적하는 사람은 아무도 없었고, 이로써 민간 전승 신화가 완성되었다.

리케츠 가문의 자손들은 가족의 사적 이야기가 공개적으로 갈퀴질 당하는 방식에 경악했다. 리케츠 가족은 실화를 알고 있었다. 이들은 가족 모임이 있을 때마다 분명 사실을 기록한 문서를 서로 돌려가며 읽고 이것에 대해 조용히 그리고 신중한 토의를 거쳤기 때문이다.

메리 리케츠의 증손녀인 윌리엄 헨리 저비스 여사는 이 이야기가 세 차례에 걸쳐 책으로 출간되자, 마침내 공적인 개입을 결심한다. 그녀는 메리 리케츠의 이야기를 기록한 두 권의 책을 고모와 각자 한 권씩 보관하고 있었기 때문에 자신이 이야기의 진실을 지켜야 한다는 책임감을 느꼈다. 그녀는 『젠틀맨스 매거진』에 연락했다. 때는 1871년 11월, 그녀의 증조할머니가 유령들이 쿵쾅거리는 랜턴 쇼가 벌어지는, 마치 불쏘시개와 같았던 힌턴 앰프너에서 도망쳐 나온 지 100년 하고도 3개월이 지난 후였다.

『나사의 회전』은 1898년에 출판되었다. 리케츠 흉가에서 허깨비가 나타나는 것은 부차적인 일이었기 때문에(유령이라고 할 만한 것을 목격한 것은 하인들뿐이었다), 그리고 남자 유령은 집사가 아닌 스타웰 경이라고 추정되었기 때문에, 아무도 리케츠의 유령의 집과 헨리 제임스의 단편소설을 연관 짓지 않았다. 책이 출간된 후, 제임스가 그의 일기와 책의 서문에 이야기의 기원이 기독교적인 궁전이라고 밝혔음에도 불구하고, 이야기의 출처는 언제나 커다란 미스터리로 남아 있었다.

캔터베리 대주교는 이 단편소설이 출판되기 전에 죽었으며, 그의 아내와 아들 E. F. 벤슨은 자신의 아버지가 그와 조금이라도 유사한 유령 이야기를 들려준 적이 없다고 주장했다.[22]

『나사의 회전』은 어떤 알려진 이야기를 근거로 하고 있는 것이 아니며, 런던 남부 애딩턴의 대주교 집에서 1월 어느 저녁에 소개된 경험담이 1770년대 햄프셔에서 벌어진 비밀스러운 사건과 몇 가지 측면에서 부합한다는 것이 학계의 일반적 시각이다. 왕족의 고위층에서도 이 이야기와 이 유령을 목격한 사람들을 알고 있었다는 것을 감안하면, 캔터베리 대주교도 이 이야기를 알고 있었을지도 모른다는 사실은 그리 놀랍지 않다.

어쨌든 헨리 제임스가 쓰고 있었던 것은 유령 실화로 추정되는 것이 아닌 소설이었다. 특히『나사의 회전』은 유령이 가정교사의 생각인지 아니면 실제로 존재하는지가 불분명하다는 것이 핵심이기 때문이다. 제임스가 대주교로부터 이야기를 전해 듣기 전부터 이 이야기의 요소들을 알고 있었을 가능성도 있다. 그의 형이었던 윌리엄 제임스가 초심리학의 선구자였으며 미국 심령연구학회의 창립자였다는 것을 감안하면 헨리는 대주교 벤슨과의 저녁식사보다 20개월 앞선 시점에 이미 SPR 저널 1892년 11월호에 수록된 힌턴 유령의 이야기를 알고 있었을 가능성이 높다.

하지만 대주교가 들려준 이야기에 기대볼 수 있을 것이다. 이 이야기에는 섹스 스캔들의 표면 아래에 남자 유령과 여자 유령이 등장했을 것이다. 그리고 또 다른 여자는 이들의 포식을 친필로 기록한다. 매일 밤, 유령들은 놀이방의 문간에서 서성인다. 여자는 유령들의 끔찍한 영향으로부터 아이들을 보호하기 위해 필사적으로 노력한다. 하인은 창문가에서 배회한다. 여자 유령은 실크 자락을 끌며 지나간다.

오늘날의 관점으로 바라본 이 유령 현상에 대한 현대적 분석은 무엇일까? 서셰버럴 시트웰과 해리 프라이스는 이 이야기를 폴터가이스트 범주에 넣었지만, 현재까지 알려진 폴터가이스트 유령의 스펙트럼과 완전히 일치하지는 않는다. 물건이 움직이거나 벽을 통과했다는 기록이 없으며, 물건이 난데없이 나타나지도 않았다. 또한 폴터가이스트의 전형적 현상인 즉흥적인 불꽃이나 누수 현상도 없었다. 열 살이 되지 않은 아이들은 폴터가이스트의 초점 인물이 되기에는 너무어리며, 하인들은 교체되었기 때문에 어린 하인들 역시 초점 인물이 될 수 없다. 실제로, 폴터가이스트 현상에서 아이들이 폴터가이스트를 인지하지 못하는 것은 거의 전례가 없으며, 이는 메리 리케츠 본인이 초점 인물이었을지도 모른다는 것을 암시하기도 한다.

여기서 작용하고 있는 요소는 네 가지다. 한 번도 함께 있는 것이 목격되지 않은 두 개의 유령, 발자국 그리고 더욱 불가사의한 소리들. 여자 유령은 계단과 주 침실 바깥 복도에서 들린 실크 천이 바스락거리는 소리 및 발자국 소리와 관련이 있었던 것이 분명해 보인다. 그녀의 모습은 단 한 차례, 늦은 오후 하인들의 방에서 또렷하게 목격되었다. 남자 유령은 앞쪽 복도, 침실 그리고 하인들 구역에서 목격되었다. 실크 천이 스치는 소리를 동반하지 않은 발자국 소리는 그의 것이었다.

여자는 호노리아 스튜클리였던 것으로 추정되며, 그녀는 1754년 12월에 사망했다. 남자는 스타웰 경 또는 그의 하인 아이작 매크렐이거나, 혹은 비슷한 옷을 입었던 둘 다였을 것으로 추정된다. 스타웰은 1755년 4월 17일 매장되었다. 광범위한 수색이 진행되었지만, 매크렐 자신이 언제 죽었는지 그리고 언제 땅에 묻혔는지에 대해 아무것도 밝혀진 것이 없었다. 두 명의 남자와 한 여자가 대화하는 소리는 스타웰, 매크렐 그리고 호노리아였을 것으로 추측된다.

한번은 음악소리가 들렸다. 그리고 유령의 속삭임이 있었다. 이 소리들은 대부분 컸고 불가사의했다. 문을 쾅 닫는 소리, 신음 소리, 집이 흔들리는 소리, 총 쏘는 소리, 포탄 소리 그리고 천장을 통해서 엄청나게 무거운 물체가 마치 재앙을 몰고 오듯이 떨어지는 소리. 객관적인 시각에서 이 소리들의 기원은 1644년, 체리턴이 포위되었을 당시가 아닌지 의심해보지 않을 수 없다. 독자들 역시 포탄이 발사된 후 휙휙 돌며 아래로 곤두박질치는 포환의 소리를 떠올릴 수 있을 것이다. 그리고 현관문을 힘으로 밀어젖히는 소리, 방마다 수색하는 소리, 총상을 입은 남자의 고통에 찬 신음 소리. 이 소리는 마치 의회군이 왕당파를 찾아 집안에 들이닥치는 소리와 유사하다. 우리가 아는 바로는 스타웰 경의 조상 중에는 비록 집 안에서는 아니었지만, 당시 포로로 잡힌 사람이 있다. 그렇다면 당시 힌턴에는 누가 있었을까?

메리 리케츠와 상당히 유사한 일종의 전조에서, 남편이었던 휴 스튜클리 경과 최근 사별했던 세라 스튜클리는 전쟁이 일어날 당시 세 명의 어린 자녀와 그 저택에 살고 있었다. 리케츠와 마찬가지로 스튜클리의 장남도 여섯 살이었다. "불운한 레이디 스튜클리는 29일 아침 10시에 시작된 전투를 저택의 창문을 통해 특별관람석에서 지켜보았을 것이다"라고 랠프 더턴은 적고 있다. 매년 유령이 나타나기 시작하는 4월 초는 스타웰 경의 죽음과 언제나 맞물려 있었지만(정확히는 4월 둘째 주), 사실 유령의 등장은 3월 29일 전투의 기념일과 관련이 있었을 가능성이 더 높다.

소문을 퍼뜨린 것은 호노리아가 아니라 그녀의 할머니였을 것이다. 세라는 골수 왕당파였다. 포위된 지 2년이 지난 후 그녀는 윌리엄 오글 경과 결혼했는데, 그는 체리턴 전투와 거의 비슷한 시기에 왕을 위해 윈체스터를 방어했다. 그녀는 위층에 머물렀을 것이고, 아이들도 위층에 있었을 것이다. 그녀는 친츠 방에서 전투의 대부분을 지켜보았을 것이다. 램버러 길에는 핏물이 강처럼 흘렀다고 전해진다. 비록 참전자 2만 명 중에서 사상자는 2000명 미만이었다고 하더라도 말이다. 이 전투는 런던으로 행군하겠다는 찰스 1세의 야망에 종지부를 찍게 했다.

리케츠 가의 아이들이 전투 소리를 듣지 못했던 것은 유령이 된 세라가 자신의 아이들을 보호했던 것처럼 리케츠의 아이들을 보호했기 때문이다. 하지만 그와 동시에 이들은 크롬웰 지지자였던 장교의 증손주였고, 이들을 제외한 집안사람 중 그 누구도 유령의 영향에서 벗어날 수 없었다.

그렇다면 힌턴 앰프너 유령 체험자들의 운명은 어떻게 되었을까?

킴프턴의 러트럴 장군(그는 후에 아일랜드 해방 역사에서 악마적 인물이었던 형이 사망한 후 카햄프턴 백작 3세가 된다)에게는 앤이라는 여동생이 있었는데, 그녀는 그가 힌턴 유령 사냥에 나서고 불과 몇 주 후인 1771년 10월, 컴벌랜드 공작인 조지 3세와 비밀리에 결혼식을 올린다.[23]

러트럴 장군은 후에 국회의원이 된다. 그는 미국 식민지에 대한 정부 정책에 찬성하지 않았으며 따라서 그의 형과는 매우 달랐던 것으로 보인다. 그의 형은 앙숙이었던 존 윌크스와 영국 민주주의 역사상 가장 악명 높았던 것으로 손꼽히는 전투를 벌인다. 1771년 그날 새벽, 러트럴이 왜 힌턴 앰프너 저택에 있었는지에 대한 수수께끼는 저비스 장군이 천식 치료를 위해 글로스터 공작을 이탈리아로 데려가고 있었다는 사실을 떠올리면 금세 풀린다. 힌턴 유령 감시단으로부터 8주 후, 러트럴과 컴벌랜드 공작은 메이페어에서 비밀리에 치러진 결혼식으로 인척 관계가 된다. 아마 그는 마찬가지로 비밀리에 결혼식을 올렸던 글로스터 공작에게 곧 결혼식이 있을 것이라는 뉴스를 전했을 것이다.

힌턴 저택이 인간이 살기에 부적합한 곳이라는 사실을 세상에 알린 사람은 유령의 소리를 직접 듣고 유령이 스쳐 지나가는 것을 잠깐 목격했던 러트럴이었으며, 계단 위의 목격자 중 목소리를 낸 사람은 그가 유일했다. 저비스는 미국 독립전쟁 당시 영국해협에서 프랑스 함대를 차단하기 위한 전투에 참여했으며, 이것은 또 한 명의 주인공, 힐즈버러 경이 초래한 부분도 있다.[24] 1768년 10월, 메리 스타웰이 그와 결혼식을 올린 장소는 흥미롭다. 바로 캔터베리 대주교의 집, 램버스 궁전이었던 것이다.

그리고 세 아이는 어떻게 됐을까? 기록 보관소에는 호들리가 두 소년 에드워드와 윌리엄 헨리에 대해 언급한 편지가 보관되어 있다. 그는 편지에서 1770년대, 윈체스터 학생이었던 두 소년이 마을을 배회하는 것을 목격한 그는 이들의 머리 길이가 해로 학교의 단정치 못한 남학생들 사이의 유행을 따라한 것 같다며 농담처럼 불평을 늘어놓고 있다. 1773년 5월 12일 자로 기록된 또 다른 서한에서 그는 메리의 '어린 아들'에게 접종을 했는지 묻고 있다.[25] 이즈음, 메리는 힌턴에서 그리 멀리 떨어지지 않은 롱우드의 영지로 가족과 함께 이사했으며 이곳에서 그녀는 꽤 오랜 시간을 보냈다.

아버지의 이름을 따서 윌리엄 헨리라고 불린 첫째 아들은 태어난 지 2개월이 되었을 무렵 힌턴에 도착한다. 그는 1793년에 결혼했지만 그의 아내가 랭커셔 국방병의 장군과 불륜을 저지른 것을 알게 된 후 1799년 의회제정법에 의거해 이혼한다. 그는 다른 여성과의 사이에서 몇 명의 자식을 낳지만, 그 여성과 결혼하기 전인 1805년, 해군 침수 사고로 목숨을 잃는다. 그의 남동생 에드워드는 1790년 결혼하지만 아내가 캐번디시 스퀘어의 테일러(에드워드는 그를 상대로 제기한 5000파운드짜리 소송에서 승소했다)와 눈이 맞아 도망가자 역시

1798년, 의회제정법에 의해 이혼한다. 영국 전체 이혼 건수가 연간 10건에 불과했으며 이혼소송에 따른 재정적 부담이 엄청났던 시대에, 한 가족이 겪은 것 치고는 높은 이혼율이다. 에드워드는 후에 그의 삼촌으로부터 유산과 함께 작위를 물려받았으며, 이 작위는 결국 사라졌다.[26]

13세에 해군에 입대했던 존 저비스는 함대의 제독 위치까지 올랐다. 그는 포츠머스 부두를 기계화하는 등의 개혁을 일궈냈다. 그는 또한 혹독한 원칙주의자였다. 아침 해가 뜨기 전에 갑판을 걸레질하도록 제군을 훈련시켰으며, 일요일마다 반란자와 남색자들을 처형하도록 했다.[27] 하지만 그는 그의 기함 HMS 빅토리를 넬슨 제독이 트라팔가르 해전에서 쓸 수 있도록 건네준 것으로 가장 잘 알려져 있다. 그는 응접실 문 뒤에서 허깨비를 볼 만한 인물이 아니었다.

힌턴의 '미스터리'를 풀지 못한 것은 그에게 한으로 남아 있었다. 지금까지 그는 단도직입적으로 회의적 노선을 취했다고 여겨져왔다. 하지만 영국도서관에 보관된 미공개 편지에 의하면, "하인들의 결백을 입증하고 문 밖에서 어떠한 속임수도 불가능했다는 내 믿음을 증명하는 것은 명백한 의무라고 생각한다. 그 외의 내 진짜 감정이 무엇이든지 간에 공식적인 의견을 제공하지 않기로 한다"고 적혀 있다. '공식적인'이라는 단어는 저비스가 나중에 덧붙인 것이다.

그의 여동생이 집에서 이사를 나온 뒤로부터 시간이 한참 흐른 후, 1771년 피사에서 보낸 쪽지에서 존 저비스는 여동생을 압박하고 있었다. "HRH는 힌턴 유령의 대가이며 내 이해관계와는 별개로 나는 그의 이름으로 모든 구체적 정황을 듣기를 희망한다."[28] 그다음 해, 그는 "글로스터 공작은 내가 힌턴 미스터리에 대해 더 들은 게 없는

지 종종 물어보며, 네가 겪은 고통에 대해서도 깊은 관심을 보이고 있다. 소동의 원인이 명백하게 밝혀짐으로써 네가 겪은 고통이 하루라도 빨리 끝나기를 간절히 바란다"고 적었다.

하지만 그의 바람은 이루어지지 않았다. 힌턴에서의 경험이 그의 성격에 어느 정도로 영향을 미쳤는지, 그리고 이후에 무질서와 하극상에 대해 격렬한 혐오를 갖게 된 것이 그의 마음을 갉아먹고 있던 미해결 미스터리와 관련이 있는지는 흥미로운 문제다.

말년에, 그는 힌턴의 유령 이야기가 언급될 때마다 '격노했다'고 전해진다.

5장

카인드 오브 아메리카

A Kind of America

> 유령은 어쩌 됐든 인간 또는 인간의 일부이며,
> 따라서 정서적 자극의 영향을 받는다.
>
> ─한스 홀처

1665년 2월,[1] 조지프 글랜빌은 워릭셔에 있는 레이디 콘웨이의 대저택에 도착했다. 글랜빌은 신 왕정복고 계층에서 존경을 받고 있으며, 플리머스에 사는 청교도 부부의 영리한 아들이었다.[2] 레이디 콘웨이는 전 영국 하원의장의 병약한 딸이었다. 콘웨이의 오빠들은 런던에서 막대한 영향력을 지닌 기득권층에 속해 있었다. 하지만 화이트홀(런던에서 관공서가 많은 거리)의 교섭은 그녀의 관심 분야가 아니었다. 레이디 콘웨이의 흥미를 끈 것은 유령이었다.

저택에 모여든 다른 인사들, 정확히 말해 그해 2월 래글리의 서재에 모인 사람들[3] 중에는 케임브리지 철학자와 신新플라톤주의자인 헨리 모어, 화학자이자 근대 실험과학의 아버지 로버트 보일이 포함되어 있었다. 이 모임이 얼마나 자주 있었는지는 알 수 없으며, 수많은 편지가 왕래된 후 단 한 차례의 모임만 가졌을 수도 있다. 그럼에도 알려진 바가 거의 없는 이 모임은 이후 수년간 영국 국민의 초자연 현상에 대한 관점을 형성하는 토대가 되었으며, 이 모임을 바탕으로 쓰인 글랜빌의 책 『새듀시스무스 트라이엄파투스Saduscismus Triumphatus』는 1692년 매사추세츠의 세일럼 마녀재판이 진행되는 데 상당 부분 기여했다.[4]

앤 콘웨이는 잘 알려지지 않은 동시대의 인물 중 한 명이다. 당시 그녀는 꽤 존경받던 철학자였다. 그녀는 아버지가 세상을 떠난 후 수 개월이 지난 1631년 크리스마스를 몇 주 앞두고 태어났다. 그녀가 태어난 자코비언 벽돌집은 후에 왕족의 소유가 된 뒤 켄싱턴 궁전[5]이라는 이름이 붙는다. 아버지가 부재했던 어린 시절, 그녀는 오빠들에 의해 응석받이로 키워진다. 당시로서는 드물게 앤은 자신이 원하는 방식으로 교육받을 수 있었는데, 건강이 좋지 않아서 몇 달씩 침대에 누워 지냈기 때문일 것이다.

앤은 19세에 콘웨이 자작 에드워드 3세와 결혼했다. 이들의 농지와 삼림지대는 스트랫퍼드온에이번영국 워릭셔주 남서부에 위치한 도시에서 그리 멀지 않았고, 에드워드는 그녀가 지적인 추구를 계속하고 당대의 지식인들과 교류하도록 적극 장려했다. 그는 또한 그녀의 지독한 편두통을 치료하고자 아일랜드와 영국, 유럽 본토에서 온 의사와 기도 치료사들에게 적지 않은 돈을 지불했다.[6] 아마도 사춘기 시절 그녀는 의학계에서 주목받는 인물이었던 친척 윌리엄 하비[7]로부터 검사와 치료를 받았을 것이다.(우연하게도, 마법에 대한 그의 회의적 태도는 1634년 7월 랭커셔 마녀들에 대한 혐의의 대부분이 기각되는 데 중요한 역할을 했다.)[8]

글랜빌이 앤 콘웨이를 처음 만났을 때 그의 앞에 나타난 것은 자신의 외아들을 앗아간 천연두의 흉터로 얼룩진 여인이었을 것이다.

그녀는 조용하고 어두운 방에서 너무 오랜 시간을 보낸 탓에 핼쑥했고, 구토증으로 얼굴이 누렇게 떴으며, 멈추지 않는 신경증적 외상으로 인해 망치로 두들기는 것 같은 두통에 시달려 한쪽 눈이 약간 꺼져 있었다. 초자연적이고 묵시적인 현상에 대한 그녀의 관심은 자신의 질병에 대한 형언할 수 없는 공포로 인해 더욱 날카로워져 있었다.

그녀는 글랜빌의 친구 헨리 모어와 2년간 편지를 왕래해오고 있었다. 계급과 성별이 달랐음에도 콘웨이는 케임브리지 학계와 가깝게 지내고 있었다. 그녀는 이 서신 교환을 통해 박사과정에 견줄 만한 교육을 받을 수 있었는데, 이 과정은 보 거리에 위치한 집의 주소를 이용해 비밀리에 이루어졌다. 그녀는 이미 글랜빌과 유령에 대한 그의 관심을 알고 있었다.

앤 콘웨이 앞에 나타난 남자는 편안하고 매너가 있는, 생각보다 괜찮은 멋쟁이였다. 그의 각진 얼굴과 큰 체구 그리고 약간 놀란 듯한 표정으로 살짝 올라간 눈썹은 지식인보다는 농부 같은 인상을 풍겼다. 어딘가 못마땅한 것처럼 입꼬리가 살짝 올라간 음각 초상화 속 모습이 오늘날 가장 잘 알려진 그의 모습이다.

글랜빌은 래글리 서클에 참여하면서 평소에 관심을 가졌던 유령과 마녀에 대한 책을 쓰겠다는 결심을 굳히게 된다.[9] 1665~1666년 사이에 그는 모어와 보일과 편지를 왕래하면서 그가 신뢰할 만하다고 여긴 다양한 출처로부터 유령 이야기를 수집하느라 바빴으며, 레이디 콘웨이는 그를 위해 아일랜드에서 이야기를 수집했다. 래글리 회원들[10]이 듣고 싶어했던 것은 그가 직접 경험한 초자연적인 현상들, 즉 신뢰할 만한 신학자가 본 유령 이야기였다. 그의 유령 이야기는 몇 년 전으로 거슬러 올라간다.

영국의 고스트헌터 장군 조지프 글랜빌.

서머싯의 프롬으로 이사를 갔을 때 글랜빌은 1650년대부터 마녀들을 처형하는 데 유별나게 활동적이었던 치안판사 로버트 헌트와 친분을 쌓는다. 글랜빌이 그의 교구로부터 멀리 떨어져 있지 않은, 햄프셔와 윌트셔 사이 경계 지역에 흉가가 있다는 이야기를 들었을 때 그리고 그 현상이 주술로 인해 발생했다고 들었을 때, 그는 자신의 눈으로 직접 확인하기 위해 그 집에 초대받으려 노력했다.

1661년 3월, 지역 유지이자 민병대 장교였던 존 몸페슨은 윌리엄 드루어리의 사건에 개입하게 된다. 드루어리는 지역 순경에게서 돈을 뜯어내기 위해 위조 서류를 이용했으며, 북을 이용한 길거리 공연으로 돈을 구걸해 골칫거리가 되고 있었다. 몸페슨은 그를 직접 취조했지만, 드루어리는 자신의 서류가 진짜라는 주장을 굽히지 않았다. 에

일리프 대령의 것이라고 추정되는 날인이 위조된 것이라는 사실을 몸페슨이 알고 있었음에도 불구하고 말이다.(그는 에일리프 대령과 아는 사이였고 그의 서명을 식별할 수 있었다.) 몸페슨은 민병대 장교로서의 임무를 수행했고, 드루어리는 경찰에 넘겨졌다. 여러 절차상의 이유로, 이 떠돌이 땜장이의 북은 테드워스에 있는 몸페슨의 집에 보관하게 되었다. 몸페슨과 그의 아내, 세 명의 아이와 홀어머니가 살고 있는 이 집은, 몸페슨이 머지않아 후회하게 될 환경이었다.

4월 런던에서 돌아온 그는 자신의 집이 명백하게 절도 행위로 여겨지는 사건으로 발칵 뒤집혔음을 알게 된다. 3일 밤이 지나고 몸페슨은 누군가가 목재로 된 집의 외장을 미친 듯 두드리는 소리에 잠이 깨는데, 더욱 놀라웠던 건 두드리는 소리가 집 안에서 들려오고 있다는 사실이었다. 그는 권총 등으로 무장하고 아래층으로 뛰어 내려가서 계속 두드리는 소리가 들려오는 방문을 확 열어젖혔다. 하지만 방 안에는 아무도 없었고, 두드리는 소리는 바로 옆방에서 나기 시작했다. 몸페슨은 소리가 나는 곳을 따라 옆방과 그 옆방 문을 열어보았지만 방들은 모두 텅 비어 있었다. 당황하고 좌절한 그는 분노를 삭이지 못한 채 침실로 돌아왔지만 북소리와 같은 그 이상한 소리는 집 위쪽에서 계속 들려왔으며, 점차 밤하늘로 올라가듯이 희미하게 사라졌다.

지붕 바로 위 하늘에서 들려오는 북 치는 소리, 이것은 이 사건의 두드러진 특징이 된다. 이것은 W. 페이손이 그린, 유명한 동시대 판화 그림의 출처이기도 하다. 이 삽화에서 그는 날개 달린 악마가 여덟 마리의 악령에 둘러싸인 채 굴뚝의 두 배 크기는 되는 북채를 들고 지붕 위를 장악한 모습을 묘사했다.

명백하게 사탄으로 그려진
유령이 테드워스 저택 위에
떠다니는 모습. 심지어 크리
스토퍼 렌마저도 북소리를
들으러 방문했다.

북소리는 다음 달 내내 마치 온 집안사람의 잠을 방해할 작정인
양, 글랜빌의 말을 빌리자면, "이른 밤이든 늦은 밤이든" 상관없이
침실 등이 꺼지고 몇 분이 채 지나지 않아 들리기 시작했으며, 소리는
북이 놓여 있는 방에 집중된 것처럼 보였다. 북소리가 나기 전에는 어
김없이 전조를 알리기라도 하듯 지붕 위 하늘을 가르는 것 같은 소리
가 들렸다. 몸페슨은 여러 차례 북이 있는 방에, 짐작건대 단단히 무
장한 상태로 누워 있었지만, 소리를 내는 인간의 흔적은 찾을 수 없
었다. 북소리는 대개 2시간가량 지속됐다.

몸페슨의 아내는 출산을 했는데, 아기가 태어난 날 밤부터 3주 동
안은 소리가 완전히 멈췄다. 마치 새로 태어난 아기가 집에 어느 정도
초자연적 보호막을 드리운 것 같았다. 하지만 북소리는 글랜빌의 말
을 빌리자면, "전보다 더 무례한 방식으로" 되돌아왔다. 이제 북소리

는 아이들에게 집중하는 것 같았다. 침대 틀을 내리치고 흔드는가 하면 마치 '쇠 발톱'을 지닌 것처럼 침대 바닥을 박박 긁어댔다. 어떤 때는 아이들이 공중에 뜨기도 했다. 아이들은 대낮에 다락방의 침대에 누워 있을 때에도 안전하지 않았다.

11월 5일, 알 수 없는 작용에 의해 아이들 방의 판자가 느슨하게 잡아당겨지기 시작했다. 벽판이었는지 마룻바닥이었는지는 분명하지 않다. 몸페슨을 포함한 한 무리의 사람 앞에서 하인이 판자를 건드리자, 판자들은 마치 뱀처럼 위로 구부러지며 그를 향해 다가왔으며 그는 20번 정도 그것을 밀쳐냈다. 이 괴현상을 자극하지 말라고 그의 주인이 야단을 치자, 몸페슨의 열이 오른 말에 대답이라도 하듯 갑자기 유황 냄새가 방 안에 퍼졌다. 유황 냄새는 물론 사탄의 상징적인 냄새다. 그날 저녁, 마을의 목사 크래그가 아이들 침대에서 기도를 올리기 위해 몸페슨의 이웃 주민들과 함께 도착했다. 하지만 기도가 끝나기가 무섭게, 방 안에 모여 있던 사람들은 의자가 방 주위를 춤추듯 돌아다니고 아이들 신발이 공중에 떠다니는 것을 멍하게 바라볼 수밖에 없었다. 침대 주변의 물건들이 목사를 향해 던져졌지만, 전형적인 폴터가이스트에서 흔히 볼 수 있듯이, 아무런 힘이 가해지지 않은 채 그를 치는 모습은 "마치 어루만지듯, 털실 뭉치도 이보다 더 부드럽게 떨어질 수 없을 것" 같았다.

"주목할 만한 점은, 북소리가 가장 극에 달했을 때 그것은 너무나 갑작스럽고 예기치 못한 격렬함으로 들려왔음에도, 집에 있는 개들은 꿈쩍도 하지 않았다는 것이다. 북소리는 종종 시끄럽고 거칠어서 멀리 떨어진 들판에서도 들을 수 있었고, 집에서 한참 떨어져 사는 마을 주민들의 잠을 깨울 정도였는데도 말이다."

정체가 무엇이었든지 간에 그것은 하인들에게로 관심을 옮겼으며, 특히 한 하인을 따라다니며 그가 자는 동안 시트와 담요를 걷어내며 괴롭혔다. 그것은 '북소리와 꿍음은 요정들의 장난'이며 요정이라면 돈을 남길 것이라는, 한 방문객의 농담 섞인 말에 동전의 짤랑거리는 소리를 흉내 내며 반응하기도 했다. 이는 자신들이 마녀의 감시를 받고 있는 것이라는 몸페슨의 느낌에 확신을 주었다. 크리스마스이브에는 알 수 없는 개체가 몸페슨의 어린 아들을 공격했는데, 아들이 화장실에 가려고 일어났을 때 문에서 갑자기 못이 튀어나와 발목에 박혔으며, 다음 날 그것은 성경을 난로에 던져 잿더미로 만들었다.[11]

유령의 공격을 받은 사람들은 중압감을 느꼈고 마비되는 듯한 증상을 드러냈다. 1662년 1월 집안사람들은 굴뚝에서 노랫소리를 들었으며, 집 주변을 배회하는 이상한 불빛을 보았는데 그중에는 파란 불빛도 있었으며 이 불빛을 쳐다본 사람들은 눈이 심하게 뻑뻑해지는 것을 느꼈다. 힌턴 앰프너 사건에서처럼, 마치 보이지 않는 누군가가 아이들 방 근처에서 걸어다니는 것처럼 때때로 실크 천이 스치는 소리가 났으며, "어느 날 아침 몸페슨이 떠날 채비를 위해 일찍 일어났을 때 그는 아이들이 잠들어 있는 아래층 방에서 시끄러운 소리를 들었고 권총을 들고 뛰어 내려가자 전에도 한 번 들은 적이 있던 마녀의 울음소리가 들려왔다".

어느 날 밤, 가장 경악스러운 사건이 벌어졌다. 보이지 않는 무언가가 딸들 중 한 명의 침대 밑으로 기어 들어가서 침대를 들썩거리며 한쪽 끝에서 다른 쪽 끝으로 옮겨다닌 것이다. 그 광경을 발견한 사람들은 칼로 그 물체를 찌르려고 했지만 그것은 "요리조리 잽싸게 칼을 피했고 칼로 찌르려고 할 때마다 아이 밑으로 기어 들어갔다". 이

틀날 밤에도 요괴는 침대 밑에 나타났고, 개처럼 헐떡이며 방 안의 공기를 뜨겁게 달구면서 "유독한 냄새를 가득 풍겼다".

발자국을 찾기 위해 방 주위에 잿가루를 뿌린 후 다음 날 아침에 확인해보니 그곳에는 발톱 자국과 여러 원 모양 및 긁힌 자국이 남아 있었다.

유령 현상이 이쯤 진행되었을 무렵, 글랜빌이 저택을 방문해 하룻밤 묵게 되었다. 8시에 아이들을 재우고 있던 하녀가 갑자기 아래층으로 달려와 아이들의 아버지와 글랜빌에게 당장 아이들 방으로 가보라고 재촉했다. 하녀를 따라 계단을 달음박질쳐 올라간 그들의 눈앞에 펼쳐진 광경은 7살과 11살 사이의 두 어린 소녀가 담요 밖으로 손을 내놓은 채 얌전히 잠들어 있는 모습이었다. 하지만 글랜빌이 그보다 먼저 알아차린 것은 무언가를 긁는 소리였다. 아이들의 머리 뒤에 있는 벽을 마치 '긴 손톱으로' 긁는 것 같은 소리였다.

글랜빌은 재빠른 몸짓으로 소리가 나는 '베개 받침 뒤로' 손을 넣었다. 긁는 소리는 멈췄으나, 그가 손을 빼내면 소리는 이내 다시 반복되었다. 어린 소녀들이 전혀 두려워하지 않는 모습은 그에게 인상적이었다. 아이들은 아마 이 상황에 익숙해져버린 것일지 모른다고 그는 생각했다.(폴터가이스트가 일어나는 와중에 아이들이 별로 놀라지 않는 것은 시대를 통틀어 이와 같은 사례에서 보이는 일반적 특징이며, 이것은 공포가 악마의 힘을 키운다는 영화의 설정과는 매우 다르다. 그러나 실화에서 아이들이 두려움을 느끼지 않는 것은 폴터가이스트가 아이들의 장난일지도 모른다는 의심을 낳았다.)

글랜빌은 자신의 손톱으로 침대보를 긁어보았다. 그가 다섯 번, 일곱 번, 열 번 긁자, 침대 밑에서 나는 그 소리도 똑같은 횟수로 긁는 것이 아닌가. 이 시점에서 글랜빌은 이것이 장난이 아니라 '악마 또는 혼령'이 내는 소리라고 확신하게 되었다. 곧이어, 깃털로 충전된 매트리스 밖으로 튀어나온 형태는 마치 자그마한 무언가가 아이들 사이에 누워 있는 것처럼 보였다. "나는 그것이 살아 있는 것인지 보기 위해 깃털 충전재를 움켜쥐었다." 그것은 매트리스 안쪽에 있는 것 같았다.

그때 숨을 헐떡거리는 소리가 나기 시작했다. 그런데 이전의 그 헐떡임이 아니었다. 헐떡이는 소리는 너무 커서 힘겹게 내뱉는 숨소리에 방이 뒤흔들릴 정도였다. 글랜빌은 곧 한 침대에 묶인 린넨 주머니가 마치 안에 쥐가 든 것처럼 움직이는 것을 알아차렸다.[12] 그는 주머니 안에 손을 쑥 집어넣었지만 아무것도 발견할 수 없었다. 그는 약 30분 후에 그 방을 떠났는데, 그가 떠나는 순간에도 정체를 알 수 없는 그것은 여전히 숨을 헐떡이고 있었으며 그 숨소리에 창문이 덜컹거렸다.

그는 그날 밤 잘 잤다고 한다. 하지만 다음 날 아침, 이상한 일이 벌어졌다. "나는 존재하지도 않는 침실 문을 노크하는 소리에 잠에서 깼다. 거기에 있는 게 누구냐고 여러 차례 물었지만 아무런 대답도 없이 노크 소리는 계속되었다. 나는 마침내 '주님의 이름으로, 당신은 누구이며, 원하는 것이 무엇이오?'라고 물었다. 이 물음에 '당신과는 상관없다'는 답이 돌아왔다." 몇 시간이 지난 후 하인들을 조사했지만 아무 성과도 없었다. 하인 중 누구도 그의 침실 문 근처에 오지 않았던 것이다.

떠날 채비를 하던 글랜빌은 그의 말이 "마치 밤새 달렸던 것처럼"(그 지방 사투리로 표현하자면 '가위에 눌린 것처럼') 땀이 흥건한 것을 발견했다. 말의 상태가 왜 그런지는 아무도 알 수 없었으며, 집에서 1마일 정도 떨어진 곳에서 말은 발을 절뚝거리기 시작했고 이틀 후 죽었다. 글랜빌은 특히 몸페슨에게 들은 북치기의 또 다른 수법을 고려할 때, 이것이 우연의 일치가 아니라고 생각했다. 4월경 몸페슨은 가장 아끼던 말이 마구간 바닥에 고통스럽게 누워 있는 것을 발견했는데, 말은 뒷다리를 입에 물고 있었다. 그들은 "말의 다리를 끄집어내기 위해 건장한 사내 여러 명이 달려들어 지렛대를 사용해야 했다".

다른 사건들도 있었는데, 한 남자의 호주머니에 있던 돈이 검게 변하기도 했으며, 몸페슨의 침대에는 금속 스파이크가, 그의 어머니 침대에는 칼이 박혀 있기도 했다. 한번은 이런 일도 있었다.

> 어느 날 밤, 외부인들이 지켜보는 가운데 아이들 침대 속의 그것은 고양이처럼 가르랑거리는 소리를 냈다. 그때 옷가지와 아이들이 침대에서 들어 올려졌고, 그것들을 끌어내리기 위해 여섯 명의 사내가 달려들었지만 소용없었다. 이에 침대를 찢어볼 요량으로 아이들을 침대에서 나오도록 했다. 하지만 아이들을 옮겨 눕힌 침대에서도 같은 일이 반복되었으며, 강도는 더 심해졌다. 이 괴현상은 네 시간가량 지속되었으며, 아이들의 다리를 침대 기둥에 내치기도 했다. 이에 아이들을 일으켜서 밤새 앉혀놓았다. 그리고 시종일관 주의 깊게 관찰했음에도 불구하고, 요강이 침대 위에 엎질러졌다.

몸페슨은 글랜빌에게 편지를 보내 "밤중에 일고여덟 명 정도의 사람과 비슷한 형체에 포위되었던 날이 몇 번 있었는데, 총을 꺼내 들 때마다 이들은 정자로 허둥지둥 도망갔다"고 주장했다.

1663년 3월 31일, 드루어리 사건은 글로스터 순회재판에 회부되었다. 여러 혐의 중 그는 돼지 두 마리를 훔친 죄로 '신세계'아메리카 대륙로 이송되는 형을 선고받았다.[13] (우연히도 이날은 모어가 레이디 콘웨이에게 글랜빌을 언급하며 이 사건에 대해 처음 편지를 쓴 날이기도 하다.) 드루어리는 그가 이송되던 미국행 바지선에서 탈출해 윌트셔에 정착했으며 새 북을 샀지만 다시 체포되었다. 몸페슨은 글로스터까지 어렵게 찾아갔고, 드루어리가 그곳에 구류되어 있는 동안 테드워스 유령이 자신의 소행이라고 주장했다는 사실을 알게 되었다. 이에 몸페슨은 드루어리에게 자코비언 마녀법을 적용해 그를 기소했지만, 그해 8월 솔즈베리에서 있었던 재판에서 드루어리는 다른 혐의는 풀리지 않은 상태에서 마녀법과 관련해서는 무죄 판결을 받았다. 그의 미국 송치는 이번에는 제대로 집행된 것으로 보이며, 그의 후손은 여전히 그곳에 거주하고 있을 것이다.[14]

몸페슨은 드루어리의 배경에 대해 조사했다. 그는 크롬웰이 이끄는 의회군에서 복무한 경험이 있었으며 스윈던 근처인 브로드 힌턴의 목초지에 있는 어프콧의 작은 마을 출신이었다. 그는 또한 재단사였지만, "요술hocas pocas 쇼를 벌이기 위해 전국 방방곡곡을 돌아다녔던" 것으로 보인다. 하지만 그의 본업은 일명 '땜장이'였다. 당시 땜장이란 사회의 아웃사이더로서 이곳저곳 떠돌면서 경범죄를 저지르는 존재였다. 그는 젊은 시절 마법과 관련되었다고 알려진 교구 목사 밑에서 일했으며, 목사의 '갤런트 북'멋진 책이라는 뜻을 탐독했다. 당시 갤런트 북이란 주술과 마법의 책을 통칭하던 말이었다. 몇 세기 후, 전국 각지를 떠돌며 길거리에서 매직랜턴 쇼를 벌이는 사람을 가리켜 '갤런트 맨'이라고 부르게 된다.

글랜빌은 그해 11월, 북치기가 사라진 듯 보였던 시점에 테드워스에 돌아온다. 하지만 몸페슨은 여전히 값비싼 입장료를 내고 북소리를 구경하려는 방문객들을 즐겁게 해줘야 했다. 방문객 중에는 일기 작가 존 오브리와 크리스토퍼 렌도 포함되어 있었다. 오브리는 악마가 나타난 시간이 너무 문명화된 것 아니냐며 농담을 했다. 렌은 하녀 중 한 명을 의심했다. 이름이 잘 알려져 있지 않던 작가 존 보몬트는 "몸페슨의 어머니를 겁주기 위해 그 집의 여자 두 명이 벌인 소행"이라는 소문을 기록해놓았다. 물론, 역사적으로 하인들이 자신의 고용주를 상대로 장난을 벌인 사례는 처음이 아니다. 1772년 있었던 스톡웰의 폴터가이스트는 불만이 많았던 하녀 앤 로빈슨이 꾸민 일이라는 것이 밝혀졌다.

많은 이가 우리 조상들은 대체로 속기 쉬운 사람들이었다고 추측하는데, 실제로 테드워스 북치기에 대해서는 회의적인 시각이 많았다. 몸페슨이 방문객들을 이용해 돈을 벌려고 한다거나, 그가 집을 임대했고 그 임대료를 충당하려고 한다는 말들이 있었다. 사실 그는 방문객들로 인해 골치를 앓고 있었으며 계급이 높은 사람들 중에는 질 높은 식사와 융숭한 대접을 요구하는 이도 있었다. 그는 또한 하인들이 점점 불손해진다는 것을 느꼈는데, 자신들이 일을 그만두면 유령에 대한 소문 때문에 다른 하인들을 고용하기 어렵다는 것을 알고 있었기 때문이다.

테드워스의 흥미로운 비즈니스에 대한 소문은 찰스 2세의 귀에까지 들어갔고, 그는 조신들을 보내 저택을 조사하도록 했다. 체스터필드와 팰머스의 백작들은 그곳에서 몇 시간을 머물렀지만 이상한 점을 발견하지 못했다. 피프스는 또 한 명의 회의론자였던 샌드위치 경이 1663년 6월, 음을 연주하면 그대로 따라하곤 했던 악마의 북치기가 복잡한 연주를 듣고 당황하는 기색을 보였다면서, 인간의 작용에 의한 것이 틀림없다고 한 말을 기록했다.

이내 국왕이 몸페슨을 직접 소환했으며 그가 사건의 전말이 모두 꾸며낸 이야기임을 시인했다는 이야기가 퍼졌다. 존 웹스터의『마녀의 술수로 추정되는 사건Displaying of Supposed Witchcraft』(1677)에는 그를 신랄하게 비판하는 글이 실렸다. 1716년, 조지프 애디슨은 이 사건을 회의적으로 해석한 연극을 만든 후 '북치기 또는 유령의 집The Drummer, or the Haunted House'이라는 제목을 붙였다. 호가스 역시 콕 거리 유령을 조롱하는 글에서 이 사건을 언급하며 조롱했다. 대중적인 고스트 마니아를 측정하는 지표에는 '테드워스'라는 이름이 붙었으며 꼭대기에는 사자死者의 우두머리인 북치기가 있었다.

이 사건은 전부 사기였다는 것이 현재까지 가장 일반적으로 받아들여지고 있는 설이다. 비록 일기, 편지, 정부 문서 그리고 책에서 발췌한 것을 토대로 사건의 전말이 알려진 것은 2005년에 들어서였지만, 찰스 매카이는 1841년『대중의 미망과 광기The Extraordinary Popular Delusions and the Madness of Crowds』에서 이 견해를 확실히 한다.[15]

1668년, 글랜빌은 테드워스 방문기를 수록한『새듀시스무스 트라이엄파투스』(이하『새듀시스무스』)를 처음 출간했다. 이 책은 그에게 명성을 가져다 주었다. 그는 후에 개정판에서 이야기를 수정하는데, 우리에게 가장 잘 알려진 개정판은 그가 죽은 후 1682년에 출간된다. 초판에서 볼 수 있었던 경박함과 명랑함은 이후 십 년에 걸쳐 그의 결백함에 대한 공격이 가해지자 편집되었다. 1681년 판에서 그는 마녀의 주술에 대한 이야기가 사실이라는 입장을 고수하며 이 모든 이야기를 꾸며냈다고 왕에게 고백한 적이 없다는 몸페슨의 증언을 첨부한다.

드루어리의 떠돌이 친구들이 낮은 계급의 하인과 집안 누군가의

조지프 글랜빌의 『새듀시스무스 트라이엄파투스』 앞표지. 유령과 마녀들은 초자연적 힘의 증거였고, 따라서 신의 존재를 증명하는 것이기도 했다.

도움으로 복수극을 꾸몄던 것일 수도 있다. 몸페슨이 정원에 있던 일곱 명의 사람이 유령이며 이들이 권총을 보자마자 사라졌다고 즉각적으로 결론을 내리는 것은, 이 사건이 드루어리가 글로스터의 순회재판 법정에 선 지 불과 며칠 후에 발생했다는 점에서 이상하다. 이는 감정이 고양된 개인이 초자연적인 원인을 대략 설명이 가능한 사건으로 바꿔버리는 전형적인 예다. 몸페슨의 어머니 침대에서 발견된 칼과 그의 침대에서 발견된 금속 스파이크는 카모라만큼이나 오래된 범죄 경고의 표시다. 이 모든 것의 시발점이 된 최초의 사건은 절도였으며, '유령'의 실체는 드루어리의 동료 나그네가 그의 북을 되찾아오려 했던 것뿐이었을 가능성도 충분하다. 그는 북을 '장사(직업) 도구'로 여겼으며, 이것은 영국의 관습법에서 매우 중요한 개념이었다. 몸페슨이 그의 북을 보관한 것은 엄청난 불의를 저지른 것으로 여겨졌을 것이다. 흥미로운 점은 괴현상이 한창 계속되고 있을 때 집 바깥의 들판에서 북을 불태웠음에도 불구하고 북소리는 계속되었다는 것이다.

그러나 이 사건이 초자연 현상임을 시사하는 몇 가지 특징이 있다. 많은 사건이 여러 증인이 지켜보는 가운데 벌어졌으며 가구가 옮겨지기도 했는데, 당시 가구들은 주로 무거운 떡갈나무 목재로 만들어졌다.(스톡웰에서 있었던 가짜 유령 사건에서 앤 로빈슨이 선반에서 그릇을 떨어뜨리기 위해 사용한 말총과는 사안이 다르다.) 테드워스에서는 아이들이 공중에 떠올랐고 아래로 끌어내릴 수 없었다. 어떤 소리들은 끝까지 원인을 밝힐 수 없었다. 개들이 짖지 않았다는 것 역시 중요한 특징이다. 개들은 기분 내키는 대로 행동하며, 낯선 사람들이 밖에 숨어 있다면 분명 짖어댈 것이기 때문이다. 또한 많은 사람이 장장 12개월 동안 저택을 방문하고 지켜보았기 때문에 어떤 정교한 음모라도 발각되지 않을 수 없었을 것이다.

대부분의 목격자는 회의적이었고, 몸페슨은 마룻바닥을 당겨보라는 그들의 요구와 그를 희대의 사기꾼으로 대하는 사람들에게 이내 지치게 된다. 왕궁에서도 그를 비웃는다는 이야기가 런던에서부터 들려왔으며, 소문을 부추긴 사람 중에는 시인이자 난봉꾼이었던 로체스터 경 같은 인물도 섞여 있었다. 그러나 몸페슨은 가족을 내버려두는 것이 두려워 생활비를 벌 수 없었다.

이것이 결국 글랜빌을 화나게 만들었다는 것은 『새듀시스무스』 1682년 판을 보면 알 수 있다.

나는 답하는 데 진절머리가 날 정도로 수없이 질문을 받았으며, 질문자들은 내가 부인할 때마다 진실하게 답했다고 믿는 경우가 드물었다. 대영제국 전역에서 지인들과 모르는 이들로부터 문의하는 편지가 쏟아졌기 때문에, 나는 몸페슨의 저택만큼이나 악몽에 시달리고 있었다. (⋯) 대부분의 편지는 자신의 주장이 옳다는 확신에 차 있었는데, 각각의 측면을 모두 고려할 때, 유령은 가짜이며, 이것은 몸페슨도 자백한 사실이고, 나도 마찬가지라는 내용이었다. 따라서 나는 이에 대해 반박하는 내용의 답신을 보내는 일에 점점 지치고 있었다.[16]

1682년 이전에 앤 콘웨이와 글랜빌은 모두 사망했다. 사후에 편찬된 『새듀시스무스』의 1682년 판은 많은 부분이 생략되었다. 글랜빌은 '카인드 오브 아메리카'인 "혼령의 땅"을 조사하자고 왕립학회에 제안했던 것을 철회했다.

앤 콘웨이는 1679년 2월 사망했다. 그녀는 수년 동안 모든 치료법을 시도했으나 아일랜드 출신 기도 치료사 밸런타인 그레이트레이크스의 치료에서만 효과를 얻었다. 그의 숨결은 몹시 섬세해서 제비꽃 향이 났다고 전해진다. 그녀를 치료하러 왔던 또 다른 의사는 의료 화학자이자 히브리의 신비 철학자였는데 그는 앤 콘웨이의 집을 한 번도 떠나지 않았다. 그는 그녀가 죽을 때 곁에 있었으며, 아일랜드에서 돌아올 그녀의 남편을 위해 시체를 방부 처리했다. 그녀는 유리 뚜껑으로 된 관 속에 채워진 와인에 떠 있었으며, 그녀의 얼굴은 마침내 고통에서 벗어나 평온해 보였다. 관이 안치된 곳은 그녀가 초자연적인 살롱을 열었던 바로 그 서재였다. 퀘이커식 장례를 치러달라는 그녀의 요구는 수용되지 않았다.

그러나 레이디 콘웨이의 남편은 '카인드 오브 아메리카'의 설립을 추진했다. 죽기 전에 퀘이커교로 개종했던 앤의 영향을 받은 그는, 국무상이자 무역협회장을 역임할 당시 펜실베이니아주 설립을 승인함과 동시에 1681년 퀘이커교에 대한 특별 허가를 내렸다.

윌리엄 펜은 퀘이커교도 조지 키스와 마찬가지로 래글리의 단골이었으며, 이는 콘웨이의 이름이 초기의 미국(그리고 펜실베이니아의 자치구)에서 잘 알려진 이유 중 하나다.[17] 미국이 디거스 가문처럼 사후세계를 믿지 않던 사람들에 의해 개척되었다면 지금과는 다른 모습이었을지도 모른다. 다시 영국으로 건너온 19세기 미국 교령회의 기틀을 마련한 것은 퀘이커교에서 분리된 종파인 셰이커교였다. 따라서 앤 콘웨이의 편두통은 세일럼으로 이어졌을 뿐만 아니라, 그녀의 어두운 병실 역시 빅토리아 시대 교령회로 이어졌다고 볼 수 있을 것이다.

글랜빌의 희망과는 달리, 왕립학회가 유령에 관여한다는 것은 결코 실현 가능성이 없는 일이었다. 아이작 뉴턴조차도 주술과 예언에 대한 깊은 관심을 드러내기를 꺼려했다. 마콩의 악마Devil of Macon[18] 이야기가 책에 실리는 데 기여했던 또 한 명의 왕립학회 회원 로버트 보일조차도 그의 관심을 표명하는 것에 조심스러웠다. 하지만 그의 집안에 전해져 내려오는 이야기에 따르면,[19] 보일의 여동생이 죽은 오빠 오레리 경의 유령을 목격하자, 보일은 유령이 돌아오면 어떤 형이상학적 질문을 해달라고 부탁했다. 이 질문을 했을 때 유령은 딱 잘라서 말했다고 한다. "남동생이 그런 질문을 했다는 것을 알고 있다. 그 녀석은 너무 호기심이 많단 말이지." 이 과학자는 '기체로 이루어진 물체'의 가능성에 대해서는 인정했지만, 이 개념을 계속 탐구하는 것은 거부했다고 한다.

1666년, 글랜빌은 배스의 대수도원 성당 교구 목사로 부임했으며 그곳에서 여생을 보낸다. 그는 또한 1672년 찰스 2세의 상임목사가 되었으며 40대 중반에 생을 마감하지 않았더라면 주교의 자리까지 올랐을 것이다.

글랜빌의 신학이 먼지를 뒤집어쓰면서, 그는 현재 영국의 작문 방식에 단순명료함을 되살린 과도기적인 인물로서 주요 산문가로 연구되고 있다. 그의 저서는 에드거 앨런 포뿐만 아니라 알리스터 크롤리가 『마약 중독자의 일기Diary of a Drug Fiend』에서 인용한 바 있으며 매슈 아널드는 그의 이야기 중 하나를 시 「집시학자The Scholar Gypsy」의 토대로 이용했다. M. R. 제임스[20]의 이야기 속 화자에도 글랜빌의 특징이 반영되어 있다. 학자는 악마의 손길 그 이상이 느껴지는 초자연적 개체와의 조우를 통해 깜짝 놀랄 만한 깨달음을 얻게 된다.

글랜빌이 1659년 그의 멘토였던 이튼 칼리지 학장 라우스 박사의 장례식에 참석했을 때, 그는 몇 세기 후 M. R. 제임스가 마이클마스 하프Michaelmas Half, 이튼 칼리지의 럭비 또는 축구를 포함한 스포츠 종목가 끝나갈 무렵 으레 그랬듯이, 남학생들에게 그의 이야기를 들려주기 위해 숙소로 올라가기 전 저녁 예배를 드리게 될 성직자석에 앉아 있었을 것이다.

6장

마콩의 악마
The Devil of Macon

"당신의 성질을 돋우는 게 내 취미야."
"당신은 어디서 왔소?"
"무덤에서 왔지."
— 엔필드 폴터가이스트와 대화하는 가이 라이언 플레이페어

래글리에서 회자한 이야기 중 다른 하나는 '마콩의 악마'였다. 로버트 보일이 글랜빌과 왕래한 편지에서 언급한 이 사건은 문서로 광범위하게 기록되었던 최초의 폴터가이스트 사건이다. 로버트 보일은 학생 시절 이 이야기를 직접 들었다고 한다. 그는 그가 교육을 받았던 이튼 칼리지를 떠난 후 그랜드투어영국 귀족 자제의 만유漫遊 여행를 시작했고, 1644년에 이탈리아 피렌체에서 갈릴레오를 만난 후 집으로 돌아오는 길에 제네바에서 머물고 있었다.

그곳에서 그는 프랑스인 칼뱅교도 프랑수아 페로를 만났다. 그는 1612년, 두 달간 눈에 보이지 않는 악의적인 개체의 끊임없는 공격을 받았다. 페로는 덕망 있는 집안 출신이었으며 보 지방에서 자랐는데, 스위스의 사부아 지역인 이곳은 오래전부터 마법과 늑대인간이 나타난다고 알려져 있었다. 3대에 걸쳐 목사로 부임했으며 칼뱅으로부터 직접 칼뱅주의의 영향을 받았던 할아버지 밑에서 자란 페로는 새로

맞은 아내 안 파르시와 30대 후반으로 추정되는 나이에 스위스 마콩 지역으로 부임한다. 그의 유령 경험담은 후에 보일에 의해 영국에서 출간되었는데, 보일은 책의 출판 비용을 지원했으며 글랜빌과 왕래했던 서신에서도 글랜빌의 관심을 끌었다.

1612년 9월 19일, 페로가 5일간 집을 비운 후 마콩의 자택에 돌아왔을 때, 집에서는 대소동이 벌어지고 있었다. 그의 아내와 하녀가 침대에 누워 있을 때 무엇인가가 사주침대 기둥에 드리워진 커튼을 찢었고 침대 시트 역시 찢겨나간 것이다. 한밤중에는 부엌에서 문이 안쪽으로 잠긴 채로 냄비와 프라이팬을 던지는 소리가 났는데, 문을 열고 들어가면 아무도 없었다.

집의 보안을 강화하려는 페로의 노력에도 불구하고 밤마다 부엌에서는 소동이 벌어졌으며, 한번은 대낮에 내과의사가 방문했을 때 그들의 눈앞에서 침대 시트가 스스로 흐트러지기 시작했다. 한번은 페로가 책을 읽으려고 할 때, '머스킷 총의 연속 사격'과 비슷한 소음이 마룻바닥 밑에서 들려왔다. 마구간에서는 그의 말의 갈기가 매듭지어지고 안장은 앞쪽으로 뒤집어져 있었다.

11월 셋째 주 어느 날 저녁, 놀랍게도 폴터가이스트는 말하는 법을 익히기 시작한 것 같았다. 목소리는 거칠었으며 방 한가운데 떠 있는 것 같았다. "목사, 목사!" 쉰 목소리가 페로에게 소리쳤다. 그는 소리를 질렀다. "그래, 내가 목사이자 살아 있는 하느님의 종이다. 그분의 존엄하심에 네놈은 벌벌 떨 것이야!" 그러자 유령은 교활한 목소리로 답했다. "난 당신을 부정하려는 게 아니야!" 그리고 그것은 잘 알아들을 수 없는 말로 기도문과 찬송가를 암송하기 시작했다. 그것은 또한 페로의 사생활을 상세히 폭로했으며, 그의 아버지가 독극물에 중

독되었다는 것과 범행을 저지른 이의 이름 그리고 범행 장소를 댔다. 의미심장하게도 유령은 자신이 보 지방 출신이라고 주장했는데, 그 지역은 공포에 잠겨 있고 주민들 역시 공포심을 갖고 행동하여, 이후 마법에 관한 유럽법의 기원이 된 곳이기도 했다.

칼뱅교 교회의 원로들은 성직자들을 소집했고, 두 가지 목적—첫째, 사기 행각을 밝혀내고 만약 유령이 진짜라고 증명되면, 둘째, 악마의 술책에 대한 증인을 세우기 위한 '감시자'단을 출범시킨다—을 세웠다. 악마는 이 감시자단 대원들에게 열렬한 반응을 보였는데, 대원들과 그들의 가족을 흉내 내는가 하면 이들의 사적인 대화와 사생활을 들추어냈다. 유령은 또한 이들의 개신교 신앙을 조롱하는 것처럼 보였고, 한번은 저택의 악령을 쫓으려면 가톨릭 신부를 데려오라고 말하기도 했다.

얼마 지나지 않아 그리고 필연적으로, 하녀에게 의혹의 눈길이 쏠아졌다. 하녀는 유령이 나타날 때에도, 그녀의 지방 사투리를 쓰는 유령의 목소리에도 별로 개의치 않는 것처럼 보였기 때문이다. 그녀는 단지 자신이 정리한 방을 유령이 어지르는 것을 지겨워할 뿐이었다. 그러나 의혹은 유령의 진위 여부가 아니라 그녀가 마법의 배후라는 것이었으며, 페로는 이 하녀가 흑마술을 행하던 집안 출신이라고 믿었다. 그녀가 집을 떠날 기색을 보이자 유령은 인수인계를 받고 있던 하녀의 후임자를 공격했으며, 후임자를 호되게 때리는가 하면 그녀가 자던 도중 물을 끼얹기도 했다.

그리고 이번엔 불운했던 종자의 유령 흉내를 내기 시작했다. 한번은 자신이 샹베리로 가는 길이라고 말했는데, 페로가 나중에 알게 된 사실에 의하면 그 도시의 유명한 변호사 집에서는 육체에서 분리된 목소리가 자신의 '주인'을 위한 이국적인 음식을 요구했다고 한다. 그런 다음 변호사를 위한 17세기 라디오 쇼가 벌어졌는데, 외설적인 노래, 장터에서 들려오는 돌팔이 의사들의 외침 소리 그리고 사냥대회에서 들려오는 잔뜩 치장한 사람들의 환호 소리와 교외 창공을 가로지르는 비행기 소리가 들려왔다.

감언이설로 꾀는가 하면 협박을 가하던 그 목소리는 페로의 집에 숨겨진 금괴의 위치를 알려준다고 약속하는가 싶더니 갑자기 분노에 찬 공격을 시작했다. 크리스마스가 되기 전까지 2주 동안 그것은 돌을 던지며 최후의 맹공격을 가했고, 12월 22일, 페로 집 밖으로 마치 에덴을 탈출하는 사탄처럼 커다란 독사가 기어 나오다가 붙잡혔다. 마을 주민들은 독사의 사체를 들고 마을을 행진했다. 그날 이후로 거의 모든 현상이 중단됐다.

그러나 12월 22일은, 페로가 좀더 쾌적한 거주를 위해 마을 의회에 청원한 결과 집에서 쫓겨난 전 집주인이 자신의 행동을 해명하기 위해 법정에 선 날이기도 했다. 그녀는 자신의 집에서 쫓겨난 것에 대해 억울해하고 분노하고 있었으며, 어떤 날에는 굴뚝을 통해 페로의 집에 악마가 들어가도록 간청하는 모습이 발견되기도 했다. 그를 홀린 것이 이 여자임에 틀림없다고 페로는 확신했다.

교회법규집에는 수천 가지의 폴터가이스트 이야기가 실려 있으며, 인도, 중국 등 발생 국가도 다양하다. 하지만 폴터가이스트의 기원과 진화에는 더 이상 약분할 수 없을 정도의 게르만 민족적 특성이 발견된다. 캐서린 크로는 1848년 발표한 책『자연계의 이면』의 첫 번째 장 '독일인의 폴터가이스트'에서 이 사실을 언급했다. 폴터가이스트가 일상적인 유령과는 구분되는 종류라는 것을 처음 확인한, 지식의 역사에서 한 획을 긋는 순간이었다. 놀라운 사실은 이 단어를 처음 사용한 사람이 마르틴 루터라는 것이다. 단어의 기원을 살펴보면 '우르릉거리는' 또는 '소란스러운 영혼'이라는 뜻의 이 명칭은 소동을 일으킨다는 뜻의 동사 'poltern'에서 왔으며, 명사 'polter'는 소란스러운 사람, 'geist'는 유령을 의미한다. 폴터가이스트가 최초로 기록된 사례는 서기 500년으로 거슬러 올라간다. 당시 라벤나의 의사이자 헬피디우스이며 독일의 고트족 황제 테오도리쿠스 대왕의 주치의였던 그는 자신에게 돌이 날아오는 경험을 하는데, 여기에는 폴터가이스트의 특징이 나타난다.(독특한 점은 그것이 성수로 치료됐다는 사실이다.)

그렇다. 폴터가이스트의 고향은 독일이었다. 페로의 폴터가이스트보다 몇 년 앞선 시기에 야코프 그림은 그의 책『독일의 신화Deutsche Mythologie』에서 빙겐암라인에서 사상 최초로 현대 폴터가이스트 이야기의 모든 특징을 보여주는 사건이 발생했다고 주장했다. 더욱 최근에는 1967년 독일에서 있었던 로젠하임 사건에서 19살이었던 비서 아네마리 슈나이더가 기괴한 일련의 사건의 초점focus —또는 중심지locus라고 해야 할까?—이 되었는데, 이 사건은 경찰과 전기공들이 모두 연루되었다는 점에서 관련 분야의 전문가들 사이에서는 역사상 증거가 가장 확실한 사건이라는 데 이견이 없다. 바이에른의 지역 경찰, 막스 플랑크 협회의 물리학자들 그리고 지멘스 출신의 엔지니어들은 이 가지각색의 유령 현상과 관련하여 성명서를 발표했는데, 보고된 현상 중에는 전화 시각 안내소에 현실적으로 불가능한 횟수로 걸려온 이상한 전화, 동시에 울린 전화벨 소리, 전등이 폭발하거나 흔들리는 현상, 스스로 열리는 서랍 등이 있었다. 어떻게 전화 시각 안내소에 15분 동안 46번의 전화가 걸려올 수 있었는지를 조사하기 위해 '유니레그'라고 불렸던 기계와 같은 최첨단 장비들이 동원되었다. 이것은 당시 아날로그 시스템을 이용하던 구식 다이얼 전화기에서는 불가능한 일이었다.(전화가 연결되기 위해서는 매번 17초가 소요되었기 때문이다.)

영국에서도 초기 폴터가이스트 활동에 관한 이야기가 전해진다. 성 고드릭은 자신의 핀체일 은둔처에서 그가 사망한 해인 1170년, 돌무더기 공격과 와인 세례를 받았다. 기랄두스 캄브렌시스는 1190년 펨브로크셔 지역에 있던 스티븐 위리엇의 집에서 폴터가이스트에 대해 다음과 같은 기록을 남겼다. 그곳에서 그는 '네 개의 영혼'이 흙먼지를 뿌리며 목소리로 나타나기도 했는데—목소리가 언급된 것은 이것이 최초다—그 목소리는 지역 주민들과 그들이 감추고 싶어할 만한 비밀에 대해 폭로했다고 한다. 그로부터 얼마 지나지 않아 같은 해, 서퍽 대그워스의 작은 마을에 있는 브래대웰의 오즈번 경 집에서는 역시 무분별한 개체가 장황한 말을 늘어놓는 일이 있었다고 한다.

1970년대 가이 라이언 플레이페어가 조사한 엔필드 폴터가이스트의 가장 이상한 특징으로는 한창 일에 골몰하던 작은 소녀에게서 거친 목소리가 흘러나왔다는 것을 들 수 있는데, 이와 같은 발성은 1817년 벨 마녀 유령과 1889년 덴마크에서 있었던 사건에서도 발견되었다.

폴터가이스트 사건의 중심에 인간 여자가 초점 인물로서 처음 등장한 것¹은 1526년 성 피에르 드 리옹 수녀원에서 한 수녀가 겪은 유령이었다. 어린 수녀 앙투아네트 드 그롤레는 공중부양을 견뎌야 했고, 툭툭 두드리는 소리가 늘 그녀를 따라다녔다.(가톨릭 정교회는 이 현상을 두고 지옥에서 돌아온 유령의 소행이라고 여겼으며, 수녀원에서 죽었던 한 수녀의 잠들지 못하는 영혼의 안식을 위해 시체를 발굴해 다시 장례를 치렀지만, 루터교 악마의 소행으로 보지는 않았다.)

서셰버럴 시트웰은 이 이야기들 중 일부는 잘못된 관찰과 히스테리의 결과라고 생각했다. 그는 나치의 지배를 받던 독일에 대해서도 확고한 시각을 지니고 있었다. "만약 영매라는 것이 정말 있다면, 아돌프 히틀러야말로 영매로서 가장 적합한 인물이다."그는 1941년 『가디언』과의 인터뷰에서 말했다. "우리는 이 놀라운 작자가 자신이 원한다면 손을 대지 않고 물체를 들어 올려서 비스듬하게 둥근 원을 그리며 날아다니게 하거나, 애매모호한 대답을 내뱉는다든가, 불붙은 성냥개비를 천장에서 떨어뜨릴 수 있으리란 것을 쉽게 믿었을 것이다."

이 주제에 관한 또 한 명의 논객이자 작가[2]는 한술 더 떴다. "폴터가이스트 유령에 대한 기록과 나치 운동 사이에는 놀라울 정도로 유사한 점이 많다. 둘 다 권력을 향한 잠재적 욕망이 고조되면서 구현된다. 그리고 둘 다 청소년들의 에너지를 흡혈귀처럼 빨아먹고, 소음, 파괴, 화재, 공포를 일으킨다."

담론은 더 이상 십대 소녀들이 있는 곳에서 나타나는, 투렛 증후군이 표면화된 형상에 대한 것이 아니었다. 고대 게르만족의 슈투름 운트 드랑질풍노도, 폭풍과 충동 침략은 삶의 방식이자, 전쟁의 방식이 되었다.[3]

7장

엡워스 척도에 들어가며
Entering the Epworth Scale

어머니는 제게 아버지 집에서 일어난
아주 이상한 사건에 대한 이야기를 들려주셨어요.
아버지로부터 좀더 자세한 이야기를 듣고 싶습니다.
__아버지께, 새뮤얼 웨슬리 올림

테드워스에서 폴터가이스트가 발생한 후 거의 반세기가 지났을 때, 한 어머니가 자리에 앉아 아들에게 편지를 쓰기 시작했다.

오늘 저녁 우리는 네게서 온 소포를 받고 너무나 기분이 좋았단다. 네가 살아 있다는 그 반가운 소식을 듣기 전까지 근 한 달 동안 우리는 네가 죽었거나 너의 형제 중 한 명이 불의의 사고를 당했을 거라는 생각에. 상상할 수 있는 가장 큰 고통에 빠져 지냈거든.

새뮤얼 웨슬리는 말썽이 많았던 대가족의 장남이었고, 고향 링컨서 교구에서는 성직자였던 그의 아버지에 대한 불만이 폭발해 지역 주민들이 그의 집에 두 차례나 불을 지르려 했던 사건이 있었다. 웨슬리의 부모는 부부간의 불화로 유명했고, 이들은 심지어 새로운 왕이 합법적인 군주인지에 대한 의견 불일치로 몇 달간 별거에 들어가

기도 했다. 하지만 이 이야기가 흥미로운 이유는 새뮤얼의 남동생 존 웨슬리가 이후 새로 창시한 복음주의가 다음 세기에 출범한 감리교의 모태가 되었기 때문이다. 초기 감리교가 유령 목격 현상과 관련이 있었다는 주장에 대해서는 이후 수많은 논쟁이 벌어졌다.

25살의 웨스트민스터 교사였던 새뮤얼 웨슬리는 어머니의 편지를 읽어 내려가면서도 거기에 적힌 내용을 믿기 힘들었다.

12월 1일. 우리 집 하녀는 식당 문간에서 고통스러운 신음 소리를 여러 번 들었단다. 마치 누군가 죽임을 당하는 극단적 상황에 처해 있는 것 같았다고 해. 우리는 그녀의 이야기를 귀담아듣지 않았고, 두려움을 없애주려고 크게 웃어주었어. 그로부터 삼사일 뒤 밤. 이번에는 가족 여러 명이 여러 장소에서 이상한 노크 소리를 들었어. 노크 소리는 한 번에 서너 번씩 들리다가 잠시 멈추는 식이었지. 이 현상은 한번 시작되면 보름 정도 계속되었단다. 다락방에서 들릴 때도 있었지만 대부분 놀이방으로 쓰이는 녹색 방에서 들려왔어. 네 아버지를 제외한 우리 모두가 그 소리를 들었지만 아버지의 목숨을 노린 누군가의 소행으로 여길까봐 그이에게 알리고 싶지 않았고, 우리 모두가 같은 생각이었단다.

테드워스와 힌턴 앰프너 사건에서처럼, 처음에는 인간이 개입했으리라는 의혹이 우세했을 것이다. 마을 사람 중 누군가가 다시 웨슬리의 집에 불을 지르려 했을 가능성은 얼마든지 있었다.

하지만 밤낮으로 이 문제가 계속되면서 가족들 중 아무도 혼자 있지 않으려 하게 되자, 나는 네 아버지에게 털어놓아야겠다고 결심했지. 그가 그것에게 무슨 말이라도 해야 할 것 같았어. 처음에 네 아버지는 우리 말을 믿으려 하지 않았고 누군가 우리를 놀라게 할 작정으로 꾸민 짓이라고 생각했어. 하지만 그다음 날 그가 잠자리에 들었을 때, 네 아버지의 침대 바로 옆에서 아주 큰 소리로 9번 노크하는 소리가 났고, 그는 그것이 무엇이었는지 알아보려고 자리에서 일어났지만 아무것도 찾을 수 없었지. 그 후로 그는 우리와 마찬가지로 그 소리를 듣기 시작했단다.

다시 말해서, 새뮤얼의 부친도 다른 사람들이 듣고 있는 그 소리에 주파수가 맞춰진 것이다.

어느 날 밤 우리 머리 위의 방에서 굉장히 시끄러운 소리가 들렸는데, 마치 여러 명의 사람이 걸어다니다가 계단을 뛰어 오르내리는 것 같았어. 엄청나게 시끄러운 소리였기 때문에 아이들이 깰까봐 걱정이 된 네 아버지와 나는 어둠을 뚫고 가서 촛불을 밝혔지. 서로를 붙잡은 채 넓은 층계 바닥에 내려섰을 때, 내 쪽에는 마치 누군가 내 발밑에 돈 가방을 쏟아낸 것 같은 광경이 펼쳐져 있었고 그의 발밑에는 계단 아래에 가득 쌓여 있던 병이 죄다 산산조각이 나서 흩어져 있는 것 같았어. 우리는 그 지옥을 지나 부엌으로 가서 촛대를 들고 아이들을 보러 갔는데, 아이들은 모두 잠들어 있었어.

다른 폴터가이스트 사건과 마찬가지로, 모든 사람이 같은 소리를 들은 것은 아니었다. 다음 날 저녁, 침울해진 웨슬리 목사는 이웃 교구 핵시의 목사 조지프 홀에게 지원 요청을 보냈다. 이들은 놀이방 옆 매트가 깔린 방의 난로 주위에서 노크 소리를 들으며 새벽 두 시까지 보초를 섰다. 새롭게 추가된 소리 가운데는 목수가 장작을 팰 때 나는 소리도 있었지만, "대부분 세 번 두드리고 멈췄다가, 다시 세 번 두드리는 소리가 몇 시간이고 계속됐다".

크리스마스 직후 어느 날 밤, 가족들은 웨슬리에게 그 영혼에게 말을 걸어보라고 재촉했다. 어두운 저녁, 약 6시경, 그는 놀이방으로 걸어 들어갔고 깊은 신음 소리에 뒤이은 노크 소리를 들었다. "그리고 그는 마치 새미(새뮤얼의 애칭)를 대하듯 그것에게 질문을 하고 만약 정말 새미가 맞고 말을 할 수 없다면 노크로 응답해달라고 간청했지만, 그날 밤 노크 소리는 다시 들을 수 없었는데, 덕분에 우리는 그것이 너의 죽음과는 관련이 없다는 희망을 품을 수 있었단다."

당시 집에는 웨슬리 가족 중 딸과 남자 하인 그리고 시중을 드는 하녀를 포함해서 7명이 살고 있었다. 13살이었던 존은 학생이었고, 당시 대부분의 남학생이 그러했던 것처럼 학교에서 휴일을 보내고 있었다. 링컨과 런던 사이의 먼 거리는 친척들이 서로의 안부를 모른 채 몇 주를 지낼 수도 있다는 것을 의미했다.

걱정에 찬 새미 웨슬리와 그의 부모가 1717년 1월 동안에 교환한 편지는 18세기 초자연 현상과 관련된 가장 흥미로운 서신으로 손꼽힌다. 새미가 딘스야드에 있는 숙소를 떠나 올더스게이트의 레드 라이언에서 출발하는 돈캐스터 행 마차를 막 타려고 할 때였다. 그의 아버지로부터 편지가 도착했다. 괴이한 현상들이 멈췄다는 내용이었다. 새뮤얼 주니어는 현대 고스트헌터들이 자랑스러워할 만한 근면성실함의 표본으로서, 이 사건에 대한 정보를 계속 수집해나갔다.

1월 19일, 그는 침착하게 회의적인 태도를 유지하며 더 자세한 이야기를 요청했고 자연적 원인이 될 만한 것들을 제시했다. "초자연적 현상을 믿지 않을 만큼 현명한 사람들은, 이미 충분히 입증되었다 할지라도, 그 이상한 소음에 대한 의문을 백 개쯤은 던질 수 있을 겁니다." 쥐였을까? 새로 고용된 하인의 장난이었을까? "나는 모든 사람으로부터 상세한 이야기를 듣고 싶습니다." 그는 단호하게 끝을 맺었다.

1월 24일, 그의 여동생이 편지를 보냈다. 새미와 수키(수재나의 애칭)는 형제 중에서도 가까운 사이였다. 수재나는 이야기에 색깔과 재미를 첨가하며, 12월 1일 일어난 사건에서 하녀의 머리카락이 곤두섰으며 귀가 쫑긋 섰다고 말했다. "하지만 이것은 심각한 문제이므로 시시콜콜한 농담은 제쳐두겠어요. 태음월 초하루부터 마지막 날까지, 그 신음 소리와 끽끽거리는 소리, 몸이 따끔거리는 느낌, 노크 소리는 정말 무시무시했어요."

유령은 수재나가 여동생 낸시와 식당에 있을 때 나타났다. 이곳에서 자매는 누군가 정원으로 이어져 있는 문을 통해 들어와서 위층으로 올라가는 소리를 들었다. 그 후, 모두가 침실에 앉아 있을 때 아래층에서 쿵쿵거리는 소리가 들려왔다. 그리고 일종의 전기충격이 가해져서 방 안의 철제 구조물이 진동을 일으키며, 자물쇠와 난방 팬이 드르르 떠는 것 같았다.

훌 목사가 방문한 밤은 공포 그 자체였다. 그녀의 아버지가 동료 성직자들과 함께 아래층에 앉아 있었을 때, 놀이방에서 아비규환이 벌어졌다. 어린 소녀들의 목재 침대 머리판은 침대가 흔들릴 정도의 굉음의 역습을 받고 있었으며, 새로운 현상이 나타나는 중이었다. 자매

고상한 겉모습과 달리 내부는 소용돌이쳤던 엡워스 목사관.

중 한 명은 "긴 가운을 입은 남자가 내 침대 옆으로 걸어가는 것 같은 소리를 들었다"라고 주장했다. 이 두드림 소리는 결국 아래층에 있던 남자들도 위층으로 오게끔 만들었다.

그리고 이야기의 흥미로운 디테일이 보고됐다. 노크 소리는 가족 기도 시간에 들렸는데, 특히 웨슬리 목사가 왕에게 축복을 빌 때만 들렸다는 것이다. 다시 말해서, 이 유령은 그의 아내처럼 자코뱅프랑스 혁명의 과격 공화주의 정치가. 파괴적 개혁가로 알려졌다. 도미니크회의 성 야곱 수도원에서 회합을 열었다의 관점을 지녔다는 뜻이었다.

"부모님께는 이 사건에 대해 아무 말도 하지 마. 어떠한 힌트도 드리면 안 돼"라고 수재나는 편지를 끝맺었다. 부부 싸움이 한창인 부모님에게는 말할 수 없는 비밀을 간직한 편지였다.

1월 25일, 웨슬리 부인은 장남에게 다시 편지를 썼다. 그 소동이 일어나기 3주 전이었던 성 마르틴의 축일(11월 11일)에 하인들을 새로 고용한 것은 맞지만, 굉음이 들렸을 때 하인들은 그들과 한방에 있었고 특히 하녀가 이 소음에 대해 겁에 질린 것 같았으므로 웨슬리 부인은 하인들이 저지른 소행이라고 생각하지 않는다는 내용이었다. 한번은, 하인 로버트 브라운이 유령으로부터 도망치기 위해 반라 상태로 다락방에서 뛰어 내려오기도 했다. 하인들은 언제나 가정 기도에 참석했는데, 기도 시간은 굉음이 최고조에 달하는 시간이었다.

"내가 네 아버지와 아래층으로 내려갔을 때, 로빈뿐만 아니라 온 식구가 잠들어 있었다. 놀이방에 있던 아이들은 그이가 양초를 가까이 댈 때에도 잠에서 깨어나지 않았지. 헤티만이 언제나 그렇듯이 잠을 자면서 사시나무 떨 듯 떨다가 그 소음에 깨어났어."

웨슬리 부인은 또한 유령과 마주치는 일은 "우리가 호색에 빠져 그것을 막지 않았더라면" 더 흔했을 것이라는 자신의 믿음을 언급했다. 다시 말해서, 현대인의 정조 관념이 원인이라는 것이다. 만약 사람들이 자신들의 오물에 뒹굴지만 않는다면 '좋은 영혼'과의 교류는 더욱 자주 일어날 것인데, 이것은 윌리엄 블레이크가 자신의 인식의 문을 통해 연구한 주제이기도 하다.

2월 12일에 작성된 편지에서 새뮤얼 주니어는 점점 지쳐가고 있었다. 여동생과 어머니가 알려주는 사건의 내막은 너무 흐릿해서 그는 유령이 계속 나타나고 있는지조차 알 수 없었다.

"발 옆에 돈이 쏟아져 있었다는 부근의 땅을 한번 파보셨나요?" 그는 어머니에게 물었다. 유령이 종종 시체나 보물이 묻혀 있는 장소를 알려주는 메신저라는 이야기는 고전에도 등장하는 오래된 관념이었다. 그리고 그의 아버지는 여전히 편지를 보낼 필요성을 느끼지 못하는 듯했다. "얼마 전에 보낸 편지의 답장을 저는 아직 받지 못했습니다." 새뮤얼 주니어는 불평했다. "제가 커다란 근심에 싸여 있음을 전해드리는 바입니다."

그리고 편지의 내용이 서로 엇갈렸다. 2월 11일 작성된 웨슬리 목사의 편지에는 소동이 멈췄다면서 별일 아니었다는 듯 다음과 같이 적혀 있다. "제이크 던턴이 이 이야기를 소재로 활용한다면 꽤 잘 팔리는 책이 될 거야." 서적상 존 던턴(1659~1733)이 그의 처남이었던 것을 감안하면, 이와 같은 발언은 놀랄 만큼 경멸적으로 들린다. 웨슬리 목사는 또한 집안 여자들의 꾸밈없이 진실을 말하는 능력을 신뢰하지 않았던 것이 분명하다. "네 어머니는 네게 이야기의 3분의 1은 말하지 않았다. 네가 집에 돌아오면 내가 편지에 적은 사건의 전말을 알게 될 것이다."

몇 년 후, 존 웨슬리는 여동생 몰리, 낸시, 에밀리에게 각자의 버전으로 이야기를 적어달라고 직접 부탁했다. 그중 에밀리가 이야기에 살을 붙여가며 가장 상세한 이야기를 풀어냈다.

자명종 시계가 열 시를 울리자 나는 언제나처럼 현관문을 잠그기 위해 아래층으로 내려갔다. 그 소리를 들었을 때는 위층으로 난 층계를 다 올라가지 않은 상태였다. 마치 누군가가 앞쪽에 있던 주방 한 가운데에서 많은 양의 석탄을 바닥에 퍼붓는 바람에 지저깨비들이 모두 튕겨나가는 것 같은 소리였다. 나는 겁에 질린 것은 아니었지만, 수키와 함께 아래층의 모든 방을 둘러보았다. 하지만 어질러진 것은 아무것도 없었다.

우리 집 개도 곤히 잠들어 있었고, 한 마리뿐인 고양이도 한쪽에서 자고 있었다. 하지만 층계를 올라가 잠옷으로 갈아입자마자 다시 이상한 소리가 들렸다. 마치 누군가 층계 아래에 세워둔 수많은 병에 커다란 돌을 던져 병들이 산산조각으로 부서지는 것 같은 소리였다. 나는 무서운 마음에 빨리 잠들려고 노력했다. 하지만 언제나 아버지가 주무시기를 기다리던 여동생 헤티가 아직 다락방으로 이어지는 계단의 가장 아랫단에 앉아 있었다. 갑자기 그녀의 등 뒤에 있던 문이 쾅 닫히며 어떤 형체가 계단을 내려왔는데, 마치 뒤로 끌리는 나이트가운을 입은 남자 같았다고 한다. 헤티는 너무 놀란 나머지 거의 날듯이 놀이방으로 뛰어왔다.

에밀리에 따르면 아버지는 자매의 이야기에 흥미를 보였지만, 어머니는 이 모든 사건을 쥐의 탓으로 돌렸다. 공포에 질린 가족의 모습은 분명 아니었다. 에밀리는 엡워스에서 나는 소리가 초자연적 현상이라고 믿었던 사람은 오직 자신뿐이었다고 말하려는 듯했다.

내가 이것을 마법이라고 믿는 이유는 다음과 같다. 약 일 년 전부터, 이웃 마을에는 분명 마녀의 소행이라고밖에 볼 수 없는 소동이 일어났다. 바로 옆 마을에서 벌어진 사건이 우리 집에서 일어나지 않으리라는 법은 없지 않을까? 그리고 사건이 발생하기 몇 주 전부터 아버지는 일명 점쟁이들을 찾아다니는 마을 사람에게 주일마다 따뜻한 설교를 하며 그러지 말기를 당부했기 때문에 그들은 아버지에게 앙심을 품고 있었다.

어머니는 아이들 침대 밑에서 오소리처럼 생긴 형체를 발견했다.

머리는 그늘에 가려져 있었다. 식당의 벽난로 옆에 그것이 앉아 있는 모습이 다시 포착됐다. 어떤 날에는 흰 토끼를 닮은 생명체가 부엌에서 발견되었는데, "마녀가 변신한 모습 같았다".

1717년 3월 27일, 새뮤얼 주니어의 어머니는 다음과 같이 적고 있다. "나는 그 소음에 대해 말하는 것도, 듣는 것도 지쳤다. 하지만 네가 집에 돌아온다면, 네 마음속의 찜찜함을 모두 해소해줄 만큼 많은 것을 직접 보고 들을 수 있을 게야."

한편, 웨슬리 목사는 사건을 일기에 기록하고 있었다. 그 전까지는 아무 소리도 듣지 못했던 그는 12월 21일, 그의 침실 옆방에서 나는 아홉 번의 노크 소리에 잠이 깬다. 주민들이 침입하는 소리라고 생각한 그는 다음 날, "땅딸막한 마스티프" 개를 얻어왔다. 크리스마스 다음 날, 그는 유령이 "잭을 세게 감아올리는 것 같은" 익숙한 소리와 함께 자신의 도착을 알렸다는 것을 그의 딸로부터 전해 들었다. 후에 다른 이들은 이 딸깍거리며 마모되는 것 같은 이상한 소리를 들었고 풍차가 돌아가는 소리 같았다고 묘사했다. 그리고 일련의 사건이 뒤따라 일어났다. 개들이 겁에 질리는가 하면, 반응을 보기 위해 노크 소리를 냈을 때 뒤이은 툭툭 두드리는 소리 그리고 마치 폴터가이스트가 말하기 위해 에너지를 끌어모으는 것과 같은 이상한 소리가 나기도 했는데, "새가 지저귀는 소리보다 약간 큰" 소리였다. 집안 사람 중에 유일하게 새뮤얼만이 물리적 공격을 받았는데, 세 차례에 걸쳐 보이지 않는 힘이 그를 밀쳐냈다. 우리는 또한 그가 복싱데이_{크리스마스 뒤에 오는, 영국에서 공휴일로 지정된 첫 평일} 밤에 그것에게 큰 소리로 고함을 쳤다는 것을 알고 있다. 그는 그것에게 "멍청한 귀머거리 악마"라고 크게 소리치면서 서재에서 자신과 대면할 것을 요구하며 가족을 그만 괴롭혀달라고 간청했다.

마스티프는 첫째 날에는 사납게 짖어댔지만, 그다음 날부터는 불쌍하게 낑낑거릴 뿐이었다.

그로부터 몇 년이 흘렀다. 1726년 8월 젊은 존 웨슬리는 앞에서 언급한 것처럼, 그가 경험하지 못한 사건들에 대한 이야기를 가족들에게 적어달라고 부탁했다. 일상의 기적에 대한 그의 관심은 이미 잘 알려져 있었다. 그는 크리스마스에도 사건 현장에서 벽을 두드리며 기적을 직접 보고 듣기를 원했던 것임에 틀림없다. 모든 일이 으레 그러하듯이, 이야기의 세부적인 부분들이 여전히 채워지고 있었다. 웨슬리 가족은 유령을 '제프리 영감'이라고 불렀다. 그가 처음 등장한 것은 크리스마스 사건보다 '훨씬 오래전'인, 웨슬리 형제 중 한 명과 수키 사이에 격렬한 말싸움이 벌어진 후였다. "당시 문과 창문이 엄청난 소리로 덜컹거렸으며, 곧 매우 분명한 타격이 한 번에 세 번씩 총 세 차례 가해졌다."

로버트 브라운은 처음에는 신음 소리의 주인이 터핀일 것이라고 생각했다. 그는 엡워스에서 일종의 응급치료를 받았던 이웃으로 추정된다. 왜냐하면 그는 "결석이 있어 그와 같이 신음 소리를 내곤 했기 때문이다". 다른 괴현상에는 칠면조 수컷이 고르륵고르륵 소리를 냈던 것과 다락방 계단 꼭대기에서 맥아와 옥수수를 가는 맷돌이 스스로 왱왱거리며 돌아간 것을 들 수 있는데, 특히 로버트가 목격한 이 장면은 뭔가를 분쇄하는 소음이 들렸던 원인으로 추측된다. 유령이 텅 빈 맷돌을 돌리지 않았더라면 일손을 덜 수 있었을 것이라며 그가 한탄했다는 부분은 그들의 심리 상태를 잘 보여주는 대목이다. 부엌에서 흰 토끼를 봤을 때, 그는 현기증을 느꼈고 급히 잠을 청했다.

필자가 가장 좋아하는 장면은 여동생 몰리의 버전이다. 어느 날 밤, 그녀는 아버지 서재의 불을 밝혀달라는 '명령'을 받았다. 그리고 "마치 아버지가 서재 문을 열어놓았던 것처럼, 자물쇠가 아버지를 위해 스스로 들렸다".

훌 목사를 포함한 여러 성직자는 웨슬리 목사에게 그 교구를 떠날 것을 촉구했지만, 그는 이에 "아니, 악마가 나로부터 도망가도록 해야지. 나는 절대 악마로부터 도망가지 않을 것이네"라고 답했다.

이 문서화 작업에서 한 가지 누락된 것은 헤티의 기록이다. 가족들은 그녀가 자신이 해석한 사건의 전말을 종이에 기록하고 있었다고 전한다. 집 안 곳곳의 소음이 따라다녔던 것도 그녀였고, REM 수면의 극심한 고통으로 경련을 일으켰던 것도 그녀였으며, 초점 인물로 추정되는 것도 그녀다. 존 웨슬리가 그녀의 이야기를 감추려 했다는 것은 분명하지만, 그 이유에 대해서 우리는 추측만 할 수 있을 뿐이다.

새뮤얼 주니어는 그의 아버지와 비슷한 길을 걸었다. 확고한 영국 성공회 교인이었고, 담박한 시를 짓는 데 열중했다. 존은 이후 감리교회를 창립했으며, 성직을 맡은 후 엡워스에 있는 자신의 교회에서 퇴출당하자 교회 경내에 있던 아버지의 무덤에서 설교를 계속했다. 비록 나중에는 사라졌지만, 유령에 대한 믿음은 초기 감리교의 중요한 요소였다. 존 웨슬리가 엡워스에서의 가족사에 대한 사적인 내용이 공개되는 것을 불안해했다는 사실을 보여주는 증거가 있지만, 그는 1784년, 여든이 넘은 나이로 인생을 회고할 때, 『아르미니언 매거진 The Arminian Magazine』에 자신이 수록한 이야기가 주는 도덕적 교훈에 대한 강한 신념을 갖고 있었다.

유령에 대한 믿음이 감리교 주류에 공식적으로 편입된 적은 없지만, 일생 동안 몇 번에 걸쳐서 출간된 웨슬리의 일기는 그의 개인적 신념에 대해 거침없이 말하고 있다. 1760년대 초, 존 웨슬리는 런던으로 가는 여정에서 백스터의 『심령 세계에 대한 확신Certainty of the World of Spirits』을 읽었으며, 그 책에 "잘 입증된 이야기들이 수록되어 있는 것"을 발견하고 큰 흥미를 느꼈다. 영적 세계에 대한 그의 관점이나 유령을 실제로 봤는지에 관해 누가 물을 때마다, 그는 다음과 같이 답했다.

> 아닙니다. 하지만 저는 살인자 역시 실제로 본 적은 없지만 분명 존재한다는 것은 알고 있습니다. 그렇습니다. 여기저기에서 살인은 매일 일어납니다. 그러므로 저는 합리적인 사람으로서 그 사실을 부인할 수 없습니다. 비록 한 번도 보지 못했고 앞으로도 보지 못할지도 모르지만 말입니다. 평범한 목격자들의 증언 역시 이 두 가지 사실에 대해 제게 확신을 줍니다.

18세기 말의 콕 거리 유령 사건에서도 볼 수 있듯이, 포교 활동을 하는 감리교도들과 심지어 복음주의 성향을 지닌 영국 성공회교도들 사이에서도 유령을 믿는 일은 흔했다.(더 자세한 내용은 10장 '미스 패니의 신극장'을 참고할 것.)

흥미롭게도, 몇 세기 동안 영국에서 공식적으로 추방당했던 로마가톨릭교가 다시 부활함에 따라, 감리교도들은 정교회 기득권층과 차별화하기 위해 비슷한 신념을 이용하고 있었다. 몇 세기 동안 유령을 믿는 것은 로마가톨릭교의 성향을 나타냈지만, 이제는 교리의 정반대편에 서 있다는 것을 뜻하기도 했다.

테드워스 북치기와 엡워스 사건은 서로 흥미롭게 연결되어 있다. 1768년 작성된 존 웨슬리의 일기에서, 우리는 그의 형 새뮤얼이 옥스퍼드 대학에서 몸페슨 가※ 사람과 어울렸다는 기록을 찾을 수 있다. 당시 새뮤얼은 모든 사건이 속임수는 아니었는지 그에게 물었다.

"아버지 집에 머물렀던 신사들의 요구 사항이 너무 많았기 때문에, 아버지는 그 비용을 감당할 수가 없었습니다." 몸페슨이 말했다. "그렇기 때문에 아버지는 속임수를 발견했다는 내용의 보고를 굳이 반박하려 애쓰지 않았습니다. 비록 아버지와 나 그리고 모든 식구는 공개된 이야기가 틀림없는 사실이라는 것을 알고 있었지만 말입니다."

헤티(1697~1750)는 웨슬리 가에서 가장 재능이 많았던 인물이었을지도 모른다. 현재 일부 학계에서 주목하고 있는 그녀는 적어도 두 번의 사건에서 연인과 도망쳤으며, 이후 그녀의 부모는 지적 교류가 전무했던 배관공[1]에게 그녀를 억지로 시집보낸다. 부부는 소호의 프리스 가에서 상점을 운영했으며, 남편이 작업에 사용하는 납에 과도하게 노출되면서 헤티의 건강은 급격히 악화되었다.

1726년, 존 웨슬리는 설교 도중, 헤티가 사생아를 낳은 후 아버지가 그녀를 대한 방식에 대해 공개적으로 비난했다. 그해는 또한 존 웨슬리가 가족에게 이야기를 기록해달라고 부탁하기 시작한 해이기도 했다. 가족 간의 불화가 심할 때 유령이 나타났다는 것을 감안하면, 엡워스에서는 폴터가이스트가 다시 시작되었을 것이다.

기술적으로 본다면, 개화가 짧았다는 것과 사춘기 소녀를 중심으로 사건이 벌어졌다는 점에서 이 사건은 전형적인 폴터가이스트 유령 현상이다. 그 개체가 이 불화를 언급하는 언어적 암시에 반응했다는 것은 이 사건에 흔치 않은 특수성을 부여한다. 이것은 폴터가이스트가 딸뿐만 아니라, 어머니와도 연결되어 있었음을 의미하기 때문이다. 이 싸움이 처음 벌어졌을 때 헤티는 네 살에서 다섯 살이었고, 따라서 엄청난 영향을 받았을 수 있다.

이 사건의 또 다른 흥미로운 측면은 괴이한 현상이 벌어지기 전에 방 안의 철제 구조물이 울렸다는 것이다. 현대 기술의 관점에서 이것은 저주파수 음파를 가리킨다. 저주파수 음파의 영향은 현재까지 증명되지 않은 채로 남아 있다. 초저주파 불가청음, 특히 19헤르츠 레벨의 음파가 인간의 신체에 미치는 물리적 영향에 대한 실험이 행해진 바 있으며, 그중 일부는 나사NASA에 의해 진행되었다.

2002년 9월 리버풀 메트로폴리탄 대학에서 열린 피아노 콘서트에서, 일정한 시점에 초저음파를 내보내는 실험이 행해졌다. 물론 콘서트 관객들은 이 사실을 알지 못했다. 콘서트 직후 설문조사에서 사람들은 다양한 효과를 보고했는데, 그중에는 목 뒷부분이 따끔거리거나, "뱃속에서 이상한 느낌이 들었다"거나, 감정이 고조되었다는 답변이 있었다. 19헤르츠의 음파에 노출되면 눈가에 일종의 잔물결이 일어나는데, 이 파동은 주변 시야에 변칙적인 운동의 인상을 남긴다. 간단히 말해서, 저음으로 웅웅거리는 소리는 불편한 기분을 들게 할 뿐만 아니라 사실 그곳에 없는 물체가 움직인다는 착각을 일으키는 것이다. 음향심리학 공학자이자 현재 코번트리 대학에서 강의를 맡고 있는 빅 탠디는 생명 유지 장치를 제작하던 회사에 근무할 당시, 청소부 아주머니로부터 회사에 유령이 나타난다는 말을 들었다. 어느 날 밤, 그는 우연히 들고 있던 펜싱 칼이 진동하면서 갑자기 스스로 움직이는 것을 목격했다. 긴 이야기를 요약하자면, 주범은 지하에 새로 설치된 배기 송풍기로 밝혀졌다.

물체의 변형된 상태를 만들기 위해 초저음파를 이용하는 것은 인류 조상들에게는 익숙한 일이었다. 신석기시대 건축물 중 일부가 음향 시설로 쓰기 위해 특별히 설계되었다는 것을 암시하는 증거들이 있다. 일명 '정상파' 효과는 켈트족 세계의 밀폐된 건축물 중 상당수에서 나타날 수 있다. 예를 들어, 오크니의 매스하우와 케이스네스의 캠스터 라운드에서는 의식을 치르기 위한 북치기와 주문 암송에 의해 이러한 효과가 생겨날 수 있다. 그러나 이것이 엡워스의 모든 현상을 설명해주지는 못한다. 비록 기괴한 현상의 일부가 초저음파에 의해 생겨났다고 할지라도, 그 초저음파가 어떻게 생겨났는지에 대한 의문은 여전히 남아 있다.

새뮤얼 테일러 콜리지는 엡워스 유령이 전염성을 지닌 환영이었다는 주장을 제시했다. 계관시인국가나 왕 등에 의해 공식적으로 임명된 시인에게 수여한 칭호인 로버트 사우디는 악마의 소행이라고 생각했다. 테드워스 사건에서 떠돌이 마법사와 점쟁이들이 자신들의 장사를 방해하려 했던 대저택의 주인을 상대로 소동을 벌였던 것처럼, 이번에도 떠돌이 마법사와 사기꾼이 연루되었던 것일까? 이 유령 사건은 분명 아버지 새뮤얼 웨슬리 목사에 대한 지역 주민들의 반감으로 둘러싸여 있다.

그는 좋은 아버지도 남편도 아니었다. 감리교단에서 존 웨슬리의 어머니를 이 가정의 진정한 도덕적 권위자로 조명하길 선호한다는 것은 흥미로운 사실이다. 고상하고 냉담했던 새뮤얼 웨슬리 목사로부터 그의 신도들은 등을 돌렸으며 그는 심지어 빚 때문에 철창 신세를 지기도 했다. 그의 신도였던 이웃들은 그의 재물을 훼손했으며 가축을 불구로 만들었다. 게다가 웨슬리 목사는 1702년, 원칙에 합의하지 못했다는 이유로 아내 수재나가 있던 집을 다섯 달 동안이나 비운 적도 있었다. 오렌지 공 윌리엄을 단순한 찬탈자라고 여겼던 수재나가 그를 위한 기도에서 '아멘'을 하지 않았다는 이유에서였다. 윌리엄 왕의 서거에 뒤이은 앤 여왕의 즉위에 대해 의견 일치를 보이고 나서야 웨슬리 부부는 화해할 수 있었다.

1991년, 호주 멜버른에 위치한 엡워스 병원의 의사 머리 존스는 현대 의학계에서 수면 장애를 설명하는 의학적 척도가 된, 공식화된 졸음 척도를 발명했다. 그는 자신이 수면 중 무호흡증과 호흡 저하 전문의로 부임했던 병원의 이름을 따서 이 척도를 명명했는데, 감리교 재단이었던 이 병원의 이름은 감리교 창시자의 고향 링컨셔의 교구 목사관에서 따온 것이었다. 그리하여 불면과 수면 사이의 측정된 영역은 지난 수백 년간 가장 유명한 폴터가이스트 사건으로 손꼽히는 엡워스 폴터가이스트의 이름으로 불리게 되었다.

천천히 그리고 확실히 잠에 빠져들 때, 여러분은 엡워스 척도에 들어가는 것이다.

8장

미세스 빌 유령
The Ghost of Mrs Veal

> 일전에, 한 훌륭한 분이 당신이 우리에게 보낸 편지에 적혀 있던
> 캔터베리의 유령 이야기에 대해 아는 것이 없냐고 물은 적이 있습니다.
>
> ─존 아버스넛 박사가 존 플램스티드에게

곧 다가올 어두운 밤을 밝히기 위해 화로에 불을 지피고 랜턴을 걸어
놓는 만성절모든 성인의 전야라는 뜻으로, 핼러윈의 기원이다의 기나긴 밤은 언제나
성대했다. 메이휴에 따르면, 이날은 떠돌이 땜장이들과 장사꾼들이
칼갈이와 평상시에 팔던 물건들을 한쪽에 치워놓는 날이었다. 매직랜
턴을 목로주점과 마을 회관에 설치한 후 페인트칠한 유령과 시체를
먹는 악귀가 나오는 크립쇼[1]를 상영하기 위해서였다. 크립쇼에는 예
를 들어 예언자 사무엘의 유령을 키우는 엔도르의 마녀가 등장했다.
수의를 뒤집어쓴 형체, 해골, 타오르는 양초 그리고 턱수염을 기른 남
자들이 히브리 신비철학의 원을 그리고 서 있는 곳에, 죽은 자들이
차갑게 식고 어깨가 굽은 모습으로 서서히 다가오는 모습이 영사기로
비춰졌다.

유령 문학은 영국이 세계에 준 위대한 선물이다. 유령 문학은 영국
아동문학과 마찬가지로 후기 빅토리아 시대와 에드워드 시대에 꽃을

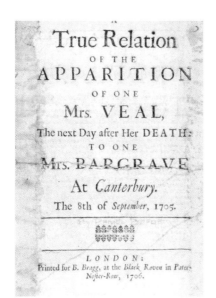

피웠다. 초기 유령 문학은 실성한 주인공이 정신착란을 일으키는 유의 고딕 멜로드라마적 성향이 강했다. 이야기 속 주인공이 유령이 나오는 빈 방에 갇혀서 공포의 밤을 보낸 후, 가족 초상화에서 그 유령을 알아본다는 내용이 대부분이었다.

월터 스콧의 『태피스트리가 걸린 방The Tapestried Chamber』은 초기 유령 문학의 좋은 예다. 이 책은 1829년 문예지 『키프세이크The Keepsake』 겨울호에 처음 실렸으며 M. R. 제임스는 실수로 이것을 최초의 영국 유령 이야기라고 잘못 언급하기도 했다.[2]

하지만 최초의 공식적인 유령 이야기는 공교롭게도 환각을 초래하며 불안을 조성하는 과도 현실 유는 아니었다. 그보다는 차분하고 가정적이었는데, 예컨대 유령이 '차'를 마시러 온다는 내용이었다.

1706년, 한 권의 책『캔터베리에서 있었던, 미세스 빌이 사망한 다음 날에 바그레이브 부인 앞에 나타난 미세스 빌의 유령에 대한 진실한 이야기A True Relation of the Apparition of one Mrs Veal, the Next Day after her Death, to one Mrs Bargrave, at Canterbury』가 익명으로 출간되었다. 책의 저자였던 대니얼 디포[3]는 틈새시장을 발견하는 데 능숙했다. 그는 사람들이 원하는 것은 유령 실화이며, 평범한 이야기일수록 실제로 일어난 사건처럼 보이기 때문에 사람들이 더 좋아할 것이라는 사실을 알고 있었다.

1705년 9월 8일 토요일, 성 조지 게이트 근처에 위치한 캔터베리에 사는 마거릿 바그레이브 부인은 자신의 작은 집에 홀로 앉아 있었다. 시계는 마침 정오를 쳤다.

마거릿이 드레스 자락이 스치는 소리를 들었다는 생각에 고개를 들자, 그곳에는 오랜 친구인 메리 빌이 서 있었다. 근 2년 동안 만나지 못했던 친구의 깜짝 등장에 그녀는 기쁘고 한편으로 놀라웠다. 당시 마거릿은 메리 빌이 잠옷 차림에 두건을 쓰고 실크 손수건으로 목 뒤를 감은 것이 눈에 띄지도 않았거니와 신경을 쓰지도 않았다고 한다. 마거릿은 친구를 포옹하려 했지만, 친구는 황급히 서두르는 기색을 보이며 그녀를 휙 지나쳐 안락의자에 앉았다.

처음에는 도버에서 함께 살았던 행복한 시간을 추억하는 등 친근한 주제에 대해 이야기를 나누던 그들의 대화는 곧 심각한 주제로 바뀌었다. 바그레이브는 슬프게도 자신의 결혼 생활이 평탄치 않다는 것을 고백했으며, 자신의 삶이 불행하다고 말했다. 미세스 빌은 자신만이 알고 있는 이유에 근거해 캔터베리 친구에게 모든 불행이 그렇듯 힘든 시기가 곧 지나갈 것이라고 위로했다. 잠시 후, 대화의 주제는 다시 바뀌었고 이들은 공통의 취미인 독서에 대해 이야기를 나누기 시작했다. 미세스 빌은 창턱에 놓여 있던 책이 찰스 드렐린코트의 『죽음의 공포에 대한 담화Discourse against the Fear of Death』인 것을 발견하고 기뻐했다. 미세스 빌은 이 책이 진실만을 다루고 있다는 확신을 갖고 있었다.

미세스 빌은 마지막으로 바그레이브 부인에게 자신의 남동생을 포함한 가족들에게 편지를 쓰는 것을 도와줄 수 있는지 물었다. 그녀는 남동생에게 보석을, 다른 가족들에게 반지를, 그리고 서랍장의 지갑에 든 황금 두 조각은 사촌 왓슨에게 주고 싶어했다.[4] 어떤 이유에선지 바그레이브 부인에게는 이 요청이 이상하게 여겨지지 않았다.

1시간 45분 정도가 지났을까, 바그레이브 부인은 친구를 현관문까지 배웅하고 작별 인사를 했다. 그녀는 친구가 길을 걸어가다가 모퉁이를 돌아 보이지 않을 때까지 뒷모습을 지켜보았다.

다음 날, 그녀는 마을 장의사로부터 미세스 빌이 죽음에 임박해 있었으며, 바그레이브의 집에 나타났던 금요일 정오 정시에 발작을 일으킨 후 완전히 숨을 거두었다는 이야기를 들었다. 바그레이브 부인이 미세스 빌의 유령과 담소를 나누며 즐거운 오후를 보내고 있을 때, 시체는 이미 차갑게 식어가고 있었던 것이다.

이 이야기의 첫 번째 버전은 1705년 크리스마스이브, 지역 뉴스와 외신 뉴스가 양면에 인쇄된 2절판 단행본 『로열 포스트The Loyal Post』에 실렸다. 최근의 기록 보관소 작업은 더 완전한 그림을 만들어냈다. 1705년 9월 13일 자 편지는 이 사건을 둘러싼 흥분과 가십이 순식간에 퍼져 나갔다는 것을 최초로 보여주는 자료다. 이 편지는 마거릿 바그레이브가 변호사의 부인이었으며, 미세스 빌은 생전에 그녀와 도버에서 유년기를 함께 보낸 막역한 친구였다는 것을 보여준다. 메리 빌은 사망 당시 30살에 미혼이었으며, 도버 세관의 고위직에 임용된 남동생 윌리엄을 돌봐주고 있었다.

유년기 이후 메리의 상황이 점점 나아진 반면, 마거릿의 인생은 순전히 결혼을 잘못한 탓에 내리막길로 치닫고 있었다. 그녀의 남편은 구제불능의 술주정뱅이였으며 그 때문에 회사에서도 해고되어, 부부는 도버에서 살던 집을 팔아야 했다. 캔터베리로 이사 간 부부는 돈에 쪼들리고 집주인의 의심을 받으면서 상당히 줄어든 수입에 의존한 채 세를 살아야 했다.

이 편지에는 한 가지 주목할 만한 디테일이 기록되어 있다. 바그레이브 부인이 유령을 봤다고 하는 바로 그날, 그녀의 남편이 몇 시간 후 술에 절어 집에 들어와서는 아내를 학대하고 집 밖으로 쫓아냈다는 내용이다. 남편의 잘못된 행실을 남에게 알리고 싶지 않았던 그녀는 현관문 앞 계단에 쭈그리고 앉아 토요일 밤을 지새웠는데, 그 결과 독감에 걸려서 일요일에는 꼼짝없이 침대에 누워 있어야 했다.

이 유령은 옛날 방식의 도덕적 목적을 갖고 있었던 것으로 보인다. 자신의 남동생 윌리엄을 신뢰하지 않았기 때문에, 유언이 잘 이행되도록, 그리고 메리 빌의 부모님 무덤에 묘비[5]가 세워져 있지 않았기 때문에 자신의 장례가 잘 치러지도록 친구에게 부탁한 것, 그리고 마지막으로 남편을 견뎌야 하는 날도 얼마 남지 않았다는 사실을 오랜 벗에게 알려주어 위로하고자 한 것이 유령이 된 미세스 빌의 원願이었다. 그로부터 몇 년이 흐른 뒤, 1714년 인터뷰에서 바그레이브 부인은 죽은 친구와의 조우가 1707년 남편의 죽음에 대한 일종의 전조였다고 말했다. 차를 권했을 때 유령은 거절했는데, 바그레이브의 남편이 만취 상태에서 집안의 모든 도자기 그릇을 깨부쉈을 것이라고 짐작했기 때문이었다.

장례식 절차와 유언에 대해 걱정하는 유령의 기원은 정오에 나타나는 유령 이야기와 마찬가지로 고전문학으로 거슬러 올라간다. 유령이 한밤중에 나타나는 것을 모르는 사람은 없지만, 유령이 대낮에 나타나기도 한다는 것과, 전통적으로 유령은 시계의 극적인 전환 단계에 소환된다는 것을 아는 사람은 많지 않다. 당신이 점심을 먹기 전에 유령을 볼 확률은 잠자리에 든 이후에 유령을 볼 확률만큼이나 높다. 후기에 와서 유령과 밤이 불가분의 관계가 되면서 이 전통은 자연스레 사라졌다. 실제로 이 시기에 유령의 본질은 온 세상에 어둠이 깔리면서 지구가 내뿜는 수증기와 관련이 있었다.[6]

기록 보관소에서 우리는 1705년 10월 9일, 한 개인이 보낸 또 다른 편지를 찾을 수 있다. 이 편지의 발신인은 저명한 캔터베리 공증인의 딸 루시 루킨이다. 루시는 당시 스물다섯 살이었고 성 메리 브레딘에 살고 있었으며 바그레이브의 집주인 오턴스 부부를 알고 있었다. 루시에 따르면, 바그레이브 부인은 미세스 빌의 혼령이 "눈 주위가 이상하게 검었는데 이것은 그녀가 한 번도 보지 못한 눈"이었으며, 미세스 빌이 "굉장히 창백했다"고 회상했다고 한다. 루시는 바그레이브 집안이 화목하지 않았다는 것을 확인시켜주었으며, 가장 좋은 가운과 페티코트를 사촌에게 물려주라는 내용을 포함한 유언의 디테일을 일부 추가했다.

핼러윈 무렵, 이 이야기는 이미 사회 고위층 사이에 퍼지고 있었다. 우리는 앤 여왕의 주치의가 그리니치 천문대의 설립자이자 최초의 왕립 천문학자인 존 플램스티드[7]에게 10월 31일 편지를 썼다는 것을 알 수 있다. 존 아버스넛 박사는 1704년 영국 왕립학회에 선출되었으며, 아이작 뉴턴이나 조너선 스위프트와 같은 인물들과 친구이자 동료였다. 그는 플램스티드에게 이 편지의 사본을 세인트 제임스 궁전으로 보내달라고 부탁했으며, 앤 여왕이 만성절 전야제에 자신의 주치의에게 유령 이야기를 해달라고 부탁하면서 이야기는 흥미롭게 전개된다.

사실, 여왕의 모계중심적인 관심사에 이 유령 이야기의 성 대결적 측면이 잘 맞아떨어졌다. 이 이야기의 독특한 특징은 바그레이브 부인과 미세스 빌 유령 사이에서 볼 수 있는 여성 연대와, 사건이 발생한 지역의 여성들 사이에서 이야기가 전달되었다는 사실이 편지에서도 드러나고 있다는 점이다.

두 여주인공의 삶에 등장하는 남자들이 중상에 맞서기 시작한 것은 이야기가 퍼진 지 얼마 지나지 않아서였다. 1706년 9월 8일, 디포의 이야기는 이미 4판이 출간되었고 영국 국립도서관에 소장된 책에는 익명의 소유자가 이미 수기로 주석을 달아놓은 상태였다.[8] 이 메모에는 이야기 속의 악당이 된 두 남자가 여성 목격자들에 대한 신뢰성을 떨어뜨리기 위해 공모하고 있다는 내용이 적혀 있다. "미스터 빌은 이 사건을 무마하기 위해 갖은 방도를 썼다. 여동생이 죽은 이후 그는 바그레이브 부인의 근처에도 가지 않았으며 그의 친구 중 일부는 그녀가 엄청난 거짓말쟁이라는 소문을 퍼뜨렸다"고 이 기록은 주장한다.

이후 몇 년 동안 윌리엄 빌은 애초에 여동생의 혼령은 존재하지 않았다고 주장했다. 요청받은 대로 캐비닛을 열어보았지만 금덩어리는 발견되지 않았다는 것이다. 그는 또한 바그레이브 부인이 친구에게 작별 인사를 하고 멀어져가는 뒷모습을 보았다는 토요일 오후 두 시에 이 영혼을 목격한 사람이 그녀 외에는 아무도 없었다는 사실을 예리하게 지적했다. 사실 그가 분개했던 이유는 따로 있었는데, 이 유령은 그가 가족 무덤을 관리하지 않은 것과 유언에 관해서는 그를 신뢰할 수 없다는 말로 그의 불효와 불성실함에 대해 함축적으로 비판했기 때문이다. 그는 정부의 세금을 걷는 직책을 맡고 있었으므로, 이와 같은 소문은 그의 경력에도 타격을 입힐 수 있었다. 윌리엄 빌은 또한 누나의 친구가 언제나 유령을 '보았다'고 주장하는 수상쩍은 버릇이 있었다고 말했으며, 이 사건에 대한 한 근대 평론가에 따르면 이것은 "망나니 남편의 외도로 인해 생긴 그녀의 착각"이었다.[9]

여왕이 이야기에 큰 관심을 보였기 때문에 플램스티드는 여왕을 위해 비밀리에 캔터베리 수사관을 고용해 이 사건을 예의 주시하도록 했다. 비상근직 과학자였던 스티븐 그레이는 케임브리지의 트리니티 칼리지에 위치한 천문대에서 (다름 아닌 아이작 뉴턴의 제안으로) 연구를 돕기도 했지만 실크 염색 가업을 물려받기 위해 캔터베리로 돌아와야만 했다. 그는 후에 전기의 특성에 관한 연구로 명성을 얻었으며 마침내 1732년 영국학술원 회원으로 선출되지만, 당시 그레이는 식물의 색깔을 발견하는 일에 열중해 있었고, 때문에 천문학자가 의뢰한 임무를 충실히 수행해 지적 생명줄을 유지하기 위해 애써야 했다.

사건 발생 지역에서 정보를 캐고 다닌 그레이가 그의 고객과 친구에게 쓴 편지에는 바그레이브 남편이 자기 아내의 정조에 대해 윌리엄 빌과 좋지 않은 소문을 퍼뜨리고 다녔다는 내용이 적혀 있다. 마거릿 바그레이브가 모든 장소에서 유령을 본 것이 환상이었다고 빌이 생각하게 된 이유를 들어보면 정말 가슴 아픈 이야기다. 어느 날 저녁, 마거릿은 집에 들어오지 않은 남편을 찾으러 갔다가 캔터베리에서 몇 마일 떨어진 주점에서 술에 취해 흥청거리고 있는 남편을 발견한다. 그는 단순히 술에만 취해 있던 것이 아니었다. 마거릿이 술집을 돌아 뒤뜰로 갔을 때 한 여자가 서둘러 담을 넘어 빠져나가고 있었던 것이다.

두 눈으로 목격한 장면. 남편의 품 안에서 매춘부가 빠져나가는 장면을 믿고 싶지 않았던 그녀는 그 여자가 '환영'이라고 생각했다. 그레이는 바그레이브의 남편이 그녀의 망상을 굳이 바로잡으려 하지 않았으며, "아내의 귀여운 착각으로 자신의 악희惡戲를 숨길 수 있다는 것에 기뻐했다"고 신랄하게 지적했다. 바그레이브 부인은 현실을 받아들이기가 너무 고통스러운 나머지 유령의 존재를 믿어버렸다는 것이다.

또 다른 편지의 무명의 글쓴이 EB(여자일 확률이 높다)와 루시 루킨은 궁핍과 불행을 견뎌야 했던 바그레이브 부인의 곤경에 대해 깊은 동정심을 나타냈는데, 무엇보다도 두 사람이 쓴 편지에는 그녀가 남편에게 대우받지 못했던 이야기가 적혀 있다. 하지만 편지의 이상한 점은 환영이 종교적 특성을 지닌다는 것이다. 디포는 미세스 빌이 유령이 아닌 환영이라는 점에 초점을 맞췄는데, '환영apparition'이라는 단어는 단순히 상류층이 유령을 일컫던 말이었을 뿐만 아니라 이 사건을 천사의 방문으로도 해석할 수 있는 가능성을 열어주기 때문이다.

일각에서는 미세스 빌을 천사로 보고 있다는 것을 알고 있었던 EB는 바그레이브가 아내의 경험을 '악마와의 대화'로 여겼다는 사실을 언급했다. 다시 말해서, 아내가 마녀라는 것이다. 개신교도의 입장에서는 충분히 그럴듯한 시각이지만, 영국 성공회의 소재지이고 중심지이자 정신적 고향이었던 캔터베리에서 이 주장은 잘 받아들여지지 않았다.

출판업자들은 전체 에피소드를 잘 활용했다. 어떤 출판업자는 미세스 빌의 이야기에 등장하는 드렐린코트의 종교 서적『죽음의 공포에 대한 방어Defence against the Fears of Death』에 미세스 빌의 이야기를 함께 끼워 팔기도 했으며, 1732년,『유니버설 스펙테이터The Universal Spectator』지는『진실한 관계A True Relation』의 저자가 개인의 이익을 위해 이야기를 꾸며냈다고 비난했다. 1712년 제정된 '인지 조례'는 사실과 허구의 차이를 구별했는데, 이는 순전히 세금을 걷기 위해서였지만(새로운 항목은 과세가 가능했다), 디포의 배경 설정 방법이나 옷차림 또는 말투를 세심하게 묘사하는 방식은 그전까지 전무했던 사건의 서술 기법을 도입했다는 데 의의가 있다. 특히 이 방식은 디포가 저널리즘에서 후에 그의 이름을 알리게 될 순수소설로 전향했던 시점에 중요하게 작용했다.『로빈슨 크루소』는 알렉산더 셀커크의 실제 모험에 기반을 두고 있으며, 이야기의 주인공은 유령이라는 주제에 대해 사색하는 것을 낯설어하지 않는다.[10]

이 이야기의 원시적 특징은 이야기를 놀라울 정도로 보편화시킨다. 일본에서 예로부터 전해져 내려오는 이야기를 예로 들어보자.[11] 고리 사원 승려의 아내였던 주인공은 부엌에서 혼자 일하고 있다가 발자국 소리가 다가오는 것을 들었다. 아내는 두부 장수의 딸이 사고로 끔찍한 화상을 입었으며 생사의 위기를 겪고 있다는 이야기를 들었는데, 놀랍게도 문이 열린 곳에는 바로 그 딸이 깨끗한 기모노 차림을 하고 죽음의 문턱에 있는 사람으로는 보이지 않는 모습으로 서 있었다. 부인은 두부 장수의 딸에게 차를 마시고 가라고 말했지만, 부엄에서 찻잔을 들고 나왔을 때 소녀는 이미 사라진 뒤였다. "그때 시내에서 한 남자가 찾아와 두부 장수의 딸이 방금 숨을 거두었다는 뉴스를 전했다."

완전히 살아 있는 사람의 모습으로 낮 시간에 나타나는 이러한 종류의 유령이 당시 전통적인 유령의 형태였다는 것에 주목할 필요가 있다. 이 유령은 임종이나 위기의 순간에 나타나는 환영으로서 빅토리아 시대에 자주 기록되었다. 영국에서 멀리 떨어진 곳에서 대영제국을 위해 싸우던 남자의 유령이 고국의 친지 앞에 나타난 것이 그 예다.

『사탄의 보이지 않는 세계의 발견Satan's Invisible World Discovered』의 저자인 (스코틀랜드) 글래스고인 수학자 조지 싱클레어는 1674년 11월 아침에 윌트셔 말버러에서 발생한 사건에 대해 소개했다. 방직공 토머스 고더드는 마을에서 오그본 메이지로 이어지는 길을 걷던 중 그의 장인 에드워드 에이번이 울타리 사이의 계단에 기대어 있는 것을 우연히 발견한다. 에이번은 그에게 다가오며 인사했다.

이 시나리오의 이상한 점은 에이번이 6개월 전에 죽었다는 사실이다. 두려움을 무릅쓰고 가족의 근황에 대해 이야기를 나누던 고더드에게 유령은 자신이 딸에게 빌린 20 또는 30실링을 갚아달라고 말했다. 고더드는 이 요청을 거절하고 도망쳤다. 하지만 유령은 그에게 볼일이 끝난 것이 아니었다.

다음 날 밤 약 7시경, 유령은 고더드의 가게에 찾아와서 창문을 열고 그의 얼굴을 빤히 쳐다보며 전날과 같은 옷차림으로 아무 말도 하지 않은 채 서 있었다. 그다음 날 밤, 고더드가 한 손에 양초를 들고 뒤뜰로 가려 할 때 유령은 다시 같은 모습으로 나타났다. 겁에 질린 고더드가 집 안으로 도망쳐 들어가자 유령은 더 이상 나타나지 않았다. 하지만 목요일, 그가 칠턴에서 말을 타고 돌아오는 길에 장원의 저택과 액스퍼드 농장 들판 사이의 언덕길을 지나던 중, 산토끼처럼 보이는 것이 그의 앞길을 가로지르는 바람에 화들짝 놀란 말에서 그가 낙마하는 사고가 발생했는데 이것이 열두 번째 사건이었다. 그의 발목이 회복되자마자 유령은 예전과 같은 방식으로 나타나서 8피트 정도 떨어진 곳에서 그의 앞길을 가로막고 말하기 시작했다.

설상가상으로, 유령은 자신이 살인을 저질렀다고 고백했다. 그리고 지침을 내리기 시작했다. 고더드는 올턴 반스 마을 주변의 지정된 숲으로 제화공인 자신의 처남 윌리엄을 데리고 가 창을 가져오라는 지시를 받았다.[12]

그리고 고더드는 창을 땅에 내려놓으면서 갈색의 마스티프 개처럼 생긴 형체가 유령 옆에 서 있는 것을 보았다. 그때, 유령이 고더드 쪽으로 다가왔기 때문에 그는 두 발자국 뒤로 물러났는데, 유령이 그에게 말했다. "나는 자네에게 오는 것을 허락받았지만 자네를 만질 수는 없네." 그리고 유령은 창을 집어 들고 옆에 있던 마스티프 개와 원래 서 있던 장소로 되돌아갔다. 그리고 창끝을 땅에 겨누며 말했다. "이 장소에는 내가 1635년도에 살해한 남자의 시체가 묻혀 있네. 지금쯤 썩어서 흙이 되었겠지." 이 말에 고더드는 말했다. "당신에게 묻습니다. 무슨 연유로 살인을 저질렀습니까?" 이 말에 유령은 답했다. "내가 그 남자의 돈을 가져갔고, 내게 따지러 들었기 때문에 그를 죽인 것이다."

후에 고더드의 처남 윌리엄은 자신의 관점에서 바라본 유령과의 조우에 대해 이야기했다. 그는 고더드가 마치 누군가에게 말하고 있는 듯한 소리를 들었고, 어딘가에서 대답하는 것 같은 왜곡된 목소리가 들렸는데, 목소리의 주인은 보지 못했다는 것이다. "그는 매형의 목소리를 들었고 그의 말을 이해할 수 있었지만, 그것과는 구별되는 또 다른 목소리의 말은 전혀 이해할 수 없었으며 유령 또한 보지 못했다……."

방직공은 이 사건이 일어난 한 주 동안 너무나 혼란스러웠던 나머지 에드워드 리파이엇 시장과 말버러에 위치한 성 피터 교구 목사 조슈아 서셰버럴에게 자신이 선서한 녹취록을 전달했다.

옛날에는 한낮에도 유령이 흔하게 나타났다는 것은 흥미로운 사실이다. 예를 들어, 존 오브리의 『잡문집Miscellanies』에도 한낮의 유령이 등장한다. 1647년, 모헌이라는 이름의 신사가 첼시의 결투장으로 가던 길에 기습 공격으로 살해당했다. 그리고 그가 지금의 에버리 가에 쓰러져 죽어가던 바로 그 순간에, 코번트 가든의 제임스 가에 사는 그의 정부 앞에 나타났다. 그녀는 모헌이 "침대 곁으로 오더니 커튼을 걷고 그녀를 내려다보고는 그녀가 묻는 말에는 대답하지 않고 사라졌다"고 진술했다. 1693년, 또 다른 사건에서는 코닝즈베리 경의 처남이 헤리퍼드에서 살해된 순간, 플리트가에 사는 자신의 여동생 앞에 나타났다고 한다.

1706년 12월, 노퍽 교구의 한 목사도 브리슬리 교회 등록부에 거의 동일한 사건을 기록했다. 그해 7월 21일, 미스터 쇼는 옥스퍼드주에 있는 그의 서재에서 파이프담배를 피며 책을 읽고 있었다. 자정이 가까울 무렵, 4년 전 죽은 세인트 존의 직장 동료가 나타났다. 신기하게도 미스터 쇼는 그의 오랜 친구를 보고도 놀라지 않았으며, 이들은 2시간 동안 대화를 나눴다. 사후세계에서 아는 사람을 만난 적이 있느냐는 물음에 유령은 그렇지 않다고 답했지만 "미스터 오처드가 곧 합류할 것이다"라고 답했다. 다시 방문할 것이냐는 물음에, 유령은 자신에게 허락된 사흘의 기간에 할 일이 많기 때문에 그럴 수 없을 것이라고 답했다. 오처드는 얼마 지나지 않아 죽었다고 한다. 쇼와 잘 알고 지냈던 로버트 위더스는 그의 이야기가 전부 사실이라고 믿어 의심치 않았다. 이 사건은 미세스 빌 이야기가 『로열 포스트』에 발표되기 불과 며칠 전에 발생했으며, 또 하나의 대표적인 크리스마스 유령 이야기가 되었다.

민속 전통과 가톨릭교의 탄압과 함께, 고전문학은 영국 유령 문학 발달에 지대한 영향을 미쳤다. 찰스 디킨스는 월터 스콧과 마찬가지로 기본적으로 회의론자였지만, 유령 문학 장르에 거부할 수 없는 매력을 느꼈다. 그의 최고의 작품은 『신호수The Signalman』지만, 우리에게 가장 잘 알려진 작품은 『크리스마스 캐럴A Christmas Carol』이다. 이 작품은 수천 년 동안 전해져 내려온 이야기를 바탕으로 하고 있다.

플리니우스는 시인 마르티알리스의 후원자이자 트라야누스 황제의 오른팔이었던 그의 친구 루시우스 루키니우스 수라에게 7월 27일 편지를 보냈다. 그는 수라에게 다소 회의적인 말투로 유령의 존재를 믿는지 물으며 서로 다른 종류의 유령에 대한 세 가지 이야기를 들려주었다. 그중 한 사건은 바로 그의 집에서 일어났는데, 사연인즉슨 밤마다 유령 이발사가 머리를 잘라준다며 창문을 통과해 침실로 들어온다고 소년 노예들이 불평했다는 이야기였다. 이것은 하인들이 유령 이야기로 주인에게 약을 올리는, 오랜 문학적 전통의 첫 번째 사건으로 볼 수 있을 것이다.[13] 또 다른 사건에서는 예언자 유령이 등장하는데, "사람보다 크고 더 아름다운" 이 유령은 아프리카의 혼을 형상화한 모습이었으며 로마의 평범한 시민이었던 쿠르티우스 루푸스 앞에 나타나 그가 결국 자신의 영역을 지배하게 될 것이라고 예언했다. 그리고 가장 긴 세 번째 이야기는 최초의 진짜 근대 유령 이야기다.

아테네에는 "흉흉한 소문이 돌고 공기가 탁한, 방이 넓은 대저택"이 있었다. 이 저택에 머무른 사람들은 먼 곳에서부터 점점 다가오는 것 같은 쇠사슬 소리를 들을 수 있었다. 그리고 늙은 남자의 유령이 나타났는데, "불결한 옷차림의 수척한 노인은 턱수염을 길게 기르고 머리가 헝클어진" 모습으로 다리와 팔목에 쇠고랑을 차고 있었다. 그는 팔목을 흔들어서 시끄러운 소리를 내는 것을 좋아했다. 저택 거주민들은 수면 부족으로 지치기 시작했으며 심지어 시름시름 앓다가 죽는 경우도 있었다. 유령은 근처에 없을 때에도 사람들의 마음을 갉아먹었다. 결국 거주민들은 저택을 매물로 내놓고 이 집에서 떠날 수밖에 없었다.

아테노도루스는 "광고에 적힌 터무니없이 낮은 매매가를 이상하게 생각해 몇 가지 질문을 했다"고 플리니우스는 적고 있다. 유령 이야기에 단념하기는커녕, 그는 직접 집을 조사하기로 결심한다. 그로부터 며칠 후 저녁, 그는 몇 시간 동안 연구를 하며 기다릴 작정으로 읽을 책 몇 권과 필기구를 준비한 후 (이후 유사한 이야기에서 일반적으로 하인들에게 밤 근무를 쉬게 했던 것과 달리) 하인들을 '집 뒤뜰'로 보냈다.

그는 "텅 빈 머릿속이 어리석은 두려움을 자아내지 않도록" 연구에 집중하기로 했다. 그리하여 유령이 오기를 기다리며 서재에서 연구하는 학자의 시나리오가 완성된다. 학자 또는 성직자가 글쓰기에 전념하는 가운데 촛불이 깜박거리고 그림자가 그 주위로 점점 커지는 이 장면은 M. R. 제임스 또는 셰리든 레퍼뉴에게 친숙한 이미지가 되었다.

처음에는 모든 것이 고요했다. 그때, 먼 곳에서 쇠사슬 소리가 나는가 싶더니 점점 다가오는 것 같았다. 소음이 점점 커짐에 따라. 철학자는 이 소리를 애써 무시했다고 플리니우스는 강조한다. "소리는 계속 커졌으며, 문지방에서 나는가 싶더니 이내 그가 있는 방에서 들려왔다!" 아테노도루스는 고개를 돌려 이 유령을 쳐다보고는 동요하지 않은 채 읽던 책으로 되돌아갔다. 유령은 그에게 손짓했고, 그는 무시하는 듯한 제스처를 취하며 기다리라고 말했다. 이에 격노한 유령은 더 가까이 다가오더니 철학자의 머리 위에서 쇠사슬을 들고 흔들었다. 아테노도루스는 고개를 돌려 유령을 바라보았고 여전히 손짓하는 유령을 봤다.

그는 짜증난다는 표정으로 일어서서 램프를 들고 유령을 따라갔다. 유령은 느릿느릿하게 집 안마당으로 이동하더니 사라졌다. 아테노도루스는 이 지점을 '잔디와 잎사귀'로 표시해두었다. 다음 날 아침, 그는 치안판사를 불렀고 판사는 안마당의 표시 지점에 구멍을 파보라고 명했다. 그리고 예상대로 부식된 쇠사슬이 달린 해골이 묻혀 있었다. "이 해골은 발굴되어 공동묘지에 묻혔고, 이 장례 절차가 끝난 후 저택에는 더 이상 유령이 나타나지 않았다."

주로 다락방에 묻힌 시체로 인해 집에 유령이 나타나는 현상은 되풀이되어왔다. 19세기 뉴욕주에서 있었던 폭스 자매의 경우가 그러했고, 1974년 영국 앤도버의 폴터가이스트 사건 그리고 볼리 목사관의 사건도 마찬가지였다.

『고대 그리스 로마의 유령 이야기Ghost Stories from Classical Antiquity』의 저자 D. 펠턴에 따르면, "그 밖에 현존하는 그리스 로마 문학에서는 쇠사슬을 찬 유령은 등장하지 않지만" 이 개념은 최근까지도 시트를 뒤집어쓴 유령과 함께 적절한 유령의 형태로 문학 속에 존재해왔다. 18세기에 쇠사슬을 끄는 것은 자유로운 영국 시민이 가장 하지 않을 법한 행동이었다. 골동품 전문가 프랜시스 그로즈(1731~1791)는 다음 과 같이 적었다. "쇠사슬을 끄는 것은 영국 유령의 방식이 아니다. 쇠 사슬과 검은 제의祭衣는 주로 외국 유령의 의복으로서, 독재정권에서 많이 발견된다. 죽어 있든 살아 있든, 영국 유령은 자유롭다."

디킨스의 『크리스마스 캐럴』에 나오는 말리의 유령은 기다랗고 정 교한 쇠사슬을 달고 있으며, 스크루지는 처음 이 소리를 들었을 때 "유령의 집에 나오는 귀신들은 쇠사슬을 끌고 다닌다"고 들었던 것 을 기억해낸다. 플리니우스의 원작에서처럼, 스크루지는 유령이 멀리 떨어진 곳에서 방 쪽으로 점점 다가오다가 방 안으로 들어오는 소리 를 들었다. 그는 아테노도루스가 그랬던 것처럼, 환영을 본 것을 소 화불량 탓으로 돌리며 처음에는 회의적인 태도를 취했다. 여기서 말 리가 차고 있는 쇠사슬은 분명 상징적이다. 쇠사슬과 관련이 있는 것 들로는 '금고, 열쇠, 맹꽁이자물쇠, 원장元帳, 증서, 철사로 짠 무거운 지갑' 등을 들 수 있다. 이 물건들은 말리의 인색함이 경화해서 사후 세계에서도 그를 억압하고 있었다는 것을 보여준다. 플리니우스의 원 작에서는 유해가 발굴되었을 때 이 물건들이 유령의 신분을 밝히는 데 도움이 된다. 민속학자들 사이에서는 혼령을 '묶기' 위해 고대에 철을 사용했으며, 플리니우스의 유령 역시 죽음 이후 안식에 들지 못하도록 묶인 것이라는 담화가 오갔다.

　오스카 와일드 역시 희극 우화 『캔터빌 고스트The Canterville Ghost』에서 유령 이야기를 다룬다. 미국인 오티스는 삐걱거리는 낡은 영국 자택에서 잠이 들었다가 금속이 쟁그랑거리는 소리에 잠이 깬다. 그는 성냥개비에 불을 붙여 시간을 확인한다. 시계는 새벽 한 시를 가리키고 있었다. 그는 심장이 뛰는 것을 느낀다. 열이 있는 것은 아니었다. 이상한 소리는 계속된다. 그는 침대에서 일어나 슬리퍼를 신는다. 화장대에서 그는 작은 유리병을 꺼낸다. 그리고 그는 침실 문 쪽으로 가서 문을 연다. 그리고 거기, 어두운 복도에는 유령이 서 있었다. 유령의 눈은 달궈진 석탄처럼 시뻘건 색이었고, 회색으로 엉겨 붙은 긴 머리는 어깨 밑으로 내려와 있었다. 유령의 옷은 고대양식이었고, 더럽게 때가 타고 너덜너덜했으며 그의 팔목과 발목에는 '무거운 수갑과 쇠고랑'이 달려 있었다.

　그리고 그는 농담을 한마디 던진다.

"친애하는 선생님", 오티스는 말했다. "저는 당신의 쇠사슬에 기름칠을 해드릴 때가 되었음을 말씀드리는 바입니다. 당신을 위해 작은 병에 타마니 라이징 선 루브리케이터유명한 윤활유 제품명를 담아 왔습니다. 여기 침실 촛대 옆에 병을 내려놓고 가겠습니다. 만약 더 필요하시거든 언제든 말씀해주십시오." 이 말과 함께 미국의 장관은 대리석 테이블에 병을 내려놓았고, 문을 닫은 후 다시 잠이 들었다.

이성과 분별력 그리고 현대인의 삶은 유령을 안식에 들게 한다.

9장

유령담의 제의
The Ritual of the Ghost Story

> 가끔은 이런 의문이 든다. 도처의 외딴 장소에는,
> 옛날 옛적 누구나 일상적으로 만나고 대화할 수 있었던
> 신기한 생명체가 여전히 출몰하는가……?
>
> __M. R. 제임스

1816년 빌라 디오다티에서 열렸던 하우스 파티에 대한 기록은 많이 있지만, 잘 알려지지 않은 사실은 이 하우스 파티와 찰스 디킨스 사이의 기상학적인 연관성이다. "여름이 오지 않았던 그해", 바이런과 셸리 가족은 궂은 날씨를 피해 라이프치히 출판사의 유령 이야기책을 읽으며 집 안에서 머물렀다. 제네바 호수 위로 떨어지는 창밖의 빗방울은 마치 납덩어리 같았으며 6월인데도 기온은 곤두박질쳐서 그해의 흉작을 예고하는 듯했다. 이와 같은 이상기후 현상은 멀리 떨어진 네덜란드령 동인도제도현재의 인도네시아의 대규모 화산 폭발 때문이었다는 것이 나중에 밝혀졌다.

1815년, 탐보라산은 다시 활동을 시작했다. 지난 2000년 동안 화산 폭발 역사상 가장 큰 규모 중 하나로 손꼽히는 800메가톤 급의 대규모 폭발이 일어나면서 화산재와 유황이 섞인 물질이 대류권으로 쏟아졌다.[1] 여파는 수십 년간 지속되었으며, 이는 디킨스 유년기의 대

부분을 형성하게 된다. 이로써 눈 내리는 풍경의 연하장 아이코노그래피의 기원은 섭정 시대의 이상기후 현상에서 유래하게 된다. 그리고 그 원인이었던, 자연적으로 핵겨울을 가져온 화산 폭발은 열대 지방 숨바와섬에서 서쪽으로 표류하는 대기 중에 최초의 뱀파이어 소설(『The Vampyr』, 1819)과 괴물 프랑켄슈타인을 풀어놓았다.

1588년, 노엘 테일레피에드는 『유령에 대한 논문Treatise on Ghosts』에서 당시 가톨릭의 연옥을 부정하던 신생 개신교를 강도 높게 비난했다. "제네바 호수의 냄새 나는 진흙탕 물을 마셔봤다는 글쟁이들은 하나같이 귀신이나 유령을 부정하는 경향이 있다. (…) 이 이단자들과 무지하고 편협한 인종주의자들의 책에는 죽은 자의 영혼이 나타날 수 없으며, 나타나지도 않는다는 내용이 적혀 있는 것을 계속 발견하게 될 것이다." 이 호수는 유럽에서 유령을 믿는 문제로부터 멀리 떨어져 있지 않았던 것으로 보인다. 하지만 가톨릭교의 극단적 성향을 차용해 소설로 만든 것은 개신교 작가들이었다. 근대 유령 이야기는 제네바 호수에서 발생했다.

1778년 '가톨릭 해방법'과 거의 나란히 탄생한 고딕 소설은 대부분 동성애자 남성과 천식을 앓던 여성 작가들로 이루어진 문학 장르였다. 『오트란토의 성The Castle of Otranto』(1764)은 호러스 월폴이 집필한 환상문학으로, 그는 한때 총리의 아들이었으며 유령을 직접 체험하기 위해 콕 거리를 급히 방문했던 인물이다. 이 소설의 줄거리는 '고대의 가톨릭 가족'에 관한 오래된 필사본이 재발견되면서 초상화가 살아 움직이는 등 초자연적 현상이 일어난다는 내용이다.[2] 『바텍Vathek』(1786)을 집필한, 훨씬 부유했지만 똑같이 고양잇과였던 윌리엄 벡퍼드와 마찬가지로, 그는 건축학적 판타지 장르의 문장紋章학적인 이야기들을 썼다.

은둔자 래드클리프 부인(1764~1823)[3]의 『우돌포의 비밀The Mysteries of Udolpho』을 비롯한 소설들은 비록 M. R. 제임스가 그녀의 모든 유령 사건들이 결국 해명되는 "짜증날 정도의 소심함"을 개탄하기는 했지만, 대중에게 인기가 많았다. 벡퍼드처럼 자메이카 노예주의 부유한 아들이었던 M. G. 루이스(1775~1818)는 베스트셀러 『더 멍크 The Monk』(1796)를 발표했으며, 이 소설을 바탕으로 만든 연극은 런던에서도 큰 히트를 쳤다. 회랑에서 곪아 터지는 공포와 동성애를 야하게 그려낸 이 책에 대해 M. R. 제임스는 "감동이 없으며 역겹고 끔찍하다"고 몸서리쳤다. 하지만 『더 멍크』의 핵심은 독일 문학의 영향을 포함시킨 방식에 있다.(루이스는 독일어에 능통했으며 실러와 괴테를 만나기 위해 독일을 방문하기도 했다.)

빌라 디오다티에서 그들이 읽던 책은 독일 단편소설 『요괴담Das Gespensterbuch』이었으며, 그로부터 불과 수십 년 후, 영국 문화에 미친 게르만족 문화의 영향력은 정점에 달했다. 이 시기에는 캐서린 크로가 발표한 두 권짜리 작품 『자연계의 이면』(1848)이 영국 전역의 거의 모든 책꽂이에 꽂혀 있을 정도였다. 캐서린 크로는 독일어를 유창하게 구사했으며, 이 책에는 독일인의 감성과 민간전승 신화가 가득했다.

많은 작가[4]는 영국 국교와 관료 집단이 명백하게 추구했던 종교가 개신교였음에도 불구하고, 로마가톨릭교 전통의 깊은 수맥이 수백 년간 영국 문화의 표면 바로 아래에서 흘렀다고 주장해왔다. 몇 세기 동안, 기득권층 인사들은 서민층이 특히 유령이라는 주제에 관해서 기본적으로 가톨릭교를 따르고 있는 것에 대해 개탄했다.

많은 사람은 오직 가톨릭 신부만이 유령을 퇴치할 수 있다고 믿었다.[5] 개신교도들은 말썽을 일으키는 영혼을 쫓아내기 위해 공식적인 의식 절차를 따르기보다는 길고 복잡한 찬송가를 오랫동안 부르는 식이었으며, 악령이 틀림없는 이 존재들을 쫓아내는 것이 고작이었다. 현대에 발생한 사례에서도 이것이 대세였던 것으로 보인다. 「엑소시스트The Exorcist」의 원작인 1940년대의 이야기에서는 루터교 신부가 악마를 통제하는 데 실패한 후 가톨릭 신부에게 요청하는 장면이 나온다. 핼러윈에 교회 종을 울리는 것은 개신교 정교회에서도 수년간 이어진 가톨릭교의 잔재였으며, 이는 지배층의 분노를 샀다.

따라서 이후 영국에서 로마가톨릭교가 처벌 대상에서 제외된 것은 그리 놀라운 일이 아니었다. 중요한 첫걸음은 1774년 '캐나다 법'과 1778년과 1782년 '해방법'이 제정된 사건이었다. 1763년 퀘벡이 영국 영토로 편입되면서 대규모의 가톨릭교 인구가 영국 왕실의 통치 아래 놓이게 되었으며, 호러스 월폴이 최초의 고딕 소설을 쓴 것은 그로부터 불과 일 년 후의 일이었다. 이와 같은 법의 제정으로 가톨릭교도들은 그들만의 학교와 주교를 갖게 되었다. 관련 법 제정이 점차 확산되는 데는 거센 반발이 뒤따랐는데, 1779년 스코틀랜드 폭동과 1780년 런던 고든 폭동이 그 예다. 『더 멍크』의 출간이 1796년인 것을 감안하면, 비록 독일적 요소가 눈에 띄긴 하지만, 색정에 눈이 먼 수사가 자신의 영혼을 악마에게 팔아넘기는 이 이야기는 영국 가톨릭교의 부흥에 대한 영국민의 두려움에 영합한 대중소설로 읽힐 수 있다. 사악한 수녀는 영적인 형태로라도 영국 땅에 돌아올 것을 예고한다. 이와 같은 인물은 백 년이 지난 후에도 여전히 볼리 목사관이

나 브라이턴의 거리 등에서 발견된다.

이 소설은 더블린에서도 인기가 있었는데, 이곳에서 책은 순식간에 몇 차례 증쇄에 들어갔으며, 찰스 매튜린이 쓴 『방랑자 멜머스 Melmoth the Wanderer』(1820)에서도 이 책의 여러 요소를 차용했다. 프랑스 위그노교도의 자손이자 개신교 성직자였던 매튜린은 영혼을 악마에게 팔아넘기는 내용의 이 소설이 얻은 악명 때문에 성직자로서의 경력에 타격을 입게 된다.

하지만 영국 유령 이야기에 결정적인 영향을 미친 인물이 있었으니, 또 한 명의 위그노교 성직자의 아들인 셰리든 레퍼뉴(1814~1873)였다. 특히 M. R. 제임스는 어린 시절, 서퍽의 리버미어에 위치한 아버지의 교구 목사관에서 셰리든의 작품을 읽으며 영향을 받았다. 레퍼뉴의 이야기에서 죽은 자들은 항상 근저에 도사리고 있는 악성 종양과 같은 존재로서, 작품명과 동일한 이름의 녹차처럼 약하게 취하는 음료만 마셔도 뚫릴 수 있을 정도의 얇은 지각의 막 너머에 존재한다. 그의 이야기는 시간증屍姦症(화가 샬켄)과 여성 동성애(카밀라)를 다루고 있다. 거의 무일푼 신세로 잡지에 실릴 기사를 쓰면서 신경쇠약증을 앓던 병약한 아내와 함께 살았던 그는 아일랜드의 에드거 앨런 포라고 봐도 좋을 것이다.

같은 장르의 선배 또는 후배들과 달리, M. R. (몬티) 제임스는 진지한 학자였다. 그는 동시대 가장 뛰어난 필사본 학자 중 한 명이었으며 외경外經 전문가였다. 영리한 책벌레 소년이었던 그는 이튼에 장학생으로 입학했으며, 이어 케임브리지의 킹스 칼리지에 입학했다. 그곳에서 학과장과 단과대 학장을 지낸 후 다시 이튼에 돌아와 죽을 때까지 단과대 학장을 역임했다. 그는 젊은 나이에 회랑에서 숨을 거뒀다.

M. R. 제임스. 봉인되고 외딴 환경으로 파헤치고 들어가는 것은 먼지가 자욱한 유년기의 공포를 이 방으로 가져다 주었다.

그가 크리스마스이브에 킹스 칼리지에서 유령 이야기를 들려주던 의식[6]은 영국 크리스마스의 전형적인 풍경이 되었다. 1903년 이후, 이 의식은 채플 예배와 홀에서의 저녁식사가 있기 전, 성가대원들과 함께하는 오후 티타임의 형태로 자리 잡았다. 몬티와 친구들은 컴비네이션 룸(교내 고학년들을 위한 휴게실)에서 카드게임 등을 하며 한 시간가량을 보내다 몬티의 방에 모였다. 올리프 리치먼드는 이 전형적인 이야기 시간을 다음과 같이 묘사했다.

우리는 촛불에만 의지해 앉아서 기다렸다. 누군가 피아노 악보의 몇 마디를 연주하다가 그럴 만한 이유로 그만두었던 것 같다. (…) 몬티는 마침내 완성한 필사본을 한 손에 들고 침실에서 걸어 나와서 촛

불을 한 개만 남기고 모두 꺼뜨렸다. 그리고 그 누구보다도 강한 확신에 찬 어조로, 어두운 불빛 아래에서 거의 알아보기 힘든 그의 손글씨를 읽어 내려갔다.

그가 죽은 후 출간된 한편의 글 「소품문小品文」에서 제임스는 어린 시절 레퍼뉴 이야기를 읽었던 것을 기억해낸다. 그는 서퍽 목사관의 위층에 있는 그의 방에 있었다.

그 글귀는 음산한 길에 대한 내 상상력을 자극하기에 충분했다. 나는 피할 수 없는 두려운 마음으로 농장 입구를 바라보았다. 언제나처럼 문은 닫혀 있었고, 입구로 들어가는 통로에는 아무도 없었다. 게이트 안에는 잠금 장치까지 뚫려 있는 네모난 구멍이 있었는데, 그 구멍을 통해서 나는 볼 수 있었다 —그리고 횡경막을 치는 듯한 충격을 받았다 —희끄무레한 무엇인가를. 하지만 여기까지는 감당할 수 있었고, 용기 —사실 용기라기보다는 차라리 최악을 보고야 말겠다는 체념 —를 짜내어, 소용없다는 것을 알면서도 덤불에 몸을 숨기며, 살금살금 기어갔다. 그리고 게이트와 구멍의 사정 범위에 도달했다. 그리고 상황은, 아아! 내가 우려했던 것보다 더 심각했다. 구멍을 통해서 한 얼굴이 내 쪽을 보고 있었던 것이다. 괴물처럼 생겼거나 창백한 모습의, 살점 없는 유령이 아니었다. 순간 나는 악의를 느꼈다고 지금도 생각한다. 어쨌든 그것의 눈은 커다랗게 벌어진 채 고정되어 있었다. 그리고 분홍색이었으며, 뜨겁게 느껴졌는데, 눈 바로 위로는 눈썹에서부터 아래로 처진 흰색 천이 둘러져 있었다. 식구들을 다시 마주했을 때 그 경험을 말하지 않고 어떻게 참을 수 있었는지 같은 질문으로 나를 압박하지 말기를 바란다.

수년간 M. R. 제임스의 최고작은 주술사의 저주를 받은 남자에 관한 이야기인 「룬 카드의 비밀The Casting of the Runes」이었다. 이 이야기는 1950년대 가장 유명했던 영국 영화 중 하나로 손꼽히는 「나이트 데몬Night of the Demon」의 바탕이 되었으며, 최근 일본의 호러물인 「링」(여담이지만 「링」은 「학교 이야기School Story」와 「울부짖는 우물The Wailing Well」에도 사람들을 납치하기 위해 우물에서 튀어나오는 악마의 레퍼런스로 등장하며, 「메조틴트The Mezzotint」와 「유령이 나오는 인형의 집The Haunted Dolls' House」에는 초자연적인 범죄 기록이 되살아나는 형태로, 「미스터 포인터의 일기The Diary of Mr Poynter」에는 머리카락으로 얼굴을 가린 귀신으로 등장한다)으로 구현되었다.

하지만 「제군이여, 휘각을 불면 내가 가리라O Whistle and I'll Come to You, My Lad」야말로 제임스의 명작이다. 1904년 첫 번째 작품집 『어느 골동품상의 유령 이야기Ghost Stories of an Antiquary』에 실린 이 이야기는 그가 실제로 기독교 필사본을 발견한 것을 바탕으로 베리 세인트 에드먼즈의 수도원에서 발굴 작업을 벌인 결과 몇몇 수도원장의 잃어버린 무덤이 발견된 지 2년 만에 발표되었다.

이야기의 줄거리는 다음과 같다. 고지식한 독신남인 주인공은 바닷가 마을에 잠시 머무르기 위해 들른다. 그의 이름은 파킨 교수이며 골프장에서 대부분의 시간을 보낸다. 하지만 바람이 부는 거의 버려진 동東 앵글리아 해변을 거닐고 있을 때, 그는 수풀이 우거진 오래된 템플 기사단의 영유지를 발견하고 그곳에서 땅 밖으로 삐죽 솟아나와 있던, 라틴어 'Quis est iste qui venit?'가 새겨진 금속 재질의

휘각을 준다. M. R. 제임스가 플롯의 중요한 시점에 라틴어를 쓰는 것은 드문 일이었으며, 이는 수업 시간에 열심히 공부하지 않으면 악귀에게 잡혀갈 수 있다는 교육적 경고의 메시지다. 이 학자는 '존재학ontography' 전문가였는데 제임스가 이 이야기에서 처음 만들어낸 존재학이라는 단어는 현재 풍경과 그 안의 생명체 사이의 관계를 설명하는 용어로 통용되고 있다. 파킨의 라틴어 실력은 녹슬었지만, 휘각에 새겨진 글자를 해석하면 '오고 있는 자는 누구인가?'라는 뜻이라고 생각된다.

휘각 소리는 이상하고 신비로운 음색을 지니고 있었다. 라틴어 학자라면 'iste'가 다소 경멸적인 어법이며, 다가오는 자가 누구든지 달갑지 않고, 인간이 아닐 수도 있다는 것을 눈치챘을 것이다. 사실 제대로 해석하자면 '나를 향해 다가오는 이 역겨운 것은 무엇인가?'[8]로 해석하는 것이 옳다.

이 이야기에는 비슷한 유의 다른 이야기에서도 전형적으로 볼 수 있는, 자신에게만 몰두하는 회의적인 학자가 초자연 현상을 직접 체험하는 유형의 주인공이 등장한다. 이 경험 후 학자의 이성에 대한 확신은 순식간에 무너지며, 호각의 로마가톨릭적인 유래에 대해 특히 유의하라는 골프 파트너인 대령의 경고에도 불구하고 그는 호각을 불었다. 그 결과 개와 같은 충직함이 무엇보다도 달갑지 않은 존재를 잠에서 깨우게 된다.

트윈 베드룸에서 혼자 하룻밤을 묵어본 경험이 있는 사람이라면 누구나 한 번쯤은 한밤중에 옆 침대의 '구겨진 린넨 이불 속에서 끔찍한 얼굴'을 한 형체가 일어나는 상상을 해보았을 것이다. M. R. 제임스의 경우, 린넨으로 감싸고 있는 얼굴이 그를 뚫어져라 쳐다보는 경험을 했던 것은 소년 시절 그가 리버미어 목사관에 머무를 때였다.

실제로, 이야기 속에는 지나가던 마을 소년이 벌건 대낮에 창문에서 그를 향해 손을 흔드는 유령에 겁을 집어먹는 장면이 등장한다.[9] 우리는 제임스가 웨어햄의 레드라이언 호텔과 캔터베리의 카운티 호텔에서 편지를 썼다는 것을 알고 있다. 하지만 이 이야기에 대한 영감을 얻은 것은 올드버러의 화이트라이언에 체류할 당시였을 것이다. 그렇지 않다면, 골프를 치는 다소 무력한 트집쟁이 파킨 교수는 혹자가 제안했던 것처럼 자화상이 되지는 못했을 것이다. 이것은 제대로 교육받지 못한 자신에 대한 성찰이다.

만약 제대로 라틴어를 알고 있는 학자였다면, 그는 호각을 불지 않았을 것이다.

정오와 자정에 울리는 전통적인 교회 종소리가 유령의 도착을 알리는 신호였던 것처럼, M. R. 제임스는 하지와 동지에 관심이 많았다. 1927년 7월 25일 편지[10]에서 그는 다음과 같이 적고 있다. "학과장이 내일 스카우트 캠프가 있는 도싯의 워배로만으로 차를 태워주겠다는 의외의 제안을 하면서, 캠프파이어 옆에서 내가 쓴 으스스한 이야기를 읽어줄 것을 부탁했다."

워배로만은 오늘날 쥐라기 해안이 있는 곳으로서, 도싯은 퍼벡섬에서 바다와 합류한다. 이곳은 타이넘 계곡의 외딴 구역에 있는 신령스러운 장소로서, 2년 후인 1929년 8월, 『타임』의 반 페이지를 차지한 이곳 사진은 훼손되지 않은 영국의 모습을 보여준다는 평을 받았다. 이 사진 속에서 은빛 바다를 배경으로 말이 끄는 경작기가 서 있는 토지는 당시 런던 대부분의 교회에서 건축 자재로 쓰였던 바위와 돌을 제공했다.

「울부짖는 우물」은 제임스에게 매우 개인적이고 색다른 이야기다. 이 이야기에서 그는 적어도 초반에 주인공으로 등장하며, 첫 부분의 몇 페이지는 당대의 남학생들과 특히 이튼 칼리지 학생들에게 어필하기 위한 유머들로 가득하다. 보이스카우트들이 캠프를 친 것으로 보이는 (1683년 이후 엘리자베스 양식의 대저택에 거주했던) 본드 가家 소유지의 해변과 인근 절벽으로 가기 위해, 제임스는 차를 타고 '꽃들의 곶 철기시대Flowers Barrow Iron Age' 요새를 지나 차를 마시러 계곡을 내려갔을 것이다.

제임스는 보이스카우트들에게 나눠주는 지도를 보고 영감을 얻은 듯하다. 지도에는 무슨 이유에서인지 출입이 금지된 구역이 빨간색으로 표시되어 있었다. 따라서 그는 이야기 속에 이 지도를 묘사하면서, 지도를 중심으로 이야기를 엮어나간다. 화창한 여름날 오후 언덕 위에 누워 있던 소년들의 관심은 금지된 숲에 집중된다. 한 소년은 언덕 아래 계곡의 전나무 숲에 흥미를 느낀다. 분명 이 지역은 빨간 원으로 표시된 출입 제한 구역 안에 있었고, 마을의 양치기와 마을에 전해지던 설화를 알고 있던 사람들은 그곳에 가지 말라고 경고하지만 소년은 결국 이 구역을 탐사하기로 한다. 멀리서, 소년의 친구들은 두 개의 해골 같은 형체가 소년의 뒤를 밟다가 갑자기 소년을 덮치는 것을 공포에 질린 채 바라본다.

스탠리는 그의 유일한 무기인 음료수 캔으로 맞선다. 망가진 검은 모자의 테두리가 생명체의 머리에서 떨어지면서 머리카락 한 줌으로 보이는 얼룩이 있는 흰 해골이 드러났다. 이때 여자들 중 한 명이 달려와 스탠리의 목을 휘감고 있는 밧줄을 잡아당겼다. 이들 사이의 밀고 당기는 힘은 곧 그를 압도했다. 끔찍한 비명 소리가 멈췄고, 셋은 원형으로 난 전나무 수풀 사이를 지나갔다.

당시 소년들은 몰랐던 사실이지만, 한 줌의 머리카락과 같은 해골의 생김새는 제임스의 경험을 바탕으로 한 것이다.

1909년 11월, 이튼과 킹스 칼리지의 창립자인 헨리 6세의 무덤이 윈저성에서 공개되었을 때, 제임스는 단과대 학장으로서 초청을 받았다. 그는 단과대 학장으로 취임한 직후 이튼의 12월 6일 창립자기념일 전통을 부활시켰다. 그가 맡은 임무 중 하나는 왕의 유해를 재매장하는 일을 기록하고 돕는 일이었으며, 제임스는 유골이 다시 매장되기 전, 희고 깨끗한 비단 수의로 감싸는 일을 맡았다. 유골의 한 조각에는 갈색의 머리카락이 붙어 있었는데, 그중 한 지점에는 피가 엉겨붙어 있었다고 한다.

제임스는 관례적 풍미 그 이상의 것을 더해 청중에게 윙크를 날리며 이야기의 끝을 맺는다. 나무 수풀의 해골과 뼈가 달그락거리는 소리, 그리고 한겨울 땅거미가 질 무렵 들려온 통곡 소리는 다음번 관찰되었을 때 또 다른 요소와 합쳐졌다. 「이튼 칼리지 연대기」(1936년 7월)에 실린 제임스의 부고에 따르면, "이야기의 배경이 된 장소는 캠프와 꽤 가까웠으며 (…) 그 때문에 일부 소년은 밤잠을 설쳐야 했다". 그날 이후로 풍경은 거의 바뀌지 않았으며, 나무 수풀은 보킹턴 농장 옆의 룩스 수풀이나 갯버들 덤불일 확률이 높다. 이 구역 전체는 여전히 접근 금지 구역이다.

1943년, 이 교구 주민은 군에 징집되었다. D-Day를 위한 리허설이 이 만灣에서 진행되었다고 한다. 12월 19일, 본드 가와 마을 사람들은 모두 이곳을 떠났다. 그 이후, 본드 가는 조상 대대로 물려받은 이 집에서 다시는 크리스마스를 보내지 못하게 된다.[11] 마을을 나서면서, 본드 부인은 교회에 들러 교회 문에 쪽지를 붙여놓았다. "교회와 집들을 조심스럽게 다뤄주세요. 우리는 대대로 살아온 삶의 터전을, 자유를 위한 전쟁의 승리를 위해 포기했습니다. 하지만 언젠가 되돌아와 마을을 지켜준 당신들에게 감사를 표할 것입니다." 1948년, 내무성 위원회는 이 지역을 군사 통제 구역으로 유지하도록 결정했다. 타이넘 하우스는 1960년대에 철거되었으며, 전시 동안 저택에는 WAAF의 여자 부대원들이 머물렀다.

현재 이곳은 국방부 소유지로서 전 구역이 대포 발사 시험장이자 탱크를 세워두는 곳이며 주중에는 군사 경계 구역이다.(계곡과 조약돌 더미가 있는 만은 체실 비치의 유령 출몰 장소 바로 아래 위치해 있다.) 대부분의 문학작품에서 이 마을은 '유령 마을'이라고 불린다. 교사校舍에는 아이들의 이름이 옷걸이 아래에 여전히 남아 있다.

대포 발사 시험장은 어떻게 되었을까? 1967년 3월 아침, 웨어햄 부근의 스토버러 출신이었던 14살의 소년 두 명이 이스트 홈 사격 연습장으로 잘못 들어섰다가 대포가 발사되면서 목숨을 잃었다. 이 지역은 현재 제임스의 소설에서 '울부짖는 우물' 주변 지역이 그랬던 것처럼 지도에서 빨간 선으로 표시되어 있으며, 그 안으로 함부로 들어가지 않는 것이 현명하다는 것은 두말할 필요도 없다.

10장

미스 패니의 신극장
Miss Fanny's New Theatre

> 하지만 만약 어떤 형체가 나타나서 누군가 특정한 장소에서 특정한 시각에
> 죽었다는 내용을 전달해준다면 그리고 이에 대해 나는 전혀 몰랐으며
> 알 도리가 없었고 모든 정황에도 불구하고 이것이 틀림없는 사실로 밝혀진다면,
> 이 경우에 나는 초자연적 지성이 내게 알려준 것이라고 믿을 수밖에 없을 것이다.
>
> ─존슨 박사

1762년 1월 말, 언론은 최초의 흥미 위주의 기사를 보도한다. 영국과 스페인 간 전쟁에 대한 최근 소식이 바람을 타고 들려왔으며, 20년 만에 최악의 폭풍이 런던을 가로지르고 있었다. 템스강의 선박들은 서로 부딪혀 산산조각 났으며, 지붕이 벽에서 떨어져나가고, 퍼붓는 빗줄기는 성묘교회 뒷골목에 좁은 도랑을 이루며 흘렀다.

잘 알려진 일부 교령회에서, 죽은 여성의 혼령이 살아 있는 남편을 살인죄로 고발하는 메시지를 보내고 있었다. 이 스캔들에 이끌려, 최신 유행을 좇는 사람들은 초자연적인 가십을 듣기 위해 몰려들었다. 성직자들은 사후세계에 대한 뉴스를 요구했다. 콕 거리와 호지어 거리에서는 겁을 먹은 군중이 술에 흠뻑 취한 채 불안한 밤을 보냈다. 신문사들 사이에서는 경쟁사로부터 작가들을 빼내는 전쟁이 벌어지고 있었는데, 서로 독점 기사를 내보내려 애쓰는가 하면 기자가 돈으로 기삿거리를 사는 관행이 시작되고 있었고, 다른 출판사로부터 스

타 작가들을 가로채는 일이 빈번하게 이루어졌다. 예술가들은 맹신하는 경향이 있는 어리숙한 사람들을 조롱하는 내용의 세심한 디테일이 살아 있는 풍자적 동판화를 양초 검댕으로 지워나갔다. 가두 호매인들은 엉터리 시를 팔고 있었다. 북새통에 아우성이 아닌 곳이 없었다. '레이닝 패션'[1]으로 가는 길 위에서 호러스 월폴은 유령이 소리를 낼 뿐 한 번도 구체적인 형체로 나타난 적이 없기 때문에 '환영'이라기보다는 '환청'이라고 비아냥거렸다. 마치 콕 거리의 유령(콕 레인 유령)이 18세기의 비방, 취기, 망상이 괴물처럼 증폭되어 구현된 무엇이었다는 듯이.

현재 이 거리는 고요하며, 바쁜 런던 시내에서 잊힌 도관으로서 그 존재가 미미해 구글어스 지도에도 나타나지 않는다. 여전히 어두운 이 길의 서쪽 면은 가파른 경사가 나 있으며 과거 플리트 강가였던 곳으로 이어진다. 집은 1960년대에 철거되었다. 북쪽으로는 역사적인 장소인 스미스필드 시장이 위치해 있으며, 남쪽으로는 런던중앙형사법원이 뉴게이트 교도소의 지점을 표시하고 있다. 여러분은 콕 거리로 들어선 순간, 납골당의 균열 속으로 떨어진 느낌을 받을 것이다.

이곳의 지면 아래에는 1990년대 발굴 과정에서 스미스필드 시장의 고대 도관, 로마 토장, 사육 동물의 뼈, 가맹 도축 교역의 잔재인 가죽 조각과 가죽신이 발굴되었다. 이곳 토양은 도축 과정에서 흘러나온 가축의 피로 여전히 질산염이 풍부하며, 도살장의 홈통 근처에서 자랐던 셀러리 잎이 달린 미나리아재비와 같은 식물의 죽은 씨앗이 흩어져 있다. 길 동쪽 끝에는 성 바살러뮤 병원이 있으며, 이 병원에는 12세기에 떠돌이 광대였다가 신에게 귀의한 후 병원을 설립한 래허러의 유령이 나타나 래허러 병동의 잠 못 이루는 암 환자들에게 가끔 목격된다고 한다.

1759년, 훌륭한 인품의 소유자로 여겨지는 한 부부가 콕 거리에서 서민층에 속했던 파슨스 가족의 집에 세를 들게 되었다. 하숙집은 런던 시의 오래된 벽 바로 바깥에 위치해 있었다. 윌리엄 켄트와 패니 라인스에게는 비밀이 있었다. 그들은 사실 부부가 아니었으며, 동거 중이었다. 두 사람은 충동적이고 무모했으며, 노퍽에 사는 중산층 상인 가문 출신이었다. 패니는 켄트와 사랑의 도피 중이었다.

켄트는 약간의 재산을 물려받았고 클러큰웰에 집을 샀지만 집을 리모델링하는 작업이 지연되고 있었다. 며칠 전 켄트가 집주인과 말다툼을 벌인 후 이들은 하숙집에서 쫓겨난 상태였다. 패니는 당시 임신 중이었고, 이들은 머무를 곳을 마련하지 못해 어려움을 겪고 있었다. 어느 일요일 아침, 싹싹한 교구 총무[2] 리처드 파슨스가 성묘교회의 신도석으로 이들을 안내하면서 켄트와 우연히 말할 기회가 있었고, 며칠 후 켄트와 패니는 후에 콕 거리 21번지가 될 구역의 비좁은 서민 아파트를 구할 수 있었다.

켄트는 감사의 표시로 집주인에게 얼마간의 돈을 빌려주었다. 유령이 나타나는 현상은 대출금을 상환 기일이 있는 달에 시작되었는데, 채무 불이행과 공갈 협박이 계속되다가 결국 소송으로 이어진 사건이었다.

리처드 파슨스는 악한이 아니었지만, 항상 술을 달고 살았기 때문에 늘 금전이 모자랐다. 그는 결혼 후 두 명의 딸을 두었는데, 그중 한명인 베티는 한 풍자적 팸플릿에서 '콕 거리의 유령'이라는 별명으로 불리면서 후에 '미스 패니의 신극장'의 스타로 발돋움한다.

콕 거리는 안락한 곳은 아니었다. 당시 소, 가금류, 돼지새끼가 거래되던 영국 최대 규모의 가축 시장이었던 스미스필드의 냄새와 소리가 항시 끊이지 않았고, 매주 화요일과 금요일에는 가축상들이 런던 근교로부터 수백 마리의 가축을 도심으로 끌고 왔는데, 가끔 콕 거리로 길을 잘못 들기도 했다. 『올리버 트위스트Oliver Twist』에서는 스미스필드가 "씻지 않고, 면도도 하지 않은 지저분하고 더러운 인간들"로 붐볐다고 묘사된 부분을 찾을 수 있으며, 『위대한 유산Great Expectations』에서 핍은 시장에 가까워짐에 따라 자신이 더럽혀진다고 느낀다. "오물과 지방 덩어리, 피, 거품으로 온통 뒤범벅이 된 이곳은 수치스러운 장소이며, 몸에 들러붙은 이곳의 냄새는 몸에 배어들어 사라지지 않았다."

뉴게이트의 신음 소리와 소음, 성 바살러뮤의 병들고 상처 입은 사람들이 내뿜는 숨결, 스미스필드의 체액 및 혈액 분출과 도축, 성묘 교회의 피선고자에 대한 경종이 한데 뒤섞인 청각적·감각적 악취는 분명 상상을 초월했을 것이다.

콕 거리의 끝자락에 있던 선술집 '밀다발Wheat Sheaf'은 파슨스의 집 근처에 있는 술집이었다. 그는 이 술집에 자주 들락날락했던 것으로 보인다. 이후 몇 세기 동안 축적된 증거를 보더라도, 콕 거리 유령은 처음에는 술집 유머로 시작되었다가, 점차 몸집이 불어난 것으로 보인다. 술에 취한 사람들이 취기에 주고받던 농담이었다가 이듬해 기하급수적으로 퍼졌을 것이다. 술은 이야기에서 굉장히 큰 부분을 차지한다. 이곳은 호가스의 진 거리가 있던 런던이었고, 노인 아이 할 것 없이 런던 시민 전 세대가 시도 때도 없이 싸구려 술을 마시곤 했다. 파슨스도 알코올중독자였다. 그의 문밖에 있는 군중도 술에 취해 있었다. 강령회는 술에 취해 즐기는 스포츠이자, 주마등같이 변하는 드라마에서 파슨스 가족이 자신들의 역할을 즐겼던, 시끌벅적한 귀신 놀이였던 것이 분명하다.

파슨스의 집으로 들어간 후, 켄트는 사업 차 종종 집을 비울 때마다 외로운 패니를 콕 거리에 홀로 남겨두었다. 패니가 콕 거리 유령의 소리를 처음 들은 것도 켄트가 이처럼 집을 비웠을 때였다. 홀로 밤을 보내며 비참한 기분에 젖었던 패니는 당시 열두 살이던 베티 파슨스에게 1층 침실에서 같이 자자고 부탁한다. 패니 라인스는 섬세하고 열정적인 여인이었고, 형부였던 켄트가 그녀의 언니 엘리자베스와 사별하고 두 돌 지난 아들을 잃었을 때 그에게 힘이 되어주었는데, 그녀가 보낸 편지에는 집착하는 경향이 엿보였다.

얼마 지나지 않아 패니는 노크 소리와 긁는 소리를 듣기 시작했다. 베티 파슨스가 왜 이런 소리들을 내기 시작했는지 우리는 알 수 없지만, 관심을 끌기 위한 시도였음에 틀림없다. 한밤중에 리처드 파슨스에게 보낸 청원서에는 열정적이고 지나치게 활발한 감수성이 소용돌이치듯 투영되어 있는 것을 엿볼 수 있다. 패니의 심신이 불안정했다는 것을 보여주는 증거는 없으며, 그녀가 그해 말 받았던 압박을 생각하면, 그녀는 꽤 침착하게 대응했다고 봐도 좋을 것이다.

리처드 파슨스는 처음에는 같은 상황에 처한 어느 누구라도 그랬을 행동을 취했다. 소음의 원인을 이성적으로 규명하기 위해 징두리벽판에 쥐가 있는지 그리고 구두 수선공을 하는 이웃의 두드림 소리는 아닌지 조사했다. 하지만 패니는 그의 생각을 받아들일 수 없다. 왜 하필 일요일에 구두 수선공이 일하겠는가? 그녀가 죽은 엘리자베스 언니가 형부와 사랑의 도피 행각을 벌인 것에 대해 자신을 질책하기 위해 찾아온 것이라고 믿었던 초기의 유령 현상은 그 후 몇 주간 지속되었다. 1760년 1월, 마침내 윌리엄 켄트가 파슨스에 대한 인내심을 잃었을 때 유령 활동이 여전히 계속되었는지는 확실치 않지만, 어쨌든 12기니의 대출금에 대한 첫 번째 상환이 3달치 연체 채무로 이어지자 켄트의 인내심은 한계에 도달했다. 파슨스는 켄트에게 돈을 지불할 의향이 없다고 선언했다. 실제로 그는 켄트가 계속 돈을 요구한다면 켄트와 패니의 관계를 폭로할 참이었다. 교회법 안에서는, 켄트가 패니의 언니와의 사이에서 아이를 두었기 때문에 패니와 결혼하는 것이 금지되어 있었다. 아이를 낳더라도 사생아가 될 운명이었다.

월리엄과 패니가 옷가지 및 개인 소지품과 함께 자갈이 깔린 콕 거리 길바닥으로 비참하게 쫓겨난 것은 패니에게는 재앙이었고, 그녀는 이내 천연두에 걸려 몇 주간 시름시름 앓다 죽고 말았다. 그녀에 대한 몇 안 되는 정보를 토대로 우리는 베티 파슨스가 패니에 대한 애착을 형성했다는 것을 추측할 수 있다. 따라서 그 뒤에 일어난 모든 사건, 특히 자신으로부터 패니를 빼앗아 간 켄트에 대한 유아적인 분노는 이 애착에서 비롯됐다고 볼 수 있다. 이제 패니에 관해 베티에게 남은 것은 패니의 죽은 언니 엘리자베스의 노크 소리 그리고 정서적 형태학의 이상한 사건에서 정의를 부르짖는 패니의 목소리였다.

1760년에 일어난 대부분의 사건에서 유령의 정체는 엘리자베스라고 여겨졌다. 패니는 그리 멀리 떨어지지 않은 곳에서 죽어가고 있었다. 파슨스는 미신을 믿는 선술집 밀다발의 주인에게 장난을 치기로 결심하고 계략을 꾸몄다. 제임스 프랜즌은 귀신으로 의심되는 것이 나타나면 비정상적일 정도로 병적인 공포감을 드러냈다. 실제로 나중에 열린 재판에서 그는 바로 눈앞에서 사기 행각이 밝혀지는 순간에도 유령을 맞닥뜨린 경험을 떠올리며 공포로 몸이 마비될 정도였다.

어느 날 저녁, 파슨스는 프랜즌에게 콕 거리 21번지에 들러달라고 설득했다. 파슨스 부인이 남편은 외출했다고 말한 후, 프랜즌을 식당에 앉아서 기다리도록 했다. 그리고 교구 총무는 흰 천을 뒤집어쓰고 계단을 달려 올라갔다. 이 짓궂은 장난에는 베티도 참여해 프랜즌이 유령을 쫓아가지 못하도록 몸으로 막는 역할을 했으며, 남편이 집에 없는 것처럼 꾸며냈다는 점은 파슨스 가족이 이야기에 생동감을 불어넣기를 즐겼다는 것을 증명한다. 극도로 불안해하고 제대로 겁에 질린 유령 공포증 환자 프랜즌은 황급히 그 집에서 도망쳐 나왔다. 불과 몇 분 후, 파슨스는 선술집 밀다발의 부엌에 난입했는데, 그곳에는 이미 창백해진 프랜즌이 있었다. 자신도 유령을 목격했으니 큰 브랜디 병을 달라고 요구한 것을 보면 그가 유령을 둘러싼 소동으로부터 무엇을 원했는지는 분명하다. 공짜 술 몇 방울은 굉장히 효험이 있었다.

1760년 2월 2일, 패니 라인스는 고통스럽고 불행한 죽음을 맞이했고, 그녀가 죽은 후에도 콕 거리 21번지에서 두드리는 소리와 긁는 소리는 맹렬하고 강도 높게 지속되었다. 이번에는 베티가 경련을 동반한 발작을 일으키기 시작했다. 이것은 부수적이지만 중요한 디테일이다. 패니의 죽음은 베티에게 큰 심리적 동요를 일으켰을 가능성이 크다. 베티는 아버지와 친밀한 관계였지만, 패니가 일찍 죽음을 맞이한 것은 아버지가 그녀를 콕 거리에서 강제로 내쫓았기 때문이라는 것을 그녀는 분명히 알고 있었을 것이다.

새로운 하숙인이 들어왔지만 일련의 이상한 현상들 때문에 오래 버티지 못했고, 이웃들로부터도 항의가 빗발쳤다. 파슨스는 징두리

콕 거리 유령의 '오디션'이 일어났던, 침실로 쓰이던 방. 몇 년 후 다시 페인트를 칠한 모습이다.

벽판을 뜯어내기 위해 목수를 불렀는데, 이는 그가 여전히 소음의 원인이 무엇인지 전혀 감을 잡지 못하고 있었다는 것을 암시한다. 시간이 흘렀다. 프랜즌이 '선술집 밀다발'에 들어오는 모든 술주정뱅이를 상대로 소문을 퍼뜨리며 부채질했을 것이 틀림없는 이 이야기는 인근 지역에서 유명세를 탔다. 그리고 긴 소강상태가 이어졌다.

왜 유령이 다시 나타나기 시작했을까? 패니와 윌리엄이 콕 거리를 떠난 지도 거의 2년이 다 되어가고 있었다. 유령 현상은 두 사람이 없을 때에도 오랫동안 계속되다가 점차 사라졌다. 주변 사람 모두가 10대인 베티의 심각하게 계속되는 불안이 원인이라고 생각했다. 10대

소녀는 모든 중요한 '폴터가이스트' 사례에서 지속적인 비유가 되어왔고, 사춘기와 유죄는 강력한 조합이다. 아마도 두드리는 소리가 다시 시작된 문제에 대한 답은 파슨스 가족이 1761년 11월 초 알게 된 정보 속에서 찾을 수 있을 것이다. 파슨스 가족은 윌리엄 켄트가 재혼했으며 패니의 오라비가 금전적 문제로 그를 고소했다는 사실을 알게 되었다. 켄트에 대한 반감의 불씨가 갑자기 다시 타오르기 시작한 것이다.

파슨스 가족이 이 새로운 사실을 알게 되었을 때, 그들은 어떤 이유에서인지 동요했고 그에 대한 안 좋은 인식이 한층 강화되면서 시끄러운 소리가 되살아났다. 유령의 집에 방문했을 때 프랜즌은 파슨스가족으로부터 유령은 사실 엘리자베스가 아니라 패니라는 이야기를 들었다. 복잡한 모멸감을 느낀 파슨스 가족은 자신들에게 모욕을 준 사람들을 절대 잊지 않는다는 금언을 좇아, 비록 일관성이 없고 무계획적인 방법일지라도, 켄트에게 타격을 입힐 기회를 찾았다. 길 건너편 자선학교에서 학생들이 들은 시끄러운 소음은 무엇이었을까? 자신의 친구가 혐오스러운 남편에 의해 죽음으로 내몰렸다고 믿었던 어린 소녀가 내는 의식이 충돌하고 강타하는 소리는 아니었을까? 아니면, 끔찍하게 요동치던 간질 발작이었을까?

소음은 이제 다른 계층의 인물들로부터 주목을 받고 있었다. 존 무어 목사는 성묘교회에서 설교를 했기 때문에 리처드 파슨스를 고용인으로서 알고 있었을 것이다. 무어는 콕 거리의 교회 자선학교와 인맥이 닿아 있었고, 건너편 집에 유령이 나타난다는 이야기를 들었을 때 그는 즉시 커다란 호기심에 사로잡혔다. 그는 콕 거리 21번지에 방문해 파슨스 가족에게 유령에 대해 물었다. 이 시점에서, 파슨스는 패니 라인스가 남편에 의해 독살되었고 그녀의 유령이 복수극을 벌이기 위해 이승으로 돌아왔다는 자신의 이론을 자세히 펼치게 된다. 패니가 콕 거리에서 죽지 않았다는 것은 문제가 되지 않았다. 베티가 그녀의 매개인이었으므로.

이 한 편의 정보는 '뉴게이트의 사제'를 열광시켰다.(호러스 월폴의 무어에 대한 묘사는 양날의 칼이라 할 수 있는 재담이다. 실제 뉴게이트의 사제는 스티븐 로였으며, 범죄자들의 충격적인 고백을 다룬 『뉴게이트 사제의 기록The Ordinary of Newgate's Accounts』[3]은 해마다 베스트셀러가 되었다.) 무어가 균형감각과 자기 방어력을 잃는 데에는 오랜 시간이 걸리지 않았다. 그가 유령 이야기를 쉽게 믿어버린 것에는 특정한 문화적 이유가 있었다. 무어는 비록 런던의 가장 유서 깊은 교회 중 한 곳에 초빙 교구 목사로 임명되었지만, 근대 사상가적인 기질이 있었다. 그는 신흥 종교인 감리교적인 성향을 갖고 있었다.

사제들의 질서 정연한 서열은 이 새로운 사고방식에 대해 굉장히 회의적일 수밖에 없다는 것을 의미했고, 위대한 사람들과 선량한 사람들 중 일부는 폭도들에게 아첨하는 그들의 성향을 경멸했다. 그러나 이 시기 감리교에 대한 가장 흥미로운 점은 창립자인 존 웨슬리의 성향적 특성으로 인해, 초자연 현상의 현실성과 그가 유년기에 경험한 폴터가이스트에 대해 확고한 신념이 존재했다는 것이다.[4]

사자死者들은 생자生者들보다 더 오래 존속하며 생자를 관찰하고 있는, 정의를 부르짖는 능동적 힘이라는 것을 의심의 여지 없이 증명할 수 있는 성직자는 누구든지 감리교 창공의 별이 될 수 있었을 것이다. 비록 무어의 행동에서는 그가 허영심이 강한 남자였다는 증거를 찾을 수 없지만, 그는 자신을 기다리고 있을 이 영예로운 포상을 틀림없이 알고 있었을 것이다. 강령회에 한 번 참석한 이후 파슨스 가족의 진실성을 신뢰하기로, 그리고 패니 라인스의 유령이 자신을 독극물로 살해한 남편을 정말 고발하고 있다고 믿기로 한 그의 결정은 결국 그를 파멸시켰고 그는 젊은 나이에 목숨을 잃고 말았다. 교육받은 사람의 어리석은 판단이 가져온 결과였다. 콕 거리 유령 사건에 손을 댄 사람은 누구든지 오명으로 얼룩졌다. 악의에 찬 생명체나 다름없었다.

일부 기록[5]에는 파슨스가 유령에 대해 의논하기 위해 무어에게 접근했다고 적혀 있다. 하지만 가장 최근의 그럴듯한 분석[6]은 상황을 전혀 다른 시각으로 보고 있다. 파슨스 가족은 이웃 및 친구들과 자신들만의 작은 심리극에 연루되어 있었고 자신들 교구의 농담이 전국은커녕 도시 전체에 퍼지는 것도 원하지 않았다. 경종의 소리는 리처드 파슨스가 크리스마스 직후에 교령회 입장료를 이미 걷고 있었다는 것을 무어가 알게 되었을 때부터 울렸던 것이 분명하다.

일련의 오판 중 첫 번째 사건에서(앞좌석 관람료가 사건의 진실성에 즉각적인 의혹을 불러일으킬 수 있다는 꽤 올바른 사리판단으로), 무어는 파슨스에게 성묘교회와, 별도의 감리교의 두 은행계좌로부터 배당금을 제공했다. 후에 그는 케임브리지 광장에서 떨어진 감리교 교회에 수입이 더 괜찮은 자리를 소개해주겠다고 약속했다. 무어는 이미 파슨스 가족의 사업에 발을 깊이 담그고 있었다. 후에 그는 이것을 후회하게 된다. 무어가 설득력이 있다고 생각한 것은 무엇이었을까? 강령회에 대한 모든 기록은 비슷한 풍경을 묘사한다. 베티와 여동생 앤이 침대에 함께 눕혀졌고, 침대 한쪽의 수지양초 한 개에 불을 붙였으며, 방 안은 어둡고 그림자가 드리워져 있었다. 부모는 근처에 앉아 있었다. 손님으로 초대된 이들은 대개 스무 명 정도였는데, 이들은 위층으로 난 층계를 올라가 방 중앙에 놓여 있던 침대 주변에 앉았다. 이 강령회는 열 시쯤 시작되어 밤새도록 계속되는 경우가 많았다. 처음에는 가족끼리 알고 지내던, 그 지역에서 트러블메이커로 이름을 날렸던 메리 프레이저가 월폴이 '팬터마임'이라고 불렀던 이 의식의 원형적 매개로서 의식의 진행을 맡았다.

각종 긁는 소리가 났는데, 한번은 고양이가 의자 등을 긁는 것 같은 소리가 나기도 했으며, 노크 소리, 쿵 소리, 날카롭게 두드리는 소리가 났다. 무어는 천사의 날갯짓이라고 여긴 이 소리에 매혹되었다. 1762년 1월 5일 열린 강령회에서 무어는 그가 할 수 있는 모든 영적 권위를 동원해서 자신을 소개했다. 질의응답 시스템이 만들어졌다. 한 번의 두드림은 '예', 두 번의 두드림은 '아니오'였다. 이 교령회의 세부적 사항은 간과되는 경향이 있지만, 굉장히 중요한 일이 그 안에서, 침묵 속에서 일어났다. 무어가 이 영혼을 인터뷰하고 있을 때, 그는 "당신은 어떠한 목적을 갖고 돌아왔습니까?"라고 물었고, 한 번의 노크 소리가 있었다. "살아생전 누군가가 당신을 해한 적이 있습니까?"라는 물음에 또 한 번의 노크 소리가 있었다. "당신은 살해당했습니까?" 그리고 침묵이 이어졌다.

6주 후, 베티는 코번트 가든의 한 저택에서 통제된 상황 아래서 조사를 받았고, 그녀가 벌인 행위가 모두 사기였음이 밝혀졌다. 그녀는 침대 한쪽 면과 가슴을 치면서 소음을 만들어내고 있었다. 그녀의 손과 주먹은 거칠고 못이 박혀 굳어진 상태였다. 그녀를 물리적으로 제지하자 더 이상 소리는 나지 않았다. 결국, 그녀가 기이한 메시지를 만들어내기 위해 침대보 밑에서 사용하던 나무 조각이 발견되면서 베티는 현행범으로 붙잡혔다. 이 모든 사실에도 불구하고, 소리를 만들어내는 일에 온 가족이 관여하고 있었다고 보는 것이 일반적 시각이다. 이 시점까지는, 모든 긁힘 소리와 노크 소리는 베티와 앤이 누워 있었던 침대 주변에 분명히 국한되어 있었다.

예, 하고 베티는 두드렸다. 패니는 누군가에게 당했다. 하지만 무어가 패니에게 그녀가 윌리엄에게 살해되었는지 물었을 때, 베티는 차마 예 또는 아니오라는 대답을 할 수 없었다. 이후에 벌어진 일을 감안하면, 이 질문에 대답이 없다는 것은 이상한 일이었다. 침묵에 당황한 무어는—리처드 파슨스 역시 당황했을 것이라고 추측할 수 있다—또 다른 질문을 던졌다. "당신은 독살당했습니까?" 이 지점에서, 당시 목격자들은 두드리는 소리가 침대에서 옮겨가 방 전체를 돌며 적어도 31번 났다고 증언한다.

리처드 파슨스는 자신의 목적을 이루기 위해서는 철면피라 할 정도의 뻔뻔함을 보였는데, 그다음 주에 있었던 강령회에서 이 점은 분명하게 드러났다. 그는 새로 벌어들인 수입을 더 많은 술을 마시는 데 썼다. 윌리엄 켄트가 자신의 죽은 아내가 정말 되돌아온 것인지 직접 두 눈으로 확인하기 위해 이 강령회에 한 번 참석했을 때, "이 집에 살았던 사람이 피해를 입었는가?"라는 질문에 대해 또다시 주저함이 있었고, "당신을 죽인 살인자가 이 방에 있나?"라는 질문에 대해 한 번의 두드림 소리가 있기 전에도 잠시 머뭇거림이 있었다. 이 시점에서, 방 반대쪽에 앉아 있던 파슨스는 거칠게 불쑥 끼어들었다. "켄트!" 그가 소리 질렀다. "자네가 교수형감인지 유령에게 한번 물어봐."

무어가 콕 거리의 교령회에 대해 두 편의 글을 신문『퍼블릭 레저』(상업에 종사하는 신흥 중산층을 겨냥한 신문이었기에 흥미로운 선택이었다)에 실었을 때, 켄트는 즉시 동맹군 모집에 나섰다. 패니의 죽음이 임박했을 때 그녀를 치료했던 약제상과 의사 그리고 클러큰웰에 그녀를 매장했던 스티븐 올드리치 목사였다. 올드리치는 파슨스와 원수지 간이었으며 런던 시장의 의지에 따라 콕 거리 유령 조사위원회를 설립함으로써 파슨스를 결국 파멸로 이끄는 데 중심적 역할을 했던 인물이다.(이 위원회는 존슨 박사를 포함한 다수의 중요한 인물로 구성되었다.) 켄트가 자신의 결백을 입증하기 위한 과정의 일환으로 패니의 관을 열어 부패한 시신을 확인해야 했다는 것은 이 사안의 중대성을 보여준다.

콕 거리 유령을 만들어낸 사람은 파슨스가 아닌 무어였다. 그가 유령에 대해 글을 쓰거나 파슨스가 저지른 부정직함에 힘을 실어주지 않았다면, 이 이야기는 인근 술집 주인을 괴롭히기 위해 고안된 농담의 수준을 넘어서지 못했을 것이다. 또한 처음부터, 그리고 교령회가 열리는 도중에도 유령의 진위에 대한 의혹이 제기되었으며, 적어도 두 가지 사건에서 무어는 파슨스 가족을 방어하기 위해 직접 나섰던 것이 분명하다. 그는 적대적인 증인들이 교령회 도중에 떠나는 것을 막았으며, 유령이 올드리치의 집에 나타나는 것에 동의했을 때 유령이 원하는 바를 재해석했다. 둘 다 유령이 가짜라는 것이 폭로되지 못하게 막기 위한 조치였다. 시장에게 켄트를 체포할 것을 요청한 사람도 무어였으며, 동료와 유명 인사들을 강령회에 참석하도록 초청한 것도 그였다. 파슨스는 지나치게 진지한 이 성직자가 유명 인사들을 콕 거리에 계속 초대하는 방식에 몹시 당황했다. 그는 사기가 발각될 경우 파장이 훨씬 커지리라는 것을 알고 있었음에 틀림없다.

콕 거리 유령은 (콕 거리의 두 곳을 포함한) 총 일곱 장소에서 나타났으며 많은 사람에 의해 목격되었는데, 1762년 1월 거의 밤마다 열린 교령회에 각각 스무 명에서 오십 명에 이르는 증인이 참석했다고 할 때, 적어도 이백 명이 넘는 사람이 유령을 목격했다고 추산할 수 있다. 그 밖에도 수백 명의 군중이 인근 거리에 운집했는데, 월폴은 이를 두고 술집 주인과 과자 가게가 때아닌 특수를 누렸다며 마음씨 좋게 평했다. 켄트와 올드리치는 얼빠진 듯이 바라보고 있는 어수룩한 인파를 헤치고 현관문까지 도달하는 데 여러 차례 어려움을 겪었고, 베티는 오늘날 연예인이 집 앞에 장사진을 친 기자 및 팬들을 피하기 위해 이용하는 것과 비슷한 방식으로, 여기저기로(인근의 호지어 거리에 있는 두 집과 크라운과 쿠션 코트에 있는 집) 옮겨졌다.

하지만 콕 거리 유령 이야기가 본격적으로 펼쳐진 것은 언론 매체, 특히 작가 리처드 제임스가 관여하면서부터다. 제임스는 호지어 거리 출신의 부유한 상인이었고, 결국 윌리엄 켄트에 대한 명예훼손죄로 수감된 다섯 명 중 한 명이다. 1762년 1월 15일 금요일, 3일 전에 최초로 열린 켄트의 강령회에 대한 그의 이야기는 전 세계적으로 큰 반향을 불러일으켰다. 다음 날, 지역 신문 『런던 크로니클The London Chronicle』과 『세인트 제임스 크로니클St James's Chronicle』 역시 이 이야기를 다루기 시작했다. 그다음 주 월요일인 18일, 『로이즈 이브닝 포스트Lloyd's Evening Post』 역시 이 사건을 취재했으며, 같은 주에 『데일리 가제트Daily Gazette』는 금전적 이득을 제공하면서 리처드 제임스에게 신문에 실을 글을 써달라고 의뢰했다. 수요일이었던 1월 20일, 판매 부수를 늘리기 위한 전면전이 전국적으로 벌어졌으며, 『퍼블릭 레저』와 『데일리 가제트』는 콕 거리 유령에 대한 헤드라인 기사를 실었다. 21일 목요일에 열린 교령회에 대해 전 국민이 기대감에 들떠 기사를 읽어나갔다. 패니의 여동생 앤이 참석한 가운데 유령으로부터 패니의 관을 검사해야 한다는 이야기를 들었다는 내용이었다. 그날 아침, 라인스 가족은 『세인트 제임스 크로니클』에서 켄트에게 공격을 퍼부었다.

일간지를 통한 전쟁은 무어가 오늘날의 대언론 공식 성명에 해당하는 발표문을 내놓으면서 그다음 주에도 계속되었다. "파슨스와 그의 가족이 겪은 피로는 너무 극심했기 때문에 그는 하룻밤만이라도 집에 손님이 없기를 바랐다." 다시 말해서, 거의 3주 내내 밤마다 쉬지 않고 계속된 후, 월요일 밤 교령회는 취소되었다. 월요일은 교구 목사관에서 중요한 날이었다. 이날은 타이번에서 교수형에 처하기 위해 런던을 가로질러 이송되는 죄수들을 위해 성묘교회에서 경종을 울리는 날이었다. 대언론 공식 발표는 일종의 종말을 알리는 사건이었다. 기자단이 무기력한 파슨스 가족의 집 앞에 진을 치기 시작했다.

월폴이 요크 공작과 함께 5월 30일 토요일에 열린 마지막에서 두 번째의 공개 강령회에 참석했을 때, 그곳에서는 이미 사기 행각의 정도에 대한 논의가 진행되는 중이었고, 실제로 22일 금요일 특히 소란스러웠던 교령회에서 베티는 거짓으로 잠든 척하고 있었던 것으로 드러났다.

23일 토요일은 길드홀에 위치한 각 구청의 모든 주요 당사자가 방문했다. 시장이 베티를 콕 거리에서 추방해야 하며 편파적이지 않은 증인단에 의한 신문을 받아야 한다는 명령을 내림으로써 최초로 법과 질서의 권력이 개입한 날이었다. 그날 아침, 올드리치는 『런던 크로니클』에 '두드리는 자knocker의 진실성'을 공격하는 비판적인 글을 실었다. 같은 날 오후, 저녁 교령회는 잘 진행되지 않았다. 이제 대담해진 올드리치 목사는 속임수를 쓰지 못하도록 침대에 누워 있는 베티의 몸 위에 여종이 함께 눕도록 했고, 결과적으로 유령의 소리는 나지 않았다. 다음 날 파슨스는 올드리치가 자신의 딸을 데려가지 못하도록 갖은 수를 다 썼지만, 게임이 끝났다는 것을 그도 이미 알고 있었을 것이다.

월요일, 무어는 다시 공식 성명을 발표했고 올드리치는『세인트 제임스 레저』를 통해 그를 공격했다. 화요일, 파슨스는『퍼블릭 레저』에서 반격했고, 수요일, 올드리치는『로이즈 이브닝 포스트』에서 응수했다. 왜 이 대화들이 이 신문에서 저 신문으로 이동했는지는 분명하지 않지만, 아마 인쇄 마감 시간과 관련이 있어 보인다. 2월 2일, 클러큰웰의 올드리치 목사 집에서 베티를 검사한 존슨 박사의 보고서가 그날 아침『퍼블릭 레저』에 실린 파슨스의 선제공격을 맞받아치기 위해 같은 날 늦은 판으로 인쇄되면서, 이 설전은 다시 정점에 달했다.

보기 드문 확전에서, 파슨스는 월요일 밤 위원회가 겪은 일에 대해 설명했다. 그가 유령이 패니 라인스의 실제 관에서 두드리는 소리를 낼 것이라고 주장한 후, 위원회가 클러큰웰의 세인트 존의 지하실로 진지를 철수하면서 사건은 스릴 넘치는 국면을 맞이했다. 파슨스는 용감하게도 여덟 명으로 구성된 영향력 있는 위원회─그중에는 올드리치와 존슨 박사뿐만 아니라 다트머스 백작[7]이 포함되어 있었다─가 패니의 시체를 관에서 훔쳤다고 비난했다. 1월 25일, 관을 여는 것 외에는 루머를 떨쳐버릴 방도가 없었다.『세인트 제임스 레저』는 "끔찍하고 충격적인 장면"이었다며 켄트와 "그의 눈앞에 드러난 부패한 물체"에 대해 동정을 표했다.

「영국의 맹신 또는 보이지 않는 유령」. 저명하고 선량한 사람들이 너도나도 콕 거리 유령을 구경하기 위해 달려왔던 모습을 풍자한 당대의 만화 중 한 컷.

이쯤 되자 권력층 사이에서는 분노의 징후가 새어 나왔고, 이 사건이 공공질서를 해치는 커다란 문제로 커지고 있다는 데 의견이 일치하고 있었다. 10년 전, 한 달 동안 자신이 납치됐었다고 주장했던 엘리자베스 캐닝 사건은 여전히 사람들의 마음속에 생생하게 남아 있었다. 그녀가 납치되었다던 한 달 동안 도싯에서 그녀를 목격한 사람들이 있었고, 결국 그녀가 모든 일을 꾸며낸 것임이 밝혀졌다. 하지만 군중은 그녀의 유죄판결을 받아들이지 않았고, 폭동이 뒤따랐다. 1762년 2월 첫째 주, 보 가 치안판사 존 필딩은 이미 보 가 주민에게 두드리는 유령에 대한 유언비어를 퍼뜨린다면 브라이드웰 감옥에서 대마초를 피게 될 것이라고 경고하고 있었다.

일반적으로 '군중'은 런던 지도층에게 공포심을 불어넣는 존재였다. 20년 후, 고든 폭동은 수도 전체에 대혼란을 가져왔다.[8] 이 기간에 런던을 방문했던 한 독일인은 1770년 급진적 정치인 존 윌크스가 석방된 후 광란에 휩싸인 러드게이트 힐의 군중을 묘사했다. "반라의 남자와 여자들, 아이들, 굴뚝 청소부, 땜장이, 무어인, 문예가, 깡패 같은 여자들뿐만 아니라 우아한 숙녀들까지 남녀노소 할 것 없이 그의 변덕에 도취되어 소리 지르고 큰 소리로 웃으며 미쳐 날뛰고 있었다." 그리고 이것은 군중의 기분이 좋을 때의 모습이었다.

2월 중순경, 콕 거리 유령과 파슨스 가족의 게임은 막판으로 치닫고 있었다. 이제 다른 매체에서도 이 사건을 돈벌이로 이용하고 있었다. 웨스트엔드의 연극 「아폴로와 다프네」는 이 유령을 풍자하는 내용이었다. 2월 12일부터 어린 베티는 대니얼 미시터의 집으로 옮겨졌는데, 그에 대해 잘 알려진 것은 없지만 한 가지 분명한 사실은 그가 사기 행각을 폭로하기 위해 집요하게 파고든다는 점이었다.

일단 베티가 다른 지역으로 옮겨지고 나자, 마법은 풀렸다. 코번트 가든의 집에서 미시터는 8일 밤 동안 쉴 틈을 주지 않고 베티에게 강도 높은 정밀조사와 감시를 실시했고, 한 시점에서는 그녀의 다리를 벌려놓은 채 묶기도 했다. 필연적으로 유령은 나타나지 않았다.

이 순간부터, 압박은 주로 심리적인 것이었다. 미시터는 베티에게 다시 유령의 소리가 나지 않는다면 그녀의 아버지가 감옥에 갈 것이라고 말했다. 문구멍 사이로 관찰한 결과, 그녀는 온 방을 샅샅이 뒤져 벽난로 근처에서 주전자가 놓여 있던 나무판자를 찾았다. 그러고는 이 나무판자를 침대보 밑에 숨겼다. 그녀의 행동을 지켜보고 있던 미시터는 다시 패니 유령의 긁는 소리가 날 때까지 기다렸다가 와락 달려들어 침대 시트를 벗겨냈다. 마침내 콕 거리 유령 극장의 대단원이 막을 내린 것이다. 다음 날, 시장은 무어, 파슨스, 파슨스 부인, 리처드 제임스와 메리 프레이저에게 체포 영장을 발부했다. 켄트는 무어에게 대중 앞에서 자신이 꾸민 짓을 시인할 기회를 줬지만, 자신의 위대한 프로젝트가 한 줌의 재가 되었다는 사실을 인정하고 싶지 않았던 그는 어정쩡하고 혼란스러운 태도를 보이며 거부했다. 1년간의 감옥살이는 그의 건강을 악화시켰고, 그는 몇 년 후 죽음을 맞이했다.

그해 3월, 올리버 골드스미스는 저서 『밝혀진 미스터리The Mystery Revealed』를 발표했다. 몇 주 후, 시인 찰스 처칠은 「더 고스트The Ghost」를 발표했고, 호가스는 「맹신, 미신, 광신: 메들리Credulity, Superstition and Fanaticism: a Medley」라는 제목의 그림을 재발행했다. 오른쪽 상단 모퉁이에는 면도날 가는 기구와 문을 두드리는 용의 금속으로 된 합성 장치가 그려져 있었는데, 바로 콕 거리 유령이었다. 카이사르와 같이 잘 알려진 극중 유령이 장식된 연단에는 전도사가 악마와 빗자루를 탄 마녀 모양의 인형을 조종하고 있었다. 무어 목사는 봉이었을 뿐만 아니라, 이 환영의 중심에서 극중 속임수의 배후에 있는 인물로 묘사되고 있었다.

불쌍한 존슨 박사도 비극적인 결말을 피해갈 수 없었다. 그는 새뮤얼 푸트의 연극 '웅변가'의 무대 공연 중 조롱을 당했다.(5월부터 많은 연극에서 관련 소재를 활용했는데, 그중 브로드 코미디 '런던으로부터의 농부의 귀환The farmer's Return from London'은 시골 촌놈인 주인공이 두드리는 유령의 교령회에 참석한 후 가족들에게 그 경험담을 한껏 풀어낸다는 내용이다. 당시 최고 배우였던 데이비드 개릭이 주연을 맡았다.) 존슨이 사기를 밝혀낸 위원회 소속이었다는 것은 상관없었다. 그는 유령을 믿을

호가스의 「맹신, 미신, 광신: 메들리」

각오가 되어 있었기 때문이다. 몇 년 후, 보즈웰이 물었을 때 그는 콕 거리 유령에 대해 언급하기를 거부했다.

7월 10일 토요일, 15분간 진행된 심의가 끝난 후, 배심원단은 당사자 전원에게 유죄 평결을 내렸다. 다섯 사람 모두 켄트가 입은 피해에 대한 배상금을 지불할 때까지 구금되었다. 이는 실제로 그중 세 명이

1763년 2월 13일, 제임스와 무어가 300파운드와 188파운드를 간신히 마련할 때까지 수감되어 있었다는 것을 의미했다. 메리 프레이저는 그 후 6개월 더 수감되어 있었고, 엘리자베스 파슨스 역시 추가로 징역형을 선고받았다. 리처드 파슨스는 추가로 2년을 선고받고 세 차례에 걸쳐 형틀에 묶인 채 대중의 웃음거리가 되는 벌을 받았다. 3월 16일, 그는 콕 거리에서 형틀에 묶여 주민들의 조롱을 받도록 되어 있었다. 하지만 지역 주민들은 그에게 벽돌이나 썩은 과일을 던지는 대신에 모자를 돌려 그의 가족을 위한 후원금을 모금했다.

처벌은 지역적 특색으로 자리를 잡아가고 있었다. 20년 후, 유죄 선고를 받은 죄인들은 더 이상 뉴게이트에서 수마일 떨어진 타이번으로 이송될 필요가 없게 된다. 파슨스가 형틀에 갇혔던 곳에서 손이 닿을 듯한 거리에 있는 성묘교회 옆에 처형대가 세워졌기 때문이다. 1807년 찰스 디킨스는 교수형을 보기 위해 이곳에 들렀고, 콕 거리에서 불과 몇 야드 떨어진 스노 힐 군중의 모습에 경악한 그는 평생토록 군중이 먹이를 찾아 날뛰는 살기등등한 모습에 대한 공포감에 시달렸다. 디킨스 소설에 나오는 군중 중 일부는 틀림없이 콕 거리 유령을 보기 위해 참석했던 사람들이었을 것이다.

콕 거리 유령 사건과 직접적으로 연관되었던 사람들은 사건이 종결된 후 곧 시야에서 사라졌다. 런던에는 많은 윌리엄 켄트가 있었지만, 홀번에서 출판업을 경영한 동명인이 그였을 가능성이 높다. 그는 그 후 오래 살지 못했으며, 그의 부인은 1785년 소호에 위치한 성 앤 교회에서 재혼한 것으로 보인다. 파슨스 가족은 함께 살았고, 중단했던 생업을 다시 시작했다. 무어는 1768년, 35세의 나이로 죽었다.

사건이 종결되고 2년 후, 호러스 월폴은『오트란토의 성The Castle of

Otranto』을 출판했다. 초자연 현상을 주제로 한 모든 현대 소설이 이 책을 바탕으로 했는데, 그의 모든 익살을 제쳐두고라도, 초자연 현상에 대한 그의 관심이 콕 거리의 유령 장난으로 인해 불쾌감으로 바뀌었음을 추측하는 것은 어렵지 않다.

100년 후, 노점상에서는 여전히 이 이야기를 과장되게 포장한 팸플릿이 판매되고 있었으며, 많은 지역 주민은 유령이 진짜였고 당국에서 자신들의 이익을 보호하기 위해 진실을 은폐한 것이라고 믿었다. 베티는 두 번의 결혼을 했고 치즈윅 교구에서 젊은 나이로 죽었다. 그녀는 요청이 들어올 때마다 적절한 두드림 소리와 긁는 소리를 이용해 몇 년 전, 광기의 몇 주 동안 한 국가를 어떻게 속일 수 있었는지 시범을 보여주며 행복한 여생을 보냈다.

11장

방혈과 두뇌 거울
Bloodletting and the Brain Mirror

> 유령을 본다는 것은,
> 바로 그 사실 때문에, 의사의 연구 주제다.
>
> _ 찰스 올리어, 1848

진단명은 극도의 현기증이었다.

베를린의 서적상 프리드리히 니콜라이에게는 습관이 하나 있었는데, 바로 일 년에 두 차례 병원에 가서 피를 뽑는 것이었다. 이 치료법은 당시 굉장히 일반적이었는데, 신체에 관한 아리스토텔레스의 유머를 응용하자면 정맥을 열어 일정량의 피를 그릇에 뽑아내는 것이었다. 무슨 이유에서인지 니콜라이는 1790년 정기검진을 받지 못했고 이것은 이후 그에게 광범위한 영향을 미쳤다.

몇 년이 지난 후 1799년, 니콜라이는 베를린 왕립학회 앞에 서서 논문 「질병이 야기한 유령의 출현에 대한 회고록A Memoir on the Appearance of Spectres or Phantoms occasioned by Disease」을 낭독했다. 이 논문에서 그는 꽤 주목할 만한 사건의 전개에 대해 설명했다. 우울증과 스트레스를 앓던 시기에 브뤼더슈트라세[1]에 새로 지은 자택에 머물던 그는 1791년 어느 날 아침, 그의 방 근처에 유령이 또렷한 모습으로서 있는 것을 목격했다. 하지만 같은 방에 그와 함께 있던 아내는 유령을 보지 못했다. 니콜라이는 겁을 먹기보다는 오히려 침착하게 그가 할 수 있는 한 객관적으로 이 현상을 연구해보기로 결심한다.

이 현상은 몇 주간 계속되었고 마침내 다른 유령들이 그에게 말을 걸기 시작했는데, 이 경험은 그가 감당할 수 있는 선을 넘어선 것이었다. 4월, 그는 주치의에게 가서 다시 피를 뽑았고, 의사는 그의 항문에 거머리를 도포했다. 니콜라이가 수술실에서 거머리 치료를 받는 몇 분 동안, 그의 의심이 맞았다는 것이 증명되었다. 거머리가 피를 빨아들임에 따라 환각은 사라졌고, 그날 저녁, 유령은 모두 자취를 감췄다.

1803년, 영어 번역판이 나오면서 니콜라이의 관찰일지는 의학계의 큰 관심을 모았다. 유령을 목격한 사람들은 그동안 으레 여겨졌던 것처럼 도덕적으로 문제가 있거나 지성이 약하거나 정신적인 병을 앓고 있는 것이 아니라 누구든지 전염될 수 있는 디스템퍼를 앓고 있었던 것인지도 몰랐다. 자신의 눈앞에 서 있던 것을 그대로 **믿기를** 거부했던 그의 결정은 모든 이의 찬사를 받았다. 다음 국면―물론 영어권에서―이 전개된 장소는 맨체스터였다.

맨체스터 출신 의사 존 페라이어는 1813년 『유령 출현의 이론에 관한 에세이An Essay towards a Theory of Apparitions』를 발표했는데, 에세이에서 그는 매우 합리적인 추론에 근거해, 유령을 보는 사람들이 분명 존재하므로 사람들이 유령을 보지 못한다고 주장하는 것은 아무 의미가 없다는 이론을 내놓았다. 그의 정교한 이론은 인지 방식과 더불어 우리가 객관적으로 본다고 생각하는 것들을 두뇌가 창조해내는 방식에 근거한다. 그는 "외부로부터 받은 시각적 정보가 갱신되는 것"에 의해 유령 현상을 설명할 수 있다고 믿었는데, 정보의 처리 과정이 아닌 인식 단계에서 장애가 생긴다는 것이 이 이론의 핵심이었다. 페라이어는 두뇌가 인식한 시각적 정보가 인지 단계에서 반복적으로 덧입혀지는 과정에서 기억이 능동적인 시각적 경험으로 편입될 수 있다고 믿었다. 즉, 오작동 기억을 실제로 볼 수 있다는 것이다.

페라이어의 이론은 1824년 또 한 명의 의사 새뮤얼 히버트의 저서 『유령 출현의 철학에 대한 스케치 또는 그러한 환영의 물리적 원인을 규명하려는 시도Sketches of the Philosophy of Apparitions; or, an Attempt to Trace Such Illusions to their Physical Causes』에서 확장되었다. 이 책에서는 유령을 백일몽과 같은 범주에 넣고 있다. 새뮤얼 히버트는 유령이 지각자知覺者 앞에 동시대 또는 비역사적 의상을 입고 나타나는 이유는 지각자의 마음속에 생겨나기 때문이라고 주장했다. 이에 대해 강신론자는 살아 있는 마음이 죽은 영혼에 단순히 옷을 입히는 것이라고 반박했다.

사실, 유령의 옷에 대한 논의—유령이 정말 옷을 입고 있는 것인지, 그리고 만약 그렇다면 어떤 종류의 옷인지—는 적어도 1651년, 토머스 홉스가 『리바이어던The Leviathan』에서 이 문제를 제기했던 시대로 거슬러 올라가는 수수께끼다. 1762년, 미신에 대해 합리주의자가 익명으로 공격한 글 「안티 캐니디아Anti-Canidia」가 발표되었는데, 이 익명의 글쓴이는 영혼에겐 체온을 유지할 옷이 필요치 않으므로 나체여야 한다고 주장했다. 1856년, 『새터데이 리뷰Saturday Review』에 기고한 논객은 유령이 옷을 입는다는 개념에 대해 다음과 같이 비웃었다. "세탁 후 집으로 돌아오지 않는 양말들, 해수욕장에 두고 온 다 떨어진 부츠와 신발들, 횡단보도 청소부에게 준 낡은 모자들 (…) 천국이란 다른 게 아니라, 바로 무한한 헌옷 상점이다."

수년간 유령은 죽은 자가 무덤에 들어갈 때 입고 있던 옷, 즉 수의를 입고 나타난다고 여겨졌으며, 결과적으로 17세기와 18세기 소책자와 출판물의 유령들은 수의를 입고 있는 것이 일반적이었다.(사실 부자를 제외하고는 시체들은 관 없이 시트에만 싸여서 매장되었다.)

심령연구학회의 선구자 중 한 명이었던 엘리너 시지윅은 유령을 보았다고 주장하는 사람들이 유령이 입은 옷에 대해서는 잘 기억하지 못한다는 것을 발견했다. 마치 유령들은 '어떤 특정한 시대'를 가리키는 옷을 입고 있지 않았던 것 같았다. 게다가 유령들이 임종의 순간에 입고 있던 옷차림, 즉 침대 시트를 뒤집어쓰는 경향이 있는 것도 아니었다.

디킨스의 삽화가 조지 크룩섕크는 이 주제를 익히 알고 있었고, 1863년 '옷을 입은' 유령의 '엄청난 모순'에 대해 비판하는 글을 발표했다. 앰브로즈 비어스 역시 비슷한 개념을 기반으로 『햄릿』의 유령이 입고 있던 갑옷에 대한 토론에서 이를 비판하는 글을 썼다. 유심론자 뉴턴 크로슬랜드는 '영혼의 포토그래픽 이론'을 들어 이를 설명했는데, 현실의 매 순간은 화면을 캡처하는 기능이 있으며 특정한 상황에서 이를 열람할 수 있다는 것이었다. 하지만 다른 이들은 무생물은 본질적으로 영혼과 닮은 무언가를 실제로 지녔다고 주장했다. 빅토리아 시대의 괴짜 지질학자 윌리엄 덴턴은 니콜라이가 입었던 옷으로 인해 유령을 목격했으며, 니콜라이는 정신력을 측정하는 힘, 즉 생명이 없는 것처럼 보이는 물체로부터 진동과 이미지를 포착하는 능력이 있었다고 주장하기에 이르렀다. 그러나 전문적인 회의론자가 사실은 자기혐오적 심령술사라는 개념은 오늘날에도 여전히 외국에서 발표되고 있으며,[2] 과거 해리 후디니에 대한 이야기에도 늘 등장했다. 해리 후디니는 코넌 도일이 적극적인 회의주의 노선을 취하면서도 무의식중에 심령술을 쓰고 있다고 주장했던 인물이다.

사실, 니콜라이는 평범한 서적상이 아니라 그 당시 엘리트 철학자 모임에 활발하게 참여하고 있었으며 괴테도 가입했던 일루미나티(1776년 설립)의 회원이었다. 니콜라이는 부유한 출판업자이자 호전적인 저교회파 소속으로, 유령의 존재를 인정할 만한 사람은 아니었다. 이마누엘 칸트를 포함한 독일 작가들 및 사상가들의 새로운 물결에 소속된 많은 학자가 그를 의혹의 눈초리로 바라봤고, 그가 오만하고 보수적이며 인기에 영합하는 사람이라고 여겼으며, 그는 낭만파와는 거리가 멀었다. 따라서 그가 유령에 대한 근대 회의론의 원천이 되었다는 것은 흥미로우며, 그의 환각을 치유했던 의학적 치료에 과학적 근거가 전혀 없었다는 사실은 더욱 흥미롭다.

많은 글과 연구가 그의 뒤를 이었다. 최첨단 연구의 상당수는 프랑스에서 진행되었다. 1830년, 장에티엔도미니크 에스키롤은 환영hallucinations과 환상illusions의 차이에 대해 연구했다. 그의 저서 『의학·위생학·법의학의 관점에서 고찰해본 정신질환Des Maladies Mentales, Considérées Sous Les Rapports Médical, Hygiénique, Et Médico-Légal』(1838)은 갑작스레 환영과 마주친 사람들이 별로 놀라지 않는다는 문제를 제기했다. 그는 맹인들도 시각적인 환영을 경험한다는 점과 백일몽에 매혹되었다. 스코틀랜드 의학계는 이 문제를 깊이 연구했다. 글래스고의 내과의사 로버트 맥니시는 혼령에 대한 노골적인 농담을 피하면서도, '유령 환영'은 '진전섬망증'의 징후와 다름없다고 주장했다.

에든버러의 의사 로버트 패터슨은 중상류층 환자가 30분 내내 자신의 아버지의 환영을 보았던 경험에 대해 소개했다. 그가 내린 진단은 소화불량 또는 '대뇌 세포막'의 충혈 가능성에 근거하고 있었다.

디킨스와 마찬가지로 초자연 현상과 복잡한 관계에 있던 월터 스콧은 1830년대, 유령이 목격된 사건은 대부분 '정신이상의 그림자'라고 선언했다. 1830~1850년 사이에 유령을 믿는 풍조는 점차 사라지고, 과학과 분별이 마침내 유령을 몰아낸 것처럼 보였다.

유령 사업에 우연히 다시 활력을 불어넣은 것은 한 의사였다. 프란츠 메스머는 1734년, 독일 슈바벤의 수목 관리원의 아들로 태어났다. 그는 행성체가 인간의 신체에 미치는 영향에 대해 확신하고 있었다. 비록 법학과 의학을 전공했지만, 의학계에서는 그를 괴짜라고 여겼다. 그럼에도 불구하고, 1768년 열 살 연상의 부유한 여성(남편과 사별한)과 결혼한 그는 모차르트의 후원자가 될 정도로 부자가 되었다. 1770년대, 메스머는 자석을 이용한 건강요법에 점차 관심을 갖게 되었고, 사람의 체질에 강력한 영향을 미치는 숨겨진 힘이 있다는 생각에 사로잡혔다. 그는 자기磁氣를 띤 돌멩이를 신체 위로 통과시키거나, 심지어 전문가의 손만 스친다면 그가 '동물 자기'라고 불렀던 힘을 소환할 수 있다고 믿었다. 그는 이 자석을 막시밀리안 헬이라는 굉장한 이름을 가진, 헝가리 예수회 목사이자 천문학자로부터 얻었다.

메스머는 빈에서 한창 성공 가도를 걷다가 갑자기 추락한다. 그 중심에는 명성이 자자한 열여덟 살의 맹인 피아니스트가 있었다. 법원 공무원의 딸이었던 그녀는 살리에리1750~1825, 빈 궁정 악장을 지낸 이탈리아의 작곡가·지휘자로부터 음악 레슨을 받기도 했다. 그녀의 이름은 마리아테레사 폰 파라디스Maria-Theresa von Paradis(1759~1824)였다. 그녀는 눈을 치료하기 위해 메스머의 집에 머물기 전부터 이미 18세기의 온갖 치료법의 희생양이 되었지만, 얼마 지나지 않아 사람들은 메스머가 동물 자기를 그녀의 옷섶에 너무 가까이 댄다고 수군거리기 시작했다.

그녀의 부모는 이 소문을 감당할 수 없었다. 딸이 오명을 뒤집어쓸까봐 두렵다는 명목이었지만, 사실은 황후가 주는 생활 보조금이 끊길까봐 두려웠던 것이다. 딸이 시력을 되찾으면 보조금은 중지될 것이 분명했다. 폰 파라디스 부부는 메스머의 집을 급습했고, 딸이 그 집에 남겠다고 버티자 아버지는 칼을 휘둘렀으며 어머니는 딸의 "머리를 벽으로 내던졌다". 깊은 우울증에 빠진 메스머는 빈을 떠나면서 그의 대규모 사유지를 처분하고 영업도 그만뒀으며 심지어 아내와도 영원히 이별했다. 보이지 않는 힘의 이용이 결국 부적절한 성적 관계에 대한 혐의로 이어진 것은 이 일이 마지막은 아니었다. 실제로 빅토리아 런던과 미국의 교령회도 이 혐의 때문에 난장판이 되었다.

우리에게 퓌세귀르 후작(1751~1825)으로도 알려진 아르망마리자크드 샤스트네는 메스머가 몰락하기 전 자기 치료를 실험하기 시작했던 부유한 귀족이자 포병 장교였다. 만약 근대 정신요법의 아버지라고 불려 마땅한 사람이 있다면 그건 바로 퓌세귀르다. 23살의 농부 빅토르 레이스와 함께 프랑스 북부 수아송 인근의 가족 사유지에서 일하던 후작은 환자들이 몽유병적 수면 상태에서 자기화磁氣化하는 사람의 명령을 그대로 따르다가, 잠에서 깨어난 후에는 자신들의 행동에 대해 전혀 기억하지 못하는 '퍼펙트 크라이시스'를 발견한다. 퓌세귀르의 이론과 함께 최면은 빠르게 확산되었으며, 1843년경 그의 기술은 에든버러의 의사 제임스 브레이드에 의해 최면술이라고 다시 명명되었고 그는 후에 다시 신경골상학이라는 용어로 바꾸려고 시도한다. 미국에서 최면술은 골상학과 관련을 맺었고 더 넓게는 심령론과 연결되었는데, 이것은 정신의학의 아버지이자 미국 심령연구학회의 창립자로서 이 책에서도 중요한 인물인 윌리엄 제임스에게도 영향을 미쳤다.

퓌세귀르는 프랑스 혁명 때 체포되었고 몇 년간 감옥살이를 했지만, 오늘날 정신요법의 선구자로 여겨지고 있다. 가수假睡 상태에 들어간 레이스는 보통 때였다면 털어놓지 않았을 개인적 문제를 마스터에게 고백했고, 퓌세귀르는 그를 깨우기 전 문제를 어떻게 해결해야 하는지 알려줬다. 레이스는 자신의 잠재의식에 남아 있는 조언에 따라 그의 여동생과 말싸움을 일으켰던 문제를 해결했다. 더 나아가, 잠재의식 상태에서 레이스는 호흡기에 원인이 있다고 여겨지는 자신의 질병을 진단했을 뿐만 아니라 다른 사람들의 건강 상태에 대해서도 언급했다. 이처럼 의식에서 한 발자국 떨어진 몽유 상태에서 한 개인이 완전히 다른 사람의 태도, 목소리, 심지어 계급까지도 수용하는 것은 당대 최면술의 두드러진 특징이 되었다. 이 수용적이고 내세적인 상태에서는 텔레파시와 투시력이 작동할 수 있다는 개념이 생겨났다. 메스머는 비록 초자연 현상적인 측면의 작용을 부인하고 적절한 과학적 모델을 고집했지만, 생을 마감할 무렵에는 자신의 연구 대부분이 괴짜들 그리고 죽은 자들에게까지 연결되는 일종의 도관으로 사용되고 있다는 것을 알았을 것이다.

에드거 앨런 포는 「발데마르 씨 사건의 진실The Facts in the Case of Mr Valdemar」(1845)에서 이 강력한 아이디어를 차용해 최면 상태에서 죽은 주인공이 두 세계 사이에 갇히는 이야기를 그려냈다.

미스터리하게도, 퓌세귀르의 치료법 중 하나는 프랑스 북부 뷔장시의 오래된 느릅나무를 이용한 그룹 치료법이다. 농부들은 마치 메이폴 댄서들이 졸도해서 몸이 굳어진 모습처럼, 밧줄(아마도 금속 재질로 된) 같은 것으로 '신내림'을 받고 자성을 띠게 된 느릅나무에 몸을 연결했다고 한다. 호기심을 불러일으키는 이 낡은 나무는 1940년 폭풍으로 쓰러졌는데, 나무가 쓰러진 자리에는 기적적으로 샘물이 솟아났다고 전해진다. 나무는 수명을 다할 때까지 치유의 힘을 지녔다고 보고된다. 나무를 뿌리째 제거할 때에는 지역 주민들이 이 신성한 나무의 조각을 떼어가고자 벌떼처럼 몰려들었다고 한다.

퓌세귀르는 죽은 후, 수아송 바깥 지역에서는 점차 잊혀져갔다. 그러다가 저명한 의학자가 그의 선구적인 연구에 관심을 갖고 글을 쓰면서 다시 주목을 받기 시작했다. 프랑스인 샤를 리셰(1850~1935)는 과민증(그는 실제로 이 용어를 만들었다)과 자가면역, 알레르기 반응을 발견했을 뿐만 아니라, 위 속의 염산의 존재를 발견한 인물이다. 이 발견으로 그는 1913년 노벨의학상을 받았다.[3] 그는 시와 문학에 관심이 많았고, 그 당시로서는 드물지 않게 주술에도 관심이 있었다. 표준 세포생물학의 용어를 차용해 '심령체'라는 단어를 고안해낸 것도 리셰였다. 영매의 신체에 난 구멍으로 빠져나온 영묘한 물질로 이루어진 원생동물을 뜻하는 이 심령체는 이러한 맥락에서 언제나 어둠 속에서만 존재한다는 믿음이 당시 빅토리아인들 사이에 퍼져 있었다. 리셰는 일종의 부업으로 헬리콥터를 발명하기도 했다.[4]

의학도였던 리셰는 의사가 되고 싶었지만, 1872년 병동에서 여성 환자들을 상대로 진행된 최면 실험을 목격한 후 그의 인생은 송두리째 바뀐다. 이와 비슷한 실험이 1837년 런던 대학에서 진행되었는데, 당시 존 엘리엇슨(1791~1868) 교수는 아일랜드 출신 오키 자매(당시 10대였다)에게 공개적으로 최면을 건 후 이들의 경련과 간질 증상을 억누르는 데 성공한다. 실험 결과는 『랜싯The Lancet』에서 폭넓게 다뤄졌으며, 엘리엇슨은 1838년 5월 작위가 있는 귀족들과 국회의원들 앞에서 같은 최면요법을 시연한다.[5]

이후 몇 년 동안, 리셰는 최면기법을 마스터하고 이용하면서 오늘날 초심리학이라고 정의된 학문의 기틀을 다진다. 그는 1884년에 이미 통계적 방법을 적용했으며, 마리 퀴리와 물리학자 장 페랭 등과 함께, 카드놀이를 통한 예측 실험을 선보이는 한편 1905년에는 에우사피아 팔라디노를 비롯한 영매들을 상대로 라이브 테스트를 진행하기도 했다. 독자 여러분은 이후 네 명의 노벨상 수상자가 죽음 이후의 삶에 대한 미스터리를 풀고 영매들의 사기 행각을 간파했을 것이라고 생각했을지도 모르지만, 실상은 그렇지 않았고, 약삭빠른 나폴리 출신 농부가 이들 모두보다 한 수 위였다.[6]

1905년, 리셰는 런던에 있는 심령연구학회 회장으로 선출된다. 그는 '계고monitions'라는 개념을 처음 도입했는데, 이 분야의 과학자들에게 정설이 된 이 개념은 몽상이 아닌 진짜 환영, 또는 기존 감각이 아닌 다른 방법으로 아는 것을 뜻한다. 환영과 무아지경의 체험과 관련된 이 분야에서 연구하는 과학자들에게 혼령과 영매의 체험은 대부분 텔레파시와 독심술적인 요소가 강하다는 것이 분명해졌다.

후기 빅토리아 시대 과학자였던 리셰는 대체로 영혼이 귀환하는 개념과는 거리가 멀었다. 그가 언급했던 것처럼, 그는 정신을 지탱하는 물리적 장치가 사라진 이후에도 정신이 계속 존재할 수 있다고 믿지 않았다. 그는 기존의 과학에 부합하지 않는다고 생각되는 정보 수집 감각에 의해 환영이 중개되고, 영향을 받고, 정보를 제공받는 것이라 생각했다. 만약 여러 사람이 유령을 보았다면, 이 환영을 만들어낸 후 텔레파시로 전달하는 근원적 인간이 있을 것이라고 그는 생각했다. 많은 과학자에게 이 이론은 그렇게 나쁜 대안은 아니었다.

이 즈음, 정확히는 1894년에, 조지 듀 모리에(다프네의 아버지)는 선풍적 인기를 끌며 판매량에서 브램 스토커의 『드라큘라Dracula』의 뒤를 이었던 책을 발표했다. 『트릴비Trilby』는 『하퍼스 매거진Harper's Magazine』에서 처음 연재된 후 센세이션을 일으키며 초콜릿, 치약, 비누, 소시지 그리고 가장 유명했던 신사 모자의 브랜드로 사용되기도 했다. 플로리다의 한 마을은 트릴비의 이름을 따서 명명되었고, 트릴비 여주인공의 얼굴이 부채와 편지지에 등장했다. 그녀의 발 모양을 본떠 하드 아이스크림이 만들어졌다. 트릴비의 열성 팬들이 책 속의 주인공들처럼 옷을 차려입고 낭독하는 수아레 파티가 열리기도 했다. 허버트 비어봄 트리는 런던 헤이마켓 극장에서 히트를 친 무대극의 프로듀서였다.

트릴비 오페럴은 얼굴은 예쁘지만 음치였기 때문에 주로 예술가들의 모델을 하며 생활비를 벌던 아일랜드 후손의 소녀로, 파리의 라틴구에서 살고 있었다. 두통을 치료받기 위해 유대인 최면술사 스벵갈리('스벵갈리 효과'는 그의 이름을 따서 지은 단어다)에 의해 깊은 최면에 든 후, 그녀는 아름다운 목소리와 빼어난 실력의 가수가 된다. "최면에 걸린 동안 그녀는 유럽의 왕족들 앞에서 노래를 불렀고, 길을 가다 마주친 절친한 친구들도 알아보지 못했다. 한편 '깨어 있는' 상태에서 그녀는 한 음조도 부르지 못했다." 듀 모리에는 이 상태의 이상한 측면에 대해서 언급하는 것을 주저하지 않았다. "스벵갈리의 트릴비가 노래를 부르고 있을 때, 또는 노래를 부르고 있는 것처럼 보일 때, 우리의 트릴비는 더 이상 존재하지 않았다. 우리의 트릴비는 곤히 잠들어 있었다. (…) 사실, 우리의 트릴비는 죽은 것이나 마찬가지였다."

가수假睡 상태에 빠진 이들은 어떤 면에서는 죽은 것과 마찬가지였

던 것일까? 이는 재미있고도 무서운 생각이었고, '상태'파(가수 상태
를 단순한 특성의 집적이라고 보는 사람들)와 '비상태'파(가수 상태는 인
간생리학의 한계가 완전히 사라진 상태라고 보는 사람들) 사이에서 오늘날
까지도 계속되는 논쟁이다.

19세기를 지나면서 수정되긴 했지만, 유령을 보거나 믿는 자들은
기껏해야 인지력이 약하거나 최악의 경우 임상적으로 미친 것이라는
기본적 편견은 결코 사라진 것이 아니었다. 빅토리아 시대의 영국에
교령회가 도착하기 바로 직전, 유령에 대한 믿음이 대중화되는 데 가
장 관련이 깊었던 작가 중 한 명이 정신병 증세를 보인 것도 한몫을
했다.

캐서린 크로는 독일이 영국에 가져다준 것은 크리스마스트리뿐만
이 아니라고 생각했다. 그것은 앵글로색슨의 고대에서부터 민간 전승
되어 널리 통용되고 있는, 역사가 깊은 오래된 삼림 지대의 어둠이었
다. "대영제국의 과학자들과 독일의 일부 언론은 이 현상이 보고될
때마다 부인하고 조롱해왔지만, 독일의 가장 저명한 의료진들은 이
현상들을 조용히 연구하고 조사해왔다." 여왕의 부군이 법원에 미치
는 영향력에 대응하기 위해서였을 것으로 추측되지만, 크로 부인은
단순히 전설을 소개하는 영국적인 책이 되었을지도 모르는 『자연계
의 이면』에 직접 경험한 이야기와 소문 등 많은 독일 이야기를 포함
시킴으로써 역사상 가장 이상하고 괴기스러운 선집을 탄생시켰다. 이
책의 제목인 『암면Nachtseite』은 태양에서 가장 멀리 떨어진 지구의 측
면을 가리키는 독일 천문학 용어를 글자 그대로 번역한 것이다.

캐서린 크로는 1845년 『프레보르스트의 예언자The Seeress of Prevorst』

를 영어로 번역한 역자로서 이미 알려져 있었다. 이 책의 저자인 유스티누스 케르너는 의사였으며, 후에 정신의학 역사학자 앙리 엘랑베르제로부터 잠재의식을 실제로 '발견'한 공로를 인정받는다. 책에서 케르너는 '유령을 보는 자'인 프리데리케 하우페가 생사의 경계에서 거식증에 걸렸던 1827년부터 결국 죽음에 이르게 된 1829년까지 그녀를 관찰한 일지를 기록했다. 크로는 역서의 서문에서 지면을 할애하며 회의론자들에게 공격을 가하는데, 그녀가 문제를 제기한 대상은 페라이어의 『유령 출현의 이론에 관한 에세이』와 새뮤얼 히버트의 『유령 출현의 철학에 관한 스케치』(1825)로서, 특히 유령을 일종의 모사기억이 투사된 형태로 보는 시각에 대해 비판했다. 페라이어는 이 주제를 다루면서 조소를 머금은 태도를 감추지 않았는데, 크로를 분노하게 한 것도 바로 이 부분이었다. 그녀는 서문에 다음과 같이 적었다. "만약 내가 가능성이 있는 일부 사람들로 하여금 이것들을 비웃는 대신에 똑바로 직시할 수 있게 한다면, 내 목적은 달성된 것이고, 나의 시간과 노력은 헛되지 않을 것이다."

크로가 쓴 책은 환영apparitions, 유령, 생령 등이 온갖 정황에서 나타나는 잡동사니 모음집이다. 어떤 유령은 살인을 고해하기 위해 또 어떤 유령은 중요한 정보를 제공하기 위해 돌아오는데, 이 모두가 유령의 전통적 역할이다. 그러나 널리 확산되어 있는 흥미로운 유령담은 감상적인 것으로서, 이승에 남은 자식들을 사랑으로 감싸고 보살피기 위해 죽은 부모가 유령으로 돌아온다는 이야기다. 마치 죽음으로도 부모 자식 관계를 끊을 수 없는 것처럼.

크로는 꽤 거친 여성이었던 것으로 보인다. 그녀는 토머스 드퀸시와 같은 비행 청소년들과 교우관계를 맺었으며, 습관적으로 마약을 했을 가능성이 높다. 이를 두고 한스 크리스티안 안데르센은 스코틀랜드를 방문했을 당시 맹비난을 퍼부은 바 있다. 1847년 8월 17일, 그는 크로가 파티에서 다른 여성과 에테르를 들이마시는 모습[7]을 목격했는데, "생기 없는 눈으로 웃음을 흘리는 두 미친 생명체와 함께 있다는 것"이 그에게 얼마나 공포였는지 여성혐오의 전율마저 일으키며 이를 묘사했다.

1848년 그녀의 책이 출간되고 몇 년 후, 캐서린 크로는 점차 몰락의 길을 걷기 시작했다.

디킨스는 몇몇 편지에서 이 사건에 대해 언급했다. 그는 『이그재미너The Examiner』에서 크로의 책을 리뷰한 뒤부터 이 책과 작가에 대해 관심을 갖기 시작했다.

1854년 3월 7일 제임스 화이트 목사에게 보낸 편지에서, 그는 당시 크로가 거주하던 에든버러에서 일어난 사건에 대해 적었다.

크로는 강신술이 열리면서 완전히 실성했으며 또한 발가벗었다. 한 번은 길거리에서 그녀와 마주쳤는데, 그녀는 손수건과 명함으로 가슴만 겨우 가린 상태였다. 그녀는 혼령으로부터 그와 같은 차림으로 밖에 나서면 아무도 그녀를 볼 수 없을 것이라는 말을 들은 것 같았다. 현재 그녀는 정신병원에 있으며, 완전히 실성한 그녀의 상태는 유감스럽게도, 호전될 가망이 없다. 그녀의 질병 중 한 가지 흥미로운 증상은 검은 것은 어떤 것도 견디지 못한다는 점이다. 이로 인해 심지어 그녀의 벽난로에 석탄을 채워 넣는 것조차 끔찍하게 어려운 일이 되었다.

오늘날의 관점에서 크로는 일종의 정신병을 앓았던 것으로 여겨지고 있다. 최면술사 매거진『조이스트The Zoist』는 당시 혼령들이 그녀를 공개적으로 알몸이 되게 만들어 실성하게 했다고 탐욕스럽게 보도했는데, 빅토리아 시대에 이는 두 번 매장시키는 것과 마찬가지의 일이었고 여러 신문사에는 이 지친 여성 작가가 그레이트 맬번의 온천에서 쉬면서 작성한, 피해를 줄여보려는 편지가 도착했지만, 이 이야기는 사람들 입에 두고두고 오르내렸다.

그녀는 '위장' 상태가 혼령에 대해 주절거리게 했다고 주장했지만, 아무도 그녀의 이야기를 믿으려 들지 않았다. 캐서린 크로는 대중의 시야에서 조용히 사라졌고, 디킨스는 강신론 연구의 위험성과 정신적 피해의 가능성을 조명하기 위해 이 사건을 인용했다. 파리 출신의 저명한 정신과 의사 마르셀 비올레는 이 사건을 들어 유전적인 신경과민성 기질이 있는 사람들은 마치 불나방처럼 유령이라는 주제에 탐닉하면서 의지는 더욱 박약해지고 나약한 지성도 손상된다고 주장했다. 중산층의 세력이 강화될수록 유령에 대한 관심도 점잖지 못한 것이 되었다.

1854년 같은 해,『US 데일리 뉴스US Daily News』는 26명의 사람이 "테이블을 두드리는 방식으로" 오하이오 정신병원으로 가는 길을 찾아냈다는 기사를 보도했다. 아메리칸 스타일의 테이블 교령회에 대한 의혹의 씨앗은 대서양을 건너 미국에 상륙하고 있는 순간에도 뿌려지고 있었다.

샤를 리셰의 동반 여행가 중 한 명은 바론 알베르트 폰 슈렝크노칭 (1862~1929)이었다. 찰스와 마찬가지로 의사였던 노칭은 뮌헨에서 의사 양성 과정을 밟았다. 그의 가장 중요한 발견 중 하나였던 한 쌍의 영매 루디와 빌리 슈나이더 형제는 아돌프 히틀러의 고향인 오스트리아의 작은 마을 출신이었다. 노칭은 심리학자로는 최초로 법정소송사건[8]에 소환되어 전문가 의견을 제출했다고 알려져 있다. 그는 1896년 뮌헨에서 있었던 살인 사건에 대한 재판에 참석하라는 요청을 받았다. 리셰의 경우처럼 그는 의학도였던 시절 최면술에 관심을 갖게 되었고, 둘은 1889년 파리에서 친구가 되었다. 1891년, 노칭은 텔레파시에 대한 리셰의 연구를 독일어로 번역해 출간했다.

실험실 조건에서 영매를 시험하는 연구의 상당 부분을 개척한 인물은 이 유령 남작이었다. 그는 실험 대상 영매들이 세션에 들어가기 전 (심령체로 가장해 역류시킬지도 모르는 모슬린 옷을 모두 착색하기 위해) 밝은 색깔의 음식을 먹어야 한다는 등의 실험 기준을 마련했다. 1909년, 파리에서 영매 에바 카리에르를 조사한 후 노칭은 특히 빅토리아 시대 심령사진의 주요 공급원이었던 엑토플라즘이 무색의 혈구인 백혈구로 이루어졌다는 확신을 갖게 된다. 그는 위조의 가능성을 제거하기 위해 몸에 꽉 붙는 의상을 개발했는데, 심령학자들의 몸 위로 바느질을 해야 할 때도 있었다. 그러나 그의 평판은 스캔들이 한 번 터진 이후로 다시는 회복되지 못했다. 노칭을 위해 가수 상태에 빠진 카리에르를 찍은 사진에는(필자는 이 사진을 찾는 데 실패했다) 그녀의 머리 위에서 유령의 얼굴이 솟아나오는 장면이 포착되었다고 전해졌지만, 부풀어 오른 혼령의 뒷면을 동시에 다른 각도에서 찍은 사진에서는, LE MIROR라는 글자를 알아볼 수 있었다. 『Le Miroir』 매거진의 지난 호를 빠르게 훑어본 결과, 혼령의 얼굴은 잡지에서 오려낸 사진이라는 것이 밝혀졌다.

1909년 에바 카리에르를 조사하고 있는 유령 남작의 사진.

아마도 의학계가 초자연적 현상에 관심을 가졌다는 가장 확실한 증거는 오늘날까지도 사용되는 기계에서 찾을 수 있을 것이다. EEG 장치, 혹은 뇌파전위기록장치라고 불리는 이 장치는 본래 텔레파시를 감지하기 위해 개발된 것이 시초였다.

한스 베르거의 이야기는 비극이다. 1871년 5월에 태어난 어린 한스는 천상의 수학에 푹 빠졌던 꿈 많은 소년이었다.(그의 할아버지는 천문학과 첫사랑에 빠졌던 저명한 독일인 시인이었다.) 한스는 독일 남부 예나에 있는 대학에 입학할 때만 해도 수학을 공부할 목적이었으나, 얼마 지나지 않아 휴학을 하고 기병대에 입대한다.

어느 날, 그는 목숨을 잃을 뻔한 사고를 겪는다. 훈련 도중 가만히 있지 못하던 말에서 낙마한 그가 떨어진 길 맞은편에서는 마차 한 대가 무거운 장비를 싣고 다가오는 중이었다. 희박한 확률에도 불구하고, 대포를 끌고 오던 마차는 가까스로 그의 앞에서 멈춘다. 바로 그 순간, 수 마일 떨어진 곳에서, 한스의 누나는 갑자기 동생이 무엇인가 끔찍한 일을 당했다는 불길한 예감에 사로잡힌다. 놀란 그녀의 아버지는 한스에게 전보를 치도록 부탁했고, 그날 저녁 막사로 돌아와 쉬고 있던 한스에게 이 전보가 도착했다.

어떤 경로에서인지, 극도에 달한 그의 공포심이 누나에게 전달된 것이다. 몇 년 후, 베르거는 다음과 같이 적었다. "이것은 치명적인 위험에 처했을 때 자동적으로 발생하는 텔레파시의 사례로, 내가 죽음에 직면했던 순간 특히 나와 가까운 사이였던 누나가 수용자의 역할을 하면서 이 강력한 생각이 전달된 것으로 보인다." 기병대를 떠난 후 베르거는 복학해 의학을 공부하기 시작하는데, 오직 텔레파시의 사례를 찾고 이 현상을 규명할 목적이었다.

그의 길고 고독한 임무는 마침내 뇌파를 기록할 수 있는 장치를 개발하는 결실을 맺는다. 우리에게 알파파로 알려진 이 뇌파는 한동안 베르거파라고 불렸다. 그의 동료 학자들은 전기에 대한 지식이 거의 전무한 정신의학자가 그러한 장치를 만들어냈다는 것에 대해 말도 안 되는 일이라고 여겼기 때문에 그는 동료들 사이에서 인기가 없었다. 1929년, 베르거가 두피에 부착한 센서를 통해 두뇌의 활동을 모니터할 수 있다고 발표했을 때, 그의 발표는 의학계의 조롱을 샀다.

그의 두뇌 거울은 텔레파시의 존재를 입증해내는 데에는 실패했지만, 1934년 케임브리지에서 에드거 에이드리언에 의해 이 실험과 장비가 재현되고 뇌전도EEG가 인정된 후, 두뇌 전기도 결국 학문으로 받아들여졌다. 잘 알려지지 않은 이유로 베르거는 1938년 해고되었는데, 그가 고국에서 추대받지 못한 것은 그가 당시 집권당이던 나치 당에 반감을 가지고 있었음을 방증한다. 그가 괴짜로 알려졌다는 것은, 1937년 3월부터 신북유럽 과학으로 여겨지게 될 초심리학에 대한, 우리에게는 잘 알려지지 않은 나치의 공식 입장과 배치된다. 본 대학은 같은 해 "독일 국내에서 독일인에게 일어난 초자연 현상의 사건을 조사하기 위해" 심리경계학문연구소를 설립한다.

다소 불가사의한 정황에서(일부 기록은 그가 나치의 미행을 받았다고 하며, 다른 기록에는 그가 나치스 친위대이자 우생학자였다고 적혀 있다), 베르거는 1941년, 그가 연구했던 병원의 남쪽 동에서 목을 매달아 자살한다. 그의 누나가 그의 죽음을 인지했는지는 알려져 있지 않다.

베르거의 텔레파시 장치를 한 단계 발전시킨 캐나다 온타리오 출신의 신경과학자가 있었다. 그는 초자연적 경험을 유발하는 기계를 개발했다.

로렌시언 대학의 마이클 퍼싱거 박사는 측두엽 미세점유와 텔레파시 초능력자들이 말하는 경험 사이의 관계를 수년간 연구했다. 모든 특성을 갖춘 텔레파시 체험에서 실험 대상자들은 유체 이탈된 존재가 가까이에 있는 것을 느꼈으며, 압도적인 환영과 종교적 황홀경을 경험하거나 또는 피부가 간지러운 것 같은 기분이 들었다.(이는 고스트 헌트에 참여했던 사람들에 의해 종종 보고되는 현상이며, 「모스트 헌티드 Most Haunted」 같은 텔레비전 프로그램에서도 유령의 존재가 목을 간질이는 등 특징적인 경험이 등장한다.)

1977년, 퍼싱거는 지질 구조상의 효과가 인간의 두뇌에 환영과 같은 파장을 일으킨다는 내용의 이론을 발표했다. UFO나 성모 마리아의 환영도 이와 같은 원리라는 것이다. 1988년 그는 지표면 하의 지진활동, 태양 표면의 폭발[9] 또는 대형 발전기와 같은 인간이 만들어낸 기계로 인해 두뇌 안에서 생성되는 전자기 장해 효과와 환영 사이의 연결고리에 대해 더 완성된 이론을 발표했다. 이 과정에서 어떤 과학적 원리가 작용하는지에 대해서는 분명히 밝혀진 바가 없으며, 태양 표면의 폭발이 인간생리학에 미치는 영향이 무엇인지에 대해서도 제대로 이해되지 못하고 있다. 그러나 1991년 발표된 한 논문은 태양 표면의 폭발이 정점을 이루는 3월과 10월에 환영을 경험할 확률이 더 높다는 설을 제시했다.

존 가이거는 『제3의 존재 요인The Third Man Factor』에서 퍼싱거를 "수척한 남자" "양복을 완벽하게 갖춰 입는 남자"로 묘사하고 있으며, 동료 중 한 명은 그를 치밀하고 "심지어 잔디를 깎을 때조차" 양복을 차려입는 멋쟁이 남자라고 묘사했다. 주변인들의 눈에 비친 그는 마치 신경신학(신앙과 관련된 두뇌 활동을 연구하는 학문)학자 윌리엄 버로스와 같은 모습이었다.

측두엽을 자극하기 위해 퍼싱거가 고안한 헬멧은 '신의 헬멧'이라고 불리기도 했지만, 엄밀히 말하자면 기술자 스탠리 코런이 만들었기 때문에 '코런 헬멧'이라고 부르는 것이 더 정확했다. 스노모빌 헬멧을 변형해 자기코일을 오른쪽 측두엽 위에 위치하도록 부착한 헬멧이었다. 두뇌에 가해지는 자기의 강도와 지속 시간은 실험실에서 개발한 컴퓨터 프로그램으로 통제할 수 있었으며, 실험 대상자들은 외부와 차단된 음향실에 앉아서 실험을 받았다.

코런은 로잔 병원에서의 경험을 토대로 이론을 성립시켰다. 간질을 앓던 22살의 여성 환자를 치료하기 위해 개두수술을 집도하던 의사들은 환자의 두뇌 중 '측두두정' 영역을 약한 전류로 자극할 때마다 환자가 근처에 누군가 서 있다고 느낀다는 것을 발견했다.

제네바 대학병원의 수술 전 간질 병동에서도 비슷한 전기 자극을 이용해 '그림자 인간의 환영'을 재현하는 데 성공했다는 기사가 『네이처』 2006년 9월호에 실렸다. 비록 다른 곳에서 진행된 실험에서는 같은 결과를 만들어내지 못했지만(2005년 스웨덴에서도 같은 실험이 진행됐다), 결과는 매우 인상적이었다. 실험 대상의 80퍼센트가 불가사의한 경험을 했는데, 죽은 친척을 보거나 느꼈으며, 예수 그리스도와 같은 종교적 인물을 만나기도 했다. BBC에서 과학자이자 전문 무신론자 리처드 도킨스를 온타리오의 병동으로 보냈을 때 그는 아무것도 느끼지 못했지만, 초심리학 회의론자 수전 블랙모어 박사의 머리에 같은 키트를 연결했을 때 그녀는 강력한 체험을 했고, 오늘날까지도 그녀는 이 체험의 진실성에 대해 열성적으로 지지하는 입장이다.[10]

이러한 경험은 특히 북극 탐험가들 사이에서 일반적으로 보고된다. 탐험가들이 생사의 갈림길에서 고군분투하고 있을 때, 종종 친숙한 존재가 나타나 이들이 안전한 곳으로 빠져나갈 수 있도록 격려하고 인도한다는 것이다. 흥미롭게도, 이튼의 사감이자 M. R. 제임스의 친구인 H. F. W. 테이섬은 정확히 이 주제에 대한, 우리에게 잘 알려져 있지 않은 장르소설을 썼으며 책 제목은 『눈 위의 발자국Footprints in the Snow』(1910)이다. 북극 탐험가들과 산악인 중 상당수가 이와 같은 경험을 하며, 그중 유명한 사례로는 어니스트 섀클턴의 경험담을 들 수 있다.

당시의 일을 돌이켜보면 신의 섭리가 단지 설원뿐만 아니라, 엘리펀

트섬과 사우스 조지아의 상륙 지점을 폭풍우로 갈라놓았던 백해를 가로질러 우리를 인도했던 것이 틀림없다는 확신이 든다. 사우스 조지아의 이름 없는 산들과 빙하를 건너 36시간 동안 끝없이 이어졌던 강행군 동안. 우리는 세 명이 아니라 네 명이었다.[11]

퍼싱거가 이름 붙인 '에인절 스위치' 역시 몽매 경험의 가장 그럴듯한 원인으로 여겨진다. 자다가 몸이 마비된 상태로 깨어났을 때 방 안에 있는 또 다른 누군가의 존재를 느끼게 되는데, 미지의 존재는 대개는 중립적이지만 가끔은 강렬한 악의를 띠기도 한다. 수면 마비 또는 침대 위에 서 있거나 앉아 있는 존재를 (볼 수는 없지만) 느끼는 것은, 전두엽이 의식을 뜨겁게 달구는 동안 두뇌의 나머지 영역은 졸고 있기 때문에 비롯되는 현상일 수도 있다.

종교적 체험 및 유령을 목격하는 것과 관련이 있는 간질성 배회를 일으키며, 선잠 및 반의식 상태의 환영과의 관련성이 퍼즐의 일부로 보이기도 하는 전두엽은 여전히 우리가 유령을 체험하는 방식에 대한 미스터리를 풀 열쇠를 쥐고 있다.

작동 기억, 계획, 억제, 평가가 일어나는 영역인 배외측 전두엽 피질, 또는 DLPC에 대한 관심이 새롭게 일고 있다. DLPC가 손상을 입게 되면 나타나는 현상 중 하나로 어린아이처럼 생각하고 행동하게 되는 회귀를 들 수 있다.

흰 가운을 입고 글래드스턴 가방_{한가운데서 양쪽으로 열리는 작은 직사각형의} _{여행 가방}을 든 의사들은 학문의 영역을 가로질러 전두엽과 진짜 환영을 연구하는 일을 멈추지 않았으며, 최근 마이크로 수면[12]의 발견으로 이들은 인간 생물학의 경계에 한층 더 가까워진 것으로 보인다.

12장

유령의 저속함에 대하여
On the Vulgarity of Ghosts

언제나 기묘한 이야기를 좋아하는 하층민들은 안식에 들지 못한 혼령이
저승에 있다가 방문한 이야기를 믿어 의심치 않았고,
극도로 과장된 이야기들이 셀 수 없이 회자되었다.

__웨스트 브리턴 신문, 1821

거리에 모여 있던 군중은 창문 너머로 마리아 매닝의 유령이 서 있는 것을 보았다. 이 여성 살해범은 생기 없는 눈동자로 그들을 내려다보고 있었다.

그녀는 1849년 11월, 호스몽거 거리의 교수형 밧줄로 걸어갈 당시 입고 있었던[1] 검정 드레스 차림에, 매니큐어가 칠해진 손을 보호하기 위해 꼈던 긴 장갑을 끼고 있었다. 장갑은 이러한 상황에 어울리지 않는 소품이었기 때문에 일부 빅토리아 신사들은 전율을 일으켰다. 찰스 디킨스는 그녀의 처형식을 보기 위해 모여든 3만에서 5만 명의 군중이 피에 굶주린 모습을 보고 공포를 느꼈다.[2] 그는 후에 이 오만하고 치명적인 스위스 출신 하녀를 작품『황폐한 집Bleak House』에서 불멸의 여주인공 호텐스로 부활시켰다.[3]

『타임』에서 버몬지 무대의 레이디 멕베스라는 별명을 붙인 이 여성은 사후에 다시 버몬지로 돌아왔다. 그녀의 귀환은 비록 오늘날에

빅토리아 시대 대중을 자석처럼 끌어당겼던 매닝 부인 밀랍 인형의 노려보는 시선. 런던의 터소 밀랍 인형관 마담 튀소에 보관되어 있다.

는 잘 알려져 있지 않지만, 한 세기 전에는 매우 흔했던 현상, 고스트 헌팅 플래시몹의 시발점이 되었다. 항간을 떠들썩하게 했던 재판에 이어 사형이 집행되었지만 마리아 매닝은 여전히 군중의 욕망을 충족시키지 못했고, 그녀는 제3막을 위해 다시 불려 나와야 했다. 그녀는 심판을 받고 지옥에서 쫓겨난 후 이제는 공단을 입은 악마를 연기하고 있었다.

그리고 신문들은 너도나도 이 이야기를 특종 보도했다. 왕족과도 희미하게 연결되어 있었다.[4] 상류층 하녀였던 매닝은 맵시 있고 교양 있는 태도를 습득하여 사회적 신분 상승을 한 뒤 다시 바닥으로 추락한 인물이었다. 제네바 출신의 그녀는 외국인이었고, 자신의 애인을 죽인 악녀였다.[5] 그녀를 붙잡는 데에는 근대 발명품인 전보가 이용되었다.

그녀의 재판은 핼러윈을 하루 앞둔 10월 29일에 열렸다.

매닝은 살인을 저지른 후 부엌 바닥의 판석 아래에 시체를 묻고는 그에 대해 "난 한 번도 그 인간을 좋아했던 적이 없으며 끌로 그놈 대가리를 내리쳤다"고 자백했다. 그녀의 애인은 강江 소비세 징수원이었고 잡범일 뿐이었다. 군중은 그가 하루하루 밥벌이를 하며 살아가는, 버몬지의 평범한 시민과 크게 다르지 않다고 생각했다.

그녀는 이제 무덤에서 20년을 보낸 후 버몬지의 집으로 되돌아와, 자신의 죽음을 갈망하던 군중이 그랬듯이 이제는 자신이 그 군중을 내려다보고 있었다.

오래지 않아, 400명 가까이 되는 사람들이 매일 저녁 매닝의 집 주변으로 모여들기 시작했다. 사실 이 집은 그녀의 생가가 아니었지만, 그것은 문제가 되지 않았다. 창문에 불빛이 깜박거리거나, 빈 집에 어떤 움직임이 포착되기라도 하면 군중의 함성 소리는 높아졌다. "저기 유령이 지나간다! 블랙 고스트가 나타났다! 매닝의 유령이다."

경찰은 이 사건에 깊이 개입했다. 그해 여름, 남부 런던에서 폭동의 조짐이 보였고 여기저기에서 폭력과 무질서가 난무하고 있었다.(7년이 지난 후에도 이 여름의 광기는 계속되고 있었다. 1876년 7월, 13살 소년 로버트 위디의 재판이 열렸는데, 이 소년은 군중의 외침에 겁을 먹고 동요한 나머지 창밖으로 돌을 던지기 시작했고, 소년을 둘러싼 성난 군중은 집을 무너뜨리겠다고 아우성이었다.)

바로 여기서 블랙 고스트가 나타났다. 빅토리아 시대 전까지만 하더라도 유령은 절대 검정 옷을 입지 않았다. 패션이 바뀌었다는 것은 유령도 변했다는 것을 의미했다. 볼리 목사관을 비롯한 '수녀들'에 관한 많은 이야기도 이 시기로 거슬러 올라간다. 19세기 후반, 심령연구학회에는 검정 옷차림의 여자 유령을 보았다는 신고가 급증했는데, 부분적으로는 매닝 사건의 영향을 받은 것으로 보인다.[6]

중세 시대 서유럽에서는 유령이 연옥을 통과하는 여정의 첫 번째 단계에 있을 때 검정 옷을 입는다고 여겨졌으며, 유령이 흰 옷을 입을 때쯤이면 정화 과정이 거의 끝난 것이라고 보았다. 따라서 검은 옷차림의 유령은 갓 생겨난 원한, 심지어 악惡과 깊은 관련이 있었다. 수전 힐의 소설[7]『검은 옷을 입은 여인The Woman in Black』에는 마리아 매닝의 비유와 그녀의 광택이 흐르는 실크 코르셋이 등장하는데, 이 코르셋은 악의에 가득 찬, 저속한 악령을 암시한다. 여자 유령은 역동적으로 강력하고 위험하며 한을 품은 귀신이라는 점에서 중국의 구미호와 유사하다.

유령을 보기 위해 유령의 집 밖에 모이는 군중이 점점 불어나 대규모로 운집하는 것은 전혀 이상한 현상이 아니었다. 지난 10년간 학계의 커다란 재발견 중 하나는 빅토리아 런던과 맨체스터, 헐 또는 노리치와 같은 대도시의 고스트 플래시몹 현상이었다.

사람들은 언제나 재미있는 구경거리를 원했다. 군중은 언제나 소문을 좇아 유령의 집이나 교회 묘지 주변으로 모여들었다. 서민층이 유령에 매혹되는 것은 그 역사가 길다. 리처드 백스터는 저서『심령세계에 대한 확신in Certainty of the World of Spirits』에서 1646년 2월 돌을 던지는 유령이 출몰했던 러터워스의 저택 주변으로 많은 군중이 모여들었던 모습을 묘사했다. 그리고 조지아 시대에는 '해머스미스 호러'가 있었다.

해머스미스 유령은 1803년 12월 초, 서부 런던에 출몰하기 시작했다. 당시 해머스미스는 상대적으로 시골 지역이었고, 이 지역 주민이었던 스위스 출신 화가 필리프 드 루테르부르는 데이비드 개릭의 드루어리 레인 극장의 무대장치를 담당하고 있었다. 오컬트에 특히 관심이 많던 그는 이 사건에도 흥미를 가졌을 것이다. 지역 신문『모닝 크로니클The Morning Chronicle』에 따르면 유령은 목 잘린 남자의 방황하는 원혼이라고 했다. 그는 수의를 입고 있었고, 동물 가죽을 걸친 모습이 목격되기도 했다. 해머스미스 마을에는 새로 지은 집이 많았다. 이 지역은 도시와 시골이 만나는 경계선에 있었고, 새로 지은 흰 집들 너머로는 경계를 짓는 울타리와 나무들이 우거져 있었다.

해머스미스 유령이 나타나면서, 유령에 대한 주민들의 태도는 서로 엇갈리기 시작했다. 젊은이들은 유령에 대한 두려움을 극복하고자 했다. 매일 저녁, 젊은이들이 유령을 찾기 위해 무리를 지어 이 지역을 배회하는 것이 목격되었고, 밝은 색의 옷을 입은 사람은 누구든지 타깃이 될 수 있었다.

벽돌공 토머스 밀워드는 직업상 전통적인 작업복인 흰색 리넨 바지와 플란넬 조끼, 흰 앞치마를 두르고 다녔다. 어느 날 저녁, 어스름이 깔린 가운데 집으로 걸어오던 길에, 마차를 타고 그의 옆을 지나가던 신사 한 명과 숙녀 두 명이 놀라 소리쳤다. "저기 유령이 지나간다!" 이 비명 소리에 밀워드는 강력히 대응하며, 마차에 대고 욕을 하며 남자의 머리를 날려버리겠다고 위협했다.

그의 장모는 귀갓길에 그와 같은 옷차림으로 다니는 것은 안전하지 않다고 경고했지만, 황소고집이었던 그는 자신의 방식을 바꾸지 않았다.

어느 날, 블랙라이언 거리를 지나던 그는 결국 조류 사냥용 총에

수의를 입고 있는 해머스미스 유령을 그린 동시대 판화.

맞아 죽고 말았다. 겁에 질려 그를 쏜 사람의 이름은 프랜시스 스미스로서, 물품 세무관이었던 그는 인근 술집 화이트 하트에서 마을 감시인 윌리엄 거들러와 술을 마시던 중, 자물쇠공의 아내가 유령을 목격하고 혼비백산했고, 또 한번은 주민 두 명이 유령을 목격하고 충격으로 몸져누웠다는 이야기를 주고받다가 그의 부추김에 넘어가 유령을 잡으러 나선 길이었다. 스미스는 살인죄로 감방에 갇혔으나, 이 이야기를 듣고 그를 가엾게 여긴 왕에 의해 몇 달 후 특별 사면되었다. 왕족이 유령이라는 주제에 언제나 매혹되었다는 또 하나의 증거다.[8]

해머스미스 주민들을 집단 히스테리로 몰아넣은 광기는 아무리 강조해도 지나치지 않다. 주민들은 유령을 찾기 위해 무장한 채 무리를 지어 돌아다녔고, 그렇지 않은 사람들은 어두워진 이후에는 집을 나서려고 하지 않았다. 하지만 유령을 둘러싼 소동을 듣고 싶어하는 대중의 기호는 갈수록 커졌다. 해머스미스 소동이 종료된 지 불과 며칠 후인 1804년 1월 13일 금요일, 『타임』에는 세인트 제임스 파크에 주둔해 있던 콜드스트림 경비대원 한 명이 새벽 한 시에서 두 시경, 리크루트 하우스 근처에서 목 잘린 여자 유령을 보았는데, 그는 너무나 충격을 받은 나머지 다음 날 병원에 입원해야 했고 이후 다른 군인들도 같은 귀신을 보았다고 증언했다는 기사가 실렸다. 그중 한 명인 조지 존스는 보가街의 치안재판소에 소환되어 자신의 목격담을 증언했다. 하지만 『타임』은 조사 후 미스터리를 풀었다고 보도했는데, 실상은 웨스트민스터 학생들이 버드케이지 길 근처의 빈 집에서 매직랜턴 프로젝터를 이용해 장난을 친 것이었다. 굳은살이 박인 참전 용사들마저도 10대들이 장난감을 이용해 만들어낸 유령에 속아 넘어간 사건이었다.

1821년, 군대는 다시금 콘월주 트루로의 한 창고에서 벌어진 초자연 현상이라 추측되는 사건의 중심에 놓인다. 유령의 소행으로밖에 보이지 않는, 유황 냄새가 나는 돌들이 던져졌으며, 군중은 어김없이 나타나 이 장면을 얼빠진 듯이 구경했다. 이 플래시몹은 많은 도심 지역에서 일상적 사건이 되었으며, 특히 인구가 급증했던 런던은 이 대중 드라마의 배경으로 자주 등장했다. 1815년 8월, 홀번의 세인트앤드루 교회에는 누군가가 목격했다고 주장한 유령을 보기 위해 대규모 군중이 모여들었다. 『타임』은 "손버릇이 나쁜 패거리의 세력이 급증했기 때문에 이 불명예스러운 사건의 진행을 막기 위해서 경찰의 철저한 감시가 요구된다"고 불쾌해하는 논조로 보도했다. 1834년

8월, 홀번에서 떨어진 곳에 위치한 타이번에서도 약간 떨어진, 사형수들을 이송하던 호송 차량이 지나다니던 오래된 길목에 있던 빈민가 세인트 자일스에는 또다시 유령을 좇는 군중이 모여들었다. 하지만 사람들이 담장을 기어올라 무덤에 들어가서 확인한 결과, 유령의 정체는 시체 도굴자로부터 아들의 무덤을 지키기 위해 보초를 서던 가엾은 아일랜드인 어머니였다는 것이 밝혀졌다.

유령을 보기 위해 군중이 모여드는 현상은 빈민가에서 가장 흔했다. 런던 남부 지역의 음산한 구역인 악취가 풍기는 무두질 공장과 먼지투성이의 옥양목 노동자가 많았던 버몬지에서는 주요한 유령 사건이 적어도 세 건 발생했다. 당시 기록에 따르면 빈민층 임시노동자들이 대거 묵었던 숙소는 대부분 5인실이었다. 자연히 유령 이야기는 당시 인기 있는 드라마가 될 수밖에 없었다.

1830년 7월, 매일 저녁 그레인지가의 집 앞에 모여드는 2000명의 군중을 통제하기 위해 버몬지 지역에 경찰 부서 전체가 동원되는 일이 발생했다. 집은 최근에 죽은 성직자의 소유였으며, 유령이 나타난다는 소문이 돌고 있었다. 군중은 당국의 해산 조치에 불만이 많았고 일부는 유령을 보기 위해 수 마일을 걸어왔다고 큰 소리로 불평하기도 했다.

하지만 경찰과 치안판사가 사건을 바라보는 시각은 단순했다. 고스트헌트는 공공의 무질서와 무지에서 비롯된 비겁한 미신의 불온한 조합이었다. 빅토리아 시대 듀즈베리 출신의 치안판사는 이와 비슷하게 군중에 의한 전염성의 열병에 대해 다음과 같이 언급했다. "지식층의 생각 있는 사람들이라면 11월 5일 기념일과는 무관할 것이다."

1868년 8월의 버몬지로 다시 돌아가보자. 템스 강에서 낚여 올라

온 사체가 조사를 위해 세인트 제임스 교회 옆의 법정 시체 안치소에 이송되었을 때, 밤이면 이 시체가 벌떡 일어나 교회 안마당을 돌아다닌다는 소문이 삽시간에 퍼졌다. 그 결과, 어림잡아 2000명은 되는 시민이 밤마다 교회 주변으로 몰려들었다. 군중을 해산시키려는 교구 목사와 관리들의 노력은 수포로 돌아갔다. 경찰이 출동하자 19살의 제임스 존스는 철책 위로 올라가 수군거리며 동요하는 군중에게 외쳤다. "가지 마세요, 저기 또 보이네요, 저기 유령이 지나갑니다!" 그는 즉각 체포되었다.

유령을 둘러싼 소동은 지방에서도 벌어졌다. 1843년 2월, 선덜랜드 전역에 뉴스가 퍼졌는데, 머틀에 탑승했던 선원이 죽은 여동생의 방문을 받았으며 배가 한밤중에 정박해 있을 때면 그녀가 무덤에서 일어나 부두로 걸어온다는 내용이었다. 1000명 가까이 되는 사람이 교회 안마당 주변으로 몰려들었고 유령을 보기 위해 기다렸다. 1845년 10월 노리치에서는 대부분 소년으로 구성된 400명가량의 사람이 모여, 탑 안으로 들어가는 것이 목격된 유령을 찾아 나섰다고 『노리치 머큐리Norwich Mercury』는 보도했다. 1852년 10월에는, 헐스 웰링턴 거리에 있는 다세대 주택에서 신고가 들어온 유령이 두드리는 소리를 듣기 위해 매일 밤 200~300명가량의 사람들이 그곳에 모였다.

(『헐 패킷The Hull Packet』의 보도에 따르면) 어젯밤 날씨는 흐리고 가랑비가 내리며 추웠지만, 그 지점을 겹겹이 에워싼 군중은 궂은 날씨에도 불구하고, 유령의 집에서 100야드 떨어진 곳에 서서 유령 방문의 특성과 그 목적에 대해 걱정스럽게 논의하는 한편으로, 경찰 혹은 운 좋게 집 가까이 갔던 사람들로부터 소리가 마지막으로 들린

것이 언제인지 듣기 위해 참을성 있게 기다리고 있었다.

1865년 5월 런던, 『타임』은 밤 9시에 서더크의 세인트 조지 교회 앞에 모인 '군중'에 대해 보도했다. 이들은 다음 날 새벽 4시까지 자리를 지켰다고 한다. 번화가였던 이곳을 통제하고 교통을 정리하기 위해 외부에서 투입된 성마른 경찰은 "여기 유령이 있다!"고 계속해서 외쳐대던 남자를 체포했다. 2년 후, 9명의 젊은이가 워번 광장에서 몸싸움에 휘말린 후 폭력 행위 및 체포 불응 혐의로 체포됐다. 이번에도 유령에 대한 소문이 원인이었는데, 이 젊은이들은 광장을 돌면서 집집마다 현관문을 발로 차며 유령에게 나오라고 소리쳤다고 한다.

이와 같은 무질서는 1874년 7월, (하지와 크리스마스가 지속되었다는 데 주목할 것) 웨스트민스터의 브로드웨이에 위치한 그리스도교회의 안마당에서 유령이 목격되었다는 소문이 퍼지면서 절정에 달했다.(포인터의 교회가 블리츠에서 파괴된 후, 이곳은 현재 공원으로 남아 있다.) 어떤 재미있는 사람이 종이로 만든 유령을 근처 나무에 꽂아두면, 대략 500~600명의 사람이 밤마다 이 유령을 보기 위해 몰려들었다.

유령에 대한 믿음에는 언제나 저속한 면이 있었는데, 이 저속함은 외면적으로는 질병과 닮아 있었다. 유령에 대해 당신이 어떻게 생각하고 받아들이는가, 즉 유령의 개념을 인식하고 처리하는 방식은 개인의 출신 배경과 직업, 부모의 직업에 따라 결정되던 시기가 있었다. 그리고 어떤 면에서 이는 지금도 유효하다. 1940년대 이후 유령의 존재를 믿는다고 공언하는 것이 사회적으로 용인될 수 있음이 여러 연구를 통해 알려졌지만, 지난 수백 년 동안 오직 상류층과 하류층만이 유령을 믿는 경향이 있었다.

중산층은 언제나 유령에 대한 관념을 개탄해왔다. 전문적인 회의론자들 역시 이 중산층 출신이 많았다. 중산층 회의론자들은 상류층이 유령에 사족을 못 쓰는 것은 퇴폐의 증상이며, 하층민이 유령 이야기에 빠지는 이유는 교육을 제대로 받지 못했기 때문이라고 비판했다.

영국에서 유령이 등장하는 풍경이 양극화된 것도 이를 뒷받침한다. 유령 술집과 유령 대저택이 그것인데, 맥주 저장고에는 폴터가이스트 현상이 나타났으며 음유시인의 갤러리에는 하얀 귀부인이 나타났다. 만약 당신이 가난하다면 더 나은 미래를 꿈꾸기 때문에, 만약 당신이 귀족층이고 부자라면 과거를 신뢰하기 때문에 유령을 믿었다. 영국 유령의 왕과 여왕은 딕 터핀과 앤 불린이었다. 딕 터핀은 앤 불린이 궁전과 대저택에 나타나는 것만큼이나 자주 술집에 등장했다. 필자가 이 글을 쓰고 있는 곳에서 200야드도 떨어지지 않은 곳에 위치한 쇼어디치의 술집도 (지금은 문을 닫았지만) 터핀이 나타나는 곳이다.

모든 사람이 유령이 진짜이며, 의미심장하고, 연구나 토론 주제로 적합하다고 생각했던 것은 아니었다. 18세기 후반부터, 중산층은 점차 초자연 현상에 관해 솔직하고 회의적인 노선을 취하면서, 유령을 믿는 것이 본질적으로 건강에 해롭고 유익하지 않다고 여기기 시작했다. 맹신하는 경향은 교육을 제대로 받지 못한 데서 비롯되며, 유아적이고, 심지어 정신병과도 관련이 있었다.

한마디로 요약하자면, 유령은 치부였다.

1934년, 어니스트 베넷은 『유령들Apparitions』에서 다음과 같이 말했다. "일부 중산층 사이에서는 익살스럽게 말할 때를 제외하고는 유령을 언급하는 것을 예법에 어긋나는 행동이라고 여겼다. 그리고 내세의 영원한 행복을 예상하고 확신하는 많은 기독교인에게 유체 이탈한 영혼에 대한 발언은 불쾌하고 우울한 주제였다.”

사회학자 제프리 고러가 1950년대에 진행했던 연구는 빈곤층과 중상류층 사이에 유령에 대한 믿음이 더욱 확산되어 있었다는 것을 보여준다. 멀티미디어 시대였던 지난 60년 동안 많은 것이 변했다. 유령에 관해서도 민주화가 일어났고 계급 간의 구분이 사라졌다. 하지만 과거에는 사회적 계층 간의 구분이 있었다는 사실은 여전히 흥미롭다. 고러는 유령에 대해 가장 회의적이었던 사람들이 성공한 노동자 계층이었다는 점에 주목했다. 결국, 급진적 사회주의자들 사이에서는 젊은 시절 미신을 믿었던 자신의 치기 어린 모습을 자조하는 일이 흔했다. 마치 내가 지금 어디까지 왔는지 한번 보라고! 라고 말하기라도 하는 것처럼. 이러한 경향은 초기 사회주의, 점진주의 그리고 빅토리아 교령회의 세계와 강신교회 사이에 뚜렷한 연결고리가 있었음에도 불구하고 나타났다.

지금은 잊힌 소설가이자 작가 엘리자베스 본호트(1744~1818)는 노동자 계층이 언제나 미신을 두려워하고, 작은 것에도 혼비백산하며, 자신의 그림자만 보고도 놀라서 펄쩍 뛰는 경향이 있다고 묘사했다. 『부모의 감시The Parental Monitor』(1788)에서 그녀는 다음과 같이 적었다. “태양이 광선을 거두고 나면, 비록 밝은 달빛이 길을 비춰주긴 하지만, 사람들은 모든 나무, 대문, 층계로 된 출입구에서 상상 속의 유령을 본다. 자신의 집으로 돌아간 후에도, 보이거나 혹은 보이지 않는 유령의 손에 의해 커튼이 내려지지 않을까 끝없는 두려움에 사로잡힌다.”

몇 년 후인 1791년, 비슷하게 선의를 가진 메리 웨이트먼은 『친절

한 감시자: 또는 유령에 대한 공포를 물리치는 유년기 대화The Friendly Monitor: Or, Dialogues for Youth against the Fear of Ghosts』에서 모범적인 중산층 가정에서 '놀이방 이야기'를 추방하는 작업에 몰두한다. 세라 트리머와 마리아 에지워스 역시 미신을 믿는 풍습을 개혁해야 한다는 데 한 목소리를 냈다. 이들은 각 가정의 하녀가 아이들의 머릿속을 엉뚱한 이야기로 채우지 않도록 부모들이 감시자의 역할을 해야 한다고 탄원하는 책을 주로 썼다. 본호트는 '무지한 식모' 종족의 적이었으며 하녀들과 이들이 들려주는 유령과 혼령이 등장하는 지옥 이야기는 이들이 돌봐야 하는 아이들을 유약하게 만든다는 통념이 확산되는 데 기여했던 불행한 공로자였다. 엘리자베스 시대 작가 레지널드 스콧은 『디스커버리Discoverie』에서 어떤 사람들은 유년기 양육 과정에서 겪은 문제로 인해 상상 속에서 자꾸만 유령을 만들어내는 경향이 있는데, 성인이 되어서도 유령을 믿는 것은 "유약한 응석받이로 (즉, 바보처럼) 키워졌기 때문이다"라고 주장했다.

이러한 점에서 1881년 설립된 심령연구학회SPR 창립자가 중상류층 출신이라는 것은 더욱 흥미롭다. 빅토리아 교령회가 켄싱턴의 대저택에서, 작위를 받은 사람과 그렇지 않은 사람들이 모인 가운데 열렸으며, 부유한 자들의 어리석은 습관이었다는 것은 일반적으로 받아들여지고 있는 추측이다.

실제로는, 오늘날 우리가 알고 있는 영매는 1853년 달링턴 방직공의 아들에 의해 영국으로 처음 수출되었다. 방직공 아들의 이름은 데이비드 리치먼드였으며, 그의 관리 결과, 탁자를 두드리는 것(테이블 래핑)과 교령회는 요크셔 노동계급 사이에서 수년간 인기를 누렸다. 테이블 래핑을 발명한 폭스 자매는 대장장이의 딸들이었고, 초기 강신론이 이러한 노동계급적인 측면과 더불어, 흥미롭게도 초기 사회주의, 페미니즘, 노예 해방과 관련되어 있었다는 것은 이 시기의 가장 잘 알려지지 않은 측면 중 하나다.

리치먼드에 대한 모든 면은, 만약 SPR 위원들이 그를 만났더라면, 그들을 놀라게 하기에 충분했을 것이다. 그는 독학자, 채식주의자, 반권위주의자이자 반체제주의자였고 제화공이자 떠돌이 양털 빗질장이로 평생을 살았다. 그의 부고 기사를 작성한 기자는 그가 했던 말을 인용해 다음과 같이 적었다. "만약 모든 사람이 나와 같다면 정부는 필요하지 않게 될 것이다." 리치먼드는 일생 동안 '공산 사회주의자'였다.

한편으로, 지금까지 남아 있는 SPR은 많은 면에서 크게 발전했고, 개선되지 않은 부분은 당시의 시대적 상황을 비추는 완전한 거울로 볼 수 있을 것이다. 해리 프라이스가 협회에 오래 남아 있을 수 없었던 중요한 이유 중 하나는 엘리너 시지윅이 그를 "신사는 못 되는 양반"이라고 했기 때문이다.

SPR은 사건이 발생하면 특히 '어린애들처럼' 장난에 잘 속는 하류층 사람들에 의한 허위 신고가 아닌지 의심하며 신중한 태도를 취했다. SPR이 처음 설립되어 초자연 현상의 증거를 수집하기 시작했을 때, 협회는 하인들이 겪은 유령 목격담이나 초자연적 사건의 경험담을 수집하지 않았다. 하인들은 어리숙하며 경우에 따라서는 노골적으로 악의를 품고 일을 꾸밀 수도 있다고 여겼기 때문이다. SPR의 창립 멤버 중 한 사람은 1889년 11월에 있었던 회의에서 "교육받지 못한 사람의 증언"보다 제대로 교육받은 사람의 증언을 선호한다고 말한 바 있다. 그리고 1885년 SPR 회의록에는 하인들이 지역적으로 전해져 내려오는 유령과 살인, 유령 출몰 현상에 관한 이야기에 취약하다는 인식이 어떻게 확산되어 있는지에 대한 논의가 기록되어 있다. 그 결과 생기게 된, 구전된 이야기의 민담 설화적 리얼리티와 심령 현상의 엄밀한 조사 결과 사이의 괴리가 오늘날까지 이어졌다. 당신 역시 아마 둘 중 어느 한쪽 진영에 속할 것이다.

SPR의 창립 이후 설립된 몇몇 위원회 중에서, 영매에 관한 위원회는 가장 큰 고비를 겪었다. 런던과 그 밖의 주요 도시에 있는 수백 명의 영매 중에서, 고려할 가치가 있는 후보가 한 명도 없다는 것이 금방 밝혀졌기 때문이다. 섹스, 계급, 성姓은 사회적 존경을 받는 중상류층 과학자들이 노동계층 영매를 조사하고자 할 때 떼놓을 수 없는 이슈였으며, 그중 일부는 성적인 음담패설에 가깝기도 했다.

언제나 그래왔다. 18세기, 베네딕트회의 애벗 캘멧은 "도벽이 있는 방종한 하인이 자신의 도둑질이나 계집질을 감추기 위해 유령으로 꾸민 것"으로 밝혀지는 경우가 종종 있다고 적었다. 1818년, 그레이트 그랜스든의 교구 목사는 유령에 대한 공포가 확산된 원인을 "짓궂은 하인들이 꾸민 일"로 돌렸다.

1823년 핌리코에서는 퀸가에서 돌을 던지는 폴터가이스트의 정체가 하녀 마리아 허버트라고 추측되었지만 구체적인 증거 부족으로 무죄 판정이 내려졌다. 1825년, 말썽꾸러기 하녀 앤 페이지는 뉴잉턴에서 창문을 부순 혐의(당시 지역 주민들은 유령의 짓이라고 여겼다)로 징역형을 받았다. 1878년, 서머싯의 한 농장에서는 그릇이 옮겨 다니고 건초더미에 불이 붙는가 하면 돼지 구유가 고트허스트 농가의 현관문 앞으로 옮겨져 있는 등 미스터리한 현상이 많이 벌어졌는데, 결국 이 유령 소동을 벌인 혐의로 어린 하녀가 재판을 받았다.

1859년 메이드스톤의 한 하녀는 매춘부라는 부업을 감추기 위해 고용주 집의 문을 뒤흔들고 벨을 울렸다. 1839년 토트넘 코트가에서는 한 전당포 주인이 유령이 나타나는 사기 행각의 희생양이 되기도 했는데, 한 하녀가 멀쩡히 살아 있는 자신의 애인을 밤에 집 안으로 들이기 위한 기발한 방법을 고안하고는 이를 유령 출몰이라고 불렀던 사건이었다.

저널리스트 찰스 매카이가 집필한, 빅토리아 시대의 가장 근사한 제목으로 손꼽히는 책 『대중의 미망과 광기』(1841)는 1772년 스톡웰에서 있었던 비슷한 시나리오를 소개하고 있다. 이것은 대개 '스톡웰 폴터가이스트'라고 불리는 이야기다.

노부인 골딩은 하녀 앤 로빈슨과 함께 복스홀 근처에서 홀몸으로 살고 있었다. 크리스마스가 다가오자, 기절초풍할 사건들이 일어나기 시작했다. "컵과 받침들이 굴뚝을 통과해 덜컹거리며 내려오기 시작했으며, 냄비와 팬들이 아래층으로, 또는 창문을 통해 빙빙 돌며 내려왔다. 햄, 치즈, 빵 덩어리들이 마치 악마가 안에 들어 있기라도 한 것처럼 장난치듯 마루 위를 돌아다녔다"고 매카이는 기록했다. 골딩 부인은 이웃들의 도움으로 악마와 싸웠지만, 의자와 테이블까지 움직이면서 유령의 강도는 오히려 더 심해졌고, 도자기 그릇들은 던져져 산산조각이 났다. 이 파괴 행위는 앤 로빈슨이 해고된 후에야 멈췄다. 후에 그녀는 교구 목사에게 모든 것은 자신이 꾸민 일이라고 고백했다. 토트넘 코트가의 범인이었던 소녀와 마찬가지로, 앤 역시 남자친구와 몰래 만나기 위해 유령 소동을 벌인 것이 사건의 발단이었다. 도자기 그릇을 선반 위에 올려놓고 미약한 진동에도 떨어지도록 했으며, 말총을 물건들에 붙인 후 당기면 날아다닐 수 있도록 조작했다.

이와 같은 시나리오는 드물지 않았으며, 캘멧이 생각했던 것처럼 소란스러운 하층민들이 범죄, 돈벌이, 음탕한 행위 등 부도덕한 행동을 감추기 위해 유령 이야기와 유령 소동을 이용하는 것은 중산층 가정에서는 흔한 일이 되었다.

일부 귀족들은 조상의 혼이 찾아오는 것을 반겼지만, 고매한 생각의 소유자들은 언제나 유령을 저속하다고 여기며 인정하지 않았다. 행정부 권력이나 영국 성공회와 가까운 사람들은 냉철하고 현실적인 시각을 견지하며 모범을 보일 의무가 있었다.

제임스 보즈웰과 관련된 한 이야기가 있다. 1773년, 그가 아가일의 공작 및 공작부인과 저녁 만찬을 하던 중에 대화의 주제가 죽음과 부활의 '중간 상태'로 흘러갔다. 보즈웰은 그가 생각했던 것과 달리 모든 사람이 유령과 투시력을 믿는 것은 아니라는 사실을 알게 되었다. 그는 자신의 카드를 테이블 위에 올려놓았다. 그의 멘토였던 존슨 박사와 마찬가지로 그는 카드의 힘을 믿었다. "당신은 감리교도인 것 같군요"라고 공작부인은 쏘아붙이듯이 말했다. "이 한 문장이 지엄한 공작부인께서 내게 하신 말의 전부다"라고 보즈웰은 다소 비참하다는 듯이 일기에 적었다. 권력자들은 유령을 믿지 않는다. 믿을 필요가 없기 때문이다.

4세기로 거슬러 올라가서, 기독교 옹호론자 락탄티우스(?~320)는 유령과 초자연 현상에 대한 미신은 불결한 하층민들에게나 적합하다며 상류층의 이교도들을 향해 직격탄을 날렸다. 그는 "죽은 자들의 영혼이 무덤에서 걸어 나와서 배회한다고 믿는" 서민들을 조롱했으며, 영혼이 발에서부터 위쪽을 향해 실타래처럼 천천히 몸에서 빠져

나온다는, 당시에는 흔했던 믿음이 완전히 부조리하다고 여겼다. 유령을 믿는 사람들의 계급구조에 대한 학술적 연구는 거의 진행된 바가 없었다. IQ와 유령을 믿는 것 사이의 어떠한 상관관계도 증명된 바가 없다. 최근 몇 년 동안, 영국에서 인기 있는 타블로이드판 신문들은 기사의 상당수가 빅토리아 시대의 기사들과 거의 동일했음에도 불구하고, 라이디언 시대에 자주 반복했던 비판적 어조를 점차 누그러뜨렸다.

유령은 여전히 타블로이드의 든든한 먹잇감이며, 특히 경제가 어려운 시기에 그와 같은 역할을 한다. 예를 들어 2009년 1월, 『선The Sun』지는 유령 기사로 1면을 장식했다. "유령이 출몰하는 병원에서 엑소시스트를 부르다"라는 제목의 기사는 더비에 새로 지은 시립 종합병원에서 교대 근무를 하던 직원이 로마 시대 군인이라고 생각되는 검은 망토를 두른 유령을 목격했다는 내용이었다. 온라인 판에는 더 상세한 이야기가 실렸는데, '고스트 버스터' 마이클 핼러웰은 어떻게 "원치 않는 혼령이 제거되었다고 전해지는지에 대한" 조언을 제공했다. 믿을 만한 소식통에 의하면 더비는 "병원에 유령이 나타나기 전부터 영국에서 유령이 가장 많이 나타나는 도시였다"고 한다.

초기에는 볼리 목사관에 유령이 출몰했던 사건과 엔필드 폴터가이스트 사건을 모두 다룬 『미러The Mirror』와 같은 신문사가 사건이 발생하면 심령연구학회에 전화를 걸었을 것이다. 신문사는 사진사와, 어떤 시점에서는 기자를 함께 파견했겠지만, 기본적으로 회의적이면서 과학에 근거한 이 단체의 의견을 따랐을 것이다.

오늘날, 「모스트 헌티드」나 「모스트 헌티드 라이브」 같은 프로그램이 인기를 누리는 것은 빅토리아 시대 플래시몹의 부활이라고도 볼 수 있을 것이다. 예를 들어, 위태로운 서민층 영매 역할을 맡은 인물은 데릭 애커라[9]다. 물론 지금은 교회 밖이나 창문이 부서진 빈 집 주변에서 기다릴 필요가 없다. 폐쇄형 카메라를 통해 인터넷상에서 보내지는 화면을 실시간으로 감시할 수 있기 때문이다. 「모스트 헌티드」에서는 공포로 인한 쾌감을 자극함과 동시에 현상의 리얼리티에 대해서는 양면적 태도를 유지하는 경향이 두드러진다.[10] 어떠한 설명이나 분석도 제공되지 않는다. 오직 이야기들, 현재는 죽은 사람들에 대한 이야기, 그들이 살았던 삶에 대한 이야기만 들려줄 뿐이다. 「심령술사 샐리」와 같은 떠돌이 영매들은 꽤 많은 서민을 시청자 층으로 끌어들인다. 관객들은 자신이 알고 있는 이름이 언급되면 반가워한다. 사후 세계에 대한 비밀은 둘째 치고, 어떠한 흥미로운 정보도, 중대한 비밀도 누설되지 않는다. 2006년, 감시 단체 오프컴이 비판적 보고서를 내놓은 후 「모스트 헌티드」는 이제 '오직 오락을 위한 목적'임을 명시하는 권리포기각서로 시작한다. 프로그램은 이제 진정한 수사물을 만들려는 모든 노력을 조용히 포기한 채 감정을 자극하는 측면에만 집중하고 있으며, 그 결과 프로그램에 자문가로 고정 출연하는 저명한 초심리학자 시아란 오키프는 냉철한 사회학적 입장을 견지하며 해프닝을 평가하는 것에 그치고 있다.

그리고 태생적으로 회의적 입장을 취할 수밖에 없는 비평가와 과학자 외에는 중산층에 속하는 직업이 별로 없기 때문에, 신문이나 그 밖에 의식적으로 분별력 있는 시각을 유지하려 애쓰는 TV 쇼에서 유령 프로그램에 대해 취하는 입장은 미신적인 노동자층을 신랄하게 비판했던 18세기 글 특유의 톡 쏘는 논조를 띨 수밖에 없다.

그러나 상류층과 귀족들은 사람들이 유령의 습격을 받기 위해 돈을 지불하려 한다는 사실에 기뻐해 마지않으며, 고스트헌팅에 열광하는 지역 주민에게 자신들의 대저택을 기꺼이 빌려주었다. 아무도 자지 않으려 했던 빛바랜 방에서는 사악한 백작이 밤마다 영아를 살해하고, 오래전 돌아가신 고모는 무덤에서 계속 자라고 있는 그녀의 긴 머리를 빗질했다. 엠마누엘 스베덴보리 백작과 같은 일부 귀족들은 근대 영적 세계를 발명한 것이나 다름없었으며, 이 세계를 조사했던 귀족들도 있었다. 독일의 알베르트 폰 슈렝크노칭 남작이 그중 한 명이며, 후에 대영제국의 총리가 된 아서 밸푸어는 칼턴 가든에 영매를 시험하기 위한, 가죽 끈이 달린 의자가 있는 특별실을 마련했다. 그리고 1896년에 '스코틀랜드에서 가장 악명이 높은 흉가'인 퍼스셔의 발레친 하우스를 조사했던 뷰트 후작이 있다. 하지만 노엘 카워드가 자신의 희극풍 노래 「잉글랜드의 대저택들」에서 당돌하게 언급했듯이, 근대에 들어와 초자연 현상에 대해 계층 간 화합을 이끌어냈던 것은 바로 상업이었다. 무너져가는 대저택과 오래된 술집의 주인들은 유령이 나타나는 방을 순수하게 매력적인 어떤 것으로 포장했다. 그러나 본질적으로, 유령은 여전히 저속한 존재다.

13장

테이블의 전율
The Thrilling of the Tables

나에게는 이 현상에서 작용하는 힘에 대해 알 권리가 있다.
마치 사랑이 '자물쇠 장수를 보고 비웃듯이'.
— 윌리엄 크룩스 경

1840년대부터 영국 북부에서 새로 생겨난 강신교회는 노동자계급의
최초 사회주의운동이었다. 케일리 마을은 강신주의에 대한 새로운 신
앙이 우연히 뿌리를 내리게 된 곳이었으며, 강신주의 전문가들은 종
종 강신주의와 여성 투표권, 생체 해부 반대와 같은 반체제 노선을 연
결 지었다. 런던 쪽으로 내려가면 상황은 매우 달랐다. 부유층의 살
롱, 공기가 샴페인처럼 가벼웠던 안락한 피카딜리 호텔, 푹신한 가구
가 놓인 하이드파크의 레지던스 그리고 뮤직 홀의 외설적인 공연이
성황리에 열렸던 이스트엔드 거주지에서, 교령회는 크게 한 가지로
정의될 수 있었는데, 바로 섹스였다.
　어두운 방, 계층 간의 뒤섞임, 속삭임, 비밀과 거짓말. 이 모든 것
은 밀회의 특징을 지니고 있었다. 교령회가 열리던 방에서 피부끼리
스치는 일이 빈번하게 이뤄지면서, 신체적 밀착은 교령회 과정의 일
부분이었다. 추파, 의식이 고양된 상태, 흥분이 일반적으로 일어났다.

미국에서 처음 들어왔을 당시 교령회는 성적인 것과 거리가 멀었다. 영국 초기 교령회는 형식적이고 기능적인 것에 초점을 맞추고 있었다. 교령회를 창안해낸 캐나다 출신 자매 매기와 케이트 폭스는 1848년, 뉴욕 하이즈빌에 있는 작은 농가에서 아버지와 함께 살고 있었다. 이 집으로 이사 온 지 몇 시간이 채 지나지 않았을 때부터 자매는 이상한 소리를 듣기 시작했다. 쿵, 탁, 그리고 덜거덕거리는 소리에 이들은 잠을 이룰 수 없었다. 뿐만 아니라 지하 저장고로 내려가는 발자국 소리가 들리는가 싶더니, 이윽고 얼음처럼 오싹하게 차가운 손이 침대에 누워 있던 자매 중 한 명의 얼굴에 스쳐 지나가는 것이 느껴졌다. 케이트는 유령에게 '스플릿풋'이라는 이름을 붙여줬는데, 민간에서 스플릿풋은 악마를 일컫는 이름이었다. 이후 엄청난 결과를 가져올 한 사건에서, 그녀는 유령에게 손뼉 치는 소리를 따라해보라고 한 뒤, 질문을 던진 다음 이에 대한 답으로 알파벳 문자 또는 단순히 예 또는 아니오를 가리키는 노크 소리로 대답해줄 것을 요청한다.

이는 근대 서양 문화에서 급진적인 시도로 기록될 사건이었다. 몇 세기 동안 받아들여지던 관행은 죽은 자에게 말을 거는 대신 그들을 두려워하고 온갖 수단과 방법을 동원하여 집에서 내쫓는 것이었기 때문이다. 유령의 존재는 침입으로 여겨졌다. 공식적으로 엑소시즘과 정화 의식을 수행했던 것은 로마가톨릭교도였지만, 청교도 교회에서도 유령을 내쫓을 방법을 고안해냈다. 비록 몇날 며칠 동안 큰 소리로 기도문을 외는 것에 그쳤지만 말이다. 죽지 않은 자들, 혹은 죽은 자를 사칭하는 악마를 궁극적으로 내쫓는 방법은 홍해로 추방하는 것이었다.[1] 앨커트래즈는 비과학적(패러노멀) 영역에서 가장 극악한 범죄자들을 가두는 섬이었다.

소문이 퍼져나갔다. 이내 폭스 자매는 영향력 있는 대중오락 행사 기획자였던 P. T. 바넘에게 고용되어 그의 주요 사업장인 뉴욕의 아메리칸 뮤지엄에서 점쟁이로 등장하게 된다. 폭스 자매는 흰 칼라가 달린 어두운 색의 깔끔한 드레스를 입고 한 건당 1달러를 받았다. 『모히칸족의 최후The Last of the Mohicans』의 저자 제임스 페니모어 쿠퍼는 이들을 보기 위해 박물관에 방문했고 그의 죽은 여동생에 대한 대답을 듣자 안절부절못했다. 얼마 지나지 않아, 자매는 통제된 상황에서 이들의 '힘'을 시험하고 싶어했던 위원회의 조사를 받는다. 여자들은 두드림 소리를 만들어내는 도구가 있는지 확인하기 위해 자매의 속옷까지 검사했다. 벤저민 프랭클린의 유령이 문법적 오류를 많이 낸 것은 적대적인 회의론자 단체들로부터 호된 조롱을 받았다. 이와 같은 사건에서 늘 그래왔듯이, 자매는 유령 소리를 내기 위해 관절을 꺾는다는 의심을 받는다.

1851년 3월, 남자들은 마침내 자매의 몸에 손을 댄다. 버펄로 출신의 의사 세 명을 포함한 사람들은 매기가 유령을 불러내려고 했던 한 시간 동안 매기의 다리와 무릎을 꽉 붙잡고 있었고, 이것은 이후의 전례가 되었다. 과학의 이름으로, 전문직에 종사하던 중산층 남자들은 그들의 권한 아래 있는 하층민 여자 영매들의 팔다리를 묶고, 끈으로 결박하고, 이들의 살과 옷을 제어하고 방해할 수 있는 기회를 놓치지 않았다. 이들은 자매의 코르셋을 확인했고, 손과 발, 신발을 검사했으며, 꼬집고, 푹 찌르고, 자매들을 통제했다.

혹자는 의사들이 자신들의 행동은 대의를 위한 일이라고 여겼을 것이라고 생각할지도 모르겠다. 하지만 의사들 중 누구도 문맹이나 마찬가지였던 어린 두 소녀에게 속으려 하지 않았다. 이들의 모든 노력에도 불구하고 그리고 찰스 앨프리드 리 박사가 기획하고 관절로 유별나게 시끄러운 소리를 내던[2] 남자가 사회를 보았던 회의론자의 순회공연에도 불구하고, 강신술에 대한 대중의 열기는 식을 줄을 몰랐다.

1868년 만우절에 영국 고등법원 상법부에서 시작된, 수많은 스캔들을 낳은 법정 사건은 교령회에 대한 열기를 영원히 사그라뜨릴 것이라는 예측을 낳았다. 교령회를 유행시킨 인물인 대니얼 던글러스 흄이 사기와 기만 혐의로 재판에 회부되었기 때문이다. 『스펙테이터 Spectator』는 이 사건을 두고, '심령술사'라는 용어를 탄생시킨 유약한 영매나 그를 고발한 부유한 과부가 아닌, 심령주의 자체가 재판을 받고 있다고 확신했다.

이 무렵 교령회는 영국에서 15년에 걸쳐 널리 확산된 상태였고, 더욱 화려한 구경거리를 원하는 대중의 열망이 계속됨에 따라 스캔들의 맥도 유지되었다. 심령 현상에 관심을 가졌다가 경력에 타격을 입은, 덕망 있는 과학자나 의사들의 명부는 주목할 만하다. 심령주의의 전조인 최면술은 이미 저명한 의사였던 존 엘리엇슨의 경력을 단절시켰다. 1840년 8월, 레이디 블레싱턴의 저택인 고어하우스(앨버트 홀이 있는 곳)에서 찰스 디킨스에게 사람들을 가수 상태에 빠지게 하는 방법을 가르친 사람도 바로 그였다. 디킨스는 치료 기법으로서의 최면술에 매혹되었지만, 그가 초기에 최면요법에 열광했던 것은 후기에 신체적으로 그리고 최면을 이용한 영매 일체에 과도할 정도의 공포를 느끼게 된 이유를 설명해주기도 한다.

1852년 10월, 서커스 단장들이 미국에서 도착하기 시작했다. 출발

선을 끊은 사람은 보스턴 신문사 사장의 부인이었던 마리아 헤이든이었다. 너 나 할 것 없는 언론의 조롱에도 불구하고, 교령회는 런던과 홈 카운티에서 비밀리에 성행하고 있었다. 캐번디시 광장에서 차와 케이크를 마시는 티타임에서 헤이든 부인은 기본적인 심령 능력인, 몸체와 분리된 두드림 소리(예는 세 번, 아니요는 두 번)와 테이블 회전을 보여주기는 했지만, 그녀는 진짜 주역인 대니얼 던글러스 흄이 보여주는 기적의 효과를 위해 술을 따르며 흥을 돋우는 조연에 불과했다. 이 남자는 죽은 자들과 대화하고, 무거운 가구들을 띄워 날아다니게 하며, 화롯가에서 활활 타오르는 석탄을 꺼낼 수 있었다.

흄은 1851년에 이미 헤이든에서 교령회를 열기 시작했고, W. R. 헤이든의 신문들의 지지를 등에 업으면서 명성을 얻었다. 그가 일약 스타덤에 오른 것은 이듬해 여름에 열린 교령회에서였다. 코네티컷 남부 맨체스터에 위치한, 부유한 실크 제조업자가 소유한 대저택에서, 흄이 소환한 혼령은 '거센 폭풍'과 같이 테이블을 회전시키다가 '규칙적이고 암울한 충격'을 받았는데, 마치 바다에 내동댕이쳐진 선박에 파도가 부딪히는 것 같았다. 테이블은 뒤집혔고, 흄은 해양 폐기물 위로 떠올랐으며, 두드림 소리는 상황에 맞지 않게 북을 마구 연타하는 것처럼 굉음을 내며 총공세를 펼쳤고 방 안을 온통 뒤흔들었다. 나중에 밝혀진 사실이지만, 당시 교령회에 참석했던 사람 중 한 명에게는 선원인 친척 두 명이 있었는데, 이 선원들은 해상에서 길을 잃었던 것으로 드러났다.

흄은 1833년 3월, 스코틀랜드 에든버러에서 태어났다. 전해지는 바에 따르면 죽은 자들이 그의 요람 주위로 몰려들었으며, 그의 요람은 마치 보이지 않는 손에 의해 저절로 좌우로 흔들리는 것 같았다고 한다. 흄 가족은 그의 아버지가 일했던 제지 공장 뒤편 오두막에서 살았다. 술주정뱅이에 퉁한 인상이었던 윌리엄 흄은 그가 얼 흄 10세의 사생아라고 확신했다. 어린 대니얼의 모계 친척 중에는 17세기 신비주의자였던 브러핸 시어가 있었다. 스코틀랜드의 노스트라다무스라고 불렸던 그는 대부분 인버네스 북부 지역과 관련된 예언을 글로 남겼다. 성인이 된 대니얼은 탬오섄터스코틀랜드인이 쓰는 큰 두건형의 전통식 모자에 어머니 부족의 모토—지배하지 못하면 죽으리라Vincere aut mori—가 새겨진 은 배지를 습관적으로 달고 다녔다.[3]

병약한 아이 대니얼 흄은 어떤 이유에서인지 포토벨로의 스코틀랜드 마을에 살고 있는 이모 집으로 보내진 후 다시 대서양을 가로질러 코네티컷의 그린빌에 사는 고모 집으로 옮겨졌는데, 그의 고모는 초자연적 두드림이 시작되었을 때 그에게 의자를 던졌다고 한다. 그의 나머지 식구들이 미국으로 건너왔을 때에도 그는 고모 집에 남아 있었는데, 그녀는 후에 그가 집으로 악마를 끌어들였다면서 회중교회, 침례교 그리고 웨슬리교의 목사 3인조를 불러 정화 의식을 치르기도 했다. 목사들이 이 맵시 있는 빨간 머리 소년에게 호감을 보이기 시작하자, 이에 더 격분한 그녀는 대니얼을 집에서 영영 내쫓아버린다. 그리하여 흄은 교령회를 무료로 제공하는 대신에 그의 추종자들이 모금한 자선기금과 그들이 베푸는 관용에 의존해 사는, 빅토리아인 중에서도 가장 기이했던 떠돌이 삶을 시작했다.

그의 만화경처럼 변화무쌍한 유령 효과를 따라갈 사람은 없었다. 노크와 두드리는 소리뿐 아니라, 유령 불빛과 교령회가 열리는 방 안을 떠다니면서 배석자들과 악수하고 의자를 옮기며 유령 음악을 연주하는, 몸에서 따로 분리된 희귀한 손이 등장했다. 그는 배석자들에게

이 유령의 현현 동안 자신의 손과 발을 붙잡아달라고 요청했다. 흄은 자신의 몸을 쭉 늘어뜨리거나 줄어들게 함으로써 드라마의 일부분으로 사용했다. 1852년 8월, 그는 자신이 가진 가장 유명한 장기 중 하나인, 공중부양을 선보였다. 그의 정체를 밝히기 위해 파견된 저널리스트 E. L. 버르는 그곳을 떠나면서 머릿속이 혼란스러웠다.

나는 당시에 그의 손을 잡고 있었고, 그의 발을 느끼고 있었다. 그것들은 바닥에서 1피트 정도 위로 붕 떠올라 있었다. 그의 몸이 머리에서 발끝까지 기쁨과 공포의 상반된 감정들로 고동치고 있었기 때문에 그는 말을 제대로 잇지 못할 정도였다. 그는 되풀이해서 마룻바닥에서 떠올랐고, 세 번째 시도에서는 아파트 천장까지 닿았는데, 천장에 그의 손과 발이 부드럽게 닿았다.

그의 명성은 높아졌고 그의 교령회에 참석했던 사람들 중에는 아버지와 아들 모두 대통령을 지낸 부시 부자의 친척이었던 뉴욕 대학 교수 조지 부시[4]도 있었다. 그는 1845년 엠마누엘 스베덴보리의 저서 여러 권을 영어로 번역했고, 따라서 심령론이 자생할 수 있는 환경을 단독으로 조성했다고 볼 수 있는 인물이다. 그해, 흄은 당시 '신교'로 불리던 스베덴보리주의로 개종했다. 스베덴보리는 18세기 스웨덴 귀족으로서 그가 남긴 수많은 저서에서 인간 종족 바로 바깥에 존재하는, 심령 활동이 분주히 일어나는 세계가 곧 도래할 것이라고 주장했다.(비록 본질적으로 그는 성경을 읽는 칼뱅주의자였지만 말이다.) 그는 1745년 런던의 한 술집에서 종교적 환영을 체험했으며, 이것은 아마도 흄이 런던으로 여행하고자 했던 이유 중 하나로 작용했을 것이다. 후에 그는 런던을 방문했던 것이 첫째로는 건강상의 이유였고, 둘째로는 유명세를 탄 이스트코스트에서 벗어나기 위함이었다고 주장했지만, 사실 그는 자신의 본국에서 심령술사로서의 인생 제2막을 열고 싶었는지도 모른다.

헤이든 부인은 런던에 머물렀던 몇 개월 동안 흄에게 길을 열어주었다. 그는 1855년 영국으로 건너갔으며, 다양한 의도와 목적을 지닌 이해관계자들이 자신의 경력에 관심을 갖고 있으며 수용적이라는 사실을 알게 된다. 흄이 저민가에 있는 콕스 호텔⁵에서 무료로 머물게 된 방으로 걸어 들어가자마자, 호텔 주인 윌리엄 콕스는 지체 없이 그를 자신의 가장 유명한 손님 중 한 명인 로버트 오언에게 소개한다. 오언은 흄이 누구인지 정확히 알고 있었으며, 기록에 따르면, 마치 아버지가 아들을 맞이하듯 따뜻하게 그를 맞이했다고 한다.

로버트 오언(1771~1858)은 사회적 유토피아주의자의 전형으로서, 오늘날 협동조합운동의 창시자로 기억되고 있다. 공장 노동자들의 복지에 대한 그의 급진적 사상은 이후 막대한 영향을 미쳤다. 사회주의 공동체를 건설하려는 그의 실험은 저 멀리 미국의 인디애나주에까지 뻗어나갔다. 따라서 그가 80대에 심령주의로 전향하겠다고 선언했을 때, 그의 친구들과 추종자들은 당혹감과 놀라움을 감추지 못했다.

이내 흄은 오언과 그의 영향력 있는 친구들을 위해 호텔에서 교령회를 열었다. 그중에는 전직 영국 대법관 브로엄 경 그리고 작가이자 사교계 명사 에드워드 불워리턴 경이 포함되어 있었다. 둔한 느낌의 폭스 자매나 지방 출신인 헤이든과 달리, 흄은 편안한 자신감과 품위를 지니고 있었다. 그 결과, 빅토리아 시대 엘리트층은 자연히 그에게 마음을 빼앗겼다. 그가 사생아로 태어난 백작의 손자였다는 소문 역시 긍정적으로 작용했을 것이다. 숱 많고 부스스한 빨간 머리털, 시적이고 공상에 잠긴 듯한 태도를 지닌 멋쟁이 복장의 그를 사람들은 자기들 식으로, 영적세계의 앨저넌 스윈번이라고 불렀다.

하지만 흄에게도 천적은 있었다. 일링에서 열린 유명한 교령회에서, 혼령은 엘리자베스 배릿 브라우닝의 시인으로서의 영예를 기리기 위해 그녀의 머리 위에 화환을 얹어주었다. 그녀의 남편 로버트 브라우닝은 후에 그의 아내가 입은 드레스 자락이 어떻게 "설명할 수 없는 방식으로—마치 치마 속에 들어 있는 어떤 물건에 의한 것처럼—살짝 그러나 분명하게 위로 들려졌"는지, 그리고 "아내가 눈치채지 못하게 이런 일이 벌어지기는 어려웠을 것"이라고 적었다.

흄의 파멸의 씨앗은 이미 뿌려지고 있었다. 그가 교령회가 열리던 식탁에서 붕 떠올랐을 때, 로버트 브라우닝은 흄에 대한 뿌리 깊은 증오심을 품고 그곳을 나섰다. 이 증오심은 그의 아내가 죽은 후 시적인 혹평 「쓰레기 영매Mr Sludge the Medium」에서 적나라하게 표현되었다. 부부가 집에 도착하자마자 브라우닝은 화환을 창밖으로 던져버렸다.

혹자가 추측했던 것처럼, 그것은 혼령이 왕관을 씌워준 사람이 자신이 아닌 아내였다는 것에 대한 질투심의 발로였을까? 후에 그가 이 주제에 대해 언급한 것을 살펴보면, 흄에 대한 브라우닝의 맹렬한 반발은 그가 부도덕한 사람이라는, 성적인 문제와 관련되어 있었던 것으로 보인다. 그는 영매가 아내의 드레스 자락을 들추었으며, 흄이 어두운 교령회 방을 이용한 것은 여성 배석자들의 몸에 손을 대기 위해서였다고 생각했을 수도 있다. 하지만 영매에 대한 그의 본능적인 반응은 흄이 게이라는 확신 때문이었을 가능성이 더 높다.

흄은 과장되고 그럴듯하지 않은 상황 속에서 재혼했고 아들을 낳

햄릿처럼 갖춰 입은 대니얼 던글러스 흄.
그는 죽은 자들과 이야기하는 배우였다.

은 것으로 보이는데, 두 번의 결혼 중 적어도 한 번은 1858년, '비정
상적 범죄'로 프랑스 교도소에 갇혔다는 소문이 돈 직후에 치렀다.[6]
브라우닝은 자신의 천적의 '사내답지 못함'을 줄곧 강조했으며, 많은
사람은 흄이 외모에 집착하는 것과 가느다란 손가락에 반지를 지나치
게 많이 끼는 것을 보고 그가 여성스럽다고 생각했던 것이 분명하다.

1868년, 흄은 현재 웨스트민스터 성당이 서 있는 곳과 가까이에
위치한, 애슐리 하우스에 있는 어데어 자작 소유의 3층짜리 남성 전
용 아파트로 이사한다. 어데어는 동종요법 의사인 걸리 박사의 집에
서 열린 교령회에 참석한 적이 있었는데, 그의 맬번 온천 실습에 참여
했던 환자 중에는 찰스 다윈과 플로렌스 나이팅게일이 있다. 던레이
븐의 3대 백작의 외아들이었던 어데어는 강신론에 매력을 느낀다. 그

는 흄과 매우 가까워졌는데, 둘의 관계는 현대인들의 눈에는 매우 은밀하게 비춰질 수 있지만, 빅토리아 시대의 기숙학교가 있었던 세계에서는 전혀 이상한 관계가 아니었다.

이들은 같은 침실을 쓰고 밤에 굿나잇 키스를 하던 성인 남자들이었다. 흄은 벽난로에 손을 덥힌 후 어데어에게 마사지를 해주면서 어깨너머로 그를 안내하던 혼령들의 조언을 들었을 것이다. 한번은, 살아 있었을 당시 두 남자와 알고 지내던 여배우의 혼령이 흄에게 강림했다. 어데어는 이 사건을 다음과 같이 적고 있다. "그는 내 침대로 천천히 다가와서 옆에 무릎을 꿇었고, 내 두 손을 맞잡은 후, 말하기 시작했다. 나는 그녀의 소름 끼치는 말투를 절대 잊을 수 없을 것이다."

린지 경은 아파트의 세 번째 입주자였으며, 이튼 칼리지 동문이었고, 크로퍼드의 25대 백작의 외아들이었다. 그는 21세의 나이에 런던타워에 주둔하던 근위 투척병에 입대했는데, 역시 강신론자였다.[7] 12월 중순 어느 날 저녁, 세 남자는 네 번째 친구이자 어데어의 사촌이었던 찰스 윈 대위와 함께 애슐리 하우스에 머물고 있었다. 그다음 장면에서, 매우 흥분한 상태의 외설적인 네 남자는 일종의 로맨틱한 감정의 열기에 취해 있으며 이 부분은 핫 하우스하드코어 게이포르노 웹사이트적인 분위기를 풍긴다.

흄은 그 겨울 저녁, 강한 현현을 보여준다. 그의 몸은 비과학적인 방식으로 쭉 늘어났고 위아래로 흔들거리며 땅 위로 떠올랐다. 그는 갑자기 외쳤다. "두려워하지 말고 어떤 경우에도 자리를 뜨지 마십시오." 그리고 복도 밖으로 나갔다. 린지는 외쳤다. "하느님 맙소사, 그가 무엇을 하려는지 압니다. 정말 무시무시하군요!" 그리고 모여 있는 사람들에게 영혼이 그에게 이야기하고 있었으며 대니얼이 다른 방

의 창문을 통해 나갔다가 그들이 앉아 있는 방의 창문을 통해 들어
오려 한다고 말했다.

세 명은 옆방의 창문이 열리는 소리를 들었고 그들이 있던 방의 창
밖에 흄이 꼿꼿이 서 있는 것을 보았다. 마치 집 안으로 들어갈 수
있게 해달라고 애원하는 뱀파이어처럼. 그는 창문을 열고 웃으며 걸
어 들어왔다. 왜 그러느냐고 원이 물었다. 흄은 공중부양하면서 만약
"경찰이 지나가다가 무심코 위를 올려다보니 한 남자가 공기에 떠서
벽 주변을 계속 회전하고 있는 것을 목격한다면" 어떻게 될지 궁금했
다고 대답했다. 그가 공중에 떠다닌 것이 아니라 벽 주변을 빙빙 돌
았다는 이 구체적 묘사는 유달리 으스스하다. 이 이야기는 수년 동안
잘 알려지지 않았지만(비록 다음 해 던레이븐 백작이 사적으로 인쇄한 작
은 책자에 등장하긴 했지만), 흄의 가장 놀라운 업적 중 하나로 남아 있
다.[8]

흄을 공개적으로 지지함으로써 평판이 훼손된 과학자 중 한 명은
크롬웰 플리트우드 발리였다. 발리는 대서양을 횡단해 영국과 미국
을 잇는 케이블을 놓는 과정에서 중요한 기술적 문제의 해결을 담당
했던 수석 전기 엔지니어로 기억되고 있다. 또한 그가 1871년에 발표
한 보고서 「왕립학회 회의록」에서 음극선의 중요한 측면을 예상했기
때문에, 그는 전자의 '초기 단계'에서 핵심 인물로 여겨지기도 했다.[9]
발리는 린지 경과 알고 지내는 사이였고 후에 그와 함께 대형 자기장
이 인간의 신체에 미칠 수 있는 생리학적 영향의 가능성에 대해 연구
했는데, 이 연구는 오늘날까지 검토되고 있다.

교령회실 안에서 나는 두드림 소리와 움직임이 자연의 새로운 힘의
증거라고 믿었던 사람은 발리만이 아니었다. 그와 같은 편에 선 사람

중에는 진화론의 공동 창시자(그는 진화론을 먼저 발표한 찰스 다윈과 신사협정을 맺었다) 앨프리드 러셀 월리스가 있었다. 1850년대, 발리는 최면술을 독학으로 공부했으며, 그의 아내 엘런을 최면에 들게 한 것이 분명하다. 그녀는 최면 상태에 들었을 때 자신에게 영매 능력이 있다는 것을 처음으로 알게 되었다. 발리가 공개적으로 진술한 내용에 따르면 그녀는 자신의 영매 능력을 계속 개발했고, 1869년 교령회에서 유령을 보았는데 이 유령들은 그녀에게 전달한 정보를 통해 사건을 예측했을 뿐만 아니라 그만이 알고 있었던 비밀을 폭로하기도 했다.

발리는 흄이 사기 혐의로 회부된 재판에서 거리낌 없이 그의 신원 보증서를 제공했다. 그는 증인석에서 "내가 선택한 조건하에서, 밝은 불빛 아래, 흄을 포함한 다른 사람들과 (그 현상을) 검토하고 시험했으며, 가장 빈틈없이 철저한 조사를 이행했다"고 증언했다. 이 증언은 흄이 가진 비장의 카드 중 하나였으며, 그를 파멸로부터 구해줄 것이었다. 그러나, 발리는 당시 알지 못했지만―그는 기술적인 사고방식을 가진 품위 있는 신사였다―이 재판은 교령회와 마찬가지로 성(性)에 관한 것이었다. 아니, 성의 부족이라는 표현이 더 적합할지도 몰랐다.

＊

심령과학연구회 산하 심령과학진흥기관은 무엇보다도 흄에게 월급을 주기 위해 설립된 단체였다. 그는 상임 사무국장직을 수임했고, 슬론가 22번지의 새로운 부지에 있는 숙소에 머물게 되었다. 어느 날 갑작스럽게 찾아온 환갑이 넘은 부인이 아니었더라면, 그는 아마 이곳에서 여생을 보냈을 것이다.

1866년 10월 22일, 작고 통통한 중년 여성이 심령과학진흥기관 사무실로 걸어 들어왔다. 흄에게 여러 차례 편지를 썼지만 답장이 없어 직접 찾아오기로 결심했다는 그녀의 이름은 제인 라이언이었다. 치즈 장수의 사생아였던 그녀는 백작의 손자와 결혼하면서 운 좋게 가난에서 벗어날 수 있었다. 그녀의 남편이었던 찰스 라이언은 1859년에 죽었고, 그녀에게 많은 유산을 남겼다. 그는 부부가 신혼을 보낸 글래미스성 출신의 보스 라이언이라는 인물로, 엘리자베스 2세의 먼 사촌이었다. 라이언 부인은 또한 결혼하면서, 옥스퍼드 크라이스트 교회의 주임사제였던 리들 박사의 숙모가 되었으며 따라서 『이상한 나라의 앨리스Alice in Wonderland』 이야기에 영감을 불어넣은 앨리스의 종조할머니였다.

흄은 라이언 부인의 심령론에 대한 관심과 그녀의 영매 능력에 대해 이야기를 늘어놓는 별난 행동에 충분히 흥미를 느꼈다. 그녀 역시 그가 귀족들과 친분을 쌓은 것에 관심을 보였고, 흄은 자신이 귀족들로부터 깊은 존경을 받고 있다는 증거를 보여주었다. 흄에 따르면, 라이언 부인은 흄이 "그렇게 훌륭한 사람을 많이 알고 있다는 것에 자만하고 우쭐해할 줄 알았는데, 난 당신이 아주 마음에 들고 당신도 나를 좋아해주길 바란다"고 말했다고 한다.

그녀는 이틀 후 돌아왔고, 흄과 대화를 나누던 라이언 부인은 흄이 이후에 재정적인 곤경에 처하지 않도록 그를 양아들로 삼겠다는 뜻밖의 제안을 한다. 자신의 직계가족과 사이가 좋지 않았으며 이렇다 할 친구도 없었던 그녀는 다소 외로운 생활을 했던 것으로 보인다. 다시 흄의 말을 빌리자면, 그녀는 지나치게 정열적으로 "그에게 팔을 두르고 키스를 퍼부었다"고 한다. 10월 7일, 이 상황이 어디로 치닿고 있는지 윤곽이 잡히기 시작했다. 흄은 어느 정도 분명하게 선을 그으며 그녀를 어머니로서 사랑하겠다고 약속했다. 그녀 역시 분명하게, "그러한 유형의 사랑은 적을수록 좋다"고 응대했다.

11월경, 흄과 라이언 부인은 재산 증서와 현금 양도 증서에 서명하기 위해 베이스워터에서 택시를 타고 시내의 변호사 사무실로 이동했다. 영적인 세계로부터 이들에게 지지를 표명하는 유령들의 즐거운 두드림 소리가 억수같이 퍼붓고 있었다. 라이언 부인은 유언장에 흄의 이름을 올렸고 많은 금전적 선물을 주었으며,[10] 그는 그의 이름을 대니얼 흄 라이언으로 개명하겠다는 단독 날인 증서에 서명했다. 그녀는 저녁식사 자리에서 흄을 향한 육체적 욕망을 표현하는 데 주저하지 않았고, 같이 식사를 하던 사람들과, 그녀가 거의 재산의 절반을 그에게 넘기는 것을 실망스럽게 지켜보던 변호사들은 이에 당혹스러워했다.

이내 그녀의 진짜 목적이 분명해졌다. 그녀는 흄의 보석상자(흄은 자신의 보석을 정말 좋아했다)의 사용권을 장악했고 그의 죽은 아내 사샤가 입던 옷을 수선해 자신이 입을 수 있게 만들었다. 그녀가 흄에 대한 생각을 갑자기 바꾸게 된 계기가 무엇인지는 알 수 없지만, 이 라이언 vs. 흄 사건을 쫓아가보면 그녀는 흄이 자신과 절대 잠자리를 같이하지 않으리라는 것을 마침내 깨달은 것이 분명하다. 6월 10일, 흄은 결국, 그리고 완전하게 그녀의 구애를 "거부했으며", 그녀가 결혼을 제안하자 "신이 내게 이성을 주시는 한 그런 일은 절대 일어나지 않을 것이오!"라고 소리 질렀다. 분명 그녀가 듣고 싶던 대답은 아니었다.

다음 날, 라이언 부인은 흄에게 편지로 자신의 돈을 돌려달라고 냉정하게 요구했다. 6월 12일, 흄은 "사랑하는 어머니"라고 그녀를 회유하며 원만한 해결을 위한 조건을 제시했다. 보석과 반지 두 개를 반납하겠지만 3만 파운드는 자신이 갖겠다는 제안이었다. 이 약삭빠른 흥정은 둘의 관계를 회복 불가능하게 만들었다.

브라우닝은 흄의 몰락에 대한 뉴스를 접한 후 노골적으로 기뻐했다. 그는 최신 가십을 리들 주임사제로부터 전해 들었다. 리들은 "흄이 벌인 파렴치한 짓을 빠짐없이 내게 말해주었고, 믿기 힘들 정도의 우둔함과 탐욕이 어떻게 그의 몰락을 가져왔는지 들을 수 있었다"고 그는 적었다. 보안관은 '아늑한 저녁 파티'에서 흄을 체포했으며, 화이트크로스가 교도소로 이송한 후 런던의 채무자 감옥에 수감시켰다.

선서 진술서에서, 라이언 부인은 흄에게 그녀의 변호사를 충격에 빠뜨릴 정도의 재산과 호의를 베풀었던 유일한 이유는 그녀의 죽은 남편으로부터 그와 같은 메시지를 받았다고 믿었기 때문이라고 주장했다. 두말할 필요도 없이, 이 메시지들은 종종 그녀의 집에서 열린 교령회에서 흄을 통해 직접 전달되었다. 나중에야 그녀는 자신이 "피고가 벌인 사기 행각의 피해자"였다는 사실을 알게 되었다.

『타임』은 이 법정 사건의 앞 좌석에 앉으려 애쓰는 대중의 큰 관심에 대해 보도했으며, 재판은 운 좋게 재판을 참관할 수 있었던 사람들을 실망시키지 않았다. 웨스트본 플레이스 18번지에서 지낼 적에 라이언 부인의 삶이 어떠했는지 적나라하게 묘사되었다. 그녀는 이곳에서 심스 부인, 페퍼 부인과 함께 살았는데, 이들은 흄이 교령회를 열 때마다 식당 문 바깥에 쭈그리고 앉아 한마디도 놓치지 않기 위해 안간힘을 썼다. 그 집에 얹혀살던 두 명의 친척 펠로스 부인들도 법정에서 공개적으로 흄에 대한 부정적 견해를 밝혔다. 이들은 모든 일이 흄이 벌인 사기극이라는 확신을 갖고 있었다. 하지만 하녀였던 엘리자 클레그나우는 자신의 여주인이 돈을 되찾기 위해 죽은 남편의 혼령의 영향을 받았던 것처럼 행세할 것이라고 큰 소리로 다짐하는 것을 들었다고 증언했다. 라이언 부인은 즉시 그녀를 향해 "건방지고 더러운, 위험하기 짝이 없는 거짓말쟁이 잡년"이라고 소리 질렀다.

원고와 피고 측 사이에서 서로 엇갈린 주장이 오갔으며, 서로 상대방이 다른 속셈을 갖고 결혼을 계획했다고 주장했다. 흄은 라이언 부인이 끊임없이 그를 애무했던 이야기를 했고, 이에 맞서 라이언 부인은 그의 목소리를 흉내 내면서 그녀에게 키스해달라고 애원했던 모습을 재현했는데, 『폴리스 뉴스Police News』에 따르면 "굉장히 흥미로운 볼거리였다"고 한다. 그녀는 흄이 "탐욕스럽고, 알랑거리며, 비겁한 거짓말쟁이 위선자"라고 기록한 일기장을 증거로 제출했다. 특히 중요한 시점에서, 흄은 원고인단 측으로부터 심령술에서의 두드림을 보여달라는 요청을 받았고, 한 언론 보도에 따르면, 쥐 죽은 듯이 조용한 가운데, "앞 좌석의 숙녀 분들 쪽에서 특히" 앞쪽으로 몸을 기울였다고 한다.

판결에서 판사는 라이언 부인의 증언을 기각했지만 심령론의 개념 자체에 대해서도 가차 없이 심판의 칼을 뽑았다. 그는 심령주의를 "허영심 많고 나약하며 어리석은 자들을 속이기 위해 면밀히 계산된 한편으로, 굶주린 자들과 모험가들의 꿍꿍이를 지원하기 위해 고안된, 장난이 좀 지나친 난센스"라고 여겼다. 이것은 몇 년 앞서 『랜싯』에서 보도한 기사에서 최면에 현혹되기 쉬운 사람들이 주로 "영리한 소녀들, 철학적인 보헤미안들, 심약한 여성들, 그보다 더 나약한 남성들"이라고 묘사한 것과 비슷했다.

흄은 6만 파운드를 돌려줘야 했지만, 라이언 부인도 소송 비용으로 상당한 돈을 지불해야 했다. 많은 이가 이 사건으로 심령주의는 치명타를 입었다고 생각했다. 하지만 이후, 그들의 판단은 틀렸던 것으로 밝혀졌다.

빅토리아 강령회의 대표적인 사진 중 하나는 여자 유령이 한 노인을 내려다보고 있는 사진이다. 유령은 흰 옷을 입고 침대 시트처럼 보이는 하얀 머리쓰개를 귀 뒤로 두르고 있는데, 평온한 표정의 그녀는 왼팔을 뻗어서 그녀 아래에 있는 빅토리아 왕조 성직자로 보이는 노인의 손을 잡고 있다. 그는 그 순간에 완전히 몰입해 있으며, 입술은 오므리고 눈은 감은 채, 벗겨진 머리를 마치 졸도한 것처럼 한쪽으로 기울이고 있다. 그가 마음속으로 죽은 자와 소통하고 있다는 것을 알 수 있다.

이 성직자는 사실 의사였으며, 흄의 재판에서 성격 증인 중 한 사람이었던 제임스 걸리 박사(1808~1883)인 것으로 밝혀졌다.[11] 유령은 플로렌스 쿡이 소환한 케이티 킹이었다. 케이티 킹은 과거 해적이었던 헨리 오언 모건의 혼령의 딸인 것으로 추정되었다. 존 킹이라고도 알려진 모건은 미국의 심령 가이드 중 가장 유명세를 떨쳤으며, 많은 강령회 테이블에서 까무잡잡한 안색과 긴 턱수염을 한 완벽한 해적 차림으로 나타났다.

대니얼 던글러스 흄의 불명예스러운 사건 이후 심령주의와 강령회의 드라마가 쇠퇴의 길을 걷게 될 것으로 여겨졌을 즈음, 해크니 출신 10대 소녀의 등장은 다시 심령주의에 불씨를 당겼다. 1871년 6월, 돌스턴 심령가협회의 사무국장인 토머스 블라이턴은 자신의 피후견인

심령 케이티 킹이 기도자를 내려다보고 있다. 위 사진의 기도자는 찰스 다윈과 같은 환자들을 치료했던 걸리 박사로 판명되었다.

격이었던 플로렌스 쿡에 대한 글을 발표한다.

플로렌스 쿡은 1856년에 런던에서 태어났다. 그녀의 아버지는 켄트에서 런던으로 이주했으며 인쇄무역에서 식자공이었고 따라서 계층을 따지자면 꽤 낮은, 중·하류층에 속했다. 가족은 최소한 한 명의 하인을 두었다. 플로렌스 쿡은 열네 살이 되었을 때, 계속적으로 일종의 최면 상태에 빠져서 그녀의 부모와 세 명의 형제를 불안하게 했다.

1865년, 해크니와 도시를 잇는 새로운 지선 철도가 개통되었으며, 돌스턴의 해크니 남부 지역에 거주하던 철도 노동자 토머스 블라이턴은 지역 심령론자 모임을 운영하게 된다. 이 모임은 대부분 나바리노가 74번지에서 매주 열렸다.

쿡은 이후 심령세계에 입문하고 몰입했던 것이 마치 "열병에 걸린 것 같았다"고 말한다. 해적 존 킹의 아내로부터 영적 가이드를 받았으며 경험이 풍부했던 프랭크 헌과 찰스 윌리엄스를 알게 된 후, 쿡은 그의 딸을 영적 안내자로 얻었고 어둠 속에서 얼굴들이 나타나도록 만들었다. 이내 그녀는 강령실에서 캐비닛으로 자리를 옮겼는데, 찬장의 문짝을 뗀 후 커튼을 매달아서 만든 이 공간은 영매가 자신의 영적 능력에 집중할 수 있도록 하는 사적인 영역이었다.

오늘날 심령 캐비닛 사진은 우스꽝스러울 정도로 엉터리에 사기를 돕기 위한 도구로 보인다. 하지만 빅토리아 왕조의 강신술사에게, 죽은 자를 물질의 형태로 불러내는 것은 굉장히 까다로운 과정이었고, 절차를 제대로 밟지 않거나 최면 상태에 있는 영매를 방해하는 것은 이들의 정신과 신체에 극도로 좋지 않은 영향을 미치는 것으로 여겨졌다. 이 상황을 감시하기 위한 회의론자나 과학자가 방 안에 있을 경우에, 영매는 보통 캐비닛 안에서 몸이 묶였고 정교하게 매듭지은 끈은 봉랍 등으로 조심스럽게 봉인했다.

빅토리아 왕조 강령회의 참석자들은 대개 서로 친분이 있으며 정기적으로 만나는 비슷한 부류의 사람들 모임으로 이루어졌다. 진지한 강령회는 대부분 먼저 기도를 드리거나 혹은 「천사들과 손을 잡고」 또는 롱펠로의 「천사의 발자국」 같은 활기찬 근대 찬송가로 시작했다. 그런 다음 배석자들은 손을 잡고 빙 둘러앉았다. 초자연 현상이 시작되었다는 신호로 테이블을 가로질러 부는 찬바람, 혹은 배석자들의 팔이나 어깨가 저도 모르게 씰룩거리고 경련이 일어나는 등의 증상이 일어났다. 한 기록에 따르면 테이블은 마치 "고동치는 것" 같았다고 한다. 움직이기라도 할 것만 같았다. 이 시점에서, 까다로운 사람들은 개체의 현현을 돕지 않았다는 것을 확실히 해두기 위해 테이블 위를 아주 살짝만 건드렸음을 보증했다. 강신술사들이 이것을 두고 "테이블의 전율"이라고 부른 것도 이상한 일이 아니었다. 광희의 순간이었다.

1873년 여름, 플로렌스 쿡은 새로운 것을 시도했다. 교령회실에는 비체화된 여러 개의 손과 팔 또는 뚫어져라 쳐다보는 얼굴이 부유하는 것이 일반적이었다. 이즈음에 『데일리 텔레그래프』는 그녀의 교령회에 특파원을 파견하여 참석하도록 했는데, 그는 운 좋게도 '완전히 형상화된' 케이티 킹을 볼 수 있었다. "Miss B는 치마 부분이 다소 부풀어 오른 평범한 검정 드레스 차림으로 의자에서 빠져나가지 못하도록 묶였음에도 불구하고, 팔과 발을 내놓은 채 고전적으로 흰 천을 두른 키 큰 형체가 나타나 우리 앞에 조각상처럼 서 있었다." 이 에피소드는 '형체 no.1'이라고 불렸다.

눈 깜짝할 새에 익숙한 패턴이 뒤따랐다. 해크니의 작은 집 현관문은 유명한 사람들을 위해 열리기 시작했다. 그중에는 아서 러셀 경 부부, 케이스네스 백작 부부와 아들이 포함되어 있었다. 쿡은 파리에서의 휴가와 개인 요트 크루즈를 제공받았다. 물론 그녀가 아주 어리고[12] 쾌활하며 예쁘다는 것과 자신의 교령회를 유쾌하고 재미있게 만들기를 좋아한다는 것은 그녀에게 유리하게 작용했다. 맨체스터의 부유한 사업가 찰스 블랙번은 이 유령과 속삭이는 롤리타에게 마음을 빼앗긴 나머지 그녀에게 개인적으로 보수를 주었으며, 이로써 그녀는 리치먼드 길 근처의 미스 엘리자 클리프 학교에서 가르치던 일을 그만둘 수 있었다. 찰스 블랙번은 유언장에 그녀의 여동생 케이트에게 많은 유산을 물려주겠다고 적었다.[13]

이 조치로, 쿡은 '프라이빗 영매'가 되었는데 그녀로서는 굉장히 바라던 자리였다. 충분히 그럴 만한 이유로, 사회적으로 지위가 높은 빅토리아인들은 공개적인 영매를 매춘부와 다를 바 없는, 도덕적으로 문제가 있는 여자로 여겨 경시했다. 반면 재산가의 보호를 받는 영매에 대해서는 거의 왈가왈부하지 않는 경향이 있었다. 그렇긴 하더라도, 블랙번과 고용계약을 체결하면서 발생한 둘의 관계에는 쿡이 그의 소유물이 된 측면이 있었다. 그는 그녀가 어떻게, 어디서, 언제 강령회를 열지에 대한 절대적인 통제권을 요구했다. 그가 파크필드에 있는 시골집에 내려가 있는 동안에는, 그는 자신의 권한을 친구 J. C. 럭스모어에게 이임했는데, 이내 그 권한을 다른 사람에게 넘겼다. 그의 이름은 윌리엄 크룩스였다. 쿡의 초자연 현상적인 측면에 대한 조사는 이후 수년간 파문을 일으켰던 에로틱한 집착으로 변질된다. 조지 쿠커는 이 관계를 영화로 만드는 것을 고려했으나, 대신 비슷한 테마로 「마이 페어 레이디My Fair Lady」(1964)를 제작한다.

1873~1874년 동안, 과학자이자 이후 영국학술원 원장 자리에 올랐던 크룩스는 10대 소녀 심령술사 쿡을 연구했다. 그는 상당한 시간 동안 크롬웰 발리와 협력했으며, 크롬웰이 만든 정교한 회로 차단기를 안전장치로 이용해 교령회실 안의 실제 상황에 적용시키기 위한 특수 감시 체계를 만들었다. 만약 가짜 영매가 관례적으로 묶인 밧줄이나 체인으로부터 빠져나가려고 시도하면, 이론적으로는 영매의 움직임을 감지할 수 있도록 되어 있었다. 이 장치의 버전은 1920년대까지 해리 프라이스와 같은 전문가에 의해 국립연구소에서 쓰였다. 이 감시 시스템은 두 개의 셀로 된 배터리, 두 개의 저항코일 세트, 한 개의 반사 검류계로 구성되어 있었으며, 검류계는 캐비닛 바깥에 장착되어 회로의 건전성에 대한 실시간 측정값을 내보냈다.

1873년, 크룩스는 이미 전 세계적으로 유명한 과학자가 되어 있었다. 1861년 그는 새로운 원소(탈륨)를 발견하는 데 공헌했다. 그는 진공관을 사용하고 브라운관을 개발했던 선구자였다. 본질적으로, 그는 텔레비전의 창시자였던 셈이다. 위엄 있고 널리 존경을 받았지만, 크룩스는 대부분 독학으로 공부했고 이는 그가 빅토리아 왕조 런던에서 그와 같은 지위의 남성들에게 기대되는 일상적인 사교 활동과는 거리가 먼 사람이었다는 것을 의미했다. 탈륨은 잠재적인 신경 독소였고, 많은 사람이 그가 죽은 자들에게 가졌던 관심은 이 원소를 다루던 그의 뇌가 중독되었다는 증거라고 생각했다. 그의 남동생이 1867년 쿠바에서 플로리다를 잇는 전신선을 깔다가 21살의 어린 나이로 죽은 것을 계기로 저승에 있는 자들과 접촉하고자 하는 갈망이 생겨났다고 전해진다.(또 한 명의 저명한 과학자 올리버 로지 경 역시 그의 아들 레이먼드를 제1차 세계대전에서 잃은 후 비슷한 영향을 받았다.)

겉보기에 소극적인 성격에도 불구하고, 쿡은 어쨌든 런던 여자 영매들의 중상모략과 권모술수가 난무하는 하위문화를 폭로한 불쾌한 사건 이후 솔선수범을 보이기로 결심한 듯하다. 업계 시장 규모는 작았고, 거피 부인과 같은 나이 든 영매들은 젊은 영매들이 나타나서 고객을 빼앗아 가는 것을 원치 않았다. 1873년 12월 9일, 돌스턴에서 열린 정기 교령회에 참석한 손님 중에는 윌리엄 볼크먼도 포함되어 있었다. 그는 이 교령회에 참석하기 위해 1년 동안 기회를 엿보고 있었다. 교령회가 열리자, 케이티 킹의 혼령이 평소 관례대로 볼크먼의 손을 잡았다. 하지만 거피의 앞잡이였던 것으로 드러난 볼크먼은(실제로 그는 후에 거피와 결혼했다) 대신 유령의 허리를 와락 붙잡으려 애쓰며 이것은 다름 아닌 쿡이라고 소리쳤다.

희미한 가스등이 완전히 꺼진 후, 쿡의 지지자들이 그에게 몸을 날리면서 격투가 벌어졌다. 볼크먼은 수염의 일부분을 뿌리째 뜯겼다. 5분간의 휴식 시간이 지난 후 캐비닛 문이 열렸고, 그곳에는 쿡이 괴로워 보이는 그러나 교령회가 시작되었을 때처럼 테이프가 허리에 완전히 붙은 모습으로 앉아 있었다.

쿡에 대한 동정의 여론이 일었고, 그녀의 비밀은 폭로되지 않았지만(그것은 후에 밝혀진다), 당시 교령회에 참석했던 블랙번은 비관적 견해를 갖게 되었다. 그는 그녀에게 네 단어가 적힌 쪽지를 보냈다. "당신에 대한 지원을 그만두겠소." 그녀의 생계가 일순간에 위태로워진 것이다.

믿을 수 없을 정도로 용감하고 결단력 있는 행동력으로, 그녀는 비밀리에 모닝턴가 20번지에 있는 크룩스의 집으로 직접 찾아간다.[14] 그녀가 그에게 한 말이 무엇이었든지 간에, 혹은 어떤 간교를 부렸든지 간에, 그는 그녀에 대해 과학적 정밀조사를 하는 것에 동의한다. 크룩스는 그녀가 "어리고 감수성이 풍부하며 결백한" 소녀라는 것을 알게 되고, 그녀와 대화를 나눈 후 그녀가 볼크먼으로부터 받은 대접은 "불명예스러운 일"이었다고 판단한다.

쿡은 크룩스의 집에서 여섯 달 동안 통제된 조건에서 교령회를 시작한다. 유스턴으로 향하는 기차가 지나갈 때마다 외벽 널이 덜컹거리는 크룩스의 집에 일주일을 머무를 때도 있었다. 한 교령회에는 그녀의 새로운 친구이자 동료 영매인, 또 한 명의 예쁘고 교태 있는 10대 소녀 메리 샤워스가 함께하기도 했다. 크룩스는 똑같이 따뜻한 촉감이 느껴지는 인간과 혼령 형태의 소녀들이 여학생처럼 팔짱을 끼고 방 안을 깡충거리며 뛰어다니는 동안 이들을 모두 독차지했다. 쿡은 후에 그들의 관계에 대해 밝혔다. 크룩스가 걸리와 함께 있는 혼령 형태의 케이티 킹의 사진을 찍은 것도 바로 이곳에서였다.[15] 44장의 사진 중 4장을 제외한 사진들은 후에 걸리의 과학적 평판을 지키기에 급급했던 집행인들이 모두 파괴했다. 마치 빅토리아 왕조 신사들의 서재에서 성애물을 제거하는 것과 같았다. 크룩스는 1890년대 기사 작위를 받았으며 1910년에는 메리트 훈장을 수여받는다. 그가 죽은 후, 레일리 경으로 가장한 SPR조차 초자연 현상에 대한 그의 연구에 경의를 표하는 연설에서 플로렌스 쿡의 이름을 감히 언급하지 못했다.

크룩스에게 심령주의를 진지하게 생각해보라고 처음 설득했다고 전지되는 발리와의 실험은 하이드파크 근처의 글로스터 광장 16번지에 위치한 J. C. 럭스모어의 집에서 열렸다. 10실링짜리 금화 두 개가 쿡의 팔에 고무 밴드로 고정되었고, 이 동전들에는 백금 와이어를 부착해 회로를 완성시켰다. 어김없이 케이티 킹이 나타났고, 전압이 약간 내려가긴 했지만 회로는 유지된 것처럼 보였으며, 손으로 부리는 요술 역시 유지되었다. 이후 크룩스는 장비를 자신의 집으로 가져와 쿡을 시험했다. 작가 트레버 홀은 이 시점에서 이 과학자가 완전히 쿡의 성적 올가미에 걸려버렸다고 믿고 있다. 믿기 어렵게도, 크룩스는 그녀에 대한 시험을 공식적으로 끝내기 훨씬 전에 그녀의 진짜 능력을 공식적으로 지지하는 서한을 썼는데, 이 조작 가능성이 매우 높은 중간 보고서를 쓰도록 쿡에게 설득당했을 가능성이 높다. 그리하여 1874년 2월 3일, 그는 다음과 같이 적었다. "미스 쿡에 대해 가혹한 판단을 내리려고 하는 이들은 내가 그 의문을 해결하기에 충분할 것이라고 생각되는 긍정적인 증거들을 제시할 때까지 판단을 유보해주길 바란다." 크룩스는 이미 쿡이 진짜라는 마음의 결정을 내

심령들의 도움으로 하늘을 날아가는 통통한 미세스 거피를 "금성이 통과하는 것처럼" 묘사한 책의 겉표지.

린 상태였다.

1873년 1월, 거피는 그녀의 사슬 끝에 닿는 데 성공한다. 그녀는 당시 런던에서 가장 유명한 여성 영매였다. 그녀의 유명한 전공은 강령이었다. 예를 들어, 테이블이 갑자기 이슬에 젖은 꽃들로 뒤덮이는가 하면, 1869년에는 혼령이 알사탕을 색깔별로 분류하도록 하는 데 성공했다. 아돌푸스 트롤럽 부부가 참석했던 교령회에서는, 트롤럽의 손과 팔이 노랑 수선화로 뒤덮이도록 했다. 앨프리드 러셀 월리스 박사는 뿌리가 흙으로 덮여 있는 6피트의 해바라기를 요청해 받았다.

네이플스의 마거릿 공주 앞에는 가시투성이의 선인장이 나타났다. 그 밖에도 얼음 조각, 액체 타르, 살아 있는 바닷가재, 나비와 불가사리 떼가 등장했다.

1873년 1월, 거피는 영국을 방문 중이던 미국인 영매 넬슨 홈스 부부가 머물고 있던 올드퀘벡가를 우연히 방문했다. 거피는 부부에게 플로렌스 쿡을 중성화시키기 위한 전략에 동참할 것을 제안했다. 그녀가 '인형 얼굴'이라고 불렀던 소녀에 대한 이 부인의 분노는 실로 가공할 만한 것이었다. 거피는 자신의 측근 세 명이 교령회에 참석해서 케이티 킹의 얼굴에 염산을 뿌릴 계획이며, 실제로 유령이 쿡이라는 것이 밝혀져서 그녀의 가장 큰 자산이 영원히 파괴되기를 진심으로 바라고 있다고 말했다. 홈스는 거피 부인에게 자신의 집에서 나가라고 명령했고 항의 서한을 보냈다.

홈스 부부는 이제 거피의 적이었다. 그녀의 심복이었던 제임스 클라크는 홈스 부부의 교령회에 잠입해 성냥불을 붙였다. 당시 배석자들 머리 위로 부유하면서 연주되던 악기들은 굉음을 내며 땅바닥에 떨어졌지만, 어떠한 사기도 발각되지 않았다. 점점 험악한 사태가 벌어지고 있었다.

홈스는 격노했다. 그는 "하이드파크에서 있었던 거피와 에밀리 베리 간의 파렴치한 거래"를 낱낱이 고발하겠다고 적었으며, 그녀가 "비열한 목적을 위해 자신의 가짜 영매 능력을 이용했으며, 교령회를 열었던 유일한 목적은 평판이 안 좋은 당사자들이 계속해서 선정적인 경향을 유지하기 위한 밀회였다"라고 적었다. 이후 1876년 대니얼 흄은 거피의 교령회가 오직 성적인 농탕을 벌이기 위해 열렸다고 진술했으며, 그의 여자 영매들 대부분은 치마 속에 강령을 숨겨 가지고 들어간다고 주장했다. 그들은 아무도 그들의 속옷을 검문하지 않을 것임을 알고 있었다. 19세기가 끝날 무렵, 일부 여자 영매들은 질 속에서 흘러나오는 엑토플라즘이라고 불린 원생동물에 특화되어 있었다.[16]

영매의 노골적으로 섹슈얼한 측면은 최면술의 영향 아래 일찍이 구축되었다. 1837년, 여자 병동에서 엘리엇슨의 실험 대상 중 한 명이었던 20세의 간질병 환자의 풍성한 금발 곱슬머리는 남성 관찰자들의 눈을 즐겁게 했다. 그들은 가수 상태에 놓인 그녀를 꼬집고 찌르며 희롱했다. 의사는 그녀의 콧구멍에 물체를 쑤셔 넣는가 하면 귀청에 대고 소리를 질렀다. 때때로 그녀의 얼굴은 시체의 일그러진 미소를 띠기도 했다. "왜 내 뺨은 홍조로 물들어야 할까요?", 그녀는 최면 상태에서 깨어나면서 졸린 듯이 매혹적으로 노래를 불렀다. 현명한 듯 외설적인 그녀의 말투 때문인지 참석자들은 그녀를 무녀巫女라고 불렀다. 빅토리아 왕조 신사들에게 이 광경은 거부할 수 없을 정도로 매혹적이었다. 영매 에마 하딩 브리튼에게는 "그녀가 자신들이 그토록 찾던 영적 동반자라고 저마다 확신하는 다양한 남자들이 늘 따라다녔다".[17] 그들은 그녀에게 열정적인 사랑의 편지를 쓰기도 했으며, 그들 중 몇몇에 대해서 그녀는 법적 소송을 제기할 수밖에 없었다.

일부 여자 영매들은 교령회를 이성의 복장을 할 수 있는 기회로 여기기도 했다. 교령회의 환경은 게이 남성과 게이 여성들에게 매력적이었다. 애니 페어램은 검정 수염을 달고 '조지'로 변신했는데, 조지는 숙녀들에게 키스하기를 좋아했으며, 자신이 좋아하는 참석자를 캐비닛 안으로 불러 희롱하기도 했다. 페어램이 혼령 미니의 지배를 받을 때 그녀는 남자들에게 키스하는 것을 좋아했다. 페어램의 동료이자 친구였던 뉴캐슬 출신의 영매인 미스 우드에 의해 형상화된 인디언 소녀의 혼령은 옥수수 상인이었던 배석자 중 한 명을 끌어안았으며, 잘생긴 에드먼드 거니[18]에게 두세 번 반복해서 키스했는데, 처음에는 휘장 위로, 그다음에는 맨입술로였다.

후기 여자 영매들은 자신들의 섹슈얼리티가 유용한 전략으로 사용될 수 있다는 것을 깨달았다. SPR에 의해 두 번의 조사를 받은 영매 에우사피아 팔라디노는 저속한 나폴리 여성으로서 교령회에서 온몸이 뜨겁게 달아오르고 땀에 흠뻑 젖어 성적으로 흥분된 상태로 깨어나서 남자 손님들의 무릎 위로 기어 올라가는 버릇이 있었다. 그녀의 드레스는 부풀어 올랐다. 위족僞足은 인공 페니스처럼 그녀의 엉덩이로부터 뻗어 나왔고, 사람들, 여러 사람 중에 특히 프레더릭 마이어스의 갈비뼈에 부딪혔다.[19] 그녀는 때때로 팬텀 애인에 의해 오르가슴에 달하면서 쾌감에 온몸을 떨었기 때문에 그녀를 연구하던 케임브리지 학자들은 거북하고 곤혹스러워하기도 했다. 이 모든 속임수에도 불구하고, 그녀는 아무도 설명할 수 없는 현상을 계속 만들어냈다.

후디니는 1920년대 보스턴 영매 미나 크랜던을 조사하면서 같은 문제에 직면했다. 그녀는 신여성으로서 얇은 드레스 가운, 슬리퍼, 실크 스타킹 등 상상의 여지를 전혀 주지 않는 옷차림으로 배석자들을 맞이하곤 했다. 일부 교령회에서는 그녀가 완전히 나체로 등장한다는 소문이 돌기도 했다. 가짜 영매를 상대로 필생의 전쟁을 벌였던 후디니는 연구자들에게 그녀와 '사랑에 빠지지 않도록' 조심하라고 특별히 경고하기도 했다.

여성 영매가 많이 존재했던 이유에 대해서는 이미 많은 논문이 발표되었다. 많은 여성에게 이것은 가사 공간에서 공적인 공간으로의,

전례가 없었던 방식의 새로운 전환을 의미했다. 더 진지한 의미에서, 이것은 여성 투표권 및 여성 평등운동과도 관련이 있었다. 영매들은 종종 반체제주의 논조를 택했으며, 일부 교령회는 반기독교주의와 반종교적 성격을 띠기도 했다. 동시에, 미국에서 건너온 사조는 신비 의식의 여성 사제에 대한 개념이었다. 영국에서 조애나 사우스콧과 같은 인물들로 시작된 이 사상이 뿌리를 내린 곳은 '신세계'였다.

초기 퀘이커교도들은 초자연 현상에 대해 양면적 관점을 가지고 있었으나, 18세기 주류에서 분파되어 독립한 퀘이커 그룹이자 오늘날 그들의 품격 있는 가구로 가장 잘 알려진[20] 셰이커교는 앤 리라는 여성이 창시한, 본질적으로 모계 중심인 단체였다. 양성적인 신격에 관한 개념 역시 스베덴보리 신봉자들과 생시몽주의[21] 교리에서 발생한 것이며, 셰이커 교리는 1850년대 영국 노동자계층에 심령주의를 전파한 초기 사회주의자 데이비드 리치먼드에게 영향을 미쳤다.

거의 예외 없이 대부분의 영매는 사기로 드러나거나, 또는 사기를 칠 능력이 되는 사람들로 여겨졌는데 이 둘은 서로 다른 것이었다. 심령술사들은 영매들이 요괴와 같은 형체가 현현하는 것처럼 꾸며낼 수 있다는 것을 알고 있었으며, 먹고살기 위해 돈을 벌기 급급한 영매들은 때때로 진짜 혼령이 이들에게는 용이하지 않다는 것을 알게 될 것이라고 말하곤 했다. 그들은 회의론자들이 질겁할 만한 방식으로 신도들의 용서를 받았다. SPR의 위엄 있는 케임브리지 학자들은 팔라디노가 기회가 닿을 때마다 속임수를 쓸 것이란 사실을 너무나 잘 알고 있었으나, 그럼에도 이 이탈리아 여성은 전혀 기죽지 않고 통제된 환경에서 누구도 설명할 수 없는 상황을 만들어내곤 했다.

후디니는 때때로 속임수가 감지될 경우, 심지어 직접 그것을 목격했을 경우에도 그에 대한 해결책을 제공하도록 압박을 받았다. 그의 경력 전반에서―혹은 그렇게 불러도 좋다면, 목회 활동을 하는 동안―흄은 교령회에 대한 회비를 일절 받지 않았던 것으로 추정되며, 교령회에서는 종종 아무런 성과도 내지 못했다. 비아리츠에서 열린 의심스러운 교령회에 대한 소문이 떠돌았으나, 흄은 한 번도 가짜라고 밝혀진 적이 없었다. 그는 대중 앞에 드러내야 했던 자신의 모습에 대해 괴로워했던 것으로 보이며 계속해서 다른 직업을 찾으려고 애썼다. 그들의 노력에도 불구하고, 흄이 가짜임을 밝히려고 했던 SPR의 시도는 결코 성공을 거두지 못했다. SPR의 전투견이자 골수 회의론자였던 프랭크 포드모어는 다음과 같이 적었다. "흄은 한 번도 공개 석상에서 사기꾼이라고 밝혀진 적이 없으며, 사적인 자리에서도 그의 속임수가 밝혀졌다고 참작할 만한 증거가 없다." 흄은 1886년에 오랫동안 지병으로 앓던 만성 폐결핵으로 사망했으며, 프랑스에 묻혔다. 그는 여전히, 유일하게 설명할 수 없는 인물로 남아 있다.

반면, 폭스 자매의 삶은 익살극으로 공중분해되었다. 케이트가 뉴욕에서 음주로 체포되고 자녀의 양육권마저 박탈당한 후, 심령 대화 사업에 뛰어들었던 여성들은 결국 빈곤한 삶을 살았다. 1888년, 매기는 무대 위에서 자신들의 이야기가 모두 거짓이며, 실제로 손가락 관절을 꺾어 두드리는 소리를 냈다고 발표했다. 그녀는 뉴욕 주 음악 아카데미의 강당에 모여 숨죽이고 있는 청중 앞에서 그리고 언니 케이크가 지켜보는 가운데, 심령 현상을 재현했다. 하지만 1891년, 매기는 자신이 했던 말을 철회하며, 그녀가 모두를 속였다고 말했던 이유는 그렇게 고백하는 조건으로 누군가 거액을 제시했기 때문이라고 주장했다. 2년 후, 그녀는 무일푼 신세로 생을 마감했다.

자백이 오히려 긍정적 효과를 낳은 경우도 있었다. 크룩스가 조사한 후 진짜라고 판정했던 영매 애니 에바 페이는 자신이 심령술사가 아니며 언제나 속임수를 썼을 뿐이라고 고백한 후 자신의 무대 위 경력으로 복귀했다. 머지않아 그녀는 마술사협회의 초대 여성 명예회원이 됨으로써 적절한 보상을 받았다. 그녀는 후에 해리 후디니에게 어떻게 발리-크룩스의 회로 테스트를 통과할 수 있었는지 털어놓았다.[22]

케이트 폭스처럼, 많은 영매는 알코올중독자가 되었고 그중 플로렌스 쿡의 친구였던 메리 샤워스는 반취한 상태로 교령회를 열기에 이르렀다. 메리의 친어머니 역시 크룩스와 성적 관계를 맺었다고 고백했으나, 크룩스는 그녀에게 보낸 이 쪽지들이 모두 가짜라고 주장했다. 그가 심령술사로 지낸 동안 아무 탈이 없었다는 점으로 미루어 그에 대한 평가를 내릴 수 있을 것이다.

1880년 1월 9일, 플로렌스 쿡의 교령회에는 후에 서셰버럴과 이디스 시트웰의 아버지가 되는, 당시 20살이던 조지 시트웰 경이 참석했다. 쿡이 완전한 형상화를 보여준 교령회 중 그가 세 번째로 참석한 자리였다. 그녀는 6년 전 케이티 킹을 명예퇴직시킨 후 명랑한 작은 소녀 마리를 나타나게 하고 있었다. 그 전에 열렸던 강령회에서, 시트웰은 열두 살밖에 되지 않은 마리의 유령이 코르셋을 입고 있는 것을 발견한 상태였다. 그는 시간을 벌기로 결심했고, 다시 강령회가 열리자 유령을 움켜잡은 후 이것이 속옷 차림의 쿡임을 확신했다. 그가 캐비닛의 장막을 찢어내자, 빈 윈저 의자 위에는 쿡의 스타킹, 부츠, 그 밖에 다른 옷가지들이 덩그러니 널려 있었다.

제1차 세계대전과 제2차 세계대전 사이에 교령회가 다시 부활했지만, 예전의 화려함과 흥미진진함, 무엇보다 빅토리아 시대의 섹슈얼한 짜릿함은 사라진 상태였다. 그중 가장 인상적인 교령회는 1930년 10월, 아일랜드 출신 영매 아일린 개릿과 해리 프라이스의 주최로 열렸다. 당초에는 아서 코넌 도일의 혼령을 부를 계획이었지만, 대신 공군 대위 카마이클 오언이 나타났다. 그는 불과 며칠 전 언덕에 추락해 48명의 사상자를 낸 R101 비행선의 선장이었다. 기술적인 디테일이 대거 쏟아졌고, 이에 감명받은 민간 항공국의 올리버 빌리어스 소령은 두 번째 스페셜 교령회를 열어달라고 요청했다. 이렇다 할 사양과 부가 기능을 갖추지 못했음에도 개릿은 교령회 살롱의 전성기가 끝나고 오랜 시간이 흐른 뒤, 같은 부류 중 가장 월등한 영매임을 입증했다.

유명한 마지막 교령회는 1944년 1월 19일, 스코틀랜드 출신 헬렌 덩컨의 지원하에 열렸다. 그녀가 포츠머스에서 강령회를 열고 있을 때 경찰이 불시에 단속했고, 그녀는 1735년 마녀법에 의해 기소되어 7일간의 재판을 받았다. 윈스턴 처칠은 도덕적 진지성의 결핍과 귀중한 전시戰時 자원을 낭비한 것에 격노했다. 따라서 '헬리시 넬'이 마지막 마녀이자 혼령을 시현示現한 마지막 영매였다고 여겨지고 있으며, 오늘날 대부분의 사람에게 알려진 영매의 모습은 빅토리아 왕조 시기 런던의 교태를 부리는 요정 같은 10대 소녀가 아니라, 마거릿 러더퍼드의 이미지로 자리 잡게 되었다.

14장

하늘의 천사와 바닷속 악마들

Angels in the Skies and Demons in the Deep

고통과 죽음, 고뇌와 공포가 뒤섞인 용광로가 일곱 배는 뜨겁게 끓어오르는 장면을
보고 있는 것 같았다. 그 용광로의 한가운데에 영국군이 있었다. 그 화염 속에서,
활활 타오르면서도 빛으로 둘러싸여 있는 것은, 비록 재처럼 흩어져 있지만
위풍당당한 모습의, 장엄하고 아름다운 순교자들이었다.
그렇게 나는 빛으로 둘러싸인 우리의 구세군을 보았다.
_ 아서 매컨

U65는 독일형 UB III 잠수함으로, 1917년 6월 26일 함부르크에서 진수되었으며 그해 여름, 발트해에서 시운전을 마친 뒤 3주 후 취역했다. U65는 오늘날 기준으로 보면 소형 잠수함이었다. 510톤 중량에 6기통 디젤 엔진과 지멘스-슈케르트 전기 모터가 달려 있었으며 최대 14노트의 속력을 낼 수 있었다. 앞쪽에 4개, 선미에 1개를 포함해 총 10개의 어뢰 발사관이 장착되어 있었으며, 그중 일부에는 자기뇌관이 설치되어 있었다. 가장 기본적인 생활 여건만 갖추어져 있었으며, 커튼이 쳐진 재래식 간이변소를 포함한 위생 시설은 구역질이 나는 수준이었다. 갑판에는 잠수함이 해수면 위에서 육지 가까이 항해할 때를 대비해 표준 규격인 88구경보다 큰, 110구경의 기관총이 볼트로 접합되어 있었다. 그리고 U65에는 한 가지 특이한 점이 있었다. 바로 유령이, 그것도 지독하게 자주 나타난다는 것이었다.

1962년 7월, 이 전시 유령 이야기의 가장 잘 알려진 버전이 『블랙

우즈 매거진』에 처음 실렸다. 「U65의 고스트」는 1960년대와 1970년대 선집에 자주 수록되었고, 삽화가 그려진 아이들용 만화책에도 등장했다. 이야기 저자의 이름은 '민토'였다. 이 저자에 대해 알려진 바는 거의 없으며, 그는 공직 생활을 마치고 은퇴한 후 글쓰기에 착수한 것으로 보인다.[1] 1955년, 그는 오리 사냥을 나갔다가 해적에게 납치된, 퇴역한 육군 장교 페럿 대령을 위해 랑군에서 몸값을 지불한 유능한 미얀마 영사로 국제 언론에 불쑥 등장한다.

민토는 기득권층에 속하는 양식이 있고 권위적인 인물로서, 지도책과 『제인 함정 연감Jane's Fighting Ships』에 흥미가 있었다. 그의 말투에서는 혐오에 가까운 염세적인 분위기가 풍겼다. "나는 한평생 국가에 봉사했고, 최근까지도 아무리 이국적인 정부의 방침이라고 할지라도 나를 놀라게 할 수 없다고 생각했다." 하지만 그는 "독일 해군 본부에서 다른 것도 아닌 새로 진수한 잠수함에 승선한 유령에 대해, 공식적으로 유령을 쫓아버리기 위한 푸닥거리를 했으며 아직도 이 일을 기억하는 생존자들이 있다는 것을 깔끔하게 인쇄된 책자에서 읽었을 때" 놀라움을 금치 못했다.

민토는 다음과 같이 기술하고 있다. 1915년, 독일제국 정부 해군은 대영제국의 막강한 해군에 대적하기 위한 전략으로 잠수함에 중점을 두기로 정책 방향을 선회했다. 이 전략은 처음에는 매우 성공적이었다. 전략의 일환으로 새로 건조된 잠수함 중 하나가 U65였다. 하지만 용골을 놓는 순간부터, 이 선박의 무엇인가가 죽음을 끌어들이는 것 같았다.[2] 한번은 조선소에서 철골보가 체인에서 미끄러지면서 추락해 한 명이 즉사하고 또 한 명은 중상을 입었다. 또 한번은 건조 도중 기관실에서 배터리를 설치하던 세 명의 작업자가 유독성의 연기에 의해

제1차 세계대전 당시 불길했던 잠수함을 이후 만화책에서 묘사한 장면.

질식사하는 사고가 발생했다.

"잠수함의 시운전 역시 비극으로 얼룩졌다"고 민토는 기록했다. 헬리골랜드만에서는 선원 한 명이 악천후로 바다에 떨어졌다. 잠수함이 해저에 잠수해 있는 동안에는, 밸러스트 탱크에서 물이 새기 시작했고 잠수함은 반나절 넘게 표면 위로 떠오를 수 없었는데, 그동안 배터리에서 또다시 유독가스가 침출되었다. 잠수함은 전 승무원이 질식사하기 직전에 가까스로 표면 위로 떠올랐다. 두 명이 폐 손상으로 사망했으며, 이로써 잠수함에서의 사망자 수는 총 여덟 명으로 늘어났다.

이처럼 액운이 계속되었음에도 불구하고, 독일은 전쟁에 총력을 기울여야 했고 잠수함은 카를 호니히 중위의 지휘 아래 마침내 취역했다. 하지만 잠수함에 식료품과 저장품을 싣는 동안에도 어뢰 한 개가 폭발해 부사령관이 사망하고 아홉 명이 중상을 입는 사고가 발생했다. 또 하루는 점심시간이 끝나고 U65가 아직 부두에 정박해 있을 때, 죽은 사람이 판자 위를 걸어 내려가 승선하더니 사라지는 장면이 선원 여러 명에 의해 목격됐다.

배는 진수된 후 적선 여러 척을 파괴했다. 하지만 U65에 유령이 살고 있다는 소문은 비좁은 잠수함에서 지내는 사병들의 마음속에서 점점 커지고 있었다. 한 남자가 어뢰실에 들어가는 것이 목격되었지만 세 차례 확인해봐도 어뢰실은 비어 있었다. 1918년 1월, 해상에 어둠이 짙게 깔리고 악천후로 강풍과 파도가 몰아치면서 온 세상이 암흑으로 뒤덮였을 때, 조악하게 만든 소형 전망대의 돛 뒤에서 쭈그리고 앉아 망을 보던 사병 두 명은 정장正裝한 장교 한 명이 방수복을 입지도 않고 악천후에도 전혀 개의치 않는 듯 잠수함의 옥외갑판 위에 서 있는 것을 발견했다. 저 멀리 수평선을 바라보고 있던 장교는 빌헬름스하펜의 국립묘지에서 다시 파견 근무를 나온 부사령관이었다.

변소에서 나는 악취, 산소가 부족한 공기와 더불어, 떨쳐낼 수 없는 일종의 불쾌감이 더해졌다. 사병들은 도처에서 유령을 목격하고 있었고, 심지어 이 유령은 말을 건네기까지 했다. 잠수함이 벨기에 서북부의 브뤼주로 슬그머니 내려갈 무렵, 호니히 육군 중위는 잠수함을 떠날 준비가 되어 있었으나 공습으로 인해 그마저도 불가능하게 되었다. 그는 도심의 방공호로 몸을 피하기 위해 달려가는 동안 폭격으로 사망했다. 목이 잘린 시체는 U65로 이송되었고, 그는 유령 명부에 오르게 되었다. 이 야간 사병들은 점점 잠수함의 통제권을 장악하고 있었다.

독일 해군 본부는 루터교 목사 프란츠 베버를 소환해 퇴마 의식을 벌였다. 하지만 퇴마사를 불러들인 것은 병사들을 도리어 동요시킨 것 같았다. 특별 임무를 위해 새로 선발된 사령관은 소령 셸이었다. 그는 유령선에 관해 그 어떠한 소동도 용납하지 않겠다는 태도를 취했고, 사병들의 규율을 엄히 단속했다. 하지만 6월경, 유령은 다시 목격되기 시작했고 사병 두 명이 탈영해 군법회의에 회부된 후 서부 전선의 형벌 대대로 이송되었다.

7월 10일 이른 아침, 휴전 협정이 체결되기 전 불과 몇 달을 앞두고, 미국 잠수함 L2는 케이프 클리어와 남쪽의 아이리시 해변에서 떨어진 구역을 순찰하고 있었다. 잠망경 수위에서 순항하던 L2는 해수면 위로 나와 있던 독일 잠수함을 발견한다. 미국 선장이 공격 명령을 내리자마자, 전혀 예상하지 못했던 일이 일어났다. 거대한 폭발이 일어나 독일 잠수함을 두 동강 냈고, 잠수함이 있던 자리엔 여름 하늘을 반사하는 유막 외에는 아무것도 남지 않게 된 것이다. 그것은 U65였고 탑승하고 있던 독일군 전원이 사망했다.

민토에 따르면 1921년, 헤히트 박사는 U65 사건의 전말을 조사하던 중 독일의 공식 문서를 열람할 수 있었다고 한다. 그는 '과학자'로서 어떤 일이 발생했는가에 대해 만족스러운 설명을 제공하지는 못했지만, 보고서 말미에 논조를 살짝 바꾸며 햄릿의 문구를 인용했다. 민토 역시 다음과 같이 끝맺었다. "바다에는 우리 철학이 지침을 주지 못하는 것들이 더 많다."

✳

2003년, 영국의 4번 채널은 「난파선 수사대」라는 제목의 다이빙 쇼 2화를 방영했다. 인스 매카트니는 패즈토에서 60마일 떨어진 곳에서 정체불명의 잠수함 잔해를 발견했고, 잠수함의 정체는 흥미를 자극하는 미스터리였기 때문에, 이 구역이 에피소드 주제로 선택된 것이다. 스쿠버 장비의 한계치에 도달할 정도로 심해까지 다이빙해야 했지만, 잠수함이 누워 있던 곳의 시야는 맑았다.

콘월의 따뜻한 바닷속에 잠들어 있던 잔해는 잠수함이 왜 가라앉았는지에 대한 명확한 단서를 제공해주지 못했다. 잠수함은 독일산이었고 제1차 세계대전에 쓰이던 것이었다. 폭발의 흔적이나 공격으로 손상된 부분도 찾을 수 없었다. 승무원들이 탈출하려고 애썼던 흔적인 듯, 선미의 해치는 열려 있었다. 프로펠러를 회수해 시리얼 넘버를 조회한 결과, 잠수함은 의심할 여지 없이 U65인 것으로 드러났다. 하지만 미스터리가 풀리기는커녕, 잠수함이 폭발로 손상된 흔적이 없었기 때문에 궁금증은 증폭되었다. 현재 전몰자의 묘소로 지정된 이 구역은 즉시 다이버 출입 금지 구역으로 지정되었다. 프로그램 제작자들과 잠수함 주변을 탐사했던 다이버들은 이 잠수함이 사실은 역사상 가장 저주받고 귀신이 자주 나타났던 군함이라는 것을 알 길이 없었다.[3]

이 이야기의 기원은 헥터 C. 바이워터가 1932년에 쓴 책으로 거슬러 올라간다. 바이워터는 제1차 세계대전과 제2차 세계대전 사이의 기간에 해군 전문가 중에서도 영국 정보기관 깊숙이 인맥이 닿아 있었고 강대국 해군에 대한 이해로는 그를 따라올 자가 없었던 흥미로운 인물이다. 그는 1925년 출판된 책에서 이미 일본이 미국 해군의 자산에 기습 공격을 가하는 내용의 글을 실었고, 진주만과 태평양에서의 일본 헤게모니의 부상에 대한 이러한 '예견'은 그에게 음모 이론가의 중심부에 설 수 있는 특별한 기회를 제공했다. 그의 논고는 『텔레그래프』와 『뉴욕 헤럴드』에 자주 실렸다. 1940년 8월, 런던에서 있었던 그의 미스터리한 죽음은 일본의 지령을 받은 누군가가 그의 잔에 동양의 독약을 탔기 때문이라는 소문이 퍼졌다. 미국인 모두가 그의 1925년 예견을 무시했던 것은 아니었으므로, 이 예견은 즉각적인 조건부 항복과 궁극적 승리 사이에서 다른 결과를 가져왔을지도 모른다. 1926년, 미국 해군연구소는 그에게 금메달을 수여했다.

바이워터의 책 제목은 『그들의 비밀 목적: 해전의 드라마와 미스터리들Their Secret Purpose: Dramas and Mysteries of the Naval War』이었고 『데일리 텔레그래프』에 그가 제출했던 수많은 보고서 중에서 일부를 발췌해 만든 것이었다. 2장 '사물의 이상한 측면'에서, 우리는 U65에 대한 최초의 해석이라고 볼 수 있는 설명을 찾을 수 있다. 사실, 이 내용이 포함되어 있다는 것 자체가 흥미로운데, 이 책은 사회적으로 명망 있던 해군 통신원에 의해 쓰였기 때문이다. 그는 1932년 4월에 작성한 서문의 마지막 단락에서 사람들이 눈살을 찌푸리는 것을 염두에 둔 듯 다음과 같이 적고 있다. "유령이 나오는 독일 잠수함을 다룬 챕터에 비판이 가해질 것에 대비해, 이 주제에 관해 입수한 정보들은 철저히 조사했으며 정보를 이용하기 전에 최대한 확인을 거쳤다고 말해두고 싶다."

그는 U65 이야기를 여전히 "독일 U-보트 부대의 참전 용사들조차도 숨을 죽이고" 이야기했다고 적고 있다. 그는 헤히트 박사가 "전쟁이 끝난 후 발표한" 소논문을 읽었고, U65 사건을 "문서로 가장 잘 보존된 것으로 손꼽히는 해상 유령 이야기"라고 불렀다. 하지만 실상은 민간 전승 이야기로서, 대부분 구전되었으며 문서로 기록된 것은 거의 없었다.

U65는 플랑드르 연안에서 운항할 목적으로 설계된 24척의 중형 잠수함 중 하나였다. U65의 정원은 장교 3명과 해군 수병 31명이었다. 바이워터는 건조 과정에서의 액운, 두 명의 사상자를 낸 철제 대들보와 배가 취역하기도 전에 세 명의 사상자를 냈던 시운전 중의 가스 누출 사고에 대해 언급한다. 첫 항해에서 수병 한 명이 배 밖으로 추락하는 사고가 발생한 후, 어뢰 한 개가 우리에게는 이름이 알려지지 않은 두 번째 장교를 죽였다. 몇 주 후, "공포에 질린 사병 한 명이 사관실로 뛰어 들어와" "중위님, 죽은 장교가 저기 갑판 위에 있습니다!"라고 외쳤다. 수병 페터손은 유령을 목격한 후 전망대의 움푹 들어간 곳에서 잔뜩 겁을 먹고 몸을 웅크리고 있었다. 이 사건은 부대원들의 사기를 저하시켰다.

바이워터는 민토보다 사병들의 이름을 더 많이 언급하고 있는데, 흥미롭게도 민토는 배 위에서 퇴마 의식을 벌인 루터교 목사의 이름과 전쟁이 끝난 후 사건을 기록했던 '저명한 심리학자' 교수 헤히트 박사의 이름을 융합했다. 이는 민토가 자신이 기록한 이야기가 직접 수집한 생생한 경험담인 것처럼 꾸미기 위해 이야기의 출처를 감추려 했다는 것을 의미한다.

1918년 1월 21일 저녁, 별다른 사건이 없었던 제이브뤼허를 향한 항해 후, 장교 제복 차림의 한 남자가 갑판 위에서 폭풍우를 정면으로 맞으며 서 있는 것이 목격되었다. 선장 역시 이 남자를 목격했다.

이 유령들이 부대원 전원에 미치는 심리적 영향은 이미 눈에 띌 정도였다. 증기선을 공격할 당시, 이미 그 배는 타격을 입고 구명정을 내리고 있었음에도 불구하고, 선장은 평소 관행대로 배에 최종 포격을 날리는 것을 주저했는데, 그 이유는 이 증기선이 'Q'배, 즉 잠수함을 유인하기 위한 미끼선이라는 확신에 갑자기 사로잡혔기 때문이었다. 이 선박에 저주가 걸려 있다고 확신한 선장은 위험을 감수하면서까지 신의 노여움을 사지는 않기로 결정한다.

이처럼 대담성을 잃은 후, 얼마 지나지 않아 U65는 브뤼주의 방공호에서 물자를 재보급 받기 위해 머무르고 있었다. 공습 사이렌이 울렸다. 사령관은 배를 떠나 장교식당 또는 카지노로 향하던 길이었지만, 공습경보를 듣고 발길을 돌렸다. 하지만 이것은 잘못된 판단이었다. 포탄 또는 폭탄의 파편이 그의 머리를 날려버렸다. 그들은 "시체를 잠수함으로 운반했다".

잠수함 곳곳에서 발생하는 사건을 둘러싼 소문은 총사령관의 귀에까지 들어갔고, 그는 루터교 목사인 헤히트 교수를 선상으로 불러 '악령을 쫓는 특별 의식'을 이행해줄 것을 명령했다. 물론 루터교회에는 퇴마 의식이 없었기 때문에, 의식이 행해졌다면 기도문 몇 개가 외워졌을 것이라고 추측할 수 있다.

새로 부임한 사령관은 오래 머물지는 못했지만, 당시 상황을 진정시키는 데에는 성공했던 것으로 보인다. 그는 "빌어먹을 허튼소리"를 퍼뜨리는 자는 누구든지 엄벌에 처할 것이라고 엄포를 놓았으며, 두 번의 항해가 별 탈 없이 무사히 지나갔다. 아마도 그것은 집단 히스테리 사건이었을지도 몰랐다. 하지만 1918년 5월 셸 소령이 잠수함을 인계받았고, 불행히도 그와 함께 유령도 되돌아왔다. 이후 몇 주 동안, U65는 해군 부사관이 나중에 묘사한 바에 따르면, 그보다 더 '행복한 배'였던 적이 없었다고 한다. "수병 중 일부는 유령을 꽤 자주 목격했지만, 다른 사람들은 그들이 불과 몇 피트 떨어진 곳에 유령이 서 있다고 가리킬 때에도 유령을 보지 못했다." 장교들의 카지노에서 잠수함에 "악마가 붙었다"고 말했던 선장 역시, 유령이 보이는지 물었을 때 아무것도 보이지 않는다고 장담했다.

그러나 영국해협을 항해했던 5월은 최악의 달이었다. 에베르하르트라는 이름의 어뢰 포병은 "실성하여 결박해두어야 했다". 그는 선장이 모르핀을 주입하기 전까지 유령이 자신을 따라다닌다고 소리를 질렀다. 다시 깨어났을 때 그는 좀 나아진 것처럼 보였지만, 결박을 풀자마자 그는 즉각 배에서 뛰어내려 바닷속으로 사라졌다. 웨상섬 연안에서는 수석 엔지니어가 미끄러져 다리가 부러졌다. 또 다른 사건에서는, 비정기 화물선이 발견되자 수면 위로 올라와 있던 잠수함은 갑판 방어포로 발포했는데, 이후 파도가 몰려와 갑판 위에 있던 리하르트 마이어가 파도에 휩쓸려 익사했다. "그 항해에서 나는 유령을 세 번 보았고, 내 한솥밥 동료들 역시 마찬가지였다"고 해군 부사관은 바이워터에게 진술했다. 바이워터는 이 해군 부사관의 말을 자주 인용했지만 그의 이름은 끝까지 밝히지 않았다. "해병들은 기운이 축처져서 마치 몽유병자처럼 걸었고, 기계적으로 임무를 수행하면서 이상한 소리만 나면 깜짝 놀라곤 했다. 우리 중 그 누구도 살아서 돌아갈 수 있을 거라고 생각하지 않았던 것 같다."

모두가 최악의 상황이 오기만을 기다리고 있었다. 쌍둥이 선박

U55 역시, U33과 U79가 그랬던 것처럼 같은 구역에서 함몰되었다. 도버해협 연안에서 영국 해군은 독일군의 약점을 모두 알고 있는 것 같았다. 곧 폭뢰가 투하되었고, 부서진 전구들은 선내 구역을 암흑으로 몰아넣었으며 잠수함은 25도 각도로 기울어졌다. 키잡이 로만은 발판을 잃고 배전반에 부딪혔으며, 3주 후 내상으로 사망했다.

이 시점에서 바이워터의 익명의 한 독일인 정보 제공자는 배가 브뤼주에 다시 정박해 있을 때 자신은 병원으로 이송되는 행운이 따랐으며, 잠수함 침몰에서 피할 수 있었다고 말했다. 그즈음 잠수함 선원 모두는 차라리 죽음을 동경하고 있었다. "나와 한솥밥 동료였던 베르니케는 U65가 취항하기 하루 전 나를 찾아왔다. 자신이 다시는 돌아오지 못할 것을 알고 있었던 그는 작별 인사를 하러 온 것이다. 나 역시 알고 있었다. 그는 자신의 소지품 대부분을 나에게 맡겼고 '비보가 전해지면' 자신의 아내에게 전달해달라고 부탁했다."

7월 31일, U65는 행방불명으로 공식 발표되었다.

난파선 수사대가 찾은 잠수함의 모습은, 고스포트의 왕립 영국 해군 잠수함박물관의 관장을 역임한 리처드 콤프턴홀 사령관이 L2에 탑승했던 증인들의 진술을 토대로 작성한 주요 증인 진술서에서 U65가 입은 치명적 피해에 대해 묘사한 것과는 달랐으며 나는 출처를 찾을 수 없었다. 미국 해군의 증언을 토대로 작성한 것으로 보이는 진술서에서 그는 사실 해수면에 떠 있었던 것은 미국 잠수함이며 독일 U65가 해저에 있었다고 기록했다. 저 멀리 부표처럼 생긴 것이 떠 있는 것을 본 L2가 좀더 조사하기 위해 진로를 바꿨을 때, 엄청난 폭발이 미국 잠수함을 뒤흔들었고 근처에서 물기둥이 80피트 정도 위로 솟구쳤다. 잠망경을 들여다보던 포스터 중위는 적을 쳐부술 목적으로 즉각 잠수 명령을 내렸다. 잠수 대원들은 가까이에서 프로펠러가 고속으로 돌아가며 지나가는 소리를 들을 수 있었다. C-튜브 수중 음파 탐지기에는 잠수함 두 척이 표시되어 있었다. 그러다 갑자기 침묵이 흘렀다. 모스 부호 진동자가 보내는 교신 메시지는 "알려지지 않은 메시지를 나타내는" 대시-대시-대시 점(OE)이었다. 이때 이미 U65는 바닥에 가라앉아서 평방인치당 135파운드의 수압을 받고 있었다.

아마도 누군가가 정신이 미쳐서 중요한 장비를 망가뜨렸을지도 모른다. 또는 밸러스트 탱크가 재파열되었을 수도 있다. 아니면 배터리에서 다시 가스가 누출되었을 수도 있다.

또는 단순히 유령 선장과 유령 부사령관과 유령 키잡이가 잠수함을 해저로 몰고 갔을 수도 있다. 그리고 패즈토 연안의 깊은 바다 밑에는 여전히 사병들이 철제 관 속에 잠들어 있다.

유령은 육지 위에도 있었다.

간호사님, 이는 진실입니다. 우리 모두 그것을 보았습니다. 처음에는 노란 안개 같은 것이 언덕 위로 올라오는 독일군 앞에서 조금씩 피어올랐습니다. 두꺼운 벽 같았던 독일군은 마치 땅속에서 튀어나오는 것 같았고, 끝이 보이지 않았습니다. 전 포기했죠. 독일인들과 싸우는 것은 아무 소용이 없었습니다. 우린 완전히 끝장났다고 생각했어요. 다음 순간 빛으로 이루어진 신기한 구름이 나타났고, 구름이 걷히자 그곳엔 금발에 황금 갑옷을 입은 키 큰 남자가 백마를 타고 창을 높이 치켜든 채 입을 열었는데 다음과 같이 말하는 것 같았습니다. "자, 제군! 내가 악마들을 끝장내주겠네." (…) 그것을 본 순간 우리가 승리할 것을 알았죠. 그것은 다시 용기를 북돋우기에 충분했습니다. 네, 감사합니다. 간호사님. 더할 나위 없이 편안합니다.

—랭카셔 화승총 병사가 간호사 필리스 켐벨에게.
『런던 이브닝뉴스』, 1915년 7월 31일.

1914년 8월 22일, 독일군 진격을 저지하라는 명령을 받은 영국군은 몽스와 콩데 사이를 흐르는 운하를 따라 방어선을 폈다. 이튿날 이른 아침, 독일은 영국 전선을 공격했지만 미들섹스 연대와 왕립 보병 연대의 속사포 방어에 의해 즉각 저지되었다. 독일의 영관급 장교는 영국군이 리엔필드 총과 같은 기관총을 사용하고 있다고 보고했다. 영국군은 또한 빠르게 참호를 팔 수 있는 야전용 삽을 보유하고 있었는데, 이 장비 세트는 아직 독일군이 구비하지 못한 것이었다. 이러한 이점에도 불구하고, 영국의 해외 파견군은 서서히 그러나 가차없이 압도당하고 있었다.

1914년 8월 30일, 『타임』은 당초에 영국군의 참전은 시작부터 순조롭지 못했다고 우울한 분석을 내놓았다. 전망은 어두웠다. 사실 굉장히 암울한 상황이었다. "전투가 시작되었고 연합군은 고전을 면치 못하고 있다. (…) 어제는 하루 종일 비보가 연달아 날아들었으며, 우리는 이게 끝이 아님을 두려워하고 있다." 기사는 영국의 '막대한 출혈'에 대해 계속해서 묘사하며, 엄청난 대군을 끌고 온 독일군을 "막는 것은 거센 파도를 막는 것만큼이나 어렵다"고 비유했다.

위태로운 상황에서도, 두 번째 영국 해외 파견군은 8월 23일에서 26일 사이에 르카토로 질서 정연하게 철수하는 데 성공한다. 영국 국민은 영국군이 구사일생으로 살아남았다는 것과, 증강 병력이 절대적으로 필요하다는 것을 잘 알고 있었다. 첫 번째 전투는 모두가 기대했던, 야만적인 훈족에게 한 방 먹이고자 했던 영광스러운 전투는 분명 아니었다.

『런던 이브닝뉴스』의 기자는 프랑스에서 일어난 사건에 대해 깊은 관심을 보였다. 그의 이름은 아서 매컨(1863~1947)이었다. 권트 교구 목사의 아들이었던 매컨은 켈트족과 웨일스 신비주의에 깊은 관심이 있었던 신비주의자였으며, 타고난 소설가이기도 했다. 1914년 9월 29일 발행된 호에는 '궁수The Bowmen'라는 제목의 기사가 실렸다. 세 페이지에 달하는 17인치 칼럼 난을 차지한 이 기사는 영국 해외 파견군이 헨리 5세의 지휘 아래 아쟁쿠르 전투에 참전했던 초자연적인 궁수들에 의해 구출된 경험담을 기자가 직접 듣고 기록한 이야기로 되어 있었다. 이것은 죽은 영국 군인들이 산골 사람들을 공격함으로써 생존한 동료들을 매복 공격에서 구출해낸다는 줄거리의 러디어드 키플링의 이야기 「잃어버린 군단The Lost Legions」[4]에 목례라도 해야 할 법한 이야기였다.

이야기 속 화자인 영국 병사는 그의 일생에서 가장 암울했던 시기에 일어난 사건들 중에서도 런던 세인트 마틴스 거리 37번지에 위치한 채식주의 식당을 잊지 못하고 있었다. 오렌지 과수원이라는 이름의 이 식당(조지 버나드 쇼의 단골 식당이라는 것이 나중에 밝혀졌다)의 메인 메뉴를 담는 접시의 가장자리에는 라틴어와 애국적인 모티프가 새겨져 있었다. 이 식당은 후에 '세인트 조지 하우스'로 개명되었다. 병사는 접시에 적혀 있던 단어를 중얼거렸다. "Adsit Anglis Sanctus Georgius(세인트 조지는 영국군을 도우리라)." 그는 "전율과 전기충격의 중간쯤 되는 것이 그의 몸을 통과"하며 갑자기 주위가 조용해지는 것을 느꼈다. 세인트 조지를 소환하는 여러 목소리가 들렸고, 영국군 전선 앞에는 참호 너머 "빛으로 둘러싸인" 무장 군대가 나타나 백년전쟁에서처럼 여전히 날이 시퍼렇게 선 유령 화살을 일제히 사격하며 1만 명의 독일군을 쓸어버렸다. 하지만 독일군이 부상을 입은 흔적은 찾을 수 없었고, 독일 최고사령부는 사인을 가스 중독이라고 판단할 수밖에 없었다.

이 기이한 이야기는 큰 관심을 얻었고, 『이브닝 스탠더드Evening Standard』는 재발행 요청을 두 차례 받았는데, 그중 한 곳은 심령 잡지 『라이트Light』였고 또 다른 곳은 『오컬트 리뷰Occult Review』였다. 하지만 영국 국민의 마음속에는, 영예로운 꿈이 영국의 여러 주州에서 형성되고 있었다. 그리고 매우 적절하게도, 그것은 교구 잡지에서 시작되었다.

에드워드 러셀 목사는 홀번에 위치한 순교자 성 올번의 로마가톨릭교회 부제였으며, 세인트 바나바 간호사조합의 사제이자 "교구 잡지의 총괄자"였다. '궁수'가 실린 호는 매진되었고, 러셀은 이 이야기를 팸플릿 형태로 출간하기 위한 허가를 요청하고 있었다. 그는 또한 보도의 출처를 알고 싶어했다. 매컨은 이 이야기가 자신이 만들어낸 허구라고 참을성 있게 대답했다. 청원한 성직자는 그의 말을 믿지 않았다. 매컨은 이에 질겁하며, 비록 이 소설의 틀을 계산적으로 애매모호하게 잡은 것은 사실 『이브닝뉴스』이며 비록 이 신문은 현재 모든 왕족의 지지를 얻고 있지만, 소설임을 분명히 밝히지 않았던 자신은 작가로서 실격이라고 말했다. 처음으로 그는 "눈덩이처럼 불어나던 소문"이 이미 "괴물 같은 크기"로 커졌음을 인정했다.

역사학자 그랜빌 올드로이드는 몽스 퇴각 후인 1914년 10월 입대한 신병을 인터뷰했다. "그는 고향이나 서부 전선에서 천사들에 대한 이야기를 전혀 듣지 못했지만, 이야기는 1914년 크리스마스가 되기 전에 확산되고 있었다. 실제 목격자는 없었지만 다른 연대에서 무언가를 목격한 병사가 있었다." 여기에는 두 가지 강력한 힘이 작용 중이었다. 영국 크리스마스 유령 이야기의 전통과, 사라져가는 것으로 여겨졌던 심령주의의 대대적인 부활의 시작이 그것이었다. 영국은 8주 만에 전쟁에서 거의 완패했으며 이것은 '국가적 위기 유령'이라 할 만한 것이었다. 민간 설화의 징집군, 마구간지기, 하인, 사랑에 빠진 청년이 아닌, 전투로 단련된 직업 군인들은 독일군에 한 수 밀리고 있었으며, 적군 포로의 벨트 버클에는 "Gott mit uns(신의 가호가 있길)"라고 새겨져 있는 것이 발견되었다. 신이 누구의 편인지에 대한 문제를 해결할 필요가 있었다.

이야기가 확산되는 데 주도적 역할을 담당했던 또 다른 교구 잡지는 브리스톨 클리프턴에 있는 올 세인츠 교회에서 발간한 것으로서, 교구 목사 M. P. 길슨의 기록에 따르면 교구 주민 매러블은 두 명의 육군 장교로부터 "몽스에서 퇴각하던 중 맞닥뜨린 독일군으로부터 아군의 왼쪽 날개를 구해준 천사들을 보았다"는 이야기를 직접 들었다고 했다. 그중 한 장교는 "이전과는 완전히 다른 사람"이 되었다고 한다.

종교적 환시는 이제 세인트 조지와 수많은 궁수가 아니라 천사의 기운이었다. 이 변화의 시초는 1915년, 세인트 조지의 날(4월 23일)에 "보이지 않는 동맹군: 최전방에서 들려오는 이상한 이야기"라는 제목의 이야기를 다룬 오컬트 잡지 『라이트』로 거슬러 올라갈 수 있다. 이 이야기를 쓴 저자는 최근에 "매컨의 이야기가 순수 창작물이든지 아니든지 간에, 일부 장교와 병사들은 몽스 퇴각과 관련해 희한한 현상을 목격했다고 병사들의 막사에서 털어놓았다. 그것은 독일군과 영국군 사이에 끼어든 이상한 구름의 형태였다"고 진술하는 장교들의 방문을 받았다고 한다.

이 이야기는 일종의 희열을 불러일으켰고, 각 지역 언론 및 국영 언론에서 보도한 기사는 사실로 간주되어, 1915년 봄 무렵에는 몽스의 천사들 이야기를 믿지 않는 것은 사실상 반애국적인 행위로 여겨졌다. 이 이야기가 실린 팸플릿 여분을 보내달라고 요청하는 편지들이 전 세계에서 클리프턴으로 쇄도했다. 영향력 있는 비국교도 목사 호턴은 6월 맨체스터에서 있었던 설교에서, "진정한 현대인이라면 그 경험을 믿지 않거나 단순한 환영으로 치부할 만큼 어리석지는 않을 것이다"라고 말했다.

그것이 천사의 재림인지 아니면 아쟁쿠르 전투에서 죽은 궁수들의 혼령인지에 대한 혼란이 일었다. 미스 매러블의 버전에서 이야기는 천사들이 나타나 병사들이 다치지 않도록 보호하는 것에 그치지만, 매컨의 버전에서는 궁수들이 실제로 적군을 죽인다. 하지만 전시 상황에서 국가 안보를 해칠 수 있다고 여겨졌기 때문에, 두 이야기 모두 출처는 밝히지 않았다. 하지만 매컨은 국면의 변환점을 제공한 것은 앨프리드 시넷이 1915년 5월 『오컬트 리뷰』에 작성한 기사라고 보았는데, 여기에 "빛나는 존재들의 대열"이 언급되어 있기 때문이다.

사건의 진실은 엄청난 수의 독일군이 마른강으로 진격할 때 실제로 화살이 날아와 이들을 죽였다는 것이다. 교전이 벌어졌던 첫 번째 달에, 플레셰트라고 알려진 화살탄이 독일군 위로 떨어졌다. 약 250탄을 담은 산탄 통이 연합군 항공기 날개 아래에 탑재되었다. 런던『데일리 뉴스 앤 리더Daily News and Leader』는 매컨이 이야기를 발표하기 한 주 전인 1914년 9월 21일, 다음과 같은 기사를 실었다.

두 명의 항공병이 500피트 상공에서 독일 연대 최전방 위를 지나가며 캠프 안에 있던 군사들 위로 화살을 빗발치듯 퍼부었다. 두 항공병은 약 50개의 화살을 쏘았다고 추산되며, 이로 인해 13명의 사상자가 발생했다. 활은 강철로 만들어졌고 독을 바르지는 않았다.

내 앞에는『오컬트 리뷰』의 편집자인 랠프 셜리가 쓴『몽스의 천사 전사들The Angel Warriors at Mons』의 1페니짜리 판본이 놓여 있다. 붉은 빛이 감도는 오렌지색 표지의 이 얇은 팸플릿은 1915년 발행되었다. 뒷면에는 "위대한 전투의 예언과 징조들"(10월 31일 이후 2만 부 판매)과 같은 비슷한 주제의 출판물을 6펜스에 판매한다는 내용의 광고가 실려 있다.『황제의 최후The End of the Kaiser』라는 제목의 또 다른 출판물은 300년 전 독일 황제의 운명이 어떻게 예언되었는지 보여준다.

셜리는 환각이었을 가능성도 인정하고 있다. 당시 날씨는 무더웠고, 장거리 행군이 이어졌다. 그는 젊은 장교가 보낸 편지에서 인용한 다음 문구를 언급했다. "밤중에 군대가 행진하는 놀라운 환영을 보았고, 따라서 깜박 잠에 들었던 것이라고 생각한다. 병사들은 너 나 할 것 없이 길 위에서 휘청거리고 있었고, 헛것을 보고 있었다." "다음 날, 온갖 종류의 허깨비를 보았다. 나를 향해 걸어오는 거구의 남자들, 길 위에 놓인 빛, 의자, 그 밖의 물체들을."

『일러스트레이티드 런던 뉴스』에 실린, 아서 포레스티어의 '몽스의 천사들'을 미화한 그림.

흥미롭게도, 그는 매컨의 소설의 까다로운 주제를 피해가는 대신 이 주제를 정면으로 다룬다. 설리는 매컨이 이야기를 창작한 것이 아니라, "몽스에서 퇴각할 당시 프랑스에서는 이와 같은 이야기를 쉽게 접할 수 있었으며, 이것은 매컨의 이야기가 등장하기 거의 한 달도 전의 일이었다"고 주장한다. 그는 후덥지근하고 맑은 날씨의 저녁 9시경 "세 형체를 보았다. 그중 중앙에 서 있던 형태는 활짝 펼쳐진 큰 날개처럼 생긴 것을 달고 있었다. (⋯) 그들은 긴 금색 휘장을 두르고 있는 것처럼 보였고, 우리와 대적하고 있던 독일 전선 위에 떠 있었다"는 일병의 이야기를 소개한다.

이 환영은 약 45분간 계속되었다. 실제 전투는 벌어지지 않았고, 평온한 분위기가 지속되는 것 같았다.

더블린 수발총병과 있었던 한 군인은 천사들의 환영이 자신들이 다치지 않도록 적군의 저격수로부터 보호해주는, 단순한 구름 이상의 것이었다고 묘사했다. 웨이머스의 한 성직자는 한 군인으로부터 독일 진격을 피하기 위해 피신해 있던 채석장의 꼭대기에 천사들의 합창단이 서 있는 것을 보았다는 내용의 편지를 받았다. 로마가톨릭 신문 『유니버스Universe』 역시 한 가톨릭 영국 장교가 활을 든 남자들을 목격했으며, 독일 군인으로부터 흰 군마를 타고 있는 저 남자가 누구인지 질문을 받았던 경험담을 소개했다. 그 남자는 세인트 조지일 것이라는 추측이 일었다. 프랑스 군대 역시 성 미카엘과 잔 다르크를 목격한 것으로 보인다.[5](잔 다르크의 고향인 동레미라퓌셀 출신의 한 프랑스 군인은 그녀가 언덕 위에서 창을 휘두르며 다음과 같이 외치는 것을 들었다. "돌아가라! 돌아가라! 진격하라!") 러시아 군인들도 자신들의 영적인 조력자를 보았다는 이야기도 전해진다.

또 한 명의 인물은 간호사 필리스 캠벨이다. 그녀가 셜리에게 들려준 최전방 간호사로서의 경험은 『오컬트 리뷰』 1915년 6월호에 실렸다. 셜리는 필리스의 젊은 시절, 그녀의 숙모인 레이디 아치볼드 캠벨과 그녀가 모두 이 잡지의 정기 기고자였다는 사실을 누락했다. 1913년, 필리스 캠벨은 프랑스 유령 이야기에 관한 두 개의 기사를 그가 출판하도록 했다. 따라서 이 이야기는 홍안의 순진한 처녀가 예기치 못한 기적에 대해 보고한 이야기가 아니라, 초자연 현상에 깊은 흥미가 있었던, 소설가의 딸로서 교육을 잘 받고 자란 여성이 보고한 이야기였다.

캠벨은 본래 당시 독일군이 도달한 서쪽 끝 지점에서 9마일 정도 떨어진 생제르맹앙레에 위치한 병원에서 부상병을 치료하는 간호사였다. 캠벨은 매혹적인 증인이었다. 누군가는 그녀를 "아주 예쁘고, 아이 같으며 세심하다"고 묘사했으며, 아직 어린 나이에 그녀는 "많은 사람을 분노케 할 만한" 장면들을 목격했다고 덧붙였다. 그녀는 자신의 말을 들어주는 모든 사람에게 프랑스 언론은 천사들에 대한 이야기를 연일 보도 중이라고 장담했다. 그녀는 "자신의 이야기를 조금이라도 포장하려는" 유혹을 떨쳐버림으로써 『이브닝뉴스』 기자에게 깊은 인상을 남겼다. 이상한 점은 그녀의 이야기 속 배경으로 등장하는 장소가 몽스가 아닌 비트리르프랑수아라는 점을 아무도 지적하려 들지 않았다는 사실이다. 그녀가 묘사한 사건들은 몽스에서 퇴각한 뒤로부터 3주가 지난 9월 8일, 그녀가 말리의 숲에 있는 간이기차역의 임시 응급 치료소에서 근무하고 있을 당시 발생했다.

자, 장면을 한번 그려보자. 필리스는 철도의 대피선에 있는 가축차 안에서 램프를 들고 부상자들을 돌보며 밀짚 위에 누워 있는 부상병들의 신음 소리에 귀를 기울이고 있었다. 한 영국 군인이 상본像本을 찾는다는 소리를 들은 것은 새벽 4시 반경이었다. 그는 가축차 안의 한 귀퉁이에 기대어 앉아 있었고, 왼팔은 아낙네의 손수건으로 묶여 있었으며, 그의 머리에는 새 붕대가 감겨 있었다. 아니오, 그는 말했다. 그는 가톨릭 신자는 아니었다. 그는 웨슬리언 감리교도였고, 세인트 조지의 그림을 원하고 있었다. 그는 밝게 빛나는 황금빛 갑옷을 성장하고 백마를 탄 채 군대를 결집시키는 세인트 조지를 봤다고 말했다. "제군이여, 나를 따르라!" 그가 외쳤다고 한다. "내가 이 악마들을 끝장내주마."

두말할 것도 없이 이 천사 이야기는 이런 유의 이야기를 장려하는 프랑스와 영국의 전시 정책과도 맞아떨어졌다.『셰필드 텔레그래프 Sheffield Telegraph』의 영국인 기자는 1915년 5월 노르망디의 아르플뢰르에서 열린 잔 다르크의 야외 기념식을 보도했다. 많은 사람은 메달을 걸거나 잔 다르크를 상징하는 하늘색과 흰색이 들어간 옷을 입었다. 가톨릭교 목사들은 군중에게 연설했고, 환희와 헌신의 분위기 속에서 미사가 열렸다. 한 프랑스 사제는 독일군이 프랑스에서 후퇴한 것은 기적이며, 그날 군호는 '잔 다르크'였다고 말했다. 이 군호는 그녀가 나타날 때까지 마치 주문처럼 외워졌다고 한다.

영국해협 건너편에서는, 준장 존 차터리스가 사건을 조사하고 있었다. 1931년 발간한 그의 회고록『총사령부에서At GHQ』는 사상 최초로 진실을 드러내줄 듯이 보였다. 그가 추측했던 것처럼, 매컨은 그 이야기의 원작자가 아니라는 증거가 있었다. 차터리스는 1914년 9월 5일에 집으로 부친 편지에서 영국 해외파견군 사이에 떠도는 몽스의 천사들에 대한 소문을 언급하는데, 매컨의 이야기가 출간된 것보다 3주 앞설 뿐만 아니라, 필리스가 자신이 치료하던 군사들로부터 직접 경험담을 들었던 시기와 비슷했다. 그의 저서『몽스의 천사들The Angels of Mons』을 조사하는 동안 데이비드 클라크는 최초로 원본 편지들을 추적해나갔다. 차터리스는 1931년까지도 공식적 방침을 고수하고 있었던 것으로 보인다. 9월 5일에는 편지 대신 한 장의 엽서가 오갔고, 9월 7일 편지에는 천사에 대한 언급이 없다. 그가 자신의 저서에서 인용한 편지는 사실상 전쟁이 종료된 지 몇 년이 지난 후 그의 상상에 의해 만들어진 것이다.

1915년과 1917년 사이에, 차터리스는 프랑스 총사령부의 중앙정보부장을 역임했고 당시 영국의 가장 암울한 정치 선전 중 하나였던, 독일군이 시신을 절단해 동물 사료를 위한 양분을 채취하고 양초 등을 만들 목적으로 인간 지방을 채집하는 '시체공장'을 운영하고 있다는 소문을 퍼뜨린 당사자였다. 이 이야기는 영국 국민의 심리 깊숙이 스며들어서, 제2차 세계대전 동안에 이 시체공장에서 일했다고 주장한 서머싯의 노동자에 의해 되풀이해서 이야기될 정도였다.

차터리스가 군대에서 은퇴하고 하원의원이 된 1925년에 미국을 방문하는 동안, 시가를 피우며 브랜디를 마시는 식후 연설 때 들려주기 좋은 작은 일화로 자신이 시체공장 이야기를 만들어낸 당사자라고 주장했다고『뉴욕타임스』는 보도했다. 그의 치밀한 계획에는 독일군의 일기를 만들어내는 것까지 포함되어 있었다. 그럼에도 불구하고, 그는 끝까지 천사들 이야기가 실화라고 주장했다. 또는 주장한 것처럼 보였다. 이야기는 정치적 선전용으로 널리 확산되었다. 아마도 그는 말년에 그 이야기가 진실이 아니라고 시인할 용기가 나지 않았거나, 혹은 마침내 그 사건이 실화라고 스스로 믿어버렸는지도 모른다. 그것이 바로 이야기의 힘이다.

클라크는 "차터리스의 소장품 중 몽스의 천사들을 언급하는 원본 편지가 없다는 사실에 근거해, 그에게 제공된 증언은 1914년이 아닌 1931년의 것이라고 유추해볼 수 있다"는 결론을 내렸다.

그의 팸플릿에서, 셜리는 대영제국의 완전무결성이 천사들의 개입으로 신의 축복을 받았던, 이와 유사한 사건을 떠올린다.

북경의 의화단Boxers at Pekin(원문 그대로)에 의해 영국 공사관이 포위되었을 때에도 현재 진행 중인 전쟁에서 일어난 것과 비슷한 현상이 발생한 것으로 전해져 흥미를 끈다. 공사관의 거주자들은 더 이상 그곳에 머물 수 없음을 깨닫고 거처를 옮겨야 했는데, 그 이동 과정에서 영국인들은 중국 반란군에게 그대로 노출되었고, 중국인들이 당연히 총격을 가할 것이라고 생각했다. 그러나 놀랍게도 중국군의 총성은 울리지 않았다. 당시 현장에 있었고 모국어만큼이나 중국어에 능했던 한 영국인은 이후 한 중국 군인에게 왜 그때 그와 같은 절호의 찬스를 놓쳤는지 물어볼 기회가 있었다. 중국 군인은 "반란군과 영국인 사이에 백의 차림의 사람이 너무 많았기 때문에 그들은 발포하기를 원치 않았다"고 답했다.

사실 많은 이가 당시 몽스 이야기의 진상을 밝혀내기 위해 무척 애썼고, 심령연구학회 역시 자체적으로 공식 조사를 실시했다.

직접 경험한 증언 중에서는 아무것도 찾을 수 없었다. (…) 소문들이 제외된 후, 우리에게 남은 것은 약간의 증거뿐이었는데, 이 증거들은 몽스 퇴각에 참여했던 병사들 중 몇 명은 당시 놀라운 초자연적인 경험을 했다고 믿어 의심치 않고 있음을 나타내고 있었다.[6]

특이하게도, 코넌 도일의 처남인 맬컴 레키는 초기에 몽스에서 전사한 군인 중 한 명이었다. 도일은 제1차 세계대전에서 소중한 가족을 잃는 경험을 한 후, 거의 강박적인 심령주의자가 된다. 그의 두 번째 결혼식에서 신부의 들러리 중 한 명이었던 릴리 로더시먼즈는 몇 년 후 레키와 교신하는 데 성공했으며, 이 경험을 통해 『셜록 홈스』의 창조자에게 남아 있던 회의는 모두 사라진다. 만약 누군가 몽스의 천사들에 대해 언급했다면, 그 당시 가장 위대했던 초자연의 전도사는 몽스에 있었던 처남의 영혼도 포함시켰을 것이나, 그에 대한 언급은 없었다.

사건 전말의 진실은 무엇일까? 직접 경험한 진술은 단 한 개도 찾을 수 없었다는 것이다. 앨런 S. 콜슨, 마이클 E. 핸런 그리고 린 맥도널드 등의 역사학자들은 수천 장의 전사본과 1500시간에 달하는 구술 기록을 검토했지만 이 주제와 관련된 어떤 내용도 찾을 수 없다고 밝혔다. 하지만 사람들의 마음속에서 잔 다르크와 성 미카엘의 도움을 받았다는 프랑스군의 초기 보고가 아서 매컨의 소설과 융합되면서 '퍼펙트 스톰'이 일어났다. 그리고 영국군의 초기 역전을 선전하고 전투병을 추가 모집하려는 정부의 방침과 이 고무적인 이야기가 맞아떨어진 것이다. 뿐만 아니라 수 세기 동안의 공백 이후 다시 영국 사회에서 비중이 커지고 있던 가톨릭에 책임을 느낀 가톨릭 신부 및 당국자들과 '새로운 새벽'에 관심이 많던 신지론자神智論者들 그리고 자신들의 깃발을 꼽을 자리에 지주를 대는 법을 확실히 알고 있는 심령주의자들 등 모든 이의 이해관계가 복잡하게 얽혀 있었다. 여기에 민간전승의 일반적 역할, 즉 이야기가 전달되는 과정에서 어떻게 변형되고, 사람들이 어떤 이야기를 듣고 싶어하는지에 대한 특징이 작용했다. 오늘날까지도 사람들은 천사의 존재를 믿고 싶어하며, 심지어 지금 이 순간에도 사람들은 그날이 오면 천사가 날개를 펼친다고 믿는다.

임피리얼 전쟁박물관은 이 사안에 대해 "원조 이야기의 출처를 찾는 것은 안갯속을 여행하는 것과 같다"[7]는 결론을 내렸으며, 가장 최근에 관련 자료를 수집하려고 시도했던 케빈 매클루어는 다음과 같은 결론을 내렸다. "나는 여전히 몽스 퇴각에서 무슨 일이 있었던 것인지 모르겠다. 그리고 앞으로도 알 수 있을 것 같지 않다."[8]

2001년, 『선데이타임스』는 몽스의 천사들과, 그로부터 몇 년 후 코츠월즈에서 유명한 흉가인 우드체스터 맨션에서 나타난 천사의 존재를 증명할 것으로 보이는 일기와 자료 화면이 몬머스[9]에서 발견되었다고 보고했다. 윌리엄 도이지라는 이름의 제1차 세계대전 참전자의 소장품이었다. 말런 브랜도가 관심을 표했으며 심지어 이 흑백 영상을 35만 파운드에 샀다는 소문이 퍼지자, 『버라이어티Variety』 지에서도 이 이야기를 다뤘다. 내용인즉슨, 대니 설리번이라는 남자는 몬머스의 아쟁쿠르 광장에 있는 한 가게를 둘러보다 오래된 산탄 통과 종이박스를 발견했으며 단돈 15파운드를 주고 이것들을 구입했다. 그런데 그중에는 몽스의 천사들 중 한 명이자 우드체스터의 땅에서 스무 명의 미국 군인이 죽은 후 코츠월즈에 나타나기 시작한 유령으로 보이는 사진이 있었다는 것이다. 『선』 지는 이 기사를 두 페이지에 걸쳐 실었다.

설리번은 후에 이 이야기가 모두 거짓이며, 그가 당시 우드체스터의 오컬트 역사에 대해 집필 중이던 책을 팔기 위해 자신이 꾸며낸 이야기라고 고백했다. 하지만 흥미롭게도 몬머스의 보니타스 고물상 주인 존 리드 스미스는 그 물건들과 설리번이 그것들을 사갔던 것을 기억했다. 설리번은 어리둥절했다. 그는 그 가게를 알고 있긴 했지만, 거기서 물건을 산 적이 없었기 때문이다. 원작과 마찬가지로, 이 이야기 역시 작가를 넘어서서 타인의 마음과 인식 속에 독립적으로 자라난 경우라 볼 수 있다.

고전문학 속에는 유령이 나타나는 전쟁터와, 이 전쟁터에 나타나는 악령들이 존재한다.

비아사나도스[10]라고도 불리는 사지가 절단된 시체는 전쟁터에서 마주칠 수 있는 네 종류의 원혼 중 하나다. "나는 죽은 자들의 왕 중의 왕이 되기보다는 차라리 가난한 남자의 집에서 하인으로 일하면서 땅 위에 살고 싶소"라고 아킬레우스의 원혼은 율리시스에게 울부짖었다. 살아 있을 당시 아킬레우스도 유령을 경험한 적이 있었다. 그의 연인 파트로클로스의 영혼이 그 앞에 나타난 것이다. 아킬레우스가 그를 잡으려 하자, 파트로클로스는 "횡설수설하면서 칭얼거리더니 땅속으로" 사라졌다.

기원전 49~기원전 48년에 카이사르와 폼페이우스 사이에 일어난 내전을 배경으로 한 루카누스의 『파르살리아Pharsalia』에는 그리스 무녀 에릭토가 전쟁의 최후 승자를 예측하기 위해 나서는 내용이 나온다. 그녀는 열기 속에서 빠르게 썩어가던 시체 가운데 신선한 것을 직접 고른다. 그녀의 시체 선별 과정은 매우 신중했다. 그녀는 얼굴, 입술, 폐, 목구멍이 손상을 입지 않은 시체를 원했다. 그리고 한 군인의 시신을 고르는데, 그의 내장은 '치명적 부상'에 의해 몸 밖으로 찢겨져 나왔지만, 폐는 온전했다.

그녀는 그의 체강을 마법의 물질들로 채운 후, "막 하강하고 있던" 그의 혼령을 소환한다. 남자의 유령이 나타난다. 그는 악몽에서 막 깨어난 아이처럼 놀란 표정이었으며 자신의 손상된 몸으로 다시 들어가기를 극도로 주저한다. 하지만 무녀는 그를 압박한다. 그녀는 살아 있는 뱀으로 그를 채찍질하고, 욕설을 내뱉으며, 다시 생生으로 돌아가라고 협박한다. 겁에 질린 그는 자신의 엉망진창이 된 몸으로 미끄러져 들어가서, 눈물범벅이 된 얼굴로 슬프게 예언을 한다. 그녀는 그의 유해를 불태움으로써 그가 다시는 방해받지 않고 안식에 들 수 있도록 보상한다.

밤에도 전투가 끝나지 않는 유령 군대의 모티프는 고대에서부터 늘 존재해왔다. 그중 가장 유명한 것이 피에 젖은 마라톤 평원에 관한 파우사니아스의 보고서다. 이 보고서에는 마치 밤중에 전투가 계속되는 것처럼, 말의 울음소리[11]와 군사들이 싸우는 소리가 들렸다는 내용이 소개되어 있다. 플루타르크에 따르면, 유령들은 전투 현장에도 나타났다. "마라톤에서 페르시아군과 싸웠던 상당수의 그리스인은 자신들 편에 서서 야만인들과 싸우던 갑옷 차림의 테세우스의 혼을 보았다고 생각했다."

아테네에는 지하세계에서 솟아오르는 테세우스를 그린 전투화가 걸린 주랑이 있다. 헤로도토스는 초자연적인 힘의 도움이 거기서 끝나지 않았다고 보고한다. 페르시아군이 크세르크세스의 명령으로 퇴각 중일 때, 기적적인 환영이 다시 나타났다. 이번에는 필라코스와 아우토노스의 혼령들이었는데, "인간의 키를 훌쩍 뛰어넘는 두 장갑보병이 페르시아군을 내몰고 그들을 베어버렸다"고 한다.

1643년, "노샘프턴셔의 케인턴 근처의 에지힐에서 목격된 전쟁과 전투의, 원혼과 엄청난 소리를 보여주었던 천상의 불가사의. 윌리엄 우드 에스콰이어向士鄉士. 기사 다음의 신분, 해당 카운티의 치안판사 새뮤얼 마셜, 케인턴의 복음전도사, 그 밖의 주요 인물들의 서명으로 승인됨"이라는 제목의 흥미로운 소책자가 발간되었다. 소책자에 묘사된 사건들이 목격된 후 정확히 한 달 동안, 그리고 실제 전투가 일어난

1642년 10월 23일 이후 네 달 동안 언론 보도가 쏟아졌다.

양치기를 비롯한 주민들이 소음을 처음 들은 것은 성 루시의 날과 크리스마스이브 사이의 어느 날 자정의 일이었다. 군악대 곡조에 맞춰 울리는 북소리와 "마지막 함성을 외치는 군사들의 떠들썩한 소리"가 들렸다. 소리의 벽이 처음 들린 후, 창공에는 기관포, 말, 장총 등의 형체가 나타났고 전투가 처음부터 끝까지 되풀이되었는데, 모든 것이 너무나 생생해서 그 시골 사람들은 꼼짝도 할 수 없었다. 영국 역사상 가장 끔찍했던 내전으로 손꼽히는 그 전투에서, 분노로 미쳐 날뛰는 군인들의 관심을 끌고 싶지 않았기 때문이다. 그들은 크롬웰이 승리를 거두고 왕의 군대가 완패한 후 전투가 종결될 때까지 기다려야 했다. 양치기들은 케인턴으로 달려가 치안판사의 집 문을 두드리며 하늘에서 벌어진 전쟁의 대소동에 관한 이야기를 전했다. 판사는 주민들의 이야기를 듣기 위해 침대에서 일어나 이웃집 주민을 불러냈고 그리하여 크리스마스이브에 많은 마을 주민이 이 전투 장소로 걸어갔는데, 이곳에서 모든 장면이 마치 구름 위에 투사된 필름처럼 재현되는 것을 보았다고 한다. 저자는 특히 유령 전사자들의 '광기와 분노'에 주목하고 있다.

이 이야기는 옥스퍼드에 있는 국왕의 귀에까지 들어갔다. 왕은 루이스 커크 대령, 더들리 사령관, 웨인먼 사령관을 포함한 여섯 명의 신하를 보내 직접 눈으로 확인하도록 했다. 이 유령 쇼는 크리스마스가 지난 후, 새해가 되기 전까지 사라졌다가 다시 시작되었고, 왕의 신하들은 전투원들의 얼굴까지 식별할 수 있을 정도였는데 그중에는 전투 중에 전사한 에드먼드 바니도 있었다. 후에 여러 작가, 특히 너전트 경은 저서 『존 햄던을 추도하며Memorials of John Hampden』(1832)에서 이 이야기를 확인한 관료들의 "순진하고 해명할 수 없는 공상의 작용"에 대해 분노했다. 너전트의 관점에서는, 관료들이 '농민들의 나약함'을 다룰 때는 좀더 현명하게 대처해야 했다. 이와 같은 이야기에서 계급주의는 언제나 등장한다.

소책자의 저자는 국회의 승리를 끝없이 반복 재생하려고 했다기보다는, 이것이 서로 화평을 청해야 한다는 신의 심판이라고 결론을 내렸다. 정부 선전물에 실리기에는 적합하지 않은 결론이었는데, 당시 독실한 개신교도들은 대부분 유령의 존재를 믿지 않았기 때문이다. 그리고 에지힐 전투의 결과는 일반적으로 왕당파에게 유리하게 작용했다고 여겨지기 때문에, 유령 의회군의 승리는 허구였다. 전투가 벌어진 날 의회군의 기병대장 중에는 올리버 크롬웰이 있었고, 왕이 패배한 이유는 주도권을 잃고 런던으로 행군하지 않았던, 전쟁 전반에 걸쳐 머뭇거렸던 태도 때문이었다.

전쟁터의 대부분 지역은 여전히 군사 방어 한계선이며, 전투 훈련장으로 쓰이고 있다.

현재 영국 국립도서관에 소장되어 있는 몽스의 천사들에 관한 이 조그만 주황색 1페니짜리 책의 저자는 "어떤 기이한 방식으로, 대전大戰들은 초자연적 감각의 새로운 통로를 열며, 대군大軍의 물리적 투쟁은 정신적 차원에서 대응물을 갖는 것으로 보인다"고 기록했다.

몽스의 천사들과 U65의 유령은 유럽과 유럽인들의 정신세계를 영원히 바꿔놓은 제1차 세계대전의 서막과 폐막을 장식했다. 오늘날의 관점으로 파악하자면, 비록 한 명은 소설과 오컬트에 관심이 있었고 다른 한 명은 유령과 관련된 출판 경력이 전무했던 군사 애널리스트

이긴 했지만, 두 이야기 모두 전문 저널리스트의 작품이었다. 몽스의 천사들과 관련해서, 우리 앞에 놓인 것은 후기 빅토리아 왕조 영국을 배경으로 한, 교구민의 신실함과 제국주의 깃발 흔들기의 조합으로 탄생한 시나리오다. 전쟁 말미에 이르러서는, 평범한 사람들이 다른 평범한 사람들의 혼령을 불러낸 후 영국의 수호성인을 소환한다는, 몽스 이야기의 민간전승적인 순수함은 사라졌다. 그 대신 전쟁 말미에 등장한 것은 U65 이야기로서, 현대전과 관련되었다고 할 수 있는, 부분적으로는 테크놀로지에 관한 이야기였다.

배 자체는 유령이 아닌 움직이는 유령의 집이었으며, 탑승자들이 빠져나올 수 없는 예상 밖의 상황이 전개되었다. 수년간의 대학살이 일어났던 이 시기에는 아무도 신이나 천사들에 대해 이야기하려 들지 않았다. 그 대신 사람들은 인간이 만들어낸 물체의 극악함에 대해 이야기했다. U65의 유령은 모두 우울감이 서려 있거나 길을 잃고 방황하는, 갑판 위에 서서 먼 바다를 바라보는 장교들이며, 이들이 처한 상황에는 두려움과 비운이 감돌고 있다. 전쟁은 축복으로 시작되었지만 저주로 끝났다. 그리고 제1차 세계대전이 끝날 무렵, 그 전까지 극장이나 무대 위 공연에서나 볼 수 있었던 초자연 현상과 테크놀로지 사이의 관계는 주류로 편입되었다.

제1차 세계대전 동안에, 올리버 로지 경은 다양한 매개체를 통해 박격포 공격으로 전사한 그의 아들 레이먼드와 접촉하려는 시도를 다룬 베스트셀러 책을 저술했다. 『레이먼드 또는 삶과 죽음Raymond, or Life and Death』은 전쟁이 끝날 무렵 9쇄 인쇄에 들어갔다. 로지는 마르코니와 함께 라디오를 개발한 선구자 중 한 명이었으며 라디오 '코히러'초기 무선 전신의 검파기의 발명가였다. 로지의 책은 어떤 전쟁 포로들에

게는 자유를 향한 티켓이었다. 아나톨리아 요즈가트의 수용소에 수
감된 인도군 준장 E. H. 존스와 영국 육군항공대의 C. W. 힐은 수
감된 동안 이 책을 손에 넣는 데 성공했다. 이들은 책의 내용을 믿지
않았지만, 책을 사실상 도면으로 이용해 탈출할 계획을 고안해냈다.
힐과 존스는 수용소 사령관과 그의 보좌관 모이스를 상대로 자신들
이 영혼과 교신할 수 있다고 믿게 만들었고, 그들의 주장에 따라 인
근에 아르메니안 보물이 매장되어 있다고 믿게 된 터키군이 보물을
찾으려는 헛된 노력을 기울이도록 만드는 데 성공했다. 사실, 이들은
그저 정신이상 판정을 받는 것이 목표였다. 결국, 터키군은 황금을 찾
는 일을 중단했으며 이 수감자들이 정말로 미쳤다고 판정했다. 힐과
존스는 정신과 전문의를 포함해 자신들을 검사한 모든 터키 의사를
속였으며, 마침내 적법한 절차를 거쳐 이집트 소재 영국 정부기관으
로 이송될 수 있었다.

2년 후인 1920년 10월, 토머스 에디슨은 『아메리칸 매거진American
Magazine』과의 인터뷰에서 로지를 의식한 것으로 보이는 다음과 같은
말을 남겼다. "나는 얼마 전부터 이 지구를 떠난 자들이 우리와 교신
하는 것이 가능한지 알아보기 위한 장비를 만들고 있습니다."

그는 같은 달 『사이언티픽 아메리칸Scientific American』에도 다음과 같
은 말을 남겼다.

나는 인격이 또 하나의 존재 또는 영역으로 이동할 수 있다고 말하
지 않겠습니다. 이 주제에 관해서는 아는 바가 없기 때문에 어떠한
말도 하지 않을 작정입니다. 이 문제에 관해 제대로 알고 있는 사람
은 없다고 생각합니다. 하지만 이 영역에 존재하는 인간과 접선하고

자 하는, 또 다른 존재 또는 영역에 인격이 존재한다면, 그들이 자신을 표현할 수 있도록, 현재 유일한 교신 수단이라고 자처하는 전율하는 테이블, 두드림, 점괘판, 영매자, 그 밖의 다른 조악한 수단들보다는 더 나은 기회를 제공하는 섬세한 도구를 만드는 것은 가능하다고 말씀드릴 수 있습니다.

전쟁이 남긴 슬픔의 유산은 이후 기술에 의해 경감되기보다는 오히려 헛된 희망과 함께 증폭되었던 것으로 보인다.

15장

레이넘 홀의 브라운 레이디
The Brown Lady of Raynham Hall

설령 내가 유령을 본다 할지라도, 나는 믿지 않을 것이다.

__알베르트 아인슈타인

1936년 어느 늦여름 아침, 레이디 타운센드 글라디스는 편지 봉투를 뜯고 있었다. 편지를 보낸 사람 중 한 명은 역사적으로 앤드르 시라라고 알려진 인물이었다. 그는 자신을 피카딜리 도버가에서 사업을 하는 '법원 사진사'라고 소개했으며, 후작부인의 기억에 따르면, 이 사건이 유명세를 타자 유령을 찍기 위해 대저택을 방문하는 일에 가장 큰 관심을 보였던 인물이다.

부인은 시라가 레이넘 홀에서 하룻밤 묵겠다는 요청은 거절했지만, 저택을 방문하는 것은 허락했다. 그리하여 9월 19일 초, 먼 과거의 흔적을 찾을 수 있을 것이라는 희망으로 같은 날 공식적으로 현장을 방문한 노퍽 고고학회 회원들과 함께, 앤드르 시라, 그의 아내, 친구 프로방드 대령은 레이넘 홀의 현관문에서 도착을 알렸다. 그날 방문이 끝나갈 무렵, 이들은 아마도 역사상 가장 유명한 심령사진을 찍는 데 성공한다.

앵드르 시라는 이미 '브라운 레이디'에 대한 모든 이야기를 알고 있었다. 후작부인은 친구 모드 폴크스와 공동 집필한 저서 『진짜 유령 이야기True Ghost Stories』에서 브라운 레이디에 대한 이야기를 다뤘다. 이 책은 그녀의 조상이었던 유령을 소개하며 시작된다. 유령 브라운 레이디로 알려진 실존 인물은 영국 초대 총리 로버트 월폴 경의 불행한 여동생 도러시였다. 그녀는 스물여섯의 나이에 타운센드의 제2자작 찰스와 결혼했다. 그녀는 응석받이로 키워졌고 특권을 누리며 자랐다. 가족사를 기록한 문서에는 그녀가 많은 양의 시폰을 샀다는 언급이 나온다. 레이디 타운센드는 "그녀의 이름과 관련된 스캔들은 조금도 찾을 수 없었다"고 우아하게 주장했다.

그러나 전해지는 바에 따르면 도러시 월폴의 남편은 질투심이 많고 불쾌감을 주는 남자였으며, 자신의 아내가 휘턴 경1의 정부였다는 사실을 그가 알게 된 것이 재앙의 씨앗이었다. 그녀는 저택의 방 안에 자물쇠로 갇혔다고 전해지며, 그녀를 인질로 삼은 것은 레이디 휘턴이라는 이상한 설도 있다. 도러시는 1729년 3월 사망했는데, 계단에서 떨어진 뒤 걸린 천연두 때문이거나, 혹은 휘턴 경에게서 옮은 매독 때문이었다고 전해진다.

레이디 타운센드는 가족 사이에 전해져 내려오는 비화, 도러시가 자신의 아이들을 키우도록 허락되지 않았고,2 대신 아이들은 할머니가 키웠으며, 그녀는 굶어 죽었다는 이야기를 소개한다. 노퍽과 같은 시골 지역에서 이와 같은 전설은 두 세대를 거치기 전에 순식간에 퍼져나갔지만, 전설 속 어딘가에는 진실의 알맹이가 묻혀 있기 마련이다. 이야기에서 공통적으로 등장하는 부분은 도러시가 젊은 나이에 불행하게 죽었다는 것이다.

초상화 속 그녀는 갈색 양단을 입고 있었는데, 그녀의 커다랗고 까만 눈은 밤이 되면 경계하는 눈빛으로 번뜩인다고 전해진다.[3] 1904년 이 초상화는 홀에 걸려 있었지만, 그 전까지는 침실에 걸려 있었고 이는 현명하지 못한 결정이었다.

미래에 조지 4세가 되는 주인공은 어느 날 밤, 그녀와 관련이 있었던 또 다른 집, 호턴 홀에서 자다가 깨어 브라운 레이디를 보았으며, 그 뒤 한 시간도 채 지나기 전에 서둘러 집에서 도망쳐 나왔다고 전해진다. 1849년, 그녀는 크리스마스에 타운센드의 친척이었던 로프터스 소령[4]을 방문했다. 첫 번째 사건에서, 그는 밤 늦게까지 체스 게임을 하다가 침실로 가기 위해 계단을 오르고 있었는데, 그의 친구 호킨스가 층계참에 서 있는 여인을 보라고 가리켰다. 그가 그녀에게 손짓하자, 그녀는 사라졌다. 다음 날 밤, 그는 유령을 보겠다며 잠자리에 들지 않았고 그녀가 휙 지나가는 것을 목격하자 집의 지리를 잘 알고 있는 이점을 활용해 지름길로 가서 유령이 사라지기 전에 따라잡을 수 있었다.

로프터스는 옆 통로에서 유령에게 불쑥 다가갔고, 램프를 치켜들고 정면으로 마주 본 그녀의 얼굴은 경악스럽게도, 눈이 있어야 할 자리에 눈구멍만 존재했다. 그는 자신이 목격한 것을 스케치해 다음 날 사람들에게 보여주었다. 이 괴담이 하인 방에까지 퍼진 뒤 모든 고용인은 해고되었고, 타운센드 경은 직접 유령을 보았음에도 불구하고, 이 사건이 짓궂은 장난이라는 것을 확신하게 되었으며 '추적에 능한 사람들'을 고용해 레이넘 홀에 몇 달간 머무르게 했지만 어떠한 이상한 점도 찾을 수 없었다.

그리고 1836년 메리엇 대령 사건이 있었다. 메리엇[5]은 노퍽 근처에 위치한, 랭엄의 사유지에 살게 되었다. 젊은 타운센드 준남작은 저택을 영유하게 된 지 얼마 되지 않은 상태였고, 집을 개조한 후 밤마다 파티를 열기 바빴다. 몇 년 후, 메리엇의 딸 플로렌스는 다음과 같이 기록했다. "난처하게도, 그들이 도착하자마자 그 집에 유령이 나온다는 소문이 퍼졌고, 손님들은 하나같이 (마치 우화에 나오는 사람들처럼) 핑계를 대며 황급히 돌아갔다."

힌턴 앰프너 사건에서와 마찬가지로 이것이 밀수업자 또는 범죄자가 연루된 사기 행각이라고 생각한 이 해군 대령은, 이 유령의 집에 잠복하기로 결심한다.

메리엇은 초상화가 걸려 있는 유령의 방에 진을 친 후 권총을 장전한 채 베개 밑에 두고 잠들었다. 이틀 밤 동안은 아무 일도 일어나지 않았다. 사흘째 되는 날 밤, 그가 옷을 갈아입고 있을 때 두 명의 남자 조카가 와서 방문을 두드렸다. 다소 관련이 없어 보이지만, 이들은 런던에서 막 도착한 새로운 총이 있으니 대령이 와서 봐줬으면 좋겠다고 했다. 메리엇은 브라운 레이디를 만날 경우를 대비해서 권총을 가져가겠다며 농담을 던졌고, 그가 조카들 방을 나서려 하자 이번에는 조카들이 같은 이유로 무장한 채 그를 뒤따르겠다고 농담했다.

복도는 길고 어두웠으며, 집 안의 모든 불은 꺼져 있었다. 세 명의 남자가 복도 중간쯤에 다다랐을 때, 그들을 향해 다가오는 희미한 램프 불빛이 보였다. 그들은 유모 중 한 명이 틀림없다고 생각했고, 제대로 옷을 차려입지 않았던 메리엇은 조카들과 침실 문 뒤에 숨어서 그녀가 지나가기를 기다렸다.

문틈 사이로, 그는 그 형체가 점점 다가와 어떤 옷을 입었는지 분간할 수 있을 때까지 가까워지는 것을 지켜보았다. 그녀는 브라운 원피스를 입고 있었다. 대령은 그녀의 얼굴이 초상화의 바로 그 얼굴임을 알아보았다. 그 형체는 지나가다가 멈춰서 그를 똑바로 쳐다보았는데, 씨익 웃는 얼굴이었다. 남자들은 문 뒤에서 튀어나왔고 메리엇은 총을 발포했지만, 총알은 형체를 통과해 반대편 침실 안쪽 문의 나무판에 박혔다.

씨익 웃는 유령은 1903년에도 목격되었다고 전해진다. 1918년, 웨스트 레이넘의 교구 목사는 오틀리의 웨스턴 교구 목사에게 편지를 보냈다. "몇 년 전, 나는 홀에 사는 사람들의 자녀들이 자신들 방으로 자주 찾아오는 브라운 레이디가 누구냐고 묻는다는 이야기를 들은 적이 있습니다." 1936년, 레이디 타운센드는 다음과 같이 적었다.

그녀는 상당히 최근에 형부(제임스 더럼)의 여동생 시릴 피츠로이와 그녀의 딸에 의해 목격된 바 있다. (…) 그녀를 마지막으로 본 사람은 다름 아닌 내 아들 조지였다. 당시 어린 소년이었던 조지는 꼬마 미국인 친구 월터 로더멜과 계단 위에 있는 한 숙녀를 보고 기겁했을 뿐만 아니라 어리둥절해졌는데, 조지에 따르면, 그들은 그녀를 통과해 계단을 볼 수 있었기 때문이다.

레이넘 유령들의 목격담은 레이디 타운센드의 기록 외에도 여러 출간 매체에 실렸다. 몬머스 방에는 '붉은 왕당파' 차림의 공작의 유령이 나타났다. 스톤 응접실에는 어린아이의 유령이 나타났으며 레이디 타운센드의 독일인 가정교사 미스 바우머에 의해 목격되었다. 어느 날 오후, 레이디 노라 벤팅크가 두 명의 자녀와 함께 방문했고, 그들이 차에서 내릴 때 저기 서 있는 '무늬가 그려진 원피스'를 입은 작은 세 번째 소녀는 누구냐고, 누군가 물었다. 하지만 아이는 두 명 뿐이었다.

1935년 10월, 모드 폴크스는 유령 스패니얼이 타닥타닥 걸어가는 발자국 소리를 들었다. '로열 침실'에서는 아침이 밝았을 때, 마치 누군가 밤새 도박을 한 것처럼 무거운 의자들이 테이블 주변에 모여 있는 것이 발견되기도 했다.

그리고, 그렇다. 층계가 있었다. 참나무로 만든, 판자를 붙인 낡은 계단이었다. 5대 후작이 죽고 레이넘 홀을 임대했을 때, 세입자들은 "많은 사람이 층계를 오르락내리락하는 발자국 소리를 듣고 잠이 깼고, 조사에 나섰을 때 검정 물결 하나가 그들을 지나 떠내려갔으며, 더 이상 어떤 물체나 사람의 흔적을 찾을 수 없었다". 이튿날 밤에도 같은 현상이 벌어졌다. 그리고 그다음 날 아침, 후작이 파리에서 죽었다는 소식이 전해졌다.

레이디 타운센드가 그녀의 호기심 많은 방문객들과 많은 시간을 보냈는지는 알 수 없지만, 시라와 프로방드는 안뜰까지 포함되었을 것으로 추측되는 집 안 곳곳을 돌며 하루 종일 사진을 찍은 후, 늦여름 저녁이 가까워지는 시각인 오후 4시경, 중앙 계단에 이르렀다.

프로방드 대령은 내가 플래시라이트를 켜는 동안 사진 한 장을 찍었다. 그는 또 다른 노출을 위해 카메라의 초점을 맞추고 있었다. 나는 그의 옆에서 손에 플래시라이트 피스톨을 들고 카메라 바로 뒤에 서서 층계를 똑바로 올려다보고 있었다. 돌연 나는 공기의 베일에 싸인 형체가 천천히 계단을 내려오는 것을 발견했다. 나는 흥분하여 날카롭게 외쳤다. "빨리, 빨리! 저기 뭔가가 있어." 나는 플래시라이트 피스톨의 스위치를 눌렀다. 플래시가 터지고 셔터가 닫힌 후, 프로방드 대령은 머리 위에서 덮개 천을 벗고 내게 몸을 돌려 말했다. "뭐에 그렇게 흥분한 거야?"

나는 층계를 가리키며 분명히 그곳에서 한 형체를 보았다고 말했다. 그 형체는 투명해서 형체를 통과해 계단이 보일 정도였지만, 그럼에도 매우 뚜렷하고 완벽하게 리얼했다고 말이다. 그는 웃으며 내가 유령을 보았다고 상상한 것임에 틀림없다고 말했다. 그곳에는 더 이상 아무것도 보이지 않았다.

프로방드는 시라의 행동에 얼떨떨해진다. 후에 그는 시라의 설명을 들었을 때 그의 말을 믿지 않았다고 고백했다. 그들은 런던으로 운전해 돌아오는 길에 계속 그 사건에 대해 논쟁을 벌였고, 프로방드는 시라의 주장이 그의 평판에 미칠 부정적 영향을 점차 우려하기 시작했다.

피카딜리 도버가 49번지로 돌아온 이들은 사진 음화가 인화될 때 암실에 함께 있었다. 놀랍게도, 현상한 사진에는 시라가 말했던 불가해한 형체가 찍혀 있었다. 사진을 살펴본 시라는 제3자를 대면시키기로 결정했고, 아래층에 거주했던 블레이크, 샌드퍼드 그리고 블레이크의 매니저이자 약사인 벤저민 존스를 불렀다.

뒤이어 사진은 『컨트리 라이프Country Life』'복싱의 날'호에 실렸고, 미국 잡지 『라이프』12월호에 실린 후 하루아침에 센세이션을 일으켰다. "존스, 프로방드 대령 그리고 나는 인화된 사진이 어떤 방식으로든 조작되지 않았다고 보증한다. 사진은 몇몇 전문가에 의해 엄격한 검사를 거쳤다. 그 누구도 유령의 형체에 대해 설명하지 못했다"고 시라는 사진과 함께 실린 기사에 적었다.[6]

1936년 촬영된, 유명한 사진 '레이넘 홀의 브라운 레이디'

몇 주 후 SPR은 이 사건에 대한 자체적인 조사에 들어갔으며, C. V. C. 허버트에 의해 분석된 파일은 케임브리지에 있는 기록 보관소에 보관되어 있다. 무엇보다도, 그는 사진 찍는 데 사용된 구식 카메라를 검사했고, 렌즈를 살펴보았으며(속직렌즈였다), 사용된 필름의 타입을 알아냈는데, SS Ortho(정색성 필름)였다. 허버트의 최종 결론은 이 구식 카메라의 '풀무' 틈새로 빛이 새어 들어왔을 수 있다는 것이었다. 그럼에도 이상한 시각효과에 대한 의문은 풀리지 않았는데, 유령이 나타난 부분의 난간이 한 줄로 이어진 것처럼 보이지 않았고, 이것은 일종의 이중 노출의 가능성을 암시했기 때문이다.

이 문제는 2006년까지도 미해결로 남아 있다가 저택의 배치를 간단히 검토했던 작가 톰 러플스의 잘리지 않은 온전한 사진이 공개되면서 의문이 풀렸다.[7] 열세 번째 계단 바로 위에 작은 층계참이 있었는데, 이것이 시각적으로 난간이 한 줄로 이어져 보이지 않는 이유였다. 계단 위에 두 겹으로 보였던 인물 사진은 실은 층계참이 있는 곳에 붙어 있던 나무판자였다.

1937년 1월 8일에서 9일, 널리 존경받던 심령수사원 낸더 포더 박사는 레이넘 홀을 방문하는데, 카메라에 대해 잘 아는 카메라 제작자 아서 킹스턴과 함께였다. 포더는 당시 국제 심령연구기관 소속 연구원이었다. 그의 아내와 딸 역시 이 특별한 날을 위해 그와 동행한다.

문제의 그 계단을 발견한 가족은 그 유명한 이미지를 재현하는 데 착수했다. 수수께끼 중 하나는 렌즈가 노출되는 6초 동안 유령은 세 번째 계단에서 열세 번째 계단으로 이동했는데 왜 흐릿하게 나오지 않았는가 하는 것이었다. 포더는 열세 번째 계단에 서서 한 컷을 찍었고, 그다음 그의 아내도 똑같이 반복했다. 가족들이 인물 사진을 보며 멈춰 서서 의아해하는 장면을 상상해볼 수 있을 것이다.

1월 14일, 허버트는 보고서를 작성했다. 이 서류 한 묶음은 1989년까지 거의 잊힌 채로 남아 있다가 SPR 케임브리지 문서 보관소에서 재발견되었다. 폴더 안에는 약 40개의 문서가 들어 있었는데, 그중 핵심인 심령사진 두 장은 뜯겨 나간 지 오래였다. 치명적으로, 허버트는 앤드르 시라가 스코틀랜드인이라는 것 외에는 그의 신원을 밝히지 않기로 결정했다. 이 이상한 결정은 시라의 신원에 대한 진실과 그의 사진에 대한 진실이 영원히 미궁으로 빠져버렸음을 뜻했는데, 입증 가능한 사실을 원하는 단체에 제출할 보고서를 작성한 사람이 내린 결정으로서는 다소 이상한 구석이 없지 않다. 허버트는 그날 사용한 카메라와, 계단 위에서 찍힌 사진들을 현상해 모두 검사했다. "시라와 프로방드는 모두 정직했던 것으로 보인다"는 그의 결론은 이 사건을 조사했던, 해리 프라이스를 비롯한 다른 사람들 사이에서도 공통적인 의견이다.

역사적으로, 그의 조사는 SPR가 행했던 조사 중 가장 결점이 많았다고 평가되고 있다. 포더가 레이넘 사건을 객관적으로 평가할 가능성은 희박했는데, 그가 레이디 타운센드와 친분이 있었다는 알기 쉬운 이유 때문이었다. 그녀의 저서 『진짜 유령 이야기』에서 그가 거침없이 쓴 서문을 발견한다면 매우 놀랄 것이다. "나는 리틀 앨프리드와 윌리엄이 잔인한 존 크레이븐에게 지속적으로 요청했던 불길한 손길을 한 번도 본 적이 없다"고, 그는 책에 실린 이야기를 위해 선발된 다양한 직위의 부유한 개인들이 남긴 기록들 중 하나를 가리키며 말했다. "소름에 가장 단련된 중독자들조차 켄슬 그린의 무덤 No***에서 신선한 스릴을 맛볼 수 있을 것이다"라고 그는 적었다. 그의 서문이 작성된 날짜는 1936년 8월 1일로, 사진이 찍히기 6주 전이다.

레이디 타운센드는 구식 카메라의 덮개 천에 프로방드의 머리가 묻혀 있을 때 그 형체를 보았다는 시라의 주장에도 불구하고, 당시 시라로부터 아무 말도 듣지 못했기 때문에, 후에 심령사진에 대한 이야기를 들었을 때 놀랐다고 포더에게 고백했다.[8]

그럼에도 그녀는 처음에 그 형체가 동정녀 마리아일 것이라고 생각했는데, 아마도 계단 아래에 가톨릭 제대祭臺를 두고 향을 피우곤 했었다(그녀의 저서에는 유령이 나타난 날에도 향이 퍼졌다고 적혀 있다)는 사실에 근거한 것으로 보인다. 하지만 그녀는 포더에게 "아름다운 유령의 출현"이라고 말하며, 시라가 자신의 평판을 떨어뜨리는 위험을 감수하면서까지 유령을 거짓으로 꾸며내지는 않았을 것이라고 덧붙였다.

이 평판이란 것이 무엇이었는지는 알기 어렵다. 설명에는 법원 사진사 앤드르 시라가 도버가의 약사 윗집에 살았던 것으로 나오지만, 1936년 런던 안내 책자를 살펴보면 당시 이곳의 사업자는 법정변호사 윌리엄 마셜로 등록되어 있다. 또한 약사는 '블레이크, 마셜 앤 블레이크'로 등록되어 있는데, 이것은 마셜이라는 이름을 익명화하기 위한 추가 장치일 수도 있다. 사실 이 변호사의 정체는 시라가 아니었을까? 그리고 이것이 레이디 타운센드가 그는 '허위사실'로 '자신의 평판을 떨어뜨릴' 인물이 아니라고 생각한 이유가 아니었을까?

많은 유령 사건의 경우와 마찬가지로, 여성 등장인물을 한번 살펴보자. 이 이야기에는 핵심적 역할이 다소 간과되고 있는 두 명의 여성이 등장한다. 바로 레이디 타운센드와 앤드르 시라의 부인이다. 레이디 타운센드는 그날 아침 두 명의 남자와 함께 도착한 시라 부인에 대해 "내게 집 전체에서 강렬한 기운이 느껴진다고 말했다. (…) 그녀는 마치 심령술사처럼 행동했다"고 언급한다. 그렇다면 그날 오후 4시, 유명한 사진이 찍힐 무렵 그녀는 어디에 있었을까? 그녀는 우연히, 무슨 이유에서였든지 간에, 그 계단을 내려오고 있었던 게 아닐까?

레이디 타운센드의 책이 판매량 측면에서 홍보 효과의 혜택을 받은 것은 분명하지만, 사진이 출판된 것은 12월 26일, 이미 연중 가장 큰 규모의 서적 구입 시즌이 끝난 뒤였다. 만약 판매 부수 증가를 위해 사전에 계획된 것이었다면 출판일은 한 달 더 앞당겨졌을 것이다. 그러나 앤드르 시라는 『컨트리 라이프』의 기사를 액자에 끼워 가게 밖에 걸어놓은 것으로 추측되며, 이를 두고 포더는 레이디 타운센드에게 "앤드르 시라가 당신의 유령을 이용할 생각인가보네요"라고 말했다고 한다. 그는 또한 대중에게 8×10 크기 사진을 비싸게 파는 장사로 짭짤한 수익을 거두기도 했다.

만약 사진이 조작되었다면, 그것은 시라와 프로방드의 합작이었을 것이라는 게 필자의 의견이다. 이들이 30년 경력을 가진 법원 사진사라는 말은 믿기 힘들다. 실제로 이들이 법원 사진사로 일했다는 증거가 거의 없기 때문이다. SPR 조사단은 시라가 사진에 대한 전문적인 지식이 없었으며, 프로방드의 작업은 아마추어에 가깝다는 결론을 내렸다. 더욱 그럴듯한 시나리오는 변호사 마셜(즉, 시라)이 자신의 사무실 아래층에 사는, 친척이었을 가능성이 높은 약사(즉, 프로방드)와 공모했다는 것이다. 『컨트리 라이프』기사가 약사 집 밖의 난간 위에 걸려 있었으므로, 적어도 우리는 주소가 위장된 것은 아니라는 사실을 알 수 있다.

그리고 만약 거짓으로 꾸며낸 것이라면, 시라 부인이 이중 노출 동안 계단 위에서 포즈를 취했거나, 또는 앞서 의혹이 제기된 것처럼, 둘이 성모 마리아와 같은 조각상을 찍은 후 새로운 음화를 인화하기 위해 이 이미지를 사용했을 것이다. 계단을 등지고 서 있는 형체의 규모는 약 4피트 길이에 달하는 것으로 보이는데, 이것 또한 이상한 점이다. 하지만 문제가 될 정도로 핵심적인 디테일을 감추고 있는 SPR 보고서와 함께, 이는 영원히 풀지 못할 수수께끼로 남을 것이다. 진짜 유령이었을 가능성은 여전히 남아 있다.

심령사진의 역사는 아름다운 실수로 시작해 거의 상업적인 차원의 사기 행위로 끝난다. 초기 사진에는 재활용이 가능한 취화은 젤라틴 처리를 한 유리판이 사용되었고, 적절히 씻어내지 않으면 이전 사진이 새어나오기 시작하는 곳에 유령의 이미지가 생겨나곤 했다. 최초의 유령 사진은 현재 남아 있지 않다. 아서 코넌 도일 경은 『심령주의의 역사History of Spiritualism』에서 최초의 유령 사진이 1851년 찍혔다고 기록했다. 러시아 심령학자 알렉산드르 악사코프는 1850년대 중반으로 보고 있다.

이 시기 물리학자 데이비드 브루스터 경은 1844년 요크 대성당의 앞모습을 찍은 캘러타이프 사진요오드화은을 감광제로 이용한 19세기의 사진술(폭스 탤벗이 특허를 낸 프로세스의 이름)을 검토하던 중, 계단 위에 앉아 있는 반투명해 보이는 소년에게 자꾸만 눈길이 가는 것을 멈출 수가 없었는데, 유령처럼 보이는 이 소년의 비밀은 단순히 이미지를 만드는 데 필요한 장시간의 노출 동안 움직였다는 게 전부였다.

장엄한 기독교 건축물 앞에 앉아 있는 유령 소년, 고딕 배경을 등지고 있는 혼령과 같은 아이 이미지에 착안한 그는 1856년 저서『실체경The Stereoscope』을 출간했다. "사진사는 오락을 위한 목적으로 우리를 초자연의 영역으로 인도할 수 있다"고 그는 적었다. "사진사의 기술은 한 개 이상의 형체에 초자연적 외형을 부여하는 것 그리고 그것들을 '연기'처럼 보이게 하는 것을 가능케 한다." 시각적 눈속임에 관해 다룬『실체경』은 엔터테인먼트와 즐거움을 선사할 목적으로 3D 효과를 이용하는 방법에 대한 최초의 매뉴얼 중 하나로 남아 있다.

브루스터가 발전시킨 이 개념은 칩사이드에 소재한 런던 스테레오스코픽 사에 의해 즉각 상업화되었고, 염색한 유령이 등장하는 이들의 쇼는 매우 인기가 많아서 1855년 겨울 회사는 자사 제품의 해적판을 구매하지 말라는 경고문을 실은 광고를 내보내야 했는데, 이는 기록으로 남아 있는 엔터테인먼트 해적판에 대한 가장 초기의 혼란 상

라콕 수도원에 앉아 있는 데이비드 브루스터 경의 캘러타이프 음화. 1842년 촬영.

황에 속한다.

이 유령들을 자연스럽게 만들고자 하는 시도는 없었다. 이 유령들은 과장된 모습으로 중세 시대 시체처럼 수의를 덮고, 공포감을 조성하고 불시에 방문하는 느낌을 주기 위해 손이 공중에 들려 있었다. 브루스터의 금언처럼, 이 만화 캐릭터 같은 민속적인 유령으로 관객을 속이려는 시도는 없었다. 실제로, 그들은 오히려 유령을 믿는 것이 얼마나 '어리석은' 일인지 증명해 보인다는 식의 거만한 태도를 유지하며 공연의 교육적 특성을 강조했다. 매직랜턴 쇼가 점차 사라지고 시네마가 등장하기 전까지의 짧은 기간에 유령은 대중을 끌어모을 수 있는 좋은 수단이었다. 미국에서는 1860년대 중반, 스테레오스코픽 출판업자이자 재미있게도 영국의 베테랑 심령 조사원과 동명인 언더우드 앤 언더우드가 비슷한 쇼를 상연하기도 했다.

이 기간은 사기성이 농후한, 좀더 어두운 것이 동시에 발전한 시기였다. 심령주의는 빅토리아 왕조의 대표적인 풍경 중 하나였고, 심령주의자들은 이승을 떠난 영혼들과 대화하기 위한 수단으로 이 새로운 기술을 이용하는 것에 꽤 만족하고 있었다. 세상을 시끌벅적하게 했던 유명한 사기꾼으로는 보스턴 출신 판화가 윌리엄 멈러(1832~1884)를 들 수 있는데, 그는 1861년 우연히 친구의 사진 장비를 이용해 죽은 사촌의 유령을 찍었다고 주장했다.

얼마 지나지 않아, 빗발치는 문의를 감당하지 못하게 되자 그는 판화가로서의 본업을 그만두고 심령사진사로 전업해 보스턴에 심령사진 사무실을 차린다. 이 사무실은 문을 연 즉시 대박을 터뜨렸다. 그의 유명한 고객 중에는 에이브러햄 링컨의 미망인도 있었는데, 그는 멈러가 사진을 찍을 때마다 의례적으로 방문해 모든 관계자를 만족스럽게 했다.

하지만 1869년 멈러가 사기 혐의로 기소된 후, 그가 영계靈界에서 내방했다고 주장했던 망령 중 한 명이 아직 죽지 않았다는 확증에도 불구하고 그는 무죄 판결을 받으면서, 그의 암실에도 불이 켜졌다.[9] 그의 변호사는 근대 재판에서 여러 차례 그랬듯이 엔도르의 마녀를 인용했고, "예언자 사무엘에게 카메라를 사용할 수 있는 기회가 주어졌다면 그는 이 기회를 덥석 물었을 것"이라고 말했다. 1875년, 런던 베이커가와 파리 몽마르트 5번 대로에 위치한 스튜디오를 운영하던 사진사 에두아르 뷔게가 파리에서 사기 혐의로 체포되었고, 그의 자백은 당시 영어와 프랑스어로 널리 기사화되었다. 그는 목각인형을 거즈로 싼 후 카메라에 미리 노출시킨 다음 하드보드지에 대충 붙인 얼굴 사진을 부착하는 방법으로 가짜 유령을 만들어냈다. 경찰은 그의 스튜디오를 급습해 240개의 유령 인형을 찾아냈다. 레이넘 홀의 인형처럼 보이는 유령 역시 얼굴을 조작하지는 않았지만 이와 같은 방법을 이용했을 수도 있다.

오래지 않아, 강신을 두드림으로 표현하던 좁은 업계에서 심령주의자들은 서로를 위해 심령사진을 찍는 관행을 이용하기 시작했다. 1871년 10월 프랑스 심령 출판물인『르뷔 스피리트Revue Spirite』는 '영매 사진사'들에게 모습을 드러내달라고 요청했고, 실제로 많은 영매 사진사가 이름을 공개했다. 1895년, 저널리스트 윌리엄 스테드는 이 영매 사진사들 중 한 명이었던 리처드 보스넬 앞에 앉았고, 사진이 찍히는 동안 보스넬의 영적 안내자인 줄리아를 떠올리고 있었다. 이윽고 아름다운 여성의 이미지가 나타났다. 비록 스테드는 이후 그가 늘 사용하는 채널인 자동기술법을 통해 그녀와 대화한 결과 이 이미지는 그녀가 아닌 '생각이 형상화된 형태'라는 것을 알게 되었지만 말이다. '염사念寫'[10]라고 불리기도 하는 이 사상寫像 사진은 20세기 중반 대중의 관심을 불러일으켰고, 많은 이가 카메라를 사용하지 않고도 생각만으로 화학 필름에 이미지를 나타나게 할 수 있다고 믿었다. '염사'는 도쿄제국대학 후쿠라이 도모키치 심리학 박사가 20세기 초 만들어낸 용어다. 이것 역시 레넘 사진을 규명할 수 있는 또 다른 개념이다. 즉, 필름 주변에 있던 사람들이 만들어낸 정신적 이미지라는 것이다.

가장 잘 알려진 사상寫像주의자는 테드 시리오스라는 이름의 벨홉이다. 그는 1960년대 초 시카고 호텔에서 일했다. 회의론자들은 후에 그의 알코올중독과 초기 사회병증을 불신의 이유로 지적했다. 그는 자신이 상자형 사진기, 그리고 후에는 인스턴트 폴라로이드 필름에 이미지를 찍어낼 수 있다는 것을 알았고, 덴버의 정신과 의사이자 초

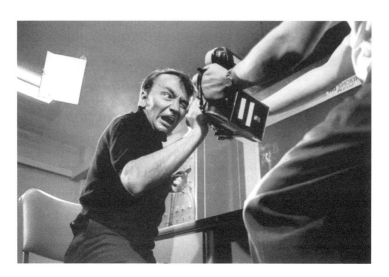

테드 시리오스와 카메라에 투영된 정신적 이미지들.

심리학자인 줄 아이젠버드의 조사를 받는 동안 수천 번의 실험을 견 뎌내며 수백 장의 미스터리 사진을 찍어냈다. 시리오스는 패러데이 케 이지외부 정전기 차단을 위해 기계 장치 주위에 두르는 금속판와 같은 제한된 환경 속 에서 덴버의 힐튼 호텔, 십자가, 서 있는 사람들과 같은 이미지를 만 들어냈을 뿐만 아니라, 우리에게 '블래키'와 '와이티'라고 알려진, 과 다 노출 또는 노출 부족으로 인한 사진을 수백 장 찍어냈다.

　가장 흥미로운 사진 중 하나는 덴버 외곽의 아이젠버드의 목장 사 진으로, 시리오스가 '찍은' 사진에는 아이젠버드가 몇 년 전 집에 설 치한 흰 셔터가 없다. 헛간 역시 네덜란드식 문이 사라져 실물과는 다 른 모습이다. 과거를 찍은 초자연적 스냅 사진일지도 모르지만, 아이 젠버드에게는 자신이 치료했던 정신과 환자들의 꿈의 왜곡을 상기시키기도 했다. 1845년, 의사 알렉상드르 브리에르 드 부아몽은 환각에 대한 연구를 발표하면서 유령을 "생각이 물질로 구현된 은판 사진"이라고 묘사했다. 여기서 유령은 단순히 은판 사진이었다.

초상화 속 시리오스는 왜소하고 지쳐 보이는 얼굴 위로 숱이 적은 갈색 머리를 한, 깡마른 신경쇠약자와 같은 인상을 준다. 그는 1967년, 갑자기 힘을 잃고 말로를 걷기 시작했다. 그가 만들어낸 마지막 이미지는 커튼이다. 전문 비평가 제임스 랜디는 시리오스의 염사를 복제해냈다고 널리 보고되었지만, 그의 유일한 시도로 알려진 1967년 10월 4일 방영된 「투데이 쇼」에서 그는 이미지를 만들어내는 데 실패했다.[11]

2005년 9월, 뉴욕 현대 미술관MoMA은 파리의 유럽 사진 전시관 등의 협력하에 '완벽한 영매: 사진과 오컬트'라는 제목으로 전시회를 열었다. 여러 측면에서 이 전시회는 이중 노출의 무덤이라고 할 수 있었는데, 가장 큰 이유는 이 전시회가 개최된 2005년 이후, 화학필름의 사용이 거의 자취를 감췄기 때문이다. 그럼에도 오늘날 이런 사진들은 여전히 등장하며, 웹사이트에서 활발하게 수집되고 있고 특히 경제위기가 닥치거나 대중이 불안해하는 시기에는 여전히 기사화되고 있다. 하지만 최근에는 주로 디지털 사진들이 올라오기 때문에 대중의 신뢰는 갈수록 떨어지고 있다.

가짜 영매들의 엑토플라즘, 동물의 부위를 가위로 잘라 인체 구멍에 몰래 숨겨 들어오는 관행 그리고 거위 지방을 바른 후 거꾸로 쓸어낸 목화 등은 역사의 뒤안길로 사라졌고, 대신 이미지 조작에 관심이 있는 아마추어들이 사용할 수 있는, 날로 정교해지는 그래픽 프로그램을 이용해 만든 주변을 떠다니는 구체의 사진들이 등장하고 있다. 오늘날의 브라운 레이디는 휴대전화 사진으로 찍어서 몇 분 안에 인터넷에 업로드될지도 모른다.

16장

목사관 살인 사건

Murder at the Parsonage

모든 유령 이야기는 러브 스토리로 시작된다.

_ 스테이시 혼

1958년 2월이 끝나가던 어느 날 늦은 저녁, 노스다코타의 호텔 로비에 사설탐정이 앉아 있었다. 그는 "볼리의 미망인"이라고도 알려진 마리안 포이스터를 기다리는 중이었다. 그의 강인하고 잘생긴 외모는 이 사건을 맡는 데 유리하게 작용했는데, 그녀가 미남을 좋아한다는 소문이 있었기 때문이다. 포이스터는 의문에 싸인, 다소 불길한 인물이었다. 팜므파탈에 중혼자였고, 살인 혐의를 받고 있었으며 20세기에 유명세를 떨쳤던 유령의 집과 복잡하게 얽혀 있었다. 그녀는 전쟁이 끝나갈 무렵 그녀를 추적하던 서퍽 경찰의 수사를 교묘히 따돌리고 온데간데없이 자취를 감춰버렸다. 하지만 이곳, 눈 내리는 겨울 길, 두 세계의 충돌을 피해, 애거사 크리스티 소설 속 목사의 아내를 인터뷰하는 배역을 맡은 레이먼드 챈들러 탐정이 와 있었다.

정체가 발각되었을 때, 그녀는 히스테리적인 반응을 보이며 자살하겠다고 위협했다. 그럴 만도 했다. 그녀는 숨기고 싶은 것이 많았기 때문이다. 위법 행위를 수없이 저지른 그녀는 영국으로 추방된 후 교도소행을 두려워하고 있었다. 하지만 그녀의 양아들을 위해 장학금을 주겠다고 회유하며 안심시킨 끝에, 그녀는 영국의 가장 악명 높은 유령의 집인 볼리 교구 목사관에 대해 인터뷰하는 데 동의했다.

＊

1929년 6월의 어느 아침, 『데일리 미러Daily Mirror』의 신참 기자는 에식스의 한 교구 목사가 『노츠 앤드 퀘리스Notes and Queries』 지에 보낸 편지를 열었다. 교구 목사는 처음부터 신문에 글을 실을 생각이 없었고, 단지 심령연구학회에 연락할 방법에 대해 조언을 구하고 있었다. 가이 스미스 목사는 인도인이었고 통통한 외모에 포근한 성격을 지닌 전직 공무원으로, 1928년 10월 볼리에 성직자로 부임했다.

신경쇠약증을 앓던 아내의 건강도 회복할 겸 그가 새롭게 시작한 삶은 어느덧 재앙으로 바뀌고 있었다. 그에게 영국 농촌문화는 낯설었으며 그는 영국의 축축한 겨울을 또다시 견딜 자신이 없었다. 그리고 더 심각한 문제가 있었다. 그에게 제공된 집에는 유령이 살고 있었다. 『데일리 미러』는 즉시 기자와 사진사를 보내 이 소문이 맞는지 확인했다. 그들은 집에 일주일 머물렀고 이 현상이 진짜라는 것을 확신한 후 1면 특집 기사로 실었다.

아홉 달 동안, 스미스와 그의 아내는 온갖 종류의 기현상의 공격을 받았다. 메이블 스미스가 서재에서 갈색 종이에 싸여 있는 해골을 발견하기도 했지만, 상황은 변하지 않았다. 유령을 목격한 하인들은 하나둘씩 저택을 떠났다. 정원을 거니는 여인의 형체가 목격되기도

했고, 유령 마차가 현관 앞까지 와서 멈추기도 했다. 크랙넬 앤드 머큐리의 하인들 벨이 부엌 복도에서 스스로 울리기를 반복했다. 계속 들려오는 기분 나쁜 소리 중에는 불길하게 "쉭쉭대고 소곤거리는 소리"와 누군가에게 공격당하고 있는 것 같은 여자의 목소리도 있었다.

스미스가 자신의 상부인 쳴름스퍼드의 주교가 아닌 신문사에 연락한 것은 이상하게 비춰질 수도 있다. 하지만 스미스는 영국에 지인이 별로 없었다. 그가 볼리 교구 목사직을 수락한 것은 이 저택을 실제로 보기 전이었다. 1863년 헨리 불 목사가 세운 볼리에는 많은 하인이 살고 있었지만, 제 기능을 다하지 못하는 집이었다. 스미스는 열두 명의 성직자가 이미 이 제안을 거절했으며, 확장 공사로 23개의 방이 들어서 있는 이 맨션에 주전력이나 주배관시설이 없다는 것을 알 턱이 없었다.

간단히 말해, 스미스는 최대한 빨리 저택에서 나가고자 했다. 하지만 그는 주교에게 합당한 이유를 설명해야 했고, 때문에 그의 주장을 뒷받침할 수 있는 공신력 있는 단체의 보고서가 필요했다. 비록 심령연구학회는 전성기였던 빅토리아 왕조시대가 끝난 후 사양길에 접어들긴 했지만, 여전히 저명한 과학자들이 운영하며 교류가 빈번한 동료들이 곳곳에서 활동하고 있는, 기본적으로 비판적인 단체로 인정받고 있었다. 요즘에야 그럴 일이 없겠지만, 당시에는 조직 구성원이 사회 지배층의 영향력 있는 인사들로 이루어져 있다는 이유만으로도 주교가 문제를 진지하게 검토할 가능성이 높았다.

스미스는 현관문을 열자마자 그의 눈앞에 기자가 손에 펜을 쥐고 메모할 태세를 취하고 있고 그의 성실한 조수 사진 기자가 플래시를 터뜨리는 통에 어안이 벙벙해졌다. 스미스는 이 문제가 떠들썩해지는 것을 원하지 않는다고 불평했지만, 신문사는 이 까다로운 사안을 다루기에 더욱 부적합한 인물을 보냈다.

세속적인 엑소시스트의 태도를 지닌 유령 같았던 인물 해리 프라이스는 잉글랜드 오지의 이 흉측한 건물이 앞으로 그의 인생 20년을 지배하게 될 줄은 상상도 하지 못한 채 볼리 교구 목사관에 도착했다. 그는 스미스에게 주교 앞으로 제출할 수 있도록 유령 현상에 대한 보고서를 작성해주겠다고 안심시켰다.[1]

프라이스는 볼리 교구 목사관 건물 자체는 새로 지은 편에 속하지만, 건물이 서 있는 부지에 유령이 산다는 이야기가 전해져 내려오는 것을 알아냈다. 집은 이 구역에 전혀 적합하지 않은 도시의 템플릿을 기반으로 지어졌고, 준공한 지 얼마 안 되어 부속 건물을 증축해야 했다.

건물을 축조한 헨리 불에게는 일요일마다 제의提衣를 입는 것이 귀찮게 느껴지기 시작했다. 서드베리 주변의 택지에서 거둬들이는 수입은 그의 (최소) 열두 명에 달하는 자녀를 부양하기에 충분했고, 아이들이 하나둘 태어날 때마다 집의 규모도 점점 커져갔다. 그는 말에 채찍질을 하며 마차를 타고 시골 주변을 종횡무진하거나, 서재의 프랑스식 창문을 열어 잔디밭을 느릿느릿 걷는 토끼들에게 장난스레 총을 쏘기도 했다. 그는 건물을 새로 짓기 전에 살던 사람들이 심은 것으로 보이는 레바논 삼목 아래 잔디밭에 정자를 짓기도 했는데, 그의 말에 의하면 땅거미가 질 무렵에 산책하기 좋아하는 수녀의 유령을 감시하기 위해서였다. 그는 가족끼리, 특히 일곱 명의 딸과 유령에 대해 이야기하는 것을 즐겼다고 전해진다.

헷갈리지 않게 보통 해리라고 불렸던 그의 아들, 또 한 명의 헨리는 그의 아버지가 죽었을 때 집과 성직을 물려받았다. 해리 포이스터 불(1862~1927)은 섬세하고 다소 비능률적인 유형의 인간이었고, 아버지의 뒤를 잇는 것이 힘에 부친다는 것을 깨달았다.

키치너 스쿨에서 숱 많은 콧수염을 자랑했던 해리는 교구 목사관에 와서 자신과 권투 대결을 하는 조건으로 지역 청년들에게 돈을 지불하곤 했다. 그는 키우던 고양이를 교회에 데려가기를 좋아했고 한 번은 런던 이스트엔드에서 목격되기도 했는데, 물론 주님의 심부름을 하던 중이었고 그의 지갑을 털려던 젊은이들을 상대로 재주껏 자신을 변호할 수 있었다. 그는 49세에 돌연 결혼을 발표했고, 볼리 교구 목사관에서 생을 마감할 것이라고 믿어 의심치 않았던 미혼의 누이들은 모두 집에서 나가달라는 일방적 통보를 받았다. 그의 신부 아이비와 의붓딸 콘스턴스는 에식스에서의 시골 생활에 곧 싫증을 냈다. 해리가 죽었을 때, 그의 누이들은 아내가 그를 살해한 것이라고 수군거리기 시작했다. 그들의 주된 목적은 그의 유언을 신뢰할 수 없게 만드는 것이었다. 짙은 자색 실내복 차림으로, 종종 유언장이 틀림없을 것이라고 추측되는 서류가 든 가방을 들고 나타나는 해리의 유령은 목사관의 유령 가족 명단에 어김없이 추가되었다.

생전에 해리는 유언장에 누나들을 위한 조항을 넣겠다며 누이들을 안심시키곤 했는데, 그의 사망 후 유언장에 그러한 조항은 없었던 것으로 드러났다. 미움과 증오를 한 몸에 산 그의 아내와 의붓딸은 짐을 싸고 해리의 유산을 챙겨 여봐란듯이 볼리를 떠났다.

결과적으로 해리 프라이스가 방문한다는 이야기를 들은 에설 불은 헨리와 해리 불이 임종을 맞은, 서재 위층에 있는 마스터 침실인 파란 방에서 강령회를 열어야 한다고 주장했다. 불 자매들은 오라버니의 재산을 노린 아이비가 실제로 그를 살해했다는 주장을 굽히지 않았고, 따라서 파란 방에서 열린 강령회에서 '맞다, 아이비가 실제 살해범이다'라는 대답이 나온 것은 그리 놀라운 일이 아니었다. 프라이스는 명예훼손을 우려해 당시 세세한 기록은 공개하지 않았고, 대신 자매들이 '사적인 문제'에 대해 한 시간가량 죽은 오빠의 혼령과 대화했다고만 언급했다.

경험이 많은 (그리고 매우 시니컬한) 고스트헌터 해리 프라이스는 이 유령 괴담과 관련된 거의 모든 사안이 민간전승적 특징을 지녔다는 것을 알고 있었을 것이다. 유령 수녀가 집 안을 들여다보는 것을 막기 위해 헨리 목사가 벽돌로 가린 식당 창문, 집 안에서 인간의 두개골이 발견된 것, 수도사와 눈이 맞아 달아난 후 덕망을 잃고 감금된 수녀의 이야기, 때때로 등장하는 목 잘린 마부가 이끄는 팬텀 마차, 정원의 목 잘린 남자, 지하 터널에 대한 루머, 발자국 소리. 이 모든 것은 당시 흔히 접할 수 있었던 유령 괴담과 흡사했다.

불 자매들이 볼리의 유령을 처음 맞닥뜨린 것은 어렸을 때였다. 1900년 6월 28일, 서드베리에서 열린 오후 파티에 참석하고 귀가하던 에설, 프리다, 메이블은 동쪽 게이트를 통해 목사관 경내로 들어섰다가 잔디 위에 서 있는 인물을 두 눈으로 똑똑히 목격한다. 여인이 찬 묵주의 구슬들은 그녀가 수녀임을 '말해주고' 있었다. 자매는 이 여인을 잠시 어머니로 착각했다고 한다. 그러다 그녀가 바로 아버지가 종종 목격했던 그 여인임을 깨달았다. 그것은 유령이었다. 때는 밝은 대낮이었다. 그들은 또 한 명의 언니 엘시를 불렀다. 이리 와서 이 유령을 봐, 엘시. "무슨 말도 안 되는 소리! 내가 직접 그것과 말해봐야 겠어." 엘시가 다가오자 수녀는 그녀를 쳐다보고는 연기처럼 사라져버렸다.

빅토리아 왕조시대 볼리 목사관에서 보낸 유년기 중 한여름은 불 자매들에게 영원히 각인된 것으로 보인다. 앨프리드와 월터 형제들은 그 집에 유령은 없다고 늘 말했고, 해리 불의 아내와 그의 의붓딸 역시 10년 동안 아무것도 보지 못했다. 하지만, 그의 누이들과 마찬가지로 해리 불 역시 유령의 개념에 친숙했다. 한 이웃은 "그는 내가 친구를 부르는 것만큼이나 편하게 유령을 부를 수 있었다"고 말했다. 해리는 유령을 만나고 그녀와 "교우하기 위해" 여름날 저녁 정자에 몇 시간이고 머무르곤 했다.

학창 시절, 해리 불은 갑자기 잠에 빠져드는 것으로 유명했다. 그는 아마 기면증을 앓았을지도 모른다. 또한 그는 호흡 장애가 있었다고 알려져 있는데, 따라서 그가 수면무호흡을 앓고 있었고, 결과적으로 많은 시간을 백일몽 상태로 보냈으리라는 것이 그의 졸음에 대한 더욱 그럴듯한 설명이다.

수녀가 처음 목격된 때는 1843년이다. 본래 이 자리에 서 있던 조지 왕조시대의 교구 목사관이 전소된 후 불과 2년이 지난 시점이었다. 목사관은 20년 동안 재건되지 않았고, 항상 교회 옆에 폐허로 방치되어 있었다. 폐허 더미와 관련된 유령 이야기가 주변 지역에 돌게 된 것도 당연했다. 비록 발자국 소리, 문 여는 소리, 자물쇠가 잠기는 소리 등은 때때로 유령 수녀의 영향 때문인 것으로 여겨졌지만, 수녀는 집 안으로는 한 번도 들어가지 않는 것 같았다. "수녀가 지난밤 굉장히 활동적이었어요"라고 해리는 음울한 표정으로 사람들에게 말하곤 했다.

불 가족이 살던 당시 저택의 모습을 찍은 사진을 보면, 헨리 불이 대영박람회에서 사들인 것으로 보이는 벽난로가 비치되어 있다. 아이들은 식당에서 식사할 때마다 이 벽난로를 볼 수 있었다. 난로의 한쪽 벽면에는 기독교 의복을 입은 사람들이 기도하는 석판 인물화가 걸려 있었는데, 삭발한 수사와 두건을 쓴 수도사처럼 보이는 두 인물은 마치 벽을 통과하는 유령처럼 보였다.

이 신비스러운 인물들에 대한 이야기를 지어내기 좋아했던 아버지와 여러 자녀가 사는 집에서 이러한 종류의 민담이 어떻게 생겨나고 이어져 내려왔는지는 추측할 만하다. 헨리 불은 식당의 창문에 벽돌을 쌓은 이유가 부엌에서 내려다보이는 길을 지나가는 행인들이 이 가족이 계란과 베이컨을 먹는 모습을 볼 수 있었기 때문이 아니라, 수녀가 창문을 통해 집 안을 들여다보기 때문이라고 말하곤 했다.[2]

프라이스는 6월의 볼리 방문에 흥미를 느끼고 있었지만, 이내 이 흥미는 불쾌감으로 바뀌었다. 하녀 메리 피어슨은 처음에는 신뢰할 만한 증인으로 보였다. 6월 12일 저녁, 프라이스는 중앙계단으로 물건들이 떨어져 내려오는 것과 선이 연결되지 않은 벨이 스스로 울리는 것을 목격했다. 하지만 좀더 지켜보고자 했던 프라이스의 바람은 물거품이 되었다. 『미러』에 여섯 편의 기사가 실리고 저택을 구경하기 위해 버스 여행단이 속속 모여드는 등, 매스컴의 떠들썩한 관심에 지옥불처럼 분노한 주교가 이 사건이 영국 국교회에 오명을 안겨주고 있다고 판단했기 때문이다. 1930년 4월 20일, 스미스가 볼리 교회에서 마지막 설교를 한 것을 끝으로 이 교구 목사관에는 사람이 살지 않게 되었다.

이 절호의 기회를 놓치지 않았던 에설 불은 모계 친척인 교구 목사 라이어널 포이스터가 임명되도록 손을 써서 이 교구와 목사관이 다시 가족의 영향권 안에 들어오도록 했다. 그는 캐나다에서 자신보다 훨씬 어린 아내 마리안과 함께 도착했다. 이 소녀가 바로 수년이 흐른 뒤, 노스다코타 호텔에서 도망자 신분으로 사설탐정을 만나게 될 인물이다.

오랜 기간 지속된 유령 출몰 사건에서, 가정사의 반복되는 패턴은 언제나 살펴볼 만하다. 그리하여 또다시 우리는 침착한 성격의 가톨릭 교도인 어린 아내를 둔, 모호한 섹슈얼리티를 지닌 심약한 영국성공회교 성직자를 만나게 된다. 그리고 해리 불과 마찬가지로, 포이스터는 그의 정신 상태에 영향을 미쳤을 수도 있는 질병을 앓고 있었다.

스미스 가족이 떠나고 사례집이 마무리되면서, 프라이스는 더 이상 볼리와 관련될 일은 없을 것이라고 생각했다. 하지만 유령 현상의 제 2막이 막 시작되려 하고 있었다.

1930년 10월부터 볼리 목사관에는 인부들이 머물렀다. 하지만 집을 더 살 만한 곳으로 만들기 위한 이들의 노력은 역부족이었다. 노동자들이 떠난 후, 사건들이 잇따라 발생했다. 큰 수술을 받고 회복 중이던 마리안은 누군가 자신의 이름을 부르는 소리를 들었다고 생각했다. 발자국 소리가 들렸고, 낯선 성가집이 나타났다. 철물, 돌멩이, 실패, 지팡이, 석탄이 던져졌다. 극악했다고 손꼽히는 한 사건이 발생한 1981년 3월 28일, 마리안이 '흉물'이라고 묘사한 존재가 그녀의 어깨를 만졌다. 집에 퇴마술을 행하려던 시도는 악랄하게 쏟아지는 돌무더기로 끝이 났다. 결혼반지(주인을 알 수 없는)와 같은 물건들이 나타났다가 사라졌다. 부엌 식탁이 거꾸로 뒤집어져 있는 것이 발견됐고 경첩을 고정해둔 침실 창문이 저절로 닫히기도 했다.

벽돌 한 조각이 저녁식사 테이블에 앉아 있던 포이스터 목사의 접시 옆에 떨어졌으며, 마리안은 화장실을 나서다가 또 다른 벽돌 조각에 걸려 넘어지기도 했다. 사용하지 않는 빈 방의 마룻바닥에서는 불에 타고 있는 물체들이 발견되기도 했다. 잠에서 깨어난 부부는 자신들의 베개 주변에 돌무더기가 쌓여 있는 것을 발견했으며, 통나무들이 부엌에 굴러다니고 돌멩이들이 계단 아래로 굴러떨어졌다. '마리안'이라고 적힌 종잇조각들이 집 안 곳곳에서 발견되었고, 벽 위쪽에 그녀에게 기도문을 외라는 글자들이 적혔다.

스미스 가와 마찬가지로, 포이스터 가 역시 행복하지 않았다. 라이어널의 건강은 악화되고 있었다. 지역 상류층은 이들 가족이 지역 주민들과 가깝게 지내는 것을 의심했고, 주민들은 이들이 부랑자들에게 친절을 베푸는 것을 싫어했다. 5월, 유령 현상의 맹렬함은 극에 달했고 포이스터 가족들은 목사관을 도망치듯 나와 이웃인 조지 경과 레이디 화이트하우스의 집으로 대피해야 했다. 레이디 화이트하우스는 심령술사였고, 전쟁 신경증을 앓으면서 수사가 되는 과정을 밟고 있던 그녀의 조카 에드윈은 이 집의 폴터가이스트 현상에 집착하면서 건강을 해칠 정도로 목사관에 오래 머무르기 시작했다.

9월 29일, 성 미카엘 축일에 프라이스가 메이페어에 있는 유령 연구소에서 작업하고 있을 때 에셀 불이 자매들 중 한 명을 데리고 그를 부르러 왔고, 며칠 후 자매들의 고집스러운 요구에 따라 포이스터 목사는 프라이스에게 직접 목사관에 방문해 생생한 유령 현상을 지켜봐달라는 내용의 초대장을 보냈다.

해리 프라이스가 1931년 10월 볼리를 방문했을 때, 그는 이들 가족에게 환영받지 못했다. 마리안은 철야 감시를 벌일 만반의 태세로 조수를 대동하고 샌드위치 바구니를 들고 나타난 해리 프라이스를 보고 깜짝 놀랐다. 프라이스 역시 며칠 전 자신의 경쟁자인 SPR의 전문가가 왔다 갔다는 사실을 알고 분노를 감추지 못했다. 설상가상으로, 포이스터는 자신들과 목사관에 대한 공개 보고서를 작성할 수 있는 권한을 제한하는 내용의 계약서에 프라이스가 서명하도록 하라는 SPR의 조언을 받아들인 터였다.

프라이스는 볼리에서 그가 알아낸 것에 큰 감명을 받지 못했고 자신이 속고 있다고 느꼈다. 그는 포이스터 목사에게 자신이 받은 느낌을 분명히 전달했다. 자신이 이 사건을 담당하는 한, 진실은 마리안이 이 모든 짓을 꾸며낸 범인이라는 것이었다. 이 사건 이후 그리고 포이스터 가족과 안 좋게 헤어진 이후, 프라이스는 볼리 목사관에 더 이상 발을 디딜 수 없었다.[3]

프라이스는 적수를 만난 격이었다. 마리안은 프라이스만큼이나 자신에 대한 기상천외한 이야기들을 수없이 탄생시켰다. 그녀가 병적으로 성취한 업적 중에는 자신의 나이보다 두 배는 많은 포이스터와 결혼할 당시 그녀의 첫 번째 남편과 이혼하는 절차를 생략한 것 그리고 볼리로 이사 온 뒤 얼마 지나지 않아 남자친구 프랭크 피어리스를 하숙인으로 들인 것 등을 들 수 있다. 피어리스는 스토크 뉴잉턴 묘지 밖에서 꽃을 팔던 런던 토박이 사기꾼이었다. 그는 아무렇지 않게 자신의 친아들에게 마리안을 '색마'라고 일컫곤 했다. 복도에서 들린 발자국 소리 중 일부는 유령의 방문보다는 침실을 서성거렸던 인간 거주자들과 관련이 있었을 것이다.

관절염으로 몸이 불편했던 포이스터 목사는 볼리에서 재임 기간이 끝날 때까지 휠체어를 타고 다녔다. 남편과 아내는 이 상황에 대처하기 위해 점점 가톨릭 기법에 의존하게 된다. 포이스터는 아르스 본당 신부였던 장바티스트 비아니의 성聖 유물을 언제나 몸에 지니고 다녔고, 유령에 의해 잠긴 문을 열 때 사용하기도 했다. 그는 유령이 자신의 설교를 옮기고 다니는 것을 막을 수 있는 유일한 방법은 그것을 성경에 끼워 넣고 다니는 것임을 알아냈다고, SPR에서 파견된 샐터에게 말했다.

그의 저서 『유령의 집에서 보낸 15개월Fifteen Months in a Haunted House』의 타이핑된 원고에서, 포이스터는 에드윈이 포이스터와 그의 아내에게 선물로 준 견갑골 메달을 언급하기도 했다. 부부는 속옷에 이 작은 메달을 달고 다녔는데, "나이트가운으로 갈아입을 때는 이를 옮겨 달곤 했다". 침실에서 여러 가지 현상이 바쁘게 일어났을 것을 감안하면, 자신들의 속옷을 이 정도로 신뢰했다는 것은 맛깔스러운 디테일이다.

레이디 화이트하우스는 후에 마리안을 미쳤다고 묘사했으며 그녀의 목회 활동이 에드윈에게 "좋지 않은 영향을 미쳤다"고 말했다. 실제로 볼리 목사관은 점점 그의 정신을 이상하게 만들었고, 그는 잠시 동안 세인트 존스우드에 있는 정신병원에 입원하기도 했다.

1932년 초, 마리안은 해리 불의 유령을 본 후 기절했다. 하지만 이 유령 잔치에서 더 큰 유령은 포이스터 가의 점차 악화되는 재정적 상황이었다. 점차 절망에 빠지고 정신이 이상해진 부부는 아주 별난 돈벌이 계획을 꾸몄다.

철저히 계산된 계획하에, 마리안은 교구 목사관에서 보낸 마지막 해에 이중 중혼자가 되었다. 1935년 2월 23일, 그녀는 처녀 적 성인 보이스터를 사용해 입스위치의 헨리 피셔라는 이름의 외판원과 결혼한다. 본질적으로 이것은 사기였으나, 포이스터 역시 여기에 가담했다.[4] 한 시점에서, 마리안은 피셔를 볼리 목사관으로 들인 후 포이스터를 자신의 아버지라고 속였고, 입양한 딸과 아들을 자신의 형제라고 속였다. 포이스터는 교회에서 설교를 하던 중 쓰러진 후, 목사관을 내놓아야 했으며 입스위치에 살고 있는 아내와 그녀의 새 남편의 집에 얹혀살게 되었다. 마리안은 자신의 남편이 이 당시 "머리가 돌았다"고 표현했다. 그는 죄악에 대해 고래고래 소리쳤다.

하지만 결국 정신병원 신세를 지게 된 것은 피셔였고, 포이스터 목사도 얼마 안 있어 사망했다. 마리안의 희생자 명단은 갈수록 늘어났다.[5] 포이스터의 사망 진단서에는 그가 마지막 숨을 내쉴 당시 욕창에 뒤덮여 있었다고 적혀 있다. 그녀는 피셔와 결혼하기 위해 여자아기를 입양해 자신의 아이인 것처럼 꾸몄으며, 몇 달 후 로버트 오닐이라는 이름의 미국 군인을 만나 결혼하기 위해 남자 아기를 입양한 후[6] 같은 일을 되풀이했는데, 이때는 라이어널이 죽은 지 불과 4개월이 지난 시점이었다. 그녀는 당시 피셔와 혼인관계에 있었다. 마치 중혼이 아닌 상황을 단 몇 주라도 견딜 수 없는 것처럼.[7]

유명한 유령 이야기에 관심이 있는 자들에겐 매우 이상한 우연의 일치로, 그녀가 영국에서 마지막으로 몇 시간을 보낸 곳은 다름 아닌 햄프셔의 군부대였다. 미군과 그 아내들을 위해 만들어진 임시 캠프였던 이곳의 이름은 티드워스(후에 테드워스로 표기된다)로서, 테드워스 장원[8]으로 더 잘 알려진 주치 장원의 이전 사유지에 세워져 있었는데, 이곳은 당시 장교들의 식당으로 이용되었다. 17세기, 악마의 북치기가 가족들을 공포에 몰아넣었던 곳에서, 이제는 "볼리의 미망인"이 영국에 작별을 고하려 하고 있었다.

한편, 에식스에서는 교회위원회가 볼리를 다시 임대하려 하고 있었는데, 임차인은 다름 아닌 해리 프라이스였다.

유령의 집. 여유가 있고 지성인이며 용감하고 비판적이며 편파적이지 않고 책임감 있는 분들을 홈 카운티에서 유령의 집이라고 알려진 곳에서 일 년 동안 밤낮으로 진행될 조사의 관찰대원으로 모집합니다. 지침서가 적힌 인쇄물 제공. 과학적 훈련 이수자 또는 간단한 도구 활용 능력자 우대. 저택은 아주 작은 시골 마을에 위치해 있으므로. 자가용 필수. 사서함 H989, 『타임』, EC4.

프라이스가 1937년에 낸 광고는 첼시 꽃박람회와 테리어 개 사육장 광고 사이에 게시되었다. 1937년의 일이었다.

프라이스는 약 200명으로부터 신청서를 받았다. 일부는 스릴 있는 경험을 원하는 권태로운 사교계 부인들이었고, 일부는 저널리스트, 일부는 노동의 대가를 바라는 한물간 퇴역장교들이었다. 한 친절한 주술사는 목사관의 부패가 진행 중인 많은 방 안에 도사리고 있을지도 모르는 악령들로부터 '보호'해주는, 별모양으로 바느질한 부적을 보내기도 했다. 그럼에도 프라이스는 첫 번째로 도착한, 시드니 글랜빌의 편지로 자꾸만 마음이 기울었다.

글랜빌은 특출한 재능을 지닌 것은 아니었지만, 프라이스는 고문기사였던 그가 1661년 '테드워스 북치기' 사건을 조사한 뛰어난 한 남자의 방계비속이었다고 확언한다.[9] 그는 이후 프라이스와 "영국에서 가장 흉흉한 유령의 집"을 함께 조사하며 그가 가장 신뢰하는 조사원 중 한 명이 된다.

프라이스가 살았던 당시 촬영된 볼리 목사관의 복도 사진. 많은 물건이 위쪽에서 복도로 던져졌다.

많은 이가 의아해했던 사실은, 프라이스는 애초부터 볼리 프로젝트에 깊이 관여하기를 원치 않았다는 점이다. 6개월에서 1년간 단순히 이 건물에 대해 일종의 질서 잡힌 감시를 관리하고 감독하는 것이 그의 목표였다. 이러한 종류의 감시는 한 번도 시도된 적이 없었다. 그는 신참 조사원들을 위해 지침서를 작성했고, 조사원들은 업무 중 알게 된 사실을 개인적 이익을 위해 사용하지 못하도록 하는 선서에 의무적으로 서명해야 했다. 그들은 또한 저택의 위치나 이름을 공개하지 않을 것을 요구받았는데, 사실『미러』에서 수차례 1면 기사로 다뤄져 집은 이미 유명세를 탄 뒤였다. 참가자들은 건물과 관련된 어떤 것도 허가 없이 사진을 찍거나 스케치할 수 없었다. 무엇보다도 참가자들은 개인적 지출에 대해서는 각자 부담해야 했고 저택에 머무르는 동안 자세한 일지를 기록해 프라이스에게 제출해야 했다.

논란이 일었던 부분은, 프라이스가 목사관에 유령이 출몰했던 간략한 역사와 스스로 울리는 종과 유령 수녀 등 이미 알려진 다양한 현상을 이들에게 미리 언급했다는 사실이다. 몇 년 후, 이것은 지나치게 분명한 암시를 주었다는 이유로 그에게 불리하게 작용했다.

1937년 6월 2일, 프라이스는 서식스주 자택에서 볼리까지 그가 새로 알게 된 지인 중 한 명인 엘릭 하우[10]와 함께 차로 이동했다. 엘릭 하우는 나중에 전시 중 특수작전국을 위해 독일 도장을 위조하는 임무를 맡게 되는 인물이다. 프라이스는 유령이 살고 있는 파란 방 아래 1층 서재에 '본부'를 설치하는 데 집중했다. 이 방은 헨리 불이 잔디 위를 지나가는 토끼들에게 무차별 사격을 가했던 바로 그 서재였으며, 프랑스식 창문 너머 정원사들이 얼굴을 찌푸리는 동안 그의 아들 해리가 창문 앞에서 가정을 위한 기도를 하곤 했던 곳이다. 이 창문에는 거대한 강화 셔터가 가로지르고 있었으며, 이 때문에 방 안에는 요새와 같은 공기가 흘렀다.

근처 서드베리로 저장품을 사러 다녀온 이후, 프라이스는 자신의 '본부'를 그럭저럭 편안하게 만들었다. 매트리스가 깔려 있는 철제 간이침대와 테이블용 등유 램프, 메틸화된 술 주전자와 찻잔 세트, 연유와 설탕 등을 세팅해놓았다. 또한 지루함을 쫓기 위해 중립적 주제들에 관한 약 20권의 '읽을 만한' 책을 갖다놓았다.

프라이스와 하우는 집 안 곳곳에 여러 개의 트리거 물체를 설치해놓았는데, 오늘날 고스트헌팅 탐사에서 익숙한 관행으로 자리 잡은 이 절차는 유령의 주의를 끌고 이들에 의해 물건들이 움직일 수 있다는 기대 속에서 시작되었다. 프라이스는 애연가 유령의 관심을 끌기

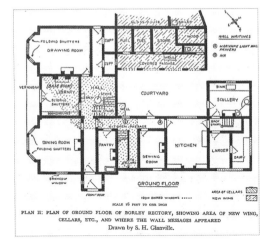

시드니 글랜빌이 그린 볼리 목사관의 1층 도면에는 마리안의 메시지가 나타난 장소가 표시되어 있다.

위한 '성냥갑'과 '담배 한 상자'를 포함해 온갖 잡동사니를 늘어놓았다고 기록하고 있다.

트리거 또는 '통제용' 물건들을 포함한 집 안 곳곳의 모든 물건이 조심스럽게 소리를 내고, 벽에 색분필로 글자가 적히는 과정에서, 이들은 위층 파란 방의 방문에 해진 모직코트[11]가 걸려 있는 것을 발견한다. 프라이스가 집을 잠시 비웠던 2주 전에는 분명 보지 못한 것이었다. 난데없이 나타나는 불가해한 옷가지들은 이 시기의 특징이었지만, 폴터가이스트 활동으로 인한 무작위의 강령이라기보다는 지역 주민이 버려진 집에서 밀회를 갖는다는 증거였다.

집 안과 정원을 수색한 뒤 둘은 밤샘 근무에 들어갔다. 9시가 지나자 곧 바깥 통로에서 두드리는 소리가 들려오기 시작했으며, 이들이 통로를 확인한 바로 직후, 위층에서 마치 누군가 무거운 부츠를 마룻바닥에 벗어 던진 것처럼 쿵 하는 소리가 두 번 들렸고 이어서 문이 쾅 닫히는 소리가 났다.

✳

시드니 글랜빌이 거의 첫 번째로 취한 조치는 구내와 저택 1층의
제대로 된 건축 도면을 그리는 것이었다. 그다음 시드니와 아들 로저
는 모든 문을 왁스와 접착테이프로 봉쇄하는 작업에 착수했다. 집 안
에 흐르는 적막은 어딘지 답답하고 불안했다. 저택은 완전히 고립되
어 있었다. "들려오는 소리는 생쥐 몇 마리의 발자국 소리, 간헐적으
로 나무 위에서 들려오는 구슬픈 올빼미 소리가 전부였고, 아주 가끔
늦은 시간에 길을 지나가는 자동차 소리가 들려올 뿐이었다." 이들은
규칙적으로 다락과 저장고를 포함한 집 안 곳곳을 돌며 모든 문의 봉
인 상태를 점검했다.

시드니는 후에 "특히 며칠 밤 동안 작은 소리라도 놓치지 않으려고
귀에 온 신경을 집중해야 했다"고 불평했다. 이 중 어떤 소리들은 출
처가 금방 파악되었는데, 창문을 긁는 들장미 소리, 수도꼭지에서 물
이 떨어지는 소리, 가끔 벽 안쪽과 마룻바닥 밑에서 생쥐가 발톱으로
긁는 소리 등이 포함되었다.

출처를 알 수 없는 소리들도 있었다.

9월에는 객실 창문을 통해 침입한 흔적이 발견되었는데, 의심할 바
없이 인간에 의한 불법 침입이었다. 모든 환경을 완전히 통제하는 데
실패했다는 증거였다. 그럼에도 글랜빌과 그의 아들 로저는 집을 오
갔다. 하루는 두 명의 RAF 장교 친구가 저택을 방문했다.[12] 그날 오후
글랜빌은 램프용 등유를 사기 위해 근처 마을로 차를 끌고 나갔다.

돌아오는 길에, RAF 장교들은 빈 집을 지키던 중 일어난 일을 보고했다. 문을 열어둔 채 본부에 앉아 있던 그들은 "가볍고 민첩한 발자국" 소리가 계단을 내려오다가 멈추는 소리를 똑똑히 들었는데, 바로 전에 그들은 레코드판을 틀어놓고 노래를 따라 부르던 참이었다. 계단 맨 아래칸은 그들이 앉아 있던 곳에서 불과 8피트 떨어져 있었다. 하지만 그곳에는 아무도 없었다고 한다.

9월 19일, 글랜빌은 프라이스에게 "현상들이 최근 눈에 띄게 감소했습니다"라고 적어 보냈다. 그는 "제가 심령술사와는 전혀 거리가 멀다는 점이 부정적인 영향을 미쳤을지도 모릅니다"라고 덧붙였다.

사실 프라이스는 글랜빌이 심령술사가 아니라는 바로 그 점 때문에 볼리 목사관의 상주 조사원으로 고용한 것이었다. 프라이스의 마음은 다른 곳에 가 있었다. 그가 저술하던 책이 거의 완성 단계에 있었고 국립 심령연구소를 본 대학에 매각하는 일이 중요한 막바지 단계에 접어들고 있었다. 그는 이 '연구소'가 제 모습을 갖추도록 수년을 투자했으며 상당한 규모의 현란한 장비들을 구비해놓은 상태였다. 본 대학으로의 매각은 상당한 금액의 현금이 생긴다는 것을 의미했고, 더 나아가 학계에서 한자리가 주어질 가능성을 의미하기도 했다. 그의 인생은 전환점을 맞으려 하고 있었고, 그가 그렇게도 원했던 모든 것이 눈앞에 현실로 다가오려던 참이었다. 따라서 그가 이미 가짜라고 판명했던 에식스의 낡고 조그만 목사관의 유령은 그의 우선적인 관심사가 아니었다.

글랜빌은 일곱 번의 테이블 틸팅강신술에서 영과 교신할 때 테이블이 저절로 움직이는 현상과 플랑셰트[13] 강령회를 열었는데, 그의 방법론적인 성격과 과학적 성향을 고려했을 때 다소 의외의 결정이었다. 그 결과 목사관

아래 수녀 한 명이 묻혀 있다는 것과 저택에 사는 영들이 목사관을 불태울 계획이라는 것이 밝혀졌다.

결국 볼리는 소각되지 않았다. 아니, 최소한 플랑셰트에서 예측한 그날 저녁에 불태워지지는 않았다. 프라이스의 임기(마치 그가 교구 목사 중 한 명이었던 것처럼, 문헌에는 임기라고 적혀 있다)도 거의 끝나가고 있었다. 1938년 4월, 통제 물건들 중 일부가 이동했고 두드리는 소리가 들렸으나, 시간이 얼마 남지 않은 상태였다. 교회위원회의 검토 결과, 볼리는 근대 성직자들이 임무를 수행하기에 적합하지 않은 곳으로 간주되어 목사관은 같은 해 10월, 윌리엄 하트 그레그슨 대위에게 매각되었다. 프라이스와 글랜빌은 장비들을 다른 곳으로 옮겼다.

12월경 프라이스는 그의 가장 소중한 꿈이 수포로 돌아간 것을 알게 되었다. 그의 나치 친구들은 그에게 냉담해졌고 그의 연구소가 독일로 옮겨지지 않을 것임이 분명해졌다. 장비들은 이제 시대에 뒤떨어진 것이 되었고, 듀크 대학의 J. B. 라인의 연구는 프라이스가 성취했던 거의 모든 것을 아마추어적이고 구식으로 보이게 했다. 프라이스의 연구실 장비들은 87개의 차 상자 속에 보관되었고 연구실에 있던 거대한 엑스레이 장치는 가이스 병원에 팔렸다. 연구실에 있던 보물 중에는 영매 헬렌 덩컨의 원생동물에서 가위로 잘라낸 물질이 담겨 있던 병과 부드러운 펠트 슬리퍼, 두통약, 담배 등이 들어 있는 휴대용 고스트헌팅 키트가 있었다고 한다. 히틀러의 영국 유령 실험실은 여전히 그곳에서 송환되기만을 기다리고 있다.

1939년 2월 27일, 볼리 목사관은 전소되었다. 시간 감각이 무뎌진 유령들이 아마도 날짜를 잘못 계산한 것 같았다.

1939년 하짓날, 볼리 교회 기금을 위해 목사관 부지의 폐허 더미

옆에서 '심령 바자회'가 열렸다.

프라이스는 애써 태연한 척하며 그레그슨 대위에게 재미있는 일화를 들려주었다. 히틀러에게 개인적으로 뉘른베르크 집회 참석을 희망한다는 서한을 보냈던 프라이스와, 볼리로 옮기기 전 모즐리의 파시스트 당원이자 영국 파시스트연합의 몰던 지부 조직원이었던 그레그슨, 이들은 실로 재미있는 한 쌍이었다.

몇 년 후, 그레그슨의 아들은 그의 아버지가 보험금을 타기 위해 집에 불을 질렀다고 주장했다. 분명 보험사는 그가 보험료 500파운드를 지불했던 집에 대한 보험 청구 금액 1만 파운드에 강한 의혹의 눈길을 보내고 있었다. 그레그슨은 건조시키기 위해 마룻바닥에 늘어놓았던 책들을 정리하던 중에 등유 램프를 엎지르면서 불이 났다는 주장을 반복했다. 볼리에서는 새로운 유령들이 목격되었다. 불타는 집의 화염을 배경으로 중절모를 쓴 남자가 나타났고, 폐허가 되어 마룻바닥이 유실된 집의 파란 방, 아니, 파란 방이었던 지점에서 여자의 실루엣이 목격되기도 했다.

볼리는 불안감을 조성하는 병리학의 소용돌이였다. 1990년대, 마리안의 아들 빈센트는 볼리 목사관에 사는 유령을 다루는 신뢰할 만한 인터넷 사이트를 운영하다가 갑작스레 사이트를 폐쇄했다. 더 이상 볼리의 관광객들 때문에 지역 주민들이 방해받는 것을 원하지 않는다는 이유에서였다. 그는 현재 이에 관해 어떠한 입장도 밝히지 않고 있으며, 이 문제에 대한 서신 교류에도 전혀 관여하지 않고 있다.

2002년, 『우리가 볼리 유령을 꾸며냈다We Faked the Ghost of Borley』라는 자극적인 제목의 책이 발표되면서 출판업자들 사이에서 논란이 일었다. 하지만 이 책은 자신을 루이스 메이얼링(런던 우드그린, 조지

카터 출생)이라고 칭한 또 한 명의 자아도취증 환자에 의한 자작극으로 밝혀졌다. 자신이 메릴린 먼로와 조지 버나드 쇼와 친분이 있으며 T. E. 로런스의 오토바이를 관리했고, 운전사였으며, 영국 왕세자와 심프슨 부인과 교우관계가 있던 바이올린 신동이라고 주장한 메이얼링은 사실은 포이스터 가, 스미스 가 또는 불 가와 함께 목사관에 머무르기는커녕 볼리에 방문한 적도 없었던 것으로 드러났다.

기만은 볼리를 따라다니는 유령이었다. 심지어 해리 프라이스조차도 증거를 조작했다.

1944년 4월, 그는 볼리 목사관이 철거되던 당시 마지막으로 목사관을 방문했다. 프라이스는 후에 그의 저서 『볼리 목사관의 종말The End of Borley Rectory』에서 당시 사건을 회상했다.

> 셔먼이 그의 카메라 렌즈의 셔터를 작동시키는 스위치를 누르자, 벽돌 한 개 또는 부서진 벽돌 조각으로 보이는 것이 부엌 통로가 있던 곳의 공기 중으로 갑자기 4피트가량 솟아올랐다. 우리는 벽돌이 대량으로 흩어져 있던 통로로 가보았다. 어떤 벽돌에도 노끈이나 철사가 달려 있지 않았고, 그쪽 주변에는 인부 또한 보이지 않았다.

오늘날 우리에게 잘 알려진, 날아가는 벽돌이 찍힌 이 사진은 다음과 같은 설명과 함께 발표되었다. "만약 이것이 진정 초자연적 현상이라면, 우리는 폴터가이스트 발사체가 날아가는 장면이 최초로 찍힌 사진을 보게 된 것이다."

여러분은 이 문장이 영리하게 작성되었으며, 거의 법리적 균형을 맞추고 있다는 것을 알아차릴 수 있을 것이다. 프라이스는 후에 이

프라이스가 '날아가는 모습이 찍힌 폴터가이스트 발사체'라고 강하게 주장했던, 1944년 4월 5일에 촬영된 유명한 날아가는 벽돌(원으로 표시)의 원본 사진. 하지만 프라이스가 발표한 사진에는 벽돌을 던지고 있던 작업자(다른 원으로 표시)가 잘려나갔다.

사진으로 인해 비판을 받았고, 이에 격분한 그는 특유의 신경질적 어조로 단호하게 호통치듯 대응했다.

이것이 가짜라는 것을 당신이 입증해 보인다면, 나는 당신이 원하는 자선단체에 1000파운드를 기부할 것이다. (…) 이 사건에 대한 유일한 해석은 벽돌이 먼 곳에서부터 날아왔거나 (…) 또는 [『라이프』지에 볼리에 대한 기사를 쓴] 미스 레드샴, 데이브 셔먼 그리고 내가 공모한 일이라는 것이다. 이들은 여전히 답변할 준비가 되어 있으며, 어떠한 속임수도 쓰지 않았다는 것을 법정에서 맹세할 것이다.

프라이스는 이번에도 단어를 신중히 선택하고 있으며, 법정을 언급함으로써 무언의 협박을 가하고 있다. 1948년 프라이스가 사망하고 나서 10년이 채 지나지 않은 시점에 그의 반대파들이 그를 끄집어냈다. 그들의 가장 결정적 증거는 바로 이 볼리 벽돌이었다. 1956년, 그들은 「볼리 목사관에서 목격된 유령The Haunting of Borley Rectory」이라는 제목의 보고서를 발표했고, 이 보고서에서 프라이스의 주장에 대해 의문을 제기한 그들은 실제로 미스 레드샴에게 연락해 4월에 그날 있었던 일에 대해 인터뷰했다. 그녀는 아직도 그 사건에 대해 분이 풀리지 않은 상태였다.

나는 고인이 된 해리 프라이스의 가장 뻔뻔한 속임수를 직접 두 눈으로 목격했다. (…) 그는 셔먼이 찍은 날아가는 벽돌의 미스터리 사진을 언급했다. 프라이스가 지적한 대로, 노끈이나 철사는 달려 있지 않았지만, 그가 언급하지 않은 것은 벽 뒤에서 작업 인부 한 명이 한창 작업 중이었다는 사실이다. 우리 셋 모두는 사진이 찍힌 지점을 향해 집을 지나가면서 그를 보았다. 규칙적인 간격으로 날아왔던 벽돌을 포함한 모든 날아가는 벽돌은, 의심할 여지 없이, 철거 작업이 한창이던 이 작업 인부에 의한 것이었다.

사진사 역시 이야기의 진위 여부를 확인했다. 매거진 특집기사로 다뤄질 전체 에피소드는 풍자조의 글로 작성될 예정이었다. 셔먼은 화가 났다기보다는 재미있어하고 있었다. "우리는 농담에 참여했던 프라이스가 이 사건을 마치 폴터가이스트의 복음적 증거인 양 행세할 만큼 후안무치하다는 것을 나중에서야 알게 되었다."

지난 20년 동안 발표된 다른 증거들 역시 거짓으로 밝혀졌다. 앞

볼리 목사관의 마리안 그래피티. 그녀의 필기체와 거의 똑같다는 사실이 후에 밝혀졌다.

페이지에 있는 볼리 벽돌의 조작되지 않은 원본 사진에는 '날아가는 벽돌'[14] 사진이 찍힐 당시 철거 장소의 모퉁이에서 작업 중이던 인부의 모습도 찍혀 있다. 미국 공식문서에 사인한 마리안의 글씨체를 보면 1960년대와 1970년대 초자연 현상에 관한 여러 서적에서 볼리 벽돌과 마찬가지로 끊임없이 등장했던, 볼리 벽 위에 나타난 "마리안 부디 도움을 청하세요"라는 호소문의 글씨체와 유사하다는 것을 알수 있다. 이 글자들이 의식적 또는 무의식적으로 마리안에 의해 작성되었다는 설이 현재 가장 일반적으로 받아들여지고 있다.

비록 그녀가 벽 위의 메시지를 작성했다 하더라도, 이 글자들은 그녀가 없을 때에도 계속 나타났다. 하지만 지역 주민들의 주거 침입 역시 계속되었다. 프라이스와 글랜빌은 저장실로 통하는 뒷문이 있었다는 사실을 뒤늦게야 알아차렸다. 저택은 존재했던 많은 시간 동안 빈집으로 남아 있었고, 연인들의 밀회 장소, 아이들의 담력 시험대,

노숙인들이 몰래 쉬어가는 쉼터로 이용되었다. 저장소의 뒷문 외에도 외부로 통하는 문은 총 네 개가 있었다. 마리안은 후에 저절로 난 불의 상당수가 부랑자들이 침실에서 피운 것이었다고 주장했다. 하지만 상당히 긴 시간 동안 꽤 여러 사람이 귀를 기울이고, 감시하며, 발자국 소리를 향해 돌격했다는 것을 감안하면, 아무도 들키지 않았다는 사실은 흥미롭다.

유령의 출몰은 주택 철거 후에도 멈추지 않았다. 그레그슨은 목사관 부지에 캠핑하는 사람들에게 입장료를 받으며 더 많은 돈을 벌고 있었다. 1947년 6월 27일, BBC는 볼리에 나타나는 유령을 다룬 프로그램을 방영했다. 프로듀서인 피터 이튼과 앨런 버지스가 녹음한, 목사관 지하 저장고에서 나는 두드림 소리 등이 소개되었다. 많은 사람이 유령이 교회로 이동했다고 믿기 시작했다. 교회 안에서는 톡톡 두드리는 소리, 움직이는 물체들, 교회 안에 아무도 없을 때 들려오는 오르간 소리 등의 현상이 있었다. 그리고 차를 타고 목사관을 지나다가 수녀를 보았다는 목격자들의 증언이 잇따랐다. 1965년, 캐넌 레슬리 페널도 목격자 중 한 명이었으며, 수녀의 등장은 종종 운전하는 차의 기계적 고장과 동반해 일어났다.

1885~1943년 사이에 총 열일곱 명이 유령을 보았다는 사실에 주목한 해리 프라이스는 유령 이야기를 좀더 그럴듯하게 만들기 위해 그중 일부에도 손을 댔다. 에설 불이 여름날 잔디 위에서 자매들과 유령을 목격한 시점은 황혼이 질 무렵에서 한낮으로 바뀌었고, 프라이스는 또한 유령이 슬픈 표정을 짓고 있었다는 묘사를 첨가했다. 실제로 자매들은 얼굴을 보지 못했고, 그녀가 묵주를 세고 있는 장면도 목격되지 않았다.

볼리는 신뢰할 수 없는 목격자들로 유명했다. 에설 불, 마리안 포이스터, 메이블 스미스 그리고 하녀 메리 피어슨을 포함한 중요한 목격자들 중 상당수가 초기 진술을 번복하거나 있는 그대로의 사실을 이야기하지 않았다는 암시를 내비쳤다. 해리 프라이스는 포이스터 가문이 살던 당시에만 일어난, 그가 초자연적인 현상이라고 여긴 최소 2000여 건의 사건 목록을 작성했고, 『영국에서 유령이 가장 많이 나타나는 집The Most Haunted House in England』에 그 목격담과 경험담을 소개했다. 그중에는 유령 수녀의 출현, 해리 불의 출현, 키가 크고 피부가 검은 남자, 중절모를 쓴 인물, 마차, 잔디밭 위의 한 줄기 연기 등이 포함되어 있었다. 청각 현상은 더욱 종류가 다양했는데, 발자국 소리, 벨이 울리는 소리, 두드리는 소리, 문이 닫히는 소리 등이 있었다. 하지만 저택의 보안 역시 철저하게 지켜지지 않았다. 볼리의 철통 보안은 애초에 불가능했다.

사건 조사를 위해 고용된 약 50명의 전문 초자연 심리학자 중에 일부만이 연구소 밖으로 나와 유령의 집에 잠복근무하는 일에 정기적으로 참여하고 있었다. 볼리 목사관에서는 평범한 환경의 보안을 강화하는 것이 불가능하다는 사실과, 누군가에게 정확한 관찰을 기대하는 것 역시 불가능하다는 사실이 판명되었다.

볼리는 바이러스성 유령이라고 불러도 좋을 것이다. 사람들은 이 병에 '감염'되었다. 유령에 대한 포이스터 목사의 기록에 대한 신빙성을 없앴던, SPR에 의해서 처음 발견된 사실 중 하나는 그의 필사본 『유령의 집에서 보낸 15개월』에 있다. 프라이스는 자신의 저서에 이 사본을 많이 인용했는데, 마리안 포이스터에 따르면 그는 이 필사본을 그들에게서 훔쳐갔으며 돌려달라고 요청했을 때 '잃어버렸다'고 주장했다고 한다. 필사본을 들여다보면, 포이스터는 강신론자 단체들의 볼리 방문을 소설화했고, 이들 중 한 명에게 평범하지 않은 이름인 티드Teed를 붙여주었다. 이 이름은 1878년 작『그레이트 애머스트 미스터리Great Amherst Mystery』의 여주인공인 에스터 콕스의 여동생이자 형부의 이름이기도 했다.[15] 포이스터 가족은 캐나다에 거주할 당시 애머스트 인근에 살았고, 이 이야기를 알고 있었던 것으로 보인다. 이 한 단어 '티드'는 포이스터가 소설을 팔고 있었다는 증거다.

헤닝 목사 역시 볼리 유령들에 대한 책을 저술했는데, 서문은 엘리자베스 고지가 작성했다. 자비출판이었고, 비슷한 부류의 책들 중에서 손꼽히는 우수하고 분위기 있는 이야기로 완성되었다.

SPR의 연구자 에릭 딩월[16]이 당일 일정으로 볼리를 방문해 연못 반대편에 있던 오두막에서 구입한, 헤닝이 소장하고 있던 책『유령이 나타나는 볼리Haunted Borley』[17]를 보면, 제10장에서 그의 가장 온화한 관찰을 찾을 수 있다. 10장에서 작가는 이렇게 쓰고 있다. "볼리의 유령 현상은 악마 숭배의식이거나 마녀의 소행, 혹은 둘 다일 수도 있다. (…) 한 늙은 교구 주민은 그녀가 40년 전 볼리를 방문했을 때 마녀가 있다고 들었는데, 그는 여자가 아니라 남자였다고 말했다." 필자가 아는 한 볼리 문헌에는 기록되지 않았지만, 딩월은 파란 잉크를 묻힌 만년필을 꽉 쥔 손으로 다소 퉁명스럽게 휘갈겨 적었다. "만약 악마 숭배의식이 거행되었다면 해리 불에 의한 것임에 틀림없다."

수사의 일환으로, 프라이스는 교회 안에 숨겨진 금고를 찾고 있었다. 1943년 8월 17일, 저택의 지하 저장고를 발굴하기 전, 프라이스는 월더그레이브 납골당을 찾기 위한 간단한 수색을 목적으로 교회로 향했다.

17세기 월더그레이브 납골당은 교회에서 악명이 높았고 여전히 초자연적 현상의 초점이 되고 있다고 보고되고 있었는데, 이는 M. R. 제임스의 소설 『카운트 매그너스Count Magnus』에 등장하는 무덤과 별반 다르지 않다. 이 이야기의 클라이맥스는 볼리에서 불과 3마일 떨어진 벨샴프 세인트 폴에서 일어난다.[18]

제단 층계 아래 있던 거대한 구들장이 들렸지만, 그 밑에는 모래 외에는 아무것도 없었다. 그러나 이 작업에 참여한 석공은 이 석판이 본래 교회의 제단이었다가 종교개혁 당시 감춰졌을 가능성을 시사했다.

종전 후 1947년, 헤닝은 제단 복구 작업에 착수한다. 그것이 그가 할 수 있는 일의 전부였고, 프라이스는 기금 모금을 위한 강연을 하겠다고 나섰다. 헤닝이 후에 기억하기로, 강연이 열린 날은 숨이 턱 막힐 정도로 무더웠다. 프라이스는 복구된 제단을 보기를 원했고, 헤닝은 그날 저녁 5시 30분에 그를 교회로 데려갔다. 주위에는 아무도 없었고, 그들은 교회 안으로 들어가면서 서쪽 문을 열어두었다.

그곳에 서서 제단에 관해 대화를 나누는 동안, 서쪽 끝 부근에서 새들이 깍깍거리는 소리가 오래도록 끈질기게 들려왔다. 탑 위로 드리워진 느릅나무에 둥지를 튼 까마귀들이 공포에 질린 것처럼 악을 쓴다고밖에 표현할 수 없는 울음소리였다. 나는 까마귀들이 지붕을 지나칠 때마다 예의 새 울음소리를 자주 들어왔지만, 그와 같이 우리 뒤에서 계속되는 소음은 한 번도 들어본 적이 없었다.

프라이스는 "새들이 늘 저렇게 웁니까?" 하고 물었고, 나는 내가 알고 있는 한 이 시끄러운 소리는 여느 때와는 다르다고 말할 수밖에 없었다. 내 말이 진짜 의미했던 바는 평소에는 새들의 울음소리에 너무 익숙해진 나머지 의식하지 못한다는 사실이다. 새들의 울음소리를 의식하고 있다는 것 자체가 그것이 평소와는 다르다는 뜻이다. 하지만 울음소리는 점차 수그러들었고, 새들이 진정한 후 다시 찾아온 적막 가운데 현관 쪽에서 발자국 소리가 들렸다. '거참 유감이 군. 막 조용하게 대화를 나누려던 참에 또 방문객들이 오다니'라고 나는 속으로 생각했다. 우리는 사람들이 나타나기를 기다렸지만 아무도 오지 않았다. 나는 우리 목소리를 들은 누군가가 안으로 들어오지 않은 것이라고 생각하고 서둘러 교회 현관으로 내려갔다. 하지만 놀랍게도 현관에는 아무도 없었고, 교회 안뜰을 황급히 가로질러 길 양쪽을 살펴보았지만 그곳에서도 역시 사람의 그림자는 찾을 수 없었다.

M. R. 제임스의 이야기에 등장하는 한 장면과 매우 흡사하다. 누군가 교회 안의 인공물을 건드렸다. 월더그레이브 납골당이 흔들리고 있었다. 해리 프라이스의 죽음이 얼마 남지 않았고, 까마귀들을 놀라게 했던 발자국 소리는, 아마도 풀버러까지 그를 따라갔을 것이다. 불과 6개월 뒤인 1948년 3월 19일, 그가 이곳에서 의자에 꼿꼿이 앉은 채 죽어 있는 것이 발견되었다.

볼리에 대해 확실한 것 한 가지는 목사관이 유령을 끌어들였을 수도 혹은 아닐 수도 있지만, 좋은 화젯거리를 찾는 작가들을 끌어들였다는 사실이다. 데니스 휘틀리의 서재가 80년대 초 매각되었을 때, 그가 소장한 책 『해리 프라이스: 고스트헌터의 일대기』Harry Price: The biography of a Ghost Hunter』에 다음과 같은 주석이 적혀 있는 것이 발견되었다. "이 책은 내가 불가사의한 배경의 소설을 쓸 때 사용함." 업턴 싱클레어는 볼리에 대한 원고를 쓰기 위해 1947년 프라이스와 10파운드에 계약을 체결했다.[19]

볼리 무대에 등장했던 대부분의 인물에게는 허언증 비슷한 것이 있었고, 따라서 이 등장인물들 역시 목사관에 대한 이야기를 쓰고 싶어했다는 것은 그리 놀라운 일이 아니다.

프라이스의 비서이자 그와 불륜 관계였던 루시 케이는 볼리에 관한 미발표 극본을 썼다.[20] 메이블 스미스는 그녀의 소설을 출판업자에게 파는 과정에서 프라이스가 전혀 도움을 주지 않자 그와 사이가 틀어진다. 그녀의 필사본 소설의 제목은 『목사관 살인 사건Murder at the Parsonage』이었으며, 불 자매가 그녀에게 들려준 천박한 이야기에 근거해 작성되었다. 독서가였고 글쓰기 또한 좋아했던 것으로 보이는 마리안 포이스터 역시 언제나 자서전을 쓸 궁리를 하고 있었을 뿐만 아니라 '위대한 미국 소설'을 쓰는 것이 꿈이었다.

해리 프라이스와 마리안 포이스터 모두에게 천적이었던 트레버 홀은 형편없는 소설 『셜록 홈스의 마지막 사건The Last Case of Sherlock Holmes』을 발표한다. 주인공 탐정이 볼리 사건을 맡으며 해리 불 목사의 죽음을 수사하는 과정에서 그의 아내 아이비를 남편을 독살한 범인으로 지목하는 내용이다. 제대로 소화되지 않은 연구물 덩어리가 소설로 둔갑한 작품이었다. 홀은 후에 마리안 포이스터를 추적하는 과정에서 중요한 역할을 하지만, 결국 최후에 웃은 승자는 그녀였다. 그는 기본적으로, 자신이 명예훼손의 위험이 큰 이 책을 출판하기 전에 그녀가 죽기만을 기다리고 있었다. 하지만 마리안은 그보다 더 오래 살았으며, 1992년 93세의 나이로 생을 마감했다. 노스다코타 호텔에서 마침내 그늘 밖으로 나왔던 눈 내리는 2월 저녁으로부터 40년이 흐른 뒤였다.

17장

공포의 왕,
그리고 과학기술에 관한 다른 이야기들
The King of Terrors and Other Tales of Technology

이처럼 충격적인 현상들은 우리의 과학 상식을 모두 뒤엎는 것으로 보인다.
우리가 어떻게 과학을 불신할 수 있겠는가! 불행히도,
적어도 텔레파시에 관한 통계적 증거는 압도적이다.
__앨런 튜링

유령을 목격하는 것은 오랫동안 감정적 히스테리성 사건으로 여겨졌기 때문에 유령의 존재를 입증하는 가장 좋은 방법은 과학과 기술을 이용하는 것이었고, 실제로 연구실에 기반을 둔 실습은 연구의 한 분야를 이룰 정도로 수년간 이 과업에만 전력을 기울였다. 하지만 유령에 관해서 과학기술이 언제나 진실의 충실한 종이었던 것만은 아니었다. 오히려 기계가 주인 행세를 하는 경우가 더 많았다.

특히 총 30년이라는 시간 동안, 과학이 초자연 현상에 대한 진실을 밝힐 수 있다는 낙관론이 팽배했던 시기가 있었다. 1890년대 영국과 프랑스에서, 그리고 1930년대와 1960년대 미국과 소련에서였다. 1890년대를 예로 들어보자. 1896년 초, 으스스한 형태의 두 종류의 기계가 몇 주 간격으로 런던에 도착했다. 강령회의 유행이 사그라지기 시작할 무렵, 두 기계는 또 다른 세계, 정신세계로 통하는 문을 제공하는 것처럼 여겨졌다.

새로운 기계 1호는 빌헬름 뢴트겐이 처음 선보인 '보이지 않는 사진'이었다. 처음 발명되었을 당시 엑스레이는 의학적 용도로 주로 쓰인 것이 아니었고, 초창기에 이 기계를 볼 수 있었던 곳은 병원이 아닌 유원지, 공연장, 상업적인 길거리 깜짝 이벤트에서였다. 사람들은 엑스레이 앞에 서기 위해 기꺼이 돈을 지불했다. 그들은 기계 앞에서 몸을 요리조리 움직이며 자신들의 뼈와 다른 사람들의 뼈를 보고 웃었다. 재미있었고, 별나게 중독성까지 있었던 것은 물론이다.[1] 사상 처음으로 사람들은 벌건 대낮에 춤추는 해골[2]을 볼 수 있게 된 것이다.

이로부터 30여 년 전인 1866년, 라이어널 빌은 광학 완구를 생산했다. 간단한 수동 크랭크를 조작하면 춤추는 해골이 나타났는데, 실제로 머리가 보닛처럼 튀어나왔다 들어갔다 하는 이러한 생물체는 오래전부터 민간 전승되어온 개념이었다. 이와 같은 유령과 마주쳤을 때, 머리가 없는 주체가 사자死者라는 것은 자명했고 당연하게 받아들여졌으며 오해의 소지가 없었다.

따라서 엑스레이 장치는 새로운 해를 맞이하여 가장 우울하고 어두웠던 여러 주 동안 엄청난 인기를 끌었다. 심지어 총리였던 솔즈베리 경도 당시 '투시도' 또는 '그림자 사진'으로 불렸던 이 장치로 자신의 손뼈를 보기 위해 들렀다. 하지만 곧 라이벌이 등장했다. 1896년 2월 21일, 리젠트가에 있는 왕립기술학교에서 뤼미에르 형제[3]가 영국 최초로 대중에게 필름을 영사한 것이다. 이내 대중은 이 두 번째 진기한 구경거리를 보기 위해 몰려들기 시작했다.

얼마 동안, 그림자 사진과 영화는 서로 경쟁 구도에 있는 오락으로 여겨졌다. 몇 달간 이 두 기계를 이용한 공연은 괜찮은 싸구려 극장에 나란히 내걸렸다.

막심 고리키는 1896년 7월 니즈니노브고로드 박람회에서 뤼미에르의 동일한 프로그램을 검토한 후 시네마의 태생적인 기괴스러움에 대해 처음으로 평론을 쓴 사람 중 한 명이다. "보기에 오싹할 정도로 무섭지만, 그것은 단지 그림자. 그림자의 움직임일 뿐이다. 저주와 귀신, 악령들이 온 도시를 잠들게 했다"고 그는 전율하며 적었다. 남자들이 카드놀이를 하는 영상에 대해서는, "이 사람들은 죽은 후 그들의 그림자가 영겁의 침묵 속에서 카드 게임을 하는 벌을 받은 것 같아 보였다"고 적었다. 그는 시네마를 '그림자 왕국'이라고 일컬었는데, 이는 왠지 초기 바빌로니아인이 묘사한, 죽은 그림자 형체들이 느릿느릿 움직이는 사후세계의 모습을 떠올리게 한다.[4]

엑스레이는 이후 1년 동안 시네마에 가장 위협적인 일종의 오락거리였는데, 이러한 배경에서 1897년 조르주 멜리에스는 여주인공이 해골이 되는 내용의 영화 「사라진 여인The Vanishing Lady」[5]을 제작했으며, 1900년경에는 토머스 에디슨이 「유령 호텔의 조시 삼촌Uncle Josh in a Spooky Hotel」[6]이라는 제목으로 제작한 필름을 보급했다. 장례식을 연상시키는[7] 찰스 맨리 주연의 이 단편영화는 주인공이 해골 얼굴을 한 이간자에 의해 괴롭힘을 당한다는 내용이다. 에디슨과 멜리에스의 초기 영화 중 상당수가 해골과 참수斬首를 중점적으로 다루고 있으며, 실제로 영화 역사상 최초의 특수효과가 등장했던 것도 앨프리드 클라크의 1895년 작 영화에서 스코틀랜드의 메리 여왕이 참수당하는 장면에서였다.

수 세기 동안 과학기술과 유령 신앙은 수렴적 관계에 있었다. 1530년대 이미 주술사 코르넬리우스 아그리파는 거울을 이용해 무대 위에서 환영을 만들어내는 방법에 대해 기술했으며, 더 나아가 인간의 마음을 기만하기 쉬울 때, 그러한 과정을 통제하는 것이 얼마나 재미있는 일인지 피력했다. '무지한 인간들'은 자신들이 '정신 또는 영혼의 출현'이라고 믿는 것을 보았을 때, 그 이미지가 '생명이 없다'는 사실을 전혀 깨닫지 못한다는 것이다.

어두운 방 안에서 흰 표면에 투사하는 볼록렌즈가 장착된 암상자는 르네상스 시대에 태양과 일식을 관측하기 위해 사용되었다. 하지만 나폴리 귀족이자 대학자였던 잠바티스타 델라 포르타(1540~1615)는 이미지가 뒤집어지지 않도록 기술을 보완했고, 장비는 태양을 대신할 배우들과 풍경의 이미지를 만들어내게 되었다.[8]

매직랜턴의 발명가로서 강력한 후보로는 박식한 수학자였으며 토성의 고리를 발견한 크리스티안 하위헌스를 들 수 있다. 하지만 매직랜턴을 널리 알리는 데 공헌한 사람은 예수회 수사이자 발명가 아타나시우스 키르허(1602~1680)였다.

카푸친 작은형제회 수사였다가 루터교 목사로 개종한 키르허는 뉘른베르크에서 그가 주최한 매직랜턴 쇼로 명성을 날렸다. 영국 최초의 매직랜턴 쇼는 런던 대화재가 발생하기 2주 전인 1666년 8월 19일, 시딩 거리의 새뮤얼 피프스의 집에서 열렸던 것으로 기록되어 있다. 런던 광학기기 제조업자였던 리처드 리브스는 '랜턴'에 불을 밝힌 사람이었다. 그중 일부 이미지는 유령이었던 것으로 추측되는데, 하위헌스가 일련의 투사용 이미지로 춤추는 해골을 디자인했기 때문이다.[9]

라이프치히에서 요한 슈뢰퍼라는 이름의 커피하우스 주인은 그의 이미지를 연기에 투사하곤 했는데, 교묘한 속임수라는 뜻의 '연기와 거울smoke and mirrors'이라는 표현도 이 기법에서 유래된 것으로 추측된다. 이 기법은 본래 18세기 프랑스인 에드메질 기요가 처음 선보였으며, 쇼는 '판타스마고리아'(환등)라는 이름으로 불리곤 했다.

슈뢰퍼의 게스펜슈테르마허Gespenstermacher 또는 '고스트메이커'는 부분적으로 프리메이슨의 보다 극적인 측면에 대한 그의 관심에서 비롯된 것으로 보이며,[10] 그는 그러한 신기술을 이용해 사람들을 속이는 것을 좋아했던 최초의 인물로 우리에게 알려졌다. 그는 자신이 죽은 자를 소생시킬 수 있는 마법사와 같은 힘을 지녔다고 관객들이 믿기를 바랐다. 마법사의 옷을 입은 그는 강령술을 쓰며 교령회를 열었고, 그의 아내와 도우미 팀은 무대 뒤에서 음침한 분위기를 조성하며 불길한 소리를 냈다. 그는 복화술사로서 목소리를 내는 기술을 터득했던 것으로 추측되며, 이는 빅토리아 왕조 영매들보다 한 세기나 앞선 것이었다. 또한 연기를 내기 위해 뜨거운 석탄 위에 던졌던 향료 중에는 아편도 있었으며, 이것이 관객들을 속기 쉬운 환각 직전의 상태로 몰아넣었던 것으로 보인다.

이처럼 주로 비공개로 진행된 공연들은 이내 수익성이 높은 공개쇼로 상연되기 시작했다. 본래 사제직 교육과정을 밟던 에티엔가스파르 로베르(1763~1837)는 1797년 플라스 방돔 광장 근처에 있던, 문을 닫은 카푸친 수도원의 토굴에 공연장을 만들었다. 해골이 청중에게 가까이 다가갔다가 멀어지는 효과를 연출하기 위해, 그는 벽걸이형 스크린 뒤에서 카메라의 초점을 유지한 채 4륜 이동식 촬영기를 이용해 카메라를 움직였다. 오늘날 영화 촬영장에서 숙련된 포커스 풀러가 하는 것과 같은 방식이었다. 로베르의 사업은 프랑스 혁명 이후 사회가 어지러운 틈을 타 번창했다. 사회적 불안과 동요의 시기에 유령 신앙은 더욱 확산되는 경향이 있었다. 그는 그의 공연이 부분적으로 반혁명적 성격을 띠고 있다는 말이 나온 이후에야 사업을 접었고, 프랑스를 떠나 영국에 정착했다.

1801년, 독일 혁신가 파울 필리도어(파울 드 필리프슈탈이라고도 알려졌다)가 제작한 판타스마고리아 작품이 런던 스트랜드가 라이시엄 극장에서 개봉했다. 필리도어 역시 파리에서 성공을 거두었으나, 그의 작품 역시 반혁명적 메시지를 담고 있다고 간주되어 1793년 공연 이후 당국의 단속을 받았다. 오늘날에도 영화에서 사용되는 이동식 후면 영사 기법을 발명한 사람도 필리도어다. 『브리태니커』지는 다음과 같이 적었다. "그의 엉망인 영어와 훌륭한 통역사의 도움으로, 그는 자신의 그림자를 상당한 영국 기니화로 재빨리 바꾸는 데 성공했다."

이 효과의 가장 좋은 예가 '페퍼스 고스트'다. 페퍼스 고스트는 최초의 3D 착시효과였다. 은퇴한 리버풀 엔지니어[11]에 의해 고안된 이 기법은 무대 앞 숨겨진 공간에서 배우가 연기하는 것으로, 배우의 생생한 이미지는 같은 각도로 설치된 판유리에 투사되었다. 이 기법은 오늘날 디즈니 테마파크의 유령의 집 같은 곳에서 여전히 사용되고 있다.

1863년 처음 대중에 공개된[12] 이 기법은 박스오피스 돌풍을 일으켰고 심지어 왕족들까지도 윈저 극장에서 공연을 관람했는데, 이는 조지 3세가 왕좌에 있던 시절 이후 처음 있는 일이었다. 바다 건너, 이 기법은 뉴욕의 월랙스 극장에서 상연된 멜로 극 「최후의 진실True to the Last」에 사용되기도 했는데, 공연을 기획한 사업가는 기법이 공개되는 것을 막기 위해 '극장의 모든 열쇠 구멍'에 갈색 종이를 붙였다고 한다.[13]

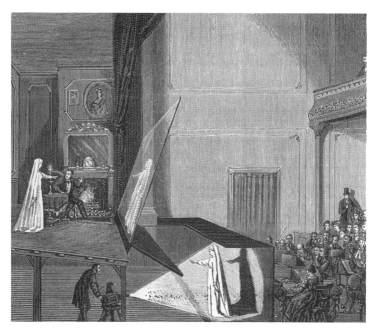

극장에서 사용된 최초의 3D 착시효과 '페퍼스 고스트'를 그린 판화(1865년경으로 추정). 거울을 이용한 이 광학 효과는 헨리 덕스가 발명했으며 이후 존 헨리 페퍼가 개발한 것으로 더 잘 알려졌다.

'공포의 왕'이라고 불린 유령은 공포감 조성을 위해 등장했던 해골이었으며, 뉴욕 시 무대에서 최초로 기계로 작동되어 출몰한 유령이었다. 당시 무대 밖에서는 남북전쟁 전장에서 전사한 군인들이 매장되지 않은 채 방치되어 있었다는 정황을 감안할 때, 이는 가슴 쓰라린 장면이었다.[14] 유령이 나타날 때, 조명은 어두워졌고 오케스트라는 당시 업계에서 '스니크 뮤직'이라고 불린 배경 음악을 깔았으며 소품 담당자는 바람 소리를 내는 장치의 크랭크를 가볍게 돌려 낮은 울음소리가 나게 했다. 1876년, 한 순회공연가는 「로미오와 줄리엣」이 초연되었던 커튼 로드의 오래된 셰익스피어 극장에서 멀지 않은 쇼어디치의 구시가지에서 열린 공연에서 이 특허받은 기술을 사용한 혐의로 기소되기도 했다. 그가 제작한, 목 잘린 남자가 자신의 머리를 소생시킨다는 내용의 20분짜리 야외 공연에서는 오르간이 연주되었고 가끔씩 트라이앵글의 쨍그랑거리는 소리가 울려 퍼졌다.

등장인물이 사라지는 장면에서 스니크 뮤직이 흘러나오는 '페퍼스 고스트'는 비유전적 문화 요소혹은 문화의 전달 방식, 유전자가 아니라 모방 등에 의해 다음 세대로 전달된다가 되었다. 1864년, 페퍼스 고스트라는 이름이 붙은 말이 애스코트 경마장에 등장했고, 런던에서는 택시 기사들이 요금을 내지 않고 도망가는 손님을 부르는 은어로 자리 잡았다.

라디오를 처음 접한 사람들의 반응이 어땠을지 상상하는 것은 쉽지 않다. 하지만 라디오가 굉장히 충격적으로 다가왔을 것이라는 점은 짐작할 수 있다. 기계가 공기로부터 인간의 목소리를, 침묵으로부터 음조를 전달한다는 것은 전혀 이치에 맞지 않은 기괴한 일처럼 보였다. 1894년, 심령술사 올리버 로지 경은 코히러를 발명했고, 이는 초기 마르코니 라디오 수신기의 핵심 부품이 되었다. 사람들이 라디오 송수신기에 자신을 비유하고, 천상의 목소리를 듣기 위해 채널을 맞춘다는 개념은 갑자기 전혀 터무니없는 것이 아니게 되었으며, 이에 따라 불과 10년 전만 하더라도 조롱거리였던, 일종의 '정신적 라디오'로서 그러한 일을 할 수 있다고 주장했던 영매들도 더 이상 조롱을 받지 않게 되었다.

음극선관을 탄생시킨 초기 기술 중 상당수와 비체화非體貨된 목소리를 방송하기 위해 사용된 케이블 및 전파는 로지 및 윌리엄 크룩스와 같은 사람들의 머릿속에서 여정을 시작했는데,[15] 이들은 과학이 죽은 자들과 접촉하는 데 이용되거나, 적어도 이것이 가능한지에 대한 문제를 완전히 해결할 수 있다고 믿었던 사람들이다. 크룩스가 전신으로 현현한 죽은 아가씨들과 농탕쳤던 것[16]을 생각하면, 호러 영화 「링」에서 귀신이 텔레비전 밖으로 기어나온 것도 무리는 아니었다. 영화 「폴터가이스트」에서 개체가 화이트노이즈 속에서 가장 편안함을 느낀 것도 어쩌면 당연한 일이었다.

1930년대, 연구의 초점은 사자가 아닌 살아 숨쉬는 생자에게 옮겨졌다. 초자연 현상을 뜻하는 단어 '슈퍼내추럴'은 과학적으로 설명이 가능한 정상적 경험의 범주 밖에 있다는 뜻의 '패러노멀paranormal'로 공식적으로 변경되었다.[17] 1930년, 23살의 해병대 병장으로서 대통령배 경기(전미 육·해·공군이 참가하여 최고의 저격수를 가리는 시합)[18]에서 우승한 경력이 있는 젊은 학자는 듀크 대학에 세계 최초로 초심리학 연구소를 설립했다. 미국 최고의 명저격수가 역사상 가장 존경받는 초심리학자가 된 것은 어떤 연유에서였을까?

J. B. 라인은 우리에게 잘 알려진 성性과학자 앨프리드 킨제이와 비슷한 유형의 독불장군이었고, 분류학에서도 가장 재단이 탄탄했던 식물학자로 출발했다는 점에서도 둘 사이에는 공통점이 있었다.

라인은 코넌 도일의 복음주의에 흥미를 갖게 된 적은 있었지만, 기본적으로는 SPR과 ASPR(미국 심령연구학회)의 노선을 택했다. 즉, 유령은 아직 알려지지 않은 프로세스를 이용하여 정보를 수집하고 전달하는 생체 뇌조직의 산물이라는 것이 그의 생각이었다. 1934년, 그는 ESP를 주제로 그가 진행한 9만여 건의 실험을 자세히 기록한 논문을 발표했는데, 그는 실험을 위해 특별히 제작된 제너카드를 사상 최초로 시연하기도 했다. 제너카드는 원, 직사각형, 두 개의 플러스 표시 그리고 물결무늬가 그려진, 오늘날 우리에게도 익숙한 모형의 카드다. 일부 실험에서는 실험 대상에게 나트륨 아미탈을 주입하기도 했다.

1943년, 라인은 '염력 작용'에 대한 한 편의 논문을 발표했다. 시간이 흐르면서, 테스트와 실험 방법들은 점차 자동화되었고 핵심은 방대한 양의 정보를 효율적으로 수집·분석하는 데 있게 되었는데, 이는 패러노멀 분야에서 한 번도 시도된 적이 없는 방법이었다.

하지만 방법이 아무리 고도화되고 자동화된다 할지라도 결국 기본적으로 같을 수밖에 없는 실험들을 수없이 반복해야만 했던 라인은 결국 실험실의 노예가 되고 말았다. 어떤 의미에서 라인은 쇼맨과 같은 구석이 있었다. 그는 초감각적 지각에 관한 그의 저서(1934)를 명사 인명록 『후즈후Who's Who』에서 뽑아낸 400명에게 보냈다. 루터교 중앙회 목사로부터 1949년 '포제션possession'악마, 귀신에게 홀린 상태 사건—실제 사건의 어린 소년 대신 어린 소녀가 등장하는 1973년 영화 「엑소시스트」에 모티프를 제공함—을 와서 살펴봐달라는 초청이 있었지만, 라인은 결국 자신의 기술을 현장에서 활용하는 데 실패한다. 이것은 이 분야에서 '만약 그랬다면 어땠을까'의 커다란 문제 중 하나로 남을 수밖에 없었다.[19] 현장 연구는 수십 년 후, 미국 대중에 의해 실행될 때까지 미시행된 채 남아 있었다.

1890년대는 유령 출현 기술이, 1930년대는 유령 실험실이 주였다면, 1960년대는 '벨의 정리'가 주를 이룬 십 년이었다. 유령은 양자 사건일까? 1964년, 존 스튜어트 벨은 '상관성 정리'에 관한 연구를 발표한다. 이 논문에서 그는 아인슈타인이 "유령 출현 원격 작용"이라고 부른 현상에 대해 연구했다. 벨 이론의 핵심은 서로 얽힌 두 입자가 원거리에서도 마치 연결된 것처럼 행동을 계속한다는 것이다. '비지역성non-locality'이라고 불린 이 이론은 물리학자들의 설명에도 불구하고, 평범한 사람들에게는 기존의 물리학 법칙을 완전히 뒤엎는 것처럼 보였다. 이뿐만이 아니었다. 관찰되고 있는 입자들은 관찰되지 않는 입자들과 다르게 행동했는데, 이는 지켜보는 행위 자체, 즉 의식이 신체를 넘어서 물체에 겹쳐지는 행위에 의해 물체가 행동하는 방식이 변경된다는 것을 의미했다.[20]

1994년, 애리조나 대학의 마취과 의사 스튜어트 해머로프는 뉴런 안에서 발견되는 나노미터 크기의 미스터리 입자 '세포골격소포세관'이 뇌에 양자효과를 등록하는 곳일지도 모른다고 제안했다. 타임슬립과 닮은, 반복되는 고리 안에 갇힌 것처럼 보이는 유령은 세포골격의 그림자일지도 모른다. 우리가 알고 있는 사람들의 유령을 볼 확률이 높은 이유도, 이들과 얽혀 있기 때문일 수 있다.(18세기까지 영국에서 유령은 전부 목격자들이 아는 사람의 유령이었다.)

아마도 엘리자베스 시대의 홀에 있던 나무판자가 팔렸을 때, 유령이 판자의 나뭇결에 얽혀 같이 이동했다고 보고된 것도 이런 이유에서였을 것이다. 최근 한 실험에서는 다이아몬드의 양자 얽힘이 증명되었는데,[21] 이는 더 큰 물체가 이러한 힘의 지배를 받을 수도 있다는 것을 암시했다. 옥스퍼드 대학의 이언 웜슬리는 두 개의 얽힌 다이아몬드를 분리시킨 후 창살 모양의 음자들이 동조해서 진동을 일으키도록 하는 데 성공했으며, 그 효과가 피코세컨드로 측정될 수밖에 없긴 하지만, 큰 물체는 모두 이러한 음자 구조를 지닐 수 있다. 많은 보석이 저주를 받은 것도 무리는 아니었다. 음자의 특질은 인간의 피로 씻겨 내려간 것이다.

1960년대에 있었던 또 하나의 사건으로는, 러시아가 ESP를 위한 응용 프로그램을 개발했을 것이라는 뉴스가 1961년, 레닌그라드 대학 초심리학 실험실에서 터져나온 것을 들 수 있다. 러시아는 1916년 이래로 ESP를 '생물학적 라디오'라고 불러왔다. CIA와 미 육군은 60년대 그리고 70년대까지 비슷한 프로젝트에 돈을 투자할 계획이었으나, J. B. 라인이 예상했던, 미 정부 출자의 대규모 연구 개발비가 투입될 예정이었던 패러노멀 맨해튼 프로젝트는 결국 현실화되지 않았다.[22]

수면 상태와 텔레파시 상태에 관한 실험 역시 1960년대에 이루어졌고, 이는 다시금 유령의 심장은 유령을 보는 사람의 살아 있는 뇌라는 사실을 가리키는 것 같았다.[23] 1965년, 떨어져 있는 쌍둥이의 뇌파가 서로 연결되어 있다는 것이 처음 인정되었고, 같은 해 J. B. 라인은 듀크 대학에서 은퇴했다. 하지만 1960년대의 가장 큰 성취는 유명한 인류학자 마거릿 미드의 후원 아래 이루어졌다. 초심리학이 미국 과학진흥협회에 의해 공식적인 학문으로 인정되었으며, 초심리학회 역시 협회 회원으로 가입하게 된 것이다. 이게 1969년 12월 30일의 일이다. 60년대가 막을 내리기 불과 몇 시간 전, 전 세계 모든 유령 이야기가 갑자기 사실로 받아들여지게 된 것이다.

여전히 활동 중인 초심리학 연구소들이 있다.(대표적인 연구소 두 곳은 영국 리버풀과 에든버러에 위치해 있으며, 초심리학 센터는 노샘프턴에, '변칙적인 심리학 부서'는 런던 골드스미스에 있다.) 비록 딘 라딘이 2012년 이 분야에 대해 우아하게 저술한 책을 여러 권 출간하긴 했지만, J. B. 라인의 프로젝트는 실패했다는 인상을 지우기 어렵다. 지난 80년 동안 축적된 방대한 데이터가 아직 연구되지 않은 채 보관되어 있으며, 칼 세이건과 회의론자 리처드 와이즈먼과 같은 과학자들이 이 데이터의 양상을 신중하게 받아들이긴 했지만 초심리학은 한 번도 학제 간 연구가 이루어지지 않았고 과학적 학문으로 확립되지 못했다.[24]

고지식한 학자들은 단 한 개의 거짓이라도 발견되면 자료 전체를 불신하는 경향이 있다. 따라서 초심리학이 학문으로 인정된 후 불과 4년이 지났을 무렵 초심리학회의 라인의 후임이 허위 사실을 보고한 것이 발각되었을 때, 성하盛夏는 시작되기도 전에 끝나버리고 말았다.

해가 갈수록 두뇌 지도가 고도화됨에 따라 초자연 현상 분야도 그동안의 30~40년 주기에 맞추어 다시 활기를 되찾을 수 있을까? 다음번 초자연 현상의 십 년은 두뇌과학과 두뇌에 대한 이해와 관련될 수 있을 것인가?

초심리학이 실험실 밖으로 나오기 힘들다는 것이 증명된 후, 과학기술의 흥미로운 민주화 과정이 일어났다. 훈련을 거치지 않은 평범한, 그러나 열성적인 아마추어들이 유령을 찾아 나서기 시작한 것이다. 하지만 초심리학계로서는 이들이 당황스러운 존재였는데, 이들의 천박한 열정은 학계의 인정을 받기 위해 초심리학자들이 그동안 힘들게 해왔던 노력을 모두 물거품으로 만들 것처럼 보였기 때문이다. 이러한 측면에서 (주로 중산층이었던) 과학자들은 사회적 태도 면에서는 거의 수백 년 된 서구적 모델을 따르고 있었다.[25]

유령 출현에 관심이 있었던 미국의 몇 안 되는 초심리학자 중 한 명인 로이드 아우어바흐[26]는 이러한 점에서 평범하지 않은 인물이었다. '트라이필드 미터'를 이용하여 그는 집 안에서 자신이 '움직이는 전자기장'이라고 주장했던 것을 추적했고, 따라서 돌고 돌아 유령은 다시 1890년대 전류의 개념과 비슷하게, 아니, 더 정확히 말하자면 전류의 민속 버전과 비슷하게 움직인다는 개념의 원점으로 돌아가게 되었다.

미국 고스트헌터 중에 전문가용 웹사이트에서 판매되는 전기 탐지 장치 풀세트를 구비하지 않은 사람은 없을 것이다. 필요한 장비를 모두 갖춘 고스트헌터 키트는 109달러에 판매되며, EMF 리더, 전선의 전파 방해를 막도록 프로그래밍 된 가우스미터, 일체형 트라이필드(한 웹사이트에는 "이것은 우리가 합리적인 가격에 선보이는 빠르고 믿을 만한 AC 자기장, AC 전기장, 전파·전자파 측정기입니다"라고 적혀 있다[27]) 등으로 구성되어 있다. 탐지 및 감시 기술을 엄청나게 강조하는 「탭스 TAPS」와 같은 TV 쇼를 보면, 오늘날 미국의 유령 신앙은 댄 애크로이드[28]의 「고스트 버스터즈」, 영국 자코뱅파 프로테스탄트 신학 그리고 아일랜드 가톨릭에서 유래된 핼러윈 문화와 이교도 전통이 한데 섞여 들어간 혼합물이라는 것을 알 수 있다.

미국인들이 유령 탐지 기술에 애착을 갖게 된 것은 1970년대, 기이한 현상이 일종의 열풍처럼 번진 사건에서 비롯되었다. 이 열풍이란 다름 아닌 EVP, 전자 음성 현상이다. 1971년, 한 권의 스웨덴 책이 번역되었는데, 내용인즉슨 어딘가에 테이프녹음기를 혼자 돌아가게 놔둔 후 녹음된 것을 재생시켜 자세히 들어보면, 죽은 자가 당신에게 속삭이는 목소리를 들을 수 있다는 것이었다. 저자 콘스탄틴 라우디베(1909~1974)는 웁살라의 임상심리학자였고, 프리드리히 위르겐 존이라는 이름의 괴짜 아티스트로부터 영감을 받았다. 1959년, 위르 겐존은 우연히 새소리를 녹음하던 과정에서 유령들이 자신에게 메시 지를 남겼다는 것을 알게 되었고, 그중에서 그의 아내, 어머니, 아버 지가 직접 대화를 시도했던 흔적을 발견했다. 라우디베는 위르겐존과 함께 작업하며 이러한 전언을 수만 개 모았는데, 작업은 종종 통제되 고 전류가 차단된 환경에서 진행되었으며 녹음된 말들은 대개 한 단 어나 짧은 구로 이루어져 있었다. 라우디베의 녹음은 2011년 5월 테 이트 영국 갤러리[29]에서 열린 수전 힐러의 전시회에서 다시금 대중에 게 공개된 바 있다.

매력을 놓치기는 어려웠다. 1982년, 미국 음성전기현상협회를 설 립한 세라 이스텝은 이 기이한 현상을 체험하기 위해 자신이 '초능력 슈퍼스타'가 될 필요가 없다는 사실에 주목했다. 즉, 과학자들뿐 아 니라 영매들조차 입지가 줄어들게 된 것이다. 진정한 의미의 완전한 민주화였다. 토머스 에디슨, 니콜라 테슬라, 알렉산더 그레이엄 벨 모 두 죽음 이후 영혼이 소멸되는 것이 아니라 다른 상태로 이동하며, 초전기적 힘의 형태를 띨 수 있다고 믿었다. 근대 전기의 아버지 마이 클 패러데이는 전문적인 회의론자였지만—그는 발가락으로 테이블 을 기울이곤 하던 영매들이 검사를 받는 동안 밀지 못하도록 고안된 테이블을 발명했다—잘 알려지지 않은 것은 그의 회의론이 과학적 인 이유가 아닌 기독교 근본주의자로서의 종교적 신앙에서 비롯되었 다는 점이다. 에디슨은 그러한 종교적 양심의 거리낌이 없었다. 그의 『일기와 잡다한 관찰Diary and Sundry Observations』에서 그는 "이 지구상 을 떠난 인격들이 우리와 소통할 수 있도록" 하는 기구를 고안하는

데 참여하고 있다고 적었다. 하지만 그가 죽은 후 남겨진 유품 가운데 그러한 기계의 도면은 발견되지 않았다.[30]

오늘날, 유령들은 컴퓨터 문서 프로그램의 맞춤법 검사 프로그램[31]을 포함한 다양한 기술적 경로를 통하여 소통하고 있다. 실화처럼 보이는 휴대전화 유령 이야기도 장르별로 소개되고 있는데, 특히 죽은 자로부터 온 문자 메시지, 휴대전화를 가지고 관 속에 묻힌 사람들로부터 걸려오는, 그러나 아무 대답도 하지 않는 전화 등 종류도 다양하다. 이처럼 문자 메시지에서부터 발광된 LED 알람시계까지 다양한 매체를 통해 당신이 겪는 기이한 현상은 '기기에 의한 영계 통신'이라고 불린다.

어떤 사람들은 유령의 중얼거림을 듣기 위해 EVP 및 이와 비슷한 유의 기기를 사용하는 것은 변상變像(의미심장하다고 여겨지는, 희미하게 무작위로 나타나는 현상)이라고 할지도 모른다. 하지만 한 가지 분명한 사실은, 유령 현상이 기계—차가운 뼈를 지닌 차가운 기계—를 이용하기 시작한 것은 인간의 경험적 역사에서 그리 오래되지 않았으며, 끝나려면 아직 멀었다는 것이다. 머지않아 가상현실에서 유령이 출몰하는 날이 올지도 모른다.

18장

모스트 헌티드
Most Haunted

> 그들이 배운 것이 거짓임을 알게 될 때, 그리고 나타난 것이
> 사람의 영혼이 아니었으며 수도사들의 거짓, 슬픔으로 인한 착각,
> 제정신이 아닌 가운데 일어난 환상 또는 보잘것없고 헛된 신념이었다는 것을 알게 된다면
> (…) 그들은 그것이 이득이 될 수도 있다고 생각할 것이다.
> 탐욕스러운 송충이들로부터 돈을 벌어들일 수 있을 것이므로.
> __루이스 라바터, 1572

유령과 관련된 사건은 한 번도 유령을 이용한 사업, 즉 돈벌이와 멀어진 적이 없다. 항상 누군가는 잘 만들어진 유령 이야기로 돈을 벌었다. 호러스 월폴은 콕 거리의 유령을 잠깐이라도 보기 위해 인근 스미스필드 술집에 모여들어 목을 길게 빼고 내다보던 사람들이 술집에 얼마나 많은 돈을 벌어다 주었는지에 주목했다. 런던 경찰청은 빅토리아 왕조 플래시몹이 대개는 어리숙한 시민들이 유령을 구경하기 위해 얼빠진 듯 서 있는 틈을 타 그들의 호주머니를 노리던 소매치기단이 조작한 사건이라는 견해를 내놓았다. 런던 밖, 18세기 데번 해안의 서식스주와 와이트섬에서는 종종 해협을 횡단하던 밀수업자들이 야밤의 불법 행위를 감추기 위해 유령 이야기를 퍼뜨리곤 했다.

초기 언론이 콕 거리 유령을 통해 깨달은 것처럼, 잘 만들어진 유령 이야기는 신문 판매 부수를 크게 증가시켰다. 이러한 유령 이야기의 매력적인 요소는 오늘날까지도 유효하다. 초자연 현상과 접촉하

고, 경험하며, 심지어 추적하는 유의 프로그램들은 케이블과 위성채널에서 단연 인기를 누리고 있다. 아이로니컬한 제목의 영국 방송 '리빙TV'가 그 예다. 영국의 장수 TV 프로그램 「모스트 헌티드」_{유령이 가장 많이 출몰한다는 뜻}는 고스트헌트를 대중화하고 수익 사업으로 만듦으로써 제작자들에게 상당한 수입을 가져다 주었다.[1]

2010년, 포츠머스의 한 부동산 매매가 전국적으로 언론의 관심을 끌었는데, 부동산 중개인이 이 집을 "영국에서 유령이 가장 자주 출몰하는 집"이라고 주장했기 때문이다. 유령이 가장 자주 나타나는 집은 아니었지만, 「모스트 헌티드」 팀이 제7화에서 이 집을 잠복 감시했기 때문에, 중개업자는 이 집에 유령이 산다는 점이 집이 팔리는 데 유리하게 작용할 것이라고 생각했다. 이와 비슷하게 1936년, 『타임』은 유령의 집을 매물로 내놓았는데, 유령이 산다는 점이 온실이나 중앙난방처럼 매매에 플러스 요인이 될 것이라는 점을 노리고 있었다. 이러한 관행은 물론 양날의 칼이 될 수도 있었다. 1947년, 루턴 평가위원회는 유령이 나타난다는 바로 그 점 때문에 주거 목적의 자산 가격에 대한 현지 요율을 낮추라는 요청을 받았다.

다른 것은 제쳐두고라도, 위와 같은 기록은 해리 프라이스의 마케팅 태그, '영국에서 유령이 가장 많이 출몰하는 집'의 효과를 입증한다.[2] 왜 우리는 유령이 '가장 자주' 나타나는 집을 찾아서 확증해야 하는 것일까? 답은 물론 돈벌이가 되기 때문이다. 어떤 위치에서 유령을 경험할 수 있다고 보장할 수 있는가? 만약 그러한 장소를 정확히 짚어낼 수만 있다면, 어떤 방식으로든 엄청난 부를 얻을 것이다.

이미 1858년에 고스트헌팅은 여가활동으로 자리 잡기 시작했다.

같은 해 출판된 『호수 지역으로의 안내서Guide to the Lake District』에서 해리엇 마티노는 독자들이 특히 관심을 보일 것임을 분명히 암시하며 유령이 나타나는 곳을 언급한다. 2002년, 요크는 관광산업을 부흥시키기 위해 영국에서 가장 유령이 많이 사는 도시라고 홍보했다. 골든 플리스("요크에서 가장 유령이 자주 출몰하는 술집")의 웹페이지에는 유령을 체험할 수 있는 객실 네 개를 홍보하고 있으며,[3] 정통 영국식 아침식사를 먹기 전 무덤으로부터 나온 온갖 것을 경험할 경우에 대비해 심령 조사관에게 연결되는 링크가 이 글을 쓸 당시에 걸려 있었다. 'hauntedrooms.com'으로 들어가면 여러분은 유령이 나오는 호텔 또는 술집 중 머물고 싶은 곳을 고를 수 있고 소식지의 구독을 신청할 수도 있다. 켄트의 플러클리는 『텔레그래프』의 여행 기사에서 다뤄질 정도로 영국에서 가장 유령이 자주 출몰하는 마을이라는 것에 굉장한 자부심을 갖고 있다.[4]

허물어져가는 대저택의 소유주들이 초저녁의 고스트헌트를 위해 집을 임대해 수입원으로 활용하는 경우가 늘고 있다. 이처럼 관심이 높아지자 유령 이야기의 진화 속도도 빨라졌다. 1970년대까지, 와이트섬에 있는 아풀더컴 하우스는 '유령이 출몰'한다고 여겨졌던 적이 거의 없었다. 내세울 수 있는 것이라곤 수도사의 유령이 전부였는데, 이마저도 민간전승에 의한 전통적인 발명품이었다. 하지만, 20년 후 「모스트 헌티드」 팀이 저택을 방문하고 고스트헌팅 현지 투어가 생겨나면서, 대체로 지붕이 없는 영국 바로크 시대의 저택이자 스캔들로 얼룩진 과거를 지녔으며 현재는 대중에게 공개된 이 그림 같은 폐허는 그 역할에 적격이며 역사적 구색도 갖췄다는 점에서 승승장구하게 되었다. 오늘날, 이 저택은 일반적으로 와이트섬의 유령이 가장 빈번하게 나타나는 집으로 여겨지고 있다.

하지만 '가장 유령이 많이 나타난다'는 개념은 새로운 것이 아니다. 메이페어의 버클리 광장 50번지는 거의 한 세기 동안 '런던에서 가장 유령이 많이 나타나는 집'으로 악명 높았다. 1872년 11월, 『노츠 앤드 퀘리스』에서 한 특파원이 처음으로 유령에 대한 화제를 꺼냈다. 이 질문에 대해서는 병적으로 우울했던 리틀턴의 남작 4세, 조지가 답변을 남겼다.

"유령에 관한 이상한 이야기들이 나돌고 있으며, 이에 대해 본 증인은 어떠한 진술도 할 수 없다."

3년 후, 그가 이 이야기들의 진실을 밝히지 않은 채로 층계에서 투신자살하자 이 집에 대한 빅토리아 언론의 히스테리적 관심은 더욱 높아졌다.

1879년, 주간 매거진 『메이페어』는 "버클리 광장의 집" 이야기를 실었는데 이 집에는 조지 캐닝 총리와 그의 독신인 딸이 함께 살았다고 한다. 1865년에는 마이어스라는 이름의 남자가 거주했고, 이 주택이 불길한 오명을 얻게 된 것은 이 시점이었다. 그는 은둔자였고, 약혼녀에게 버림받은 후 모든 인간관계를 끊고 저택의 꼭대기 층에 있는 작은 방에 머무르면서 한 명뿐인 하인으로부터 음식을 받을 때에만 문을 연다는 소문이 돌았다. 마이어스는 밤이면 촛불을 켜 들고 저택 안을 배회하는 습관이 있었는데, 창문에 비춰진 그의 흐릿한 그림자는 어두운 밤길을 지나가던 행인들을 공포에 몰아넣곤 했다. 1873년, 그는 세금 미납으로 법원 소환장을 발부받았는데, 판사는 주변 지역에서 문제의 집이 유령이 나타난다고 알려져 있다는 이유를 들어 선처를 베풀었다.

독자들의 입맛에 맞춰진『메이페어』지는 상황을 어떻게 연출해야 하는지 알고 있었다.

벽돌과 회반죽에도 골상이 있다면, 누군가는 이 집이 살인을 목격한 집이라고 말할 것이다. (…) 이 고가의 집 창문에는 시커먼 먼지가 수북이 쌓여 있으며, 집은 마치 버려져 썩고 있는 것처럼 보인다. 그럼에도 이 집을 임대한다는 안내문은 어디에도 찾아볼 수 없다. 이곳은 '버클리 광장의 유령의 집'으로 알려져 있다.

『메이페어』는 또한 (현재는 고인이 된) 리틀턴 경과 관련된 항간에 떠도는 유명한 소문에 대해서도 언급했다. 그는 여섯 개의 6펜스짜리 은화(불경스러운 것을 예방한다고 알려진 은제)를 장전한 두 개의 사냥용 총으로 무장한 채 유령이 나오는 다락방에서 불침번을 섰다. 밤을 새우는 동안, 그는 무언가에 총을 발포했는데 그것은 즉시 "로켓처럼 추락했다"고 한다.[5] 하지만 이튿날 아침 살펴본 결과 그곳에는 총으로 구멍이 난 마룻바닥 외에는 아무것도 없었다.

『노츠 앤드 퀘리스』에는 이 문제에 관해 꾸준히 서신이 오갔는데, 1880년 12월, 설월 주교에게 보내는 한 편지에서는 이 집의 악마가 깃든 방에서 하녀 한 명이 공포로 인한 쇼크로 죽었으며, 뒤이어 남자 하인이 "전날 밤 하녀의 눈이 고정되어 있었던 곳과 같은 지점에 눈이 고정된 채로" 쇼크 상태인 것이 발견되었는데, 그에게 무슨 일이 있었는지 밝히지 않은 채 그 집을 떠났다는 내용이 소개되었다.

이야기는 끊이지 않았다. 벤틀리는 10대인 두 명의 딸과 이 집에 살게 되었는데, 딸들은 마치 동물이 집을 돌아다니는 것처럼 도둑고양이의 사향 냄새가 난다고 불평했다. 한 하녀는 게스트였던 켄트필드 대령이 침실에서 공포로 몸을 웅크린 채 "저게 날 건드리지 못하게 해!"라고 소리 지르고 있는 것을 발견했는데, 대령은 어리석게도 다시 방으로 돌아간 후 충격으로 사망했다. 이후 들려온 이야기 중에는 놀이방에서 고통스러워하거나 겁에 질린 아이가 흐느끼고 있는 유령, 호색한 삼촌이 자신을 껴안으려는 것을 피해 창문 밖으로 몸을 던져 자살한 여인의 유령 등이 있었다. 1920년대부터 유래된, 뱃사람들이 주택에 침입했다가 같은 유령을 보고 혼비백산했다는 전설 속의 유령[6]은 형체가 없는 연기와 같은 모습으로 묘사된다. 1975년, 런던에서 가장 유령이 많이 목격되는 집이라는 명성은 피터 언더우드가 『영국 유령 지명 사전Gazetteer of British Ghosts』에서 "런던에서 가장 유명한 유령 사건"이라고 신중하게 부름으로써 재확인된다.

온라인상에서는 이 집에서 유령을 보았다고 주장하는 사람들이 여전히 목격담을 제공하고 있는데, 집 내부 벽에는 누구도 위층을 사용해선 안 된다는 경찰 공고문이 프레임에 걸려 있다고 한다. 하지만 1938년부터 이 집에 거주했던 고서 판매상 매그스 브라더스에게 신속하게 보낸 이메일에 대해 다음과 같은 답변이 돌아왔다. "직접 유령을 목격했다는 이야기는 한 번도 들은 기억이 없습니다. 허구가 현실처럼 탈바꿈되고 있는 것입니다. 민속학자가 '대상물정의'-"저것은 ~이다"와 같은, 지시에 의한 정의라고 부르는 것과 비슷합니다."

버클리 광장 50번지에서 유령 이야기들은 자생하기 시작했다. 런던의 부자 동네에 위치한 빈집은 지나가는 행인들의 눈에 이상해 보였기 때문에, 그 이유를 설명하기 위한 대중의 상상력이 자라나기 시작한 것이다. 문헌을 통해 전염되는 유령의 집 이야기의 좋은 예로 꼽힌다. 아서 매컨과 몽스의 천사들의 경우에서처럼, 잡지 기사를 통해 또는 작가들이 책을 팔기 위해 이야기에 생기를 불어넣었던, 신문 또는 (이 경우에는) 정기간행물에서 탄생한 픽션이 결국은 '진실'로 여겨지게 되었고, 매일 집을 지나치면서 어두컴컴한 창문과 칠이 벗겨진 현관문의 모습을 보며 공포에 떨던 대중이 이야기에 양념을 가미한 것이다. 이 과정은 새로운 사건을 보고하고 오래된 이야기를 윤색하고 변형하는 웹사이트들이 등장하면서 인터넷상에서 계속되고 있으며, 이야기들이 추가될수록 평판은 더욱 음흉해지고 있다. 예로부터 오랫동안 비어 있는 집들은 유령들이 산다는 오명을 쓰게 마련이었다. 영국 잉글랜드 북부, 솔퍼드의 서민층 삶에 대한 회고록에서 로버트 로버츠는 "빈집에 유령들이 들어오기까지 걸리는 시간은 2주가 채 되지 않는다"고 적었다.[7]

1970년대, 유령에 푹 빠져 있었던 나는 유령을 다루는 수많은 책에서 주장했던, 영국이 세계에서 가장 유령이 자주 목격되는 국가라는 결론에는 도달할 수 없었다. 그것을 객관적으로 검증할 만한 방법이 없었기 때문이다. 당시 상황에 비추어보면 다소 허망해 보이기는 했지만, 이는 영국으로서는 큰 자랑이었다. 경제적으로 모든 것이 쇠퇴하고 퇴락하는 상태에 놓인 것처럼 보였지만, 최소한 우리는 잿빛의 숙녀들과 목 잘린 마부와 폴터가이스트가 나타나는, 인상적인 테마 파크를 가지고 있었다. 아마도 잉글랜드는 가장 많은 국민이 유령을 믿는다는 이유만으로 유령이 가장 많이 출몰하는 나라가 된 것일지도 몰랐다. 초자연 현상에 대한 믿음은 세속적인 시기에는 부패한 종교의 형태로 자리 잡았다. 유령들은 종교 자체의 환영이었다.

영국에 유난히 유령이 많이 출몰하게 된 데에는 매우 독특한 배경이 있었다. 중세 시대, 유럽 전역에서는 죽은 자가 가끔 이승으로 돌아와 산 자를 따라다닌다는 설이 당연하게 받아들여지고 있었다. 가톨릭교회는 혼령의 출현이 연옥에 갇힌 영혼이 속죄하기 전까지 안식을 취하지 못해 나타나는 것이라고 가르침으로써 유령에 대한 고대의 신앙을 합리적으로 해석했다.(많은 부분은 이어받기도 했다.) 남아 있는 중세 시대 유령 이야기의 대부분은 성직자들이 교육적 목적으로 이용했으며, 이 분야의 (M. R. 제임스를 포함한) 학자들에 의해 미라쿨라 miracula라는 장르로 알려졌다. 초기에 전해지는 이야기 중에는 가경자 可敬者 비드(?673~735)가 들려준, 죽은 수녀원장과 알고 지내던 토르드지타라고 불린 수녀 이야기가 있다. 죽은 수녀원장이 병약한 수녀에게 온갖 함정과 죄악으로 뒤덮여 있는 이 세속적 세상을 어떤 날에 떠나고 싶은지 물어보기 위해 돌아왔다는 이야기였다. 그 밖의 유령으로는 멜로즈 수도원⁸의 유령 수사 보이질을 들 수 있는데, 그는 자신의 말에 귀를 기울이는 사람들에게 순례지로 독일이 아닌 아일랜드를 택하라고 조언했다고 한다. 이 이야기에서, 사람들은 지역적으로 사업을 선전하는 교회의 영향력을 느낄 수 있을 것이다. 여기서도 중요한 것은 결국 돈이었다.

대다수의 초기 유령 이야기는 죽은 자들이 죄의 무게에 짓눌린 채 이승으로 돌아와 산 자들에게 경고를 하는, 뚜렷한 권선징악의 내용이 주를 이룬다. 이들이 받는 처벌은 매우 적절했는데, 예를 들면 알코올중독자가 죽은 후 영원히 줄어들지 않는 황과 유황이 가득 채워진 잔을 들이켜야 하는 벌을 받는 식이다.

중세 시대에 교회는 유령 이야기를 탄압했다. 죽은 친척들의 혼령을 보았다고 말하고 다니는 자들은 '추문을 야기한 죄'로 교회법정에 기소되었다. 고스트헌팅과 관련된 시도는 무엇이든 매우 부도덕하게 여겨졌지만 그럼에도 불구하고 계속되었다는 것을 알 수 있는데, 중세 시대 길드의 규정에는 야경꾼이 어둠이 깔리는 시간에 유령을 소환하면서 노는 것을 금지한다는 조항이 포함되어 있었기 때문이다. 유령의 존재는 너무 자명해 논란의 여지조차 없었던 것이다.

16세기 말 로마가톨릭교의 강제적 폐지는 모든 것을 바꿔놓았다. 크리스티나 홀이 말했던 것처럼, "종교개혁 당시 교회 재산이 세속적인 소유주들에게 이전된 후에도 유령이 출몰하는 현상은 계속되었는데, 강제적으로 퇴출당한 수도사들이 죽은 후에 잃어버린 집으로 되돌아왔을 뿐만 아니라 이러한 재산에는 저주가 따라다닌다고 여겨졌기 때문이다".[9] 총천연색이었던 교회 인테리어에는 백색 도료가 칠해졌고, 성인상은 치워지거나 파괴되었으며, 수녀와 수도사들 간의 교류가 활발했던 커뮤니티들은 뿔뿔이 흩어졌다. 잉글랜드의 종교적 풍경이 영원히 바뀐 것이다.

교회법정이 억누르지 못한 유령들은 수도원과 교회 안마당으로부터 서서히 빠져나오기 시작했다. 어떤 유령들은 미래를 예견했고(세인트 제임스 궁전에서는 마자랭 공작부인이 그녀의 친구 마담 드 보클레르에게 사후세계가 존재하며 그날 밤 그녀가 죽음을 맞이할 것이라고 알려주기 위해 돌아왔다) 또 어떤 유령들은 과거를 재현하기도 했는데, 가톨릭을 지지하는 왕당파 병사들과 청교도 군인들이 서로 창칼을 부딪쳤던 에지힐 전투의 유령들이 바로 그러했다. 퇴마 의식이 없었던 당시, 사람들은 교활한 여자들과 변절한 신부들에게 유령을 쫓아달라고 의뢰하기 시작했으며, 이로써 유령이 마법의 한 형태라는 통념이 강화됐다.

초기 청교도 개혁가들이 근본적 교리로 연옥을 부정한 것은 이 기류와는 반대되는 흐름이었다. 죽음의 순간에 모든 영혼은 곧장 천당이나 지옥행이 된다는 것이 이들의 주장이었다. 오늘날 유령의 존재를 믿느냐 마느냐 하는 문제는 성체性體의 성변화聖變化 또는 교황의 무류성만큼이나 가톨릭과 청교도를 구분하는 중요한 특징이 되었다. 많은 이는 과거로부터 전해진 유령 이야기를 부와 지위를 쌓기 위해 대중을 기만하려는 가톨릭교회의 시도라고 여겼다. 진실한 청교도라면 유령의 존재를 믿을 수 없었다.

따라서 종교개혁 이후 사람들이 유령을 계속 목격했을 때, 그들은 이치에 맞지 않음에도 불구하고, 유령을 액면가 그대로 받아들이지 말라는 가르침을 받았다. 사람들이 마주치는 유령은 죽은 자의 영혼이 아니라 대개 악마가 보낸 악령으로 인식되어야 한다는 것이다. 『종교와 마법의 쇠락Religion and The Decline of Magic』에서 키스 토머스는 레이디 팬쇼의 예를 인용했는데, 그녀는 1650년 11월 아일랜드에서 유령[10]을 목격했을 당시 유독 아일랜드에서 유령이 자주 목격되는 이유에 대해 남편과 밤을 지새우며 토론한 끝에 아일랜드인이 미신을 쉽게 믿는 경향이 있으며 악마의 공격을 막아낼 강한 신념이 부족하기 때문이라는 결론을 내렸다.[11]

앤 불린은 때때로 보잘것없는 인물로 묘사되기도 하지만, 그녀의 종교적 신념은 진지했고 깊이가 있었다. 다른 것은 제쳐두고라도, 그녀는 왕이었던 남편보다 종교개혁에 훨씬 헌신적이었다. 이제 위반할 시 사형이라는 왕명을 피해 비밀리에 종교적 신념을 좇을 수밖에 없었던 가톨릭교도들은 왕비를 불구대천의 원수로 여겼고, 따라서 목

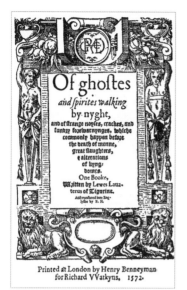

루이스 라바터의 『밤마다 걸어다니는 유령과 정령에 대하여』(1572) 앞표지.

잘린 귀신[12]이 된 그녀가 여러 버전[13]으로 영국 땅을 배회하게 된 데에는, 그녀가 온갖 수단을 동원하여 퍼뜨리고자 했던 신앙을 정면으로 거부하는 자들의 음침한 응징이 어느 정도 작용했다고 볼 수 있다. 마찬가지로, 에지힐 전투가 재현되는 장면 역시 가톨릭을 믿었던 왕당파들에 의해서만 목격되었다는 점도 흥미로운 사실이다.

　루이스 라바터의 저서 『밤마다 걸어다니는 유령과 정령에 대하여of Ghosts and spirits Walking by Night』는 1572년에 출판되었는데, 이 책은 셰익스피어에게도 친숙했던 것으로 보인다. 작가는 유령에 대한 믿음을 장려한 것이 패피스트가톨릭 신자를 경시해서 부르는 말들의 음모라고 여겼던 것이 분명하다.

　하지만 유령을 강력히 부인했던 초기 청교도의 교리는 지속되기 어려웠다. 유령에 대한 믿음은 이미 대중화되어 있었기 때문이다. 『햄릿』(1601)의 서막은 죽은 왕이 등장하는 것으로 센세이션을 일으켰다. 마르셀루스와 마찬가지로, 관객 중에 신념이 강한 청교도가 있었다면 극중 왕은 악마이며 뒤이은 대학살 장면을 악마에 귀를 기울인 결과라고 주장했을 것이다. 그렇지만 햄릿의 유령은 환영이 아니었다. 이 유령은 그곳에 뚜렷하게, 물리적으로 존재했고, 관객도 그 유령을 두 눈으로 보고 있었다.[14]

1665년, 조지프 글랜빌과 래글리의 사색가 모임 역시 청교도들이었는데, 한 세기 전만 하더라도 감히 유령을 직접 경험하거나 온갖 유령 현상을 기록하려는 시도를 하지 못했을 것이다. 『새듀시스무스 트라이엄파투스』(사두개인에 대한 승리라는 뜻. 사두개파는 에피쿠로스학파나 디거스와 마찬가지로, 영혼의 존재와 사후세계에 대한 가능성을 부정했다)에서, 글랜빌은 영혼의 존재를 반박의 여지 없이 증명하기 위해 마법과 유령의 존재에 대한 과학적 증거를 입수하려는 자신의 노력을 변호했다. 이 진실한 종교에 무신론은 이제 가톨릭보다도 더 큰 위협이 되고 있었고, 토머스 홉스와 같은 엄격한 청교도들에게는 괴로운 일이었을지 몰라도, 유령에 대한 믿음은 정신적 세계에 대한 일종의 믿음을 구성했던 것이 사실이다. 유령의 존재에 대한 증거를 수집하는 것은 기독교 자체를 더욱 강건하게 만드는 일이었다. 적어도 그것이 계획이었다. 하지만 중세 시대의 가톨릭이 제공했던 구조적 토대가 없었기에, 이 유령들은 더욱 말썽을 일으키고 사람들을 겁주는 존재들이었다.

초기 종교개혁가들에게, 유령을 경험하는 것은 마법을 경험하는 것과 같았다. 가톨릭교회와 달리 청교도들은 (교육받지 않은 신도들에

피에르 르 투아예의 『유령에 대한 연구』(1658)의 삽화에는 싸구려 양초를 든 유령의 모습이 그려져 있다.

게 더욱 생생한 도덕적 메시지를 전달하기 위한 중요한 방식이자, 후에 감리교도에서 차용했던 것과 달리) 유령 이야기에 대한 소유권을 주장하지 않았고, 노골적으로 유령을 부정했다. 따라서 유령 목격담이 빠른 속도로 퍼져나갔을 때, 이들은 점점 민담과 도시형 전설의 배후지로 몰려갈 수밖에 없었다.

18세기, 가톨릭교를 금지하는 법안이 마침내 철폐될 무렵, 유령에 대한 믿음도 다시금 공개적으로 인정되고 있었다. 인쇄기를 통해 서적 및 팸플릿 제작이 염가에 제공되면서 사상 처음으로 유령 목격담이 종이에 기록되기 시작했다. 오늘날까지 남아 있는 팸플릿 수만 보더라도 당시 유령 목격담들이 얼마나 큰 인기를 누렸는지 짐작할 수 있다.

모든 이야기는 실화로 팔려 나갔다. 분명한 것은, 이야기를 하는 사람이 누구였든지 간에, 간담을 서늘하게 하는 것이든 혹은 도덕적 메시지를 전달하는 것이든 각자의 목적에 맞게 이야기를 각색했지만, 역시 판매가 주목적이었다는 사실이다. 새로 단장한 디포의 글이 메리 빌의 이야기를 제공했다는 사실은 당시 사건을 그의 관점으로 기술한 것이 중산층의 마음을 사로잡았고, 그들 사이에서 많이 읽혔다는 것을 뜻했다. 중산층이 어디에서든지 쉽게 구할 수 있는 센세이셔널한 팸플릿을 사기 위해 몸을 굽히는 일은 흔하지 않았다. 그의 팸플릿은 여러 차례 증쇄했고, 1727년 『유령의 역사와 현실에 대한 에세이Essay on the History and Reality of Apparitions』에서 다시 유령을 다룬 것도 이 성공에 힘입었을 것이다.

유령을 믿는 것은 결국 사회적으로 존중받지 못했지만, 역시 전략적으로 정령과 유령에 대한 믿음을 옹호했던 새로운 형태의 기독교인 감리교에 의해 더욱 대중적이 되었다. 감리교 창립자인 존 웨슬리는 엡워스의 생가에서 겪은 유령 현상으로부터 깊은 영향을 받았고, 이 경험은 그가 창립한 종교에도 반영이 되었다. 감리교는 마법과 마술에 흥미를 갖는다는 점 때문에 영국 국교회로부터 정기적으로 비판을 받았다. 웨슬리는 죽은 후에도 활동을 계속했다. 1846년, 감리교도들에게 타락하지 말 것을, 창립자의 믿음에 충실할 것을 촉구하는 내용의 소책자가 출간되었다. 흥미롭게도 웨슬리는 벽난로 옆에 앉은 신도 앞에 하얀 시트를 입고 나타난 유령으로 묘사되었는데, 거의 200년은 된 유령 묘사 방식이었다.

비록 통일된 종교와는 거리가 멀었지만, 초창기 복음주의 감리교는 초자연 현상에 대한 믿음과 거의 동의어가 되었다. '이성의 시대'

웨슬리의 유령. 1846년에 출판된 팸플릿.

의 위대한 몇몇 인물은 정신세계를 입증하는 직접적인 증거를 체험
하는 것에 관심이 많았다. 새뮤얼 존슨은 죽은 아내의 혼령과 만나고
싶다고 입버릇처럼 말했고, 실망스럽게도 콕 거리의 폴터가이스트를
가짜라고 판명했던 위원회의 회원이었다. 위원회 소속이었던 인물 중
에는 감리교 신자였던 윌리엄 레그와 다트머스 경이 있었는데, 다트머
스 경의 가족이 힌턴 앰프너[15]와 관련이 있었던 것도 그의 신념을 강
화했을 것이다.

　18세기 말, 과거의 전통과 미신을 발 빠르게 거부했던 유럽의 혁명
들은 유령에도 호의적이지 않았다. 영국의 빠른 산업혁명 그리고 영
국의 민간신앙과 도시 물질주의 사이의 간극은 또 하나의 강력한 수
정 요인으로 작용했다. 그리고 점차 감리교의 사회적 지위가 높아지

면서, 유령에 대한 이전의 관용적 태도와 흥미가 폐기되었고, 더 광범위하게는 감리교의 역사에서 삭제되었다. 감리교에만 국한된 것이 아닌, 전반적인 사회 변화와도 맞물려 있었다. 1830년 즈음, 유령을 믿는 풍조는 영국에서 사실상 붕괴되었으며, 전에도 그랬듯이, 다시 부활하지 않을 것이라고 예상되었다.

하지만 20년이 채 지나지 않아, 독일에서 유령 괴담이 점차 흥미를 끌기 시작할 무렵 캐서린 크로가 1848년(폭스 자매가 미국에서 강령회를 창시한 해)『자연계의 이면』을 출판하자 유령 이야기는 영국에서도 히트를 쳤다. 영국의 새로운 왕족 역시 독일인이었고, 하노버 왕가 및 작센-코부르크-고타의 유령에 대한 관심은 1636년 마인헤드에서 있었던 마더 리키의 유령[16]과 테드워스 북치기, 미세스 빌 유령 사건에 대해 최신 보고서를 요구했던 스튜어트 왕조에 견줄 만한 것이었다.

수년간, 빅토리아 여왕은 무덤 속에 살았다. 1861년 앨버트의 서거 이후 그녀는 매일 검정 옷을 입고 그가 살았던 당시의 집안 모습을 그대로 유지하며 40년간 정성을 다해 그의 죽음을 추모했다. 왕자의 흉상과 초상화는 왕족의 거의 모든 초상보다도 눈에 띄게 진열되었다. 매일 아침 하인들은 앨버트의 옷을 준비했고, 그의 면도용 컵에 뜨거운 물을 대령했으며, 요강을 광나게 문질러 닦고 침대 시트를 갈았다. 진정한 의미에서, 빅토리아는 유령과 살고 있었다.

여왕이 강령회와 같은 점잖지 않은 일에도 연루되었는지에 대한 수많은 추측이 일었다. 공식적으로는 아니었다. 수년간, '비키의 심장'이라고 알려진 손목시계가 런던의 심령학 연구 대학에 전시되었다. 손목시계에는 다음과 같은 글귀가 새겨져 있었다. "1846년 7월 15일, 와이트섬 오즈번('Osborn'으로 표기되어 있다) 하우스에서 보여

준 조지나 이글의 탁월한 예지력에 대한 공로로 여왕 폐하께서 하사
함.”

시계는 1963년 도난당했으나, 시계의 기원에 대해서는 언제나 추
측이 무성했다. 세인트 레오나르드 교회에서 세례를 받았던 쇼어디
치 호텔 지배인의 손녀이자 공연 마술사의 딸인 조지나 이글에게
는 천리안이 있었는데, 1846년에 그녀는 겨우 열한 살이었다. 그 당
시, 예지력을 지닌 아이들은 드물었지만 전무했던 것은 아니었다.[17]
하지만 ‘오즈번’의 철자가 잘못 표기된 것에서도 볼 수 있듯(원래는
‘Osborne’이 맞는 철자다), 시계는 여왕이 실제로 증정한 선물일 가능
성이 낮으며 진위 보증을 위해 쓰였을 가능성이 높다.

유령을 믿는 풍조는 후기 빅토리아 시대에 많은 과학자가 유령의
존재를 증명할 수 있다는 확신을 갖게 되면서 다시 인정받기 시작했
다. 마지막으로 한 번 더, 이 특별한 과학적 탐구 분야에서 영국이 선
두를 달리려 하고 있었다.

심령연구학회는 1882년, 사회적으로 저명한 남녀 인사들에 의해
설립되었다. 유령 현상이 아직 밝혀지지 않은 과학의 한 측면일 것이
라는 이해를 바탕으로 패러노멀 현상을 조사하는 것이 목적이었다.
하지만 그들도 자신들이 일으킨 반향에 놀라기는 마찬가지였다. 학회
가 “환영에 대한 인구조사”를 발표했을 때, 1889~1894년 사이에 수
집된 1만7000건의 응답 건수는 유령에 대한 믿음이 널리 확산되어
있음을 증명했다. 그럼에도 기대를 불러 모았던, 유령의 존재를 입증
하거나 혹은 유령이 존재하지 않는다는 것을 입증할 수 있는 과학적
혁신은 결국 일어나지 않았다.

에드워드 시대 사람들에게서는 1904년 M. R. 제임스의 유령 이야

기가 등장했다. 이 학자적 성향의 내성적이었던 남자는 모종의 불가해한 방식으로 J. M. 배리와 루이스 캐럴에게 친밀감을 갖고 있었던 것으로 보인다. 비록 그가 아동 작가로 인정받지는 않았으나 특별히 아이들을 위한 유령 이야기를 몇 개 썼다는 사실은 종종 간과되는 듯하다. 이튼 학장으로서, 제1차 세계대전이 막 끝난 후 그는 피터팬의 모티프가 된 학생을 알고 있었고, 6월 4일 연례 학교 휴일에 배리를 자신의 교장실로 초대했다. 그의 『로스트 하트』는 그가 이상할 정도로 진심으로 싫어했던 작품인데, 살해된 후 복수심을 품고 있는 소년과 소녀 유령에 대한 이야기였다.[18]

제1차 세계대전으로 발생했던 엄청난 사상자 수에 경악한 사람들은 다시 초자연 현상에 대한 믿음을 갖기 시작했다. 거의 사라질 위기에 처했던 테이블 두드리기 같은 현상들이 갑작스레 다시 인기를 누렸다. 심지어 영국 기득권층에서도 몽스의 천사들에 관한 허구적 이야기를 목격된 실화로 탈바꿈시킴으로써 유령을 이용한 프로파간다를 놓치지 않았다. 시인 로버트 그레이브스는 살해된 지 얼마 지나지 않은 유령들이 아직 자신들의 처지를 파악하지 못한 것처럼 주변을 비틀거리며 배회하는 모습을 흔하게 목격할 수 있다고 여겼으며, 샤이어에 살고 있는 사람들도 유령을 보았다. 똑같은 현상이 제2차 세계대전 때도 되풀이되었다. 1943년 판매량이 제로에 가까웠던 점괘판은 1944년 6월, 뉴욕 백화점에서만 5만 개가량 팔려 나갔다.[19] 전쟁이 끝난 후, 고스트헌팅을 과학의 한 분야로 바꾸려는 시도가 다시 일어났다. 폴터가이스트가 갑작스레 다시 유행하게 된 것이다.

1930년대, 오늘날 '문화적 논객'이라고 불릴 만한 많은 사람이 폴터가이스트와 독일의 신흥 나치주의 사이에 함축적 관련성을 만들었다. 국가사회주의는 무엇보다도 젊은이들의 에너지를 먹고 자라나던, 막 떠오르던 파괴적 힘이었기 때문이다. 설상가상으로, 나치의 일부 원로 당원들은 초자연 현상의 기원을 본질적으로 앵글로색슨에 두고 연구하는 새로운 과학 교과를 만들어내는 데 공개적으로 관심을 표했다.

수십 년간의 인격 살인에도 불구하고, 몇 년 후 프라이스는 생방송 부문을 개척한 선구자로서 위대한 유산을 남겼다. 약삭빠른 언론인 들은 1936년 "영국에서 가장 유령이 자주 출몰하는 집" 첫 번째 방 송을 내보냈고, 모두 알다시피 그 나머지는 역사가 되었다.

유령에 대한 믿음을 끊임없이 중개하는 세 가지가 있다. 종교, 미디 어, 사회적 지위다. 이것들은 변화하기 마련이므로, 우리 유령들도 자 연히 함께 변화해왔다.

바빌로니아인이 먼지가 자욱하고 감상적인 지하세계의 그림자를 본 곳에서 자코뱅파 사람들은 수의를 입은 희끄무레한 형체를 보았 고, 빅토리아인은 검은 새틴 드레스와 긴 장갑을 낀 여성 살인범을 목격했다. 수 세기 동안 유령의 존재는 인식되어왔고, 언제나 목적이 있었다. 종교개혁 이후, 비록 무덤에서 돌아오는 뚜렷한 목적은 없어 보였지만, 이방인들의 쐐기(와이트섬의 오래된 단어)가 목격되었다. 19세 기 초에는 오직 하인들만 유령을 목격했다. 적어도 중산층의 시각에 선 그러했다. 영국에 크리스마스 유령이 나타나게 된 여러 이유 중 하 나는 엡워스 폴터가이스트에서 그랬던 것과 마찬가지로, 가정에서 하 인들이 전통적으로 성 마르틴의 축일이 있는 11월 초에 고용되었기 때문이라는 것이 필자의 추측이다. 이들은 낯선 집에 살게 되고 얼마 지나지 않아 크리스마스를 맞이했을 것이며, 만약 어린 나이였다면, 가족하고도 처음 떨어져 지내는 것이었을 테다.

오늘날, 유령을 목격하는 일은 훨씬 복잡하며 광범위하다. 올더스 헉슬리의『악마들The Devils』(1952)과 윌리엄 피터 블래티의『엑소시스트The Exorcist』(1971)가 출간되기 전까지만 하더라도 미국에서 악마에게 홀릴 수 있다(포제션)는 믿음은 거의 사라져가고 있었다. 하지만 이제 이 믿음은 천사에 대한 믿음과 마찬가지로 널리 확산되어 있으며, 자코뱅파 사람들의 사고방식과 다시 직접적으로 연결되어 무릎에 빳빳한 칼라와 리본을 달아야 할 정도다.

유년기로의 여행을 시작했을 때, 나는『유령의 자연사』라는 제목을 선택하면서 어느 정도 자극적인 효과를 노린 것이 사실이다. 하지만 실제로 유령의 자연사가 있다는 것을 알게 되었다. 아리스토텔레스 형식의 분류학이 존재하고 있었다. 혹은, 만약 유령을 일종의 유기적 엔터테인먼트로 볼 수 있다면, 다른 장르로 구분될 수도 있다.

그럼에도 이는 과학이라고 볼 수는 없으며, '측정하고자' 했던 시도는 결국 아무런 결실을 거두지 못했다. 과학자들은 몇 세대에 걸쳐 세부 사항들을 일목요연하게 정리하고 사건을 정확히 밝혀내기 위해 노력했지만, 유령의 자연사에 대한 최고의 증거들은 언제나 가장 평범하고, 일상생활에서 늘 겪을 수 있는, 대수롭지 않게 여기는 경험으로부터 나왔다. 비록 최근에 두뇌에 대한 신비가 조금씩 벗겨지면서 새로운 희망이 보이고는 있지만, 초심리학자는 언제나 외로운 직업이었다. PSI(텔레파시, 염력)를 연구하며 많은 시간을 보낸 딘 라딘은 그의 한 주 일과를 다음과 같이 소개했다.

월요일, 나는 근본주의자들로부터 신성모독이라는 비판을 받았다. 이들은 PSI가 계시종교의 교리에 대한 신념을 위협한다는 생각을 갖고 있었다. 화요일, 나는 전투적 무신론자들로부터 극단적인 종파라는 비난을 받았다. 그들은 PSI가 밝혀진 과학적 지혜에 대한 자신들의 신념을 위협한다고 믿고 있었다. 수요일에는, FBI가 자신들의 생각을 통제하는 것을 멈추게 해달라고 내게 요구하는 편집증적 정신분열증 환자들이 끈질기게 날 괴롭혔다. 목요일에는, PSI에 대한 합당한 증거가 있다는 사실을 알지 못하는 심사위원들 때문에 연구지원금을 다시 반환해야 했다. 금요일에는, 내가 그동안 저술한 모든 글의 사본을 요청하는 학자들이 보낸 한 무더기의 편지를 받았다. 토요일, 내가 그들의 비밀스러운 관심을 폭로하지 않겠다고 보장한다면 내 연구에 협력하고 싶다는 의사를 밝히는 과학자들의 전화를 받았다. 일요일, 나는 집에서 쉬면서 편집증적 정신분열증 환자들이 나 대신 근본주의자들과 대화하도록 만들기 위한 방법이 있는지 고심했다.

앞서 언급한 것처럼, 고스트헌팅에 참여한 몇 되지 않는 초심리학자 중 한 명은 로이드 아우어바흐였다. 한 유령이 그에게 해준 이야기는 다음과 같다. 자신이 마지막 숨을 거두고 있다는 것을 알았을 때, 그녀는 갑자기 지옥에 갈까봐 극도로 두려워졌다. 그녀는 집에 돌아가는 데 온 신경을 집중했고, 거의 즉각적으로, 집에 돌아와 있는 자신을 발견했다. 그녀는 아직 '저세상'에 가보지 않았기 때문에 그 세계에 대해서는 할 말이 별로 없었다. 그 대신 자신을 형체가 없는 '에너지 볼'이라고 묘사하며, 자신을 바라보는 사람들의 마음속에 그녀의 모습을 투사했다.

그리고, 보는 것이 중요하다. 아무도 당신이 유령을 '들었는지'에 대해 묻지 않는다. 사람들은 당신이 유령을 '보았는지' 묻는다. 유령을 본 사람이 없다면 유령의 출현 또한 있을 수 없기 때문이다.

우리가 유령 이야기를 좋아하는 것은 우리 삶이 끝난 후 일어날 일들을 알려주기 때문만은 아니다. 유령 이야기는 우리를 생의 시작점으로도 데려가며, 우리는 기쁜 마음으로 어린 시절에 다시 접속한다. 유쾌하게 중재된 공포는 커다란 매력으로 다가오며, 사람들은 성인이 된 이후에도 이 유쾌함을 맛보고 싶어한다. 유령에 대한 비밀스러운 믿음은 일종의 기쁨이며, 우리 유년기에 비치는 한줄기 빛이기도 하다. 오늘날, 어린이들은 어렸을 때부터 유령을 믿지 말라고 배우며 자란다. 유령을 믿는 것은 자연법에 어긋나며, 중산층 과학자나 대학 리뷰지에 기고하는 박식가들만큼 이 자연법을 굳건히 옹호하는 수호자들도 없기 때문이다. 유령은 더 이상 공포의 대상이 아니지만, 유령을 믿는 것은 여전히 두려움의 대상이다. 그럼에도, 여전히 유령을 목격했다거나 유령 현상이 나타났다는 보고는 계속되고 있다.

통계적으로, 침대에서 졸고 있거나 최근에 사랑하는 사람을 잃었거나, 두뇌에 제한적인 손상을 입었거나 측두엽 간질을 일으킨 경력이 있거나, 도파민 수치를 방해하는 약물(암페타민이나 코카인 등)을 복용했다면 당신은 유령을 목격할 가능성이 더 높다. 대낮에 도서관에서 오래된 책을 읽다가 환각을 일으키는 곰팡이 포자를 들이마셨을 수도 있다.[20] 태양흑점의 활동 주기이거나, 침대 밑 땅속 깊은 곳에서 지층이 움직이며 일종의 저주파를 발생시키거나, 새어나온 전기장이 가득 들어찬 장소에 있어도 유령을 목격할 가능성이 높다. 아,

그리고 프랑스인이 아닐 경우에도 확률은 올라간다. 세속적인 것과 종교적인 것을 명확히 구분해왔던 프랑스인들은 유럽인들 중에 유령에 대해 가장 시니컬한 것으로 항상 기록되어왔다.

이 책을 쓰는 동안, 나는 온갖 종류의 사람과 유령에 대한 담화를 나누게 되었다. 거의 모든 사람이 처음에는 콧방귀를 끼며 당혹감을 나타냈다. 그러나 그게 전부는 아니었다. 나는 이제 상대방이 신뢰할 만한 사람이며 자신들의 이야기를 믿어주려 한다는 것을 알게 되었을 때, 사람들이 갑자기 쑥스러워하며 진지한 표정이 되는 것에 익숙하다. 성공을 거둔 변호사와 규모가 큰 공공 및 민간단체의 장에서부터 영국도서관의 경비대원까지, 온갖 종류의 사람이 자신이 겪은 일을 털어놓았다. 그들은 휴대전화에 저장해둔 유령 사진들을 내게 보여주며 그들의 아내와 딸의 눈에만 보이는 집 안의 유령에 대해 이야기하곤 했다.

이 주제에 내가 다시 관심을 갖게 된 것에 대해 유순한 의구심을 보이던 두 명의 친구는 런던필드에서 한낮에 걸어다니는 혼령을 보았다고 고백했다. 이러한 이야기들은 어디에서나 접할 수 있으며, 극도로 사적이고 은밀한 구석이 있다. 그들은 남편 혹은 아내에게도 말하지 않던 이야기들을 내게 털어놓는다.

서문에서 나는 어렸을 때 들은, 뱀브리지 외곽에 위치한 숲에 나타나는 로마 시대의 100인 대장의 유령에 대한 민담을 언급한 바 있다. 우리는 바닷가에 있는 할머니 댁을 방문하러 가는 길에 그곳을 지나곤 했다. 책을 쓰기 위해 조사하는 과정에서, 필자는 이 숲의 이름을 알아냈다. 세인트 유리안의 숲이다. 세인트 유리안은 흑사병에 의해 몰살된 교회와 마을 이름이었다. 교회와 마을은 재건되지 않았고 삼림지대 속에 묻히게 되었다. 세인트 유리안St Urian이 100인 대장centurion 으로 탈바꿈한 것이다. 이름이 유령 이야기의 기원이 된 사례다.

＊

유령 신앙에 대한 인간의 복잡성과 정면으로 씨름한 사람이 있었으니, 바로 해리 후디니다. 해리 프라이스와 마찬가지로 그는 밀렵꾼과 사냥터지기권력에 반대하다가 본인이 권력을 휘두르는 양상을 비유적으로 이르는 용어로서 유령의 세계를 체험한 인물이었다. 경력 초기 당시, 후디니와 그의 아내 베스는 가짜 강령회를 열며 생계를 꾸려나갔다. 강령회에서 후디니는 의자에 묶인 채로 탁자를 떠다니게 하고 악기를 연주했다. 1899년, 그는 이 기술을 탈출술(불, 로프, 사슬, 포승 등에서 빠져나가는 곡예)로 바꾸면서 영매산업을 뒤로하고 떠났다. 1913년, 모친상으로 상처를 입은 그는 다양한 심령술사와 영매를 찾아다녔지만, 그들의 뻔뻔한 수작에 분노해 심령론에 반대하는 캠페인을 벌이게 되었다. 그는 변장을 한 채 강령회에 참석했다. 공연 마술과 속임수를 훈련받았던 경험이 있는 그는 쉽게 사기를 폭로할 수 있었다. 그는 자신의 경험을 저술한 책『혼령 속의 마술사A Magician among the Spirits』(1924)의 서문을 다음과 같이 직설적으로 끝맺는다. "지금까지 내가 조사해왔던 모든 것은 두뇌가 현혹된 결과였다."

그의 냉소에도 불구하고, 혹은 바로 그 냉소 때문에, 후디니는 사후세계가 존재한다면 자신이 돌아올 것이라는 협약을 맺었다. 그는 아내에게 아무도 추측하거나 넘겨짚을 수 없는 암호를 남겨두고 떠났다. 그의 장례식에서 강령회가 열린 날(적절하게도 그날은 핼러윈 데이였

후디니가 에이브러햄 링컨의 혼령을 만나는, 고의적으로 조작된 사진. 가짜와 사기에 분노한 그는 유령들이 진짜이기를 바랐다.

다)로부터 수년이 지난 후, 짜릿한 일이 벌어졌다. 1929년, 직업 영매 아서 포드가 비밀 메시지를 들고 나선 것이다. 영매들이 옳고 후디니가 틀렸다는 것이 입증되는 순간인 듯 보였다.[21] 하지만 베스를 흥분케 했던 열기는 곧 식어버렸다. 거짓으로 꾸며낸 농간이었다는 것이 밝혀졌기 때문이다. 조사 결과, 베스가 한 저널리스트에게 무의식중에 암호를 밝혔을 가능성이 높은 것으로 드러났다.

베스는 그 후 7년 동안 강령회를 계속했다. 그러나 1936년, 그녀는 미국인들에게 발표했다.(강령회는 라디오 생방송으로 진행됐다.) "후디니는 결국 돌아오지 않았습니다. 저의 마지막 희망도 사라졌습니다. 저는 해리가 저에게, 혹은 다른 누구에게도 돌아올 것이라 생각하지 않습니다. 후디니 사당은 10년 동안 불꽃으로 타올랐습니다. 이제 저는, 경건하게 이 불을 끄려고 합니다. 이제 모든 게 끝났습니다. 잘 자요,

해리!"

그녀의 불신에도 불구하고 후디니의 강령회는 일종의 관행으로 자리 잡았으며, 그 이후 매년 10월 31일마다 개최되고 있다.

개인적이고, 감성적인 느낌으로 가득한, 약속된 메시지는 다음과 같았다. "로자벨, 대답해요–말해요–기도해요, 대답해요–봐요–말해요–대답해요, 대답해요–말해요." 베스 후디니의 결혼반지에는 '로자벨'이라는 문구가 새겨져 있었다. 그들이 처음 만났을 때 그녀가 연기하며 불렀던 노래였다. 다른 단어들은 독심술 시연 과정에서 마술사와 조수 사이에 정보를 주고받는 데 쓰이는 비밀 스펠링 코드에 해당한다.

로자벨의 신원을 확립한 후, 후디니가 저승에서 보낸 암호를 판독하면 분명한 명령어가 나타나기로 되어 있었다.

그 명령어는 단순했다.

"믿어라."

100~109 플리니우스가 아테네에 있는 유령의 집에 대하여 기술함.

731 가경자 비드가 토르드지타 수녀를 방문한 수녀원장의 유령에 대한 이야기를 소개한 『영국민의 교회사』를 출간함.

1534 '국왕 지상법The Act of Supremacy'의 제정으로 헨리 8세가 결국 로마와 절연한 후 영국에서 로마가톨릭교를 법으로 금지함.

1536 앤 불린이 처형됨.

1612 '마콩의 악마'가 칼뱅주의 신부 집에 나타남.

1642 에지힐 전투 이후 크리스마스 동안 전투의 환영이 재현됨.

1661 '테드워스 북치기'가 영국 최초의 고스트헌터, 조지프 글랜빌에 의해 조사를 받음.

1665 조지프 글랜빌이 래글리를 방문해 레이디 콘웨이를 만나고 신학과 유령 신앙을 토론하는 모임에 가입하며, 모임의 회원 수가 증가함.

1705 대니얼 디포가 『미세스 빌의 유령』을 저술. 캔터베리를 배경으로 한 실화로 추정되는 이야기를 토대로 쓴 최초의 공식적 유령 이야기로 기록됨.

1716 존 웨슬리가 유년기를 보낸 집 엡워스 목사관에서 폴터가이스트 소동이 일어나며 가족의 불화로 폴터가이스트는 점점 더 확대됨.

1734 프란츠 메스머 출생.

1762 런던시 콕 거리의 한 서민 가정에서 폴터가이스트 현상이 나타나 대규모 군중과 유명 인사가 모여듦. 언론이 최초로 흥미 위주의 기사를 보도함.

1765 메리 리케츠가 햄프셔의 힌턴 앰프너로 가족과 함께 이사한 것을 얼마 지나지 않아 후회하게 됨.

1778 대영제국이 '가톨릭 해방법'을 통과시킴으로써 종교개혁 이후 처음으로 로마 가톨릭교의 관행이 완전히 합법화됨.

1788 엘리자베스 본호트가 중산층 부모들에게 자녀 양육을 담당하는 하인들로 하여금 유령 이야기를 들려주지 못하게 할 것을 권고함.

1791 베를린 서적판매상 프리드리히 니콜라이가 유령을 목격한 후, 이를 의학적으로 규명할 수 있을지 궁금해함.

1803 해머스미스 고스트에 대해 웨스트 런던의 대중이 집단 히스테리 증세를 보임.

1813 맨체스터 물리학자 존 페라이어가 『유령 출현의 이론에 관한 에세이』를 발

간함.

1816	바이런과 셸리가 독일 이야기책에서 영감을 받아 제네바에 있는 별장에서 유령 이야기를 지어냄.
1829	월터 스콧이 최초의 근대 영국 유령 이야기인 단편소설 「벽걸이가 걸린 방」을 발표함.
1843	찰스 디킨스가 『크리스마스 캐럴』을 출간함.
1848	캐서린 크로가 『자연계의 이면』을 발표함으로써 독일 민담과 '폴터가이스트'라는 단어를 앵글로색슨 문화에 소개했으며 책은 베스트셀러가 됨. 미국에서는 폭스 자매가 강령회를 창시함.
1852	미국에서 강령회 열풍이 불며 런던에도 상륙함. 강령회는 보스턴 출신의 신문 편집장의 아내, 헤이든 부인이 개최함.
1856	데이비드 브루스터 경이 『입체경』을 발표함. 유령 사진의 조작 가능성을 최초로 폭로함.
1861	윌리엄 멈러가 보스턴에서 우연히 유령 사진을 촬영함.
1863	무대 환영 효과 '페퍼스 고스트'가 런던에서 처음 선보인 후 뉴욕 무대에도 등장함.
1868	역사상 가장 유명했던 영매, D. D. 흄이 런던에서 사기죄로 기소됨.
1871	힌턴 앰프너의 유령 현상을 처음으로 기록한 이야기가 발표됨.
1872	프랑스에서 샤를 리셰가 최면술을 사용하는 법을 처음으로 목격한 후 의학도로서의 경력이 초자연 현상에 대한 관심을 아우르는 것으로 전환됨. 매거진 『노츠 앤드 퀘리스』가 버클리 광장 50번지에 위치한 유령의 집을 처음으로 언급함.
1873 ~1874	윌리엄 크룩스가 10대 영매 플로렌스 쿡을 연구하는 동안 그녀와의 염문설에 휩싸임.
1874	브로드웨이의 그리스도교회 안뜰에 있는 유령을 구경만이라도 하고 싶어하는 5000명이 넘는 군중이 매일 저녁 웨스트민스터 사원에 몰려듦.
1878	여자 살인범 미세스 매닝의 유령이 런던 남부의 한 주택가 창문에서 목격된 후 군중이 모여듦.
1882	런던 심령연구학회가 설립됨.
1885	미국 심령연구학회가 설립됨.
1994	조지 듀 모리에가 『트릴비』를 출간함.
1895	캔터베리 대주교가 헨리 제임스와의 만찬에서 나눈 이야기가 후에 『나사의 회전』의 바탕이 되는 핵심 스토리를 제공함.
1896	엑스레이, 시네마, 라디오가 몇 개월 간격으로 런던에 등장함. 과학은 기이한 현상에 대한 새로운 돌파구를 마련했다고 여겨짐.
1897	조르주 멜리에스가 초기 유령 영화 「사라진 여인」을 제작함.
1904	M. R. 제임스가 그의 첫 번째 작품집 『골동품상의 유령 이야기』를 발표함.
1911	엘리너 저데인과 샬럿 모벌리가 『어드벤처』를 출간함.
1914	에설 하그로브가 새해 전야에 나이턴 조지스가 타임슬립으로 출현하는 것

을 목격함. 아서 매컨이 런던에서 신문에 단편소설 「궁수」를 발표함으로써 '몽스의 천사들' 전설이 시작됨.

1916 전기와 라디오의 선구자 올리버 로지 경이 무덤에 있는 아들과 연락하려 했던 시도를 다룬 책 『레이먼드 또는 삶과 죽음』을 발표함.

1917 독일 잠수함 U65가 함부르크에서 진수됨.

1929 해리 프라이스가 볼리 목사관을 처음 방문했으며, 후에 '영국에서 가장 유령이 많이 나타나는 집'이라고 명명함.

1930 J. B. 라인이 듀크 대학에 초심리학 부서를 만듦. 업턴 싱클레어가 『멘탈 라디오』를 발표함.

1936 유령의 집에 대한 최초의 라이브 방송이 BBC에서 해리 프라이스의 지휘하에 방영됨. 노퍽에서는 앤드르 시라와 동료가 유명한 '레이넘 홀의 브라운 레이디' 사진을 촬영함. 미국에서 후디니의 처가 죽은 남편을 위한 마지막 공개 강령회를 개최함.

1937 나치가 운영하던 본 대학이 초심리학을 새로운 북유럽 과학으로 분류하는 내용을 발표함. 해리 프라이스가 6개월간 볼리 목사관을 임대함.

1944 미국에서 점괘판 판매량이 폭발적으로 증가함.

1959 스웨덴 오페라 가수 출신이자 화가인 프리드리히 위르겐존이 새소리를 녹음하던 중 불가사의한 목소리를 녹음하게 됨.

1961 초심리학 연구소가 레닌그라드 대학에서 문을 열게 되면서, 10년간 계속된 초자연 현상에 대한 거짓 냉전이 시작됨.

1969 초심리학이 미국과학진흥협회AAAS에 의해 공식적으로 인정받음.

1971 콘스탄틴 라우디베가 전자 음성 현상EVP에 대해 폭넓게 다룬 책 『돌파구』를 발표함.

1973 윌리엄 프리드킨의 영화 「엑소시스트」가 개봉함.

1977 엔필드 폴터가이스트가 제자리에서 발생.

1984 이반 라이트만의 「고스트 버스터즈」가 개봉함.

A NATURAL
HISTORY OF
GHOSTS

1장

1 와이트섬은 686년, 잉글랜드에서 가장 마지막에 기독교로 개종한 지역이다.

2 브랜 왕. 런던타워의 까마귀는 왕의 소유라고 알려져 있다.

3 『노츠 앤드 퀘리스』, 1860년 8월 8일 자.

4 이 성직자는 언제나 나이턴 조지스와 마지막 소유주인 조지 모리스 비셋에 흥미를 갖고 있었다. 그가 빅토리아 시대의 베스트셀러였던 종교적 소논문이자, 레그 리치먼드의 저서 『낙농인의 딸』에 언급되었기 때문이다. 리치먼드는 와이트섬의 브랜딩의 부제였으며, 와이트섬에서는 비셋의 하인 중 한 명으로 폐결핵을 앓고 있었던 벳시 윌브리지를 치료하기 위해 나이턴에 방문하기도 했다. 벳시는 일종의 성인으로 추앙받고 있었는데, 그녀의 선량함과 청빈함은 빅토리아 이전 시대의 독실한 신앙심의 상징으로 여겨졌다. 나이턴 조지스가 철거될 무렵, 리치먼드는 빅토리아 여왕의 아버지였던 켄트 공작의 사제로 부임했다.

리치먼드의 침례교도에 대한 소책자는 대략 400만 부가 팔렸다고 추정되고 있으며, 19개국 언어로 번역되었다. 벳시 윌브리지의 묘지를 방문한 독실한 여행객이라면 나이턴의 폐허 더미를 바라보며 저택의 마지막 소유주의 악랄함과 속물성 그리고 부유층의 허영심에 대해 성찰해볼 수 있었을 것이다. 벳시는 디킨스의 『낡은 골동품 가게』에 등장하는 이타적인 인물 리틀 넬의 모델이 되었을 확률이 높다. 디킨스는 1965년에 출간한 크리스마스 소설 『닥터 메리골드』에서 이 소논문의 제목을 언급했다.

5 셰익스피어와 바이런이 언급했던 이 거대한 침대는 최근에 빅토리아 앨버트 박물관에서 웨어에 위치한 스페셜 박물관으로 환송되었다. 에드워드 4세를 위해 제작된 것으로 유명한 이 침대는 왕족이 아닌 사람이 이곳에서 자려고 감히 시도할 경우, 성난 침대 제작자 요나 포스브룩의 방문을 받는다고 알려져 있다.

2장

1 민속학자 크리스티나 홀(*Haunted England*, 1940)은 이것을 두고 고대 요정(페어

리)에 대한 미신의 증거라고 할 것이다. 요정이 지나갈 때 함부로 쳐다봐서는 안 되며, 앞치마나 손에 든 것으로 얼굴을 가려야 한다. 대중문화의 홍수 속에 살고 있는 현대인들에게는 신기하게 비춰질지도 모르지만, 과거에는 페어리와 엘프들이 매우 위험한 존재들로 여겨졌다. 『반지의 제왕』보다는 「패러노멀 액티비티」와 같은 영화가 전통적 요정설화에 훨씬 가깝다.

2 심령연구학회 총무직을 맡았던 것을 감안할 때, 왕년에 국무총리직을 역임한 아서 밸푸어일 가능성이 높다.

3 드라우그는 아이슬란드 영웅담에서 찾을 수 있다. 이들은 대개 한밤에 무덤에서 소생하는 시체로 등장한다. 북유럽과 스칸디나비아에 친숙했던 중세사학자 M. R. 제임스는 이 개체들이 인간과 '레슬링'할 수 있다는 전통도 잘 알고 있었을 것이다. 실제로, 그의 이야기 중 상당수는 시체와 씨름하는 결말로 이어진다.

4 비록 초심리학 순수주의자들은 이들을 유령으로 인정하지 않으려 들지도 모르지만 말이다.

5 어느덧 40대가 되었지만 당시 이 사건의 초점 인물이었던 소녀 재닛 호지슨은 최근 언론과의 인터뷰에서 할리우드가 이 사건을 영화화하려 한다는 뉴스를 제공했다. 데이비드 솔의 포스터가 여러 장 붙은 벽 앞에 놓인 침대 위에서 공중부양된 그녀의 사진은 거의 토템을 연상시킨다. 그런가 284번지의 거주민들은 여전히 감시받고 있는 느낌. 아래층에서 누군가 대화하는 소리 등의 현상을 경험하고 있다고 『데일리 메일』은 보도했다(2011. 10. 28).

6 이 사건에 대해 『아메리칸 헌팅』(2006)을 포함, 총 17권의 책이 쓰였고 두 편의 영화가 제작됐다. 유령 목격자 중 한 명은 앤드루 잭슨 장군(후에 대통령이 됨)이었다고 추정되며, 유령이 독극물을 주사해서 인간을 죽이는 드문 이야기 중 하나다. 하지만 이 사건은 우리가 알고 있는 온갖 종류의 폴터가이스트 현상과는 배치된다. 일반적으로 폴터가이스트는 무거운 물체를 누군가에게 던진다고 할지라도 깃털처럼 살짝 건드릴 뿐이라고 알려져 있다. 폴터가이스트는 인간을 위협할 수는 있지만 위해를 가할 수는 없다는 것이 일종의 불변의 법칙이다.

7 "나는 편지를 몇 장 쓸 생각으로 오두막집에 내려갔다. 문 커튼을 젖히고 안으로 한 발자국 들어갔을 때 놀랍게도 내 의자에 윌프레드가 앉아 있는 것이 보였다. 순간 가공할 만한 힘의 충격이 온몸을 타고 흐르는 것 같았고 얼굴에서는 핏기가 사라지는 것을 느낄 수 있었다. 나는 그에게 달려가는 대신 오두막 안으로 성큼 들어섰다. 내 팔다리는 모두 뻣뻣했고 반응 속도가 느려져 있었다. 나는 앉는 대신 그를 쳐다보며 조용히 말했다. '윌프레드, 여긴 어떻게 온 거야?' 그는 일어서지 않았고 나는 그가 본의 아니게 움직일 수 없는 상태라는 것을 알았다. 하지만 내 눈을 똑바로 쳐다보던 그의 눈은 내게 이해시키려고 하는 듯한 익숙한 눈빛으로 살아 있었다. 내가 말을 건네자 그의 가장 사랑스럽고 달콤한 어두운 미소가 그의 얼굴 전체에 퍼졌다. 나는 두렵지 않았다. 문 커튼을 열고 그곳에 있는 그를 처음 보았을 때부터, 두려움 같은 것은 없었다. 오직 그를 볼 수 있다는 강렬한 정신적 기쁨만이 있었다. 그는 군복을 입고 있었고 나는 오두막 가구들 가운데 카키색이 얼마나 위화감을 주는지 생각했던 것이 기억난다. 이 생각과 함께 나는 그에게서

눈을 돌렸던 것 같다. 다시 오두막 의자를 쳐다보았을 때 의자는 비어 있었다. (…) 나는 내가 꿈을 꿨던 것인지 의아했지만 아래를 쳐다보니 내가 여전히 서 있는 것이 보였다. 나는 갑자기 극도로 피로감을 느꼈고 침상에 누워 바로 깊은 잠에 들었다. 잠에서 깨었을 때 나는 월프레드가 죽었다는 절대적인 확신이 들었다."(『무명으로부터의 여행Journey From Obscurity』, 1963)

8   3장 '고스트헌팅의 간략한 역사' 참조.

9   고스트헌터 한스 홀처는 버지니아의 애슈론에서 유령이 깃든 흔들의자를 발견했다. 하지만 새로운 장소에서도 같은 일을 반복하지 않는 한 귀신이 붙은 가구라고 정의하기 어렵다는 것이 필자의 주장이다.

10   흑태자의 루비는 170캐럿의 홍紅첨정석으로 무어인 왕자 아부사이드의 시체에서 가져온 것이다. 코이누어는 이와 비슷하게 말도 많고 탈도 많은 역사를 지녔으며, 남자가 착용 시 불행을 몰고 오지만 여자는 그로부터 안전하다고 추측된다.

11   컵받침만큼 큰 눈을 가진, 오딘의 동반견으로 추정되는 사냥개.

12   1612년 펜들 마녀재판은 이후 미국에서 열린 세일럼 마녀재판에 많은 영향을 미쳤는데, 당시 재판에서는 갈색 개, 토끼 또는 고양이의 모습으로 나타나는, 팁이라고 불린 친근한 혼령에 대한 증거가 제출됐다. 엘리자베스 뎀다이크 마녀는 다음과 같이 말했다. "앞서 말한 혼령은 화가 난 것처럼 보였고, 따라서 그녀를 도랑으로 밀쳐서, 그녀가 들고 있던 캔이나 용기 안의 우유를 엎지르게 만들었다. 그런 다음 혼령은 그녀의 눈앞에서 사라졌다. 하지만 앞서 말한 혼령은 이내 토끼의 모습으로 그녀 앞에 다시 나타났고, 약 4분의 1마일가량 그녀를 따라왔지만 그녀에게 아무 말도 하지 않았으며, 그녀 역시 마찬가지였다." 이 영혼과 동물의 충돌은 인류의 문명에 새겨진 아주 오래된 수위표였다.

13   이것이 이전까지 일반적으로 언급되었던 사안이라고 생각하지 않는다. 디지털 이미지에 나타난 구체는 상대적으로 최근에 개발된 것이지만, 영혼이 구체로 나타난다는 개념은 아주 오래된 것이기 때문이다. 이에 대해 기술했던 사람 중에는 신학자 오리게네스(185?~254?, 이집트 알렉산드리아 출신으로 추정)가 있다.

3장

1   오도널은 스스로를 아일랜드 왕족의 후예라고 생각했으며 그에 대해 자부심을 갖고 있었다. 그는 아일랜드인 정체성의 일환으로 유령에 관심을 표명했다. 장르소설을 50권 넘게 쓴 그는 환상주의자다운 면모가 많았다. 2009년, 그의 일대기를 다룬 책이 집필 중에 있다는 보고가 있었으나 아직 출판되지는 않은 것으로 보인다. 1898년, 오도널은 그리니치 공원에서 아주 역겨운 엘리멘털이 나무에서 떨어지는 것을 목격했다. "반은 인간이고 반은 짐승인 그 형체는 성장이 멈춘 것처럼 왜소했고 퉁퉁 불어 있었으며 흐물흐물했고 누런색이었다. 그것은 맞은편에 있던 덤불로 게처럼 옆으로 기어가더니 사라졌다."

2   마리안 포이스터. 16장 '목사관 살인 사건' 참조.

3 추리, 공포, 과학소설 장르가 혼합된 책으로, 이 이야기들을 저술한 윌리엄 홉 호지슨은 장르소설 마니아들 사이에서는 일종의 숭배 대상이다. 체인 워크의 한 주택으로 소환된 사람들이 화롯불 주변에 둘러앉아 서로에게 들려주는 이야기다.

4 오후 8시에 시작해 20분 동안. 프라이스는 현장의 모습과 준비 과정에 대해 얘기했다. 그는 마이크를 사용했으며 문이 열릴 경우 경고음을 내는 전기 접점 장치를 시연했다. 카메라와 온도기록계(온도 변화 기록용)도 사용됐다. 밤 11시 45분부터 자정까지, 청취자들은 라디오의 채널을 맞췄다. 미리 녹음된 것과 라이브 방송이 섞여서 나갔다. 하지만 별다른 사건은 일어나지 않았다.

5 조드(1891~1953)는 유령이 하이브리드 형태일지 모른다는 의견을 내놓았다. 죽은 사람의 육신을 떠난 영혼이 일종의 '물질 덩어리'와 합쳐져 일시적이나마, 매우 기본적인 지능을 만들어낸다는 것이다. 많은 사람은 유령의 이 분절적인 측면을 경험했다. "사람들이 보고하는 것을 근거로 종합해볼 때, 유령은 꽤 망령이 든 존재로 비춰진다"고 메리는 『유령Spook』(2006)에서 말했다.

6 그가 허위로 무엇을 조작했다는 실제 증거는 없다. 그는 갖가지 사건에 대해 매우 의미심장한 의견들을 제시했을 뿐이다. 그의 저서 중 한 권에 실린, 볼리 목사관의 폐허에서 찍힌 '날아가는 벽돌'의 사진과, 그것이 인부에 의해 던져졌다는 것을 잘 알고 있었음에도 불구하고 폴터가이스트에 의해 던져졌을 '지도' 모른다는 암시를 내비친 것이 그 전형적인 예다.

7 영국 학술원에서 낭독한 그의 공식 문서 중에는 배스의 치유의 물과 인근의 흑연광에 대한 연구가 포함되어 있었다.

8 초기에 유령을 목격했다는 보고는 그들의 속죄적 지위를 암시하는 머리카락과 옷의 특징에 대해 언급하고 있다. 아마도 유령들은 지옥의 불에 너무 가까이 갔던 것일지도 모른다.

9 천국에서 돌아온 유령은 아무도 없었다. 굳이 그러겠는가?

10 가장 잘 알려진 것이 엔도르의 마녀다. 이 마녀는 『구약성서』 「사무엘 상」에서 예언가 사무엘의 혼령을 불러낸다.

11 힐러리 에번스, 『침략: 사회와 초자연 현상Intrusions: Society and the Paranormal』, 1982.

12 윈스턴 처칠일 수도 있지만 아서 밸푸어일 가능성이 더 높다. 그가 이스라엘 개국에 기여하자 음모론자들은 주술사를 시켜 국무총리인 그의 행동을 조종하도록 한다. 그의 여동생은 초심리학자였기 때문이다.(그는 SPR 회원이기도 했다.) 하지만 이 모두가 엉터리라는 것은 두말할 것도 없다.

13 그는 또한 아이들의 단골 질문인, 하늘은 왜 파란색인지에 대한 문제의 답을 발견했다. 그 근거가 된 이론은 오늘날 '레일리 산란'이라고 알려져 있다.

14 오늘날 시각에서 보면 이상하게 읽힐지도 모르지만 여전히 유용한 충고로 가득하며, 특히 오늘날 아무도 신경 쓰지 않는 것 같은, 조사원이 지녀야 할 마음가짐에 대해 적절히 조언을 제공한다.

15 뒤늦게 유령의 집을 돈벌이에 이용해 평판이 나빠졌던 이 관행은 해리 프라이스의 경력에서 볼 수 있는 사건들과 유사하다. 아미티빌 사건의 경우, 이야기는 완전히

조작되었다는 것이 밝혀졌다.

16 토브 후퍼와 스티븐 킹의 『폴터가이스트』(1982)와 『공포의 묘지』(1983) 같은 소설들이 좋은 예다.

17 부고, 『뉴욕타임스』, 2009. 4. 29.

18 한스 홀처, 『유령은 어디에 있을까: 유령의 집 가이드 최종판Where the Ghosts Are: The Ultimate Guide to Haunted House』, 1997.

19 미국의 「탭스」와 영국의 「모스트 헌티드」.

4장

1 리케츠 가와 저비스 가는 이후 영국 해군과 상당 기간 긴밀한 관계를 유지하다가 리케츠 부인의 자손 중 한 명인 로버트 빈센트 셔브룩을 끝으로 관계가 단절된다. 로버트는 1943년 발트해 호송대를 방어한 공로로 빅토리아 십자훈장을 수여한다.

2 『힌턴 미스터리』, 영국 국립도서관 소장, MS 컬렉션 30011.

3 실크는 역사적으로 자주 등장하는 유령의 모티프다. 일찍이 1587년 목격된 유령은 "마치 실크를 덮고 있는 듯 안이 비치면서 밝게 빛났고 길쭉하게 생겼지만 형체가 없는 것"이었으며 여왕의 안전에 관한 지침을 가지고 하트퍼드셔의 노동자의 아내 앞에 나타났다고 전해진다.

4 후에 메리의 남동생인 존 저비스와 결혼하는 미스 파커였을 것이다.

5 1791년 11월 2일 조지 윌리엄 리케츠와 레티샤 밀드메이 사이의 부부재산 계약에서, 뉴가나안 부동산 등기부에는 200명의 노예에 대한 일정이 포함되어 있었다.

6 스트리터는 유령의 타깃이 되어왔던 것으로 보인다. 한 번도 유령이 내는 소리를 들어보지 못했던 그녀는 "경솔하게도 그 소리를 더 듣고 싶다는 바람을 표현했고, 그날 밤부터 그 집에서 일을 그만둘 때까지 단 하룻밤도 그 소리가 들리지 않은 날이 없었다. 마치 누군가 그녀의 방문으로 걸어와, 문을 억지로 열려고 하는 것처럼 세게 밀어젖히는 것 같았다."

7 레이디 스타웰은 이 시점에서 힐즈버러 백작과 결혼했다. 그는 미국인으로서 영국 내무부 장관직을 역임했으며, 미국 독립전쟁이 발발하기 전까지 조지 3세의 심부름꾼이었다.

8 프랜시스 윌리엄스 원이 몇 년 후 그녀의 관점에서 바라본 이야기를 들려줄 무렵, 저비스 장군은 그의 여동생이 이삿짐 싸는 것을 돕기 위해 남아 있었다. 그녀는 잠시 쉬기 위해 가정부 방에 앉아서 "방금 내용물을 비워낸 커다란 장롱"에 기대어 앉아 있었다. 그들은 갑자기 "귓가에 들린 소음에 깜짝 놀랐는데, 그녀는 이 소리를 마른 뼈다귀가 박스 안에서 덜거덕거리는 소리에 비유했다. 존 경은 장롱 문을 열어젖히며 외쳤다. '여기 악마가 있다. 그리고 우리가 잡아낼 것이다.' 하지만 아무것도 나타나지 않았다."

9 그들은 서로 동서지간이었음에도 꽤 가까운 사이였다. 실제로 그들은 1766년, 함께 사업을 벌이면서 세인트 존스강 위쪽 2만 에이커의 부지를 각각 사들였다. 물론

그동안 아무도 손대지 않았던 이 황무지를 경작해 사탕수수농장으로 만들기 위함
이었다. 미국 독립전쟁이 일어나지 않았더라면, 저비스는 미국의 최남단에서 상당
한 규모의 노예와 농장을 거느린 부호가 되었을 것이다. 이 이야기의 배경에는 노
예제도가 자리 잡고 있다.

10   저비스는 심지어 이탈리아로 향했던 긴 항해 동안 글로스터 공작이 이 사건에 큰
관심을 보였다고 기록하고 있다. 공작은 이야기의 세부적인 사항까지 모르는 것이
없을 정도로 전문가가 다 되었으며, 국왕 특사가 보낸 편지에서 저비스를 통해 업
데이트된 이야기를 들려달라고 졸랐다고 한다.

11   가족이 아일랜드에서 여름휴가를 보내는 동안 서신은 힐즈버러 부인에게 전달됐
다(힐즈버러가 그의 강적인 벤저민 프랭클린을 정중함을 갖춰서 즐겁게 해주었던,
극히 보기 드문 사건이 일어나기 몇 주 전이었다). 프랭클린은 회의론자였지만 유
령에 관심이 있었고, 미국 출판물에 유령에 대한 글을 싣기도 했다. 그의 적이 힌
턴 앰프너의 소유주와 사실은 한 발자국 떨어져 있었으며 그의 친구들이 힌턴 앰
프너의 세입자들과 불과 한 발자국 떨어져 있었다는 사실은 흥미롭다. 하지만 아
쉽게도 그가 이 이야기를 들었다는 증거는 어디에도 없다.

12   사실 엑소시즘 의식은 1604년 이래로 영국성공회교회법에 따라 명백하게 금기시
되었다. 제72조는 모든 목사는 "과사용 혹은 가식으로라도 악마 혹은 악마들을
쫓아내는 시도를 해서는 아니 된다"고 명시하고 있다.

13   성 아사프 주교는 보스턴 티파티 사건 이후 식민지에 가해진 처벌적 조치를 개탄
한 몇 안 되는 하원의원 중 한 명이었다. 그는 리케츠 가의 유령에 대해 들었을 수
도 있다. 북아메리카 혁명을 지지한 대가로 그는 캔터베리 대주교 직위를 박탈당
했다고 한다. 벤저민 프랭클린은 힌턴에서 멀지 않은 그의 집에 머물렀으며, 그곳
에서 자서전의 일부를 썼다.

14   메리 리케츠의 남편은 1799년, 62세의 나이로 자메이카에서 사망했기 때문에 그
녀는 오랜 시간을 홀로 지냈다. 그녀는 1828년 배스에서 생을 마감했다. 그녀는 자
신의 아들딸과 가깝게 지낸 것으로 보이며, 딸에게 집을 물려주고 종종 그곳에 머
물렀다.

15   메리는 이 이야기에 등장하는 거의 모든 인물이 그랬던 것처럼, 레그와 스타웰 경
을 혼란시켰다. 레그는 결국 다트머스 경이 되지 못했지만, 그의 남동생이 대신 그
자리에 올랐다. 두 형제는 하인들의 신임을 잃었으며, 지역 주민 사이에서 평판도
좋지 않았던 것이 분명하다.

16   프랜시스 윌리엄스 윈, 『귀부인의 일기Diaries of a Lady of Quality』, 1864.

17   유령과 관련된 것은 고사하고, 이 시기의 꿈에 대한 자세한 기록도 찾기 힘들다.

18   이것은 몇 년 후 메리가 작성한 기록으로 보이며, 그녀는 아들 에드워드 저비스를
증인으로 내세웠다.

19   두개골은 결국 찾을 수 없었지만, 해리 프라이스는 그의 책에서 판촉 효과를 노리
는 작가의 기량을 발휘하여 이 이야기의 제목을 "힌턴 앰프너의 해골"이라고 붙인
다. 하지만 이는 이야기에 관한 또 하나의 미끼로 보인다. 그것이 존재했다는 어떠
한 증거도 찾을 수 없기 때문이다.

20 휴 목사는 이 이야기와 또 다른 연결고리를 지니고 있었다. 그는 컴벌랜드 공작이 젊었을 때 그의 과외 교사였고 그의 어핑턴 교구와 힌턴 앰프너의 일부는 윈체스터의 성 스위던 수도원 소유였다.

21 그녀는 또한 『월터 스콧의 편지와 회상Letters and Recollections of Sir Walter Scott』의 저자였으며, 이 책은 그녀가 죽은 후 1904년에 출판되었다.

22 실제 있었던 일은 연로한 성직자가 단순히 이 주제가 아내와 아이들에게 적절하지 않다고 느꼈던 것일 수 있다. 상류층 사이의 성적 부적절성을 가리키는 지표이자 상층과 하층 간 장벽의 붕괴를 나타내는 것으로서, 빅토리아인들이 즐겼을 주제는 아니었다.

23 두 형제가 비밀리에 결혼한 일은 조지 3세로 하여금 이듬해인 1772년, 국혼법을 통과시키게 했다. 이 법은 최근에 윌리엄 왕자에게서 태어난 장녀가 여왕직을 승계할 수 있도록 개정되었다.

24 힐즈버러는 당시 미국 장관이었고, 실상 미국 총독이라고 할 수 있었다. 수년간 그에게는 왕을 제외한 그 누구보다도 큰 권력이 주어졌기 때문이다. 벤저민 프랭클린의 조언에도 불구하고 처음 영국군을 파견한 사람도 힐즈버러였고, 프랭클린에게 놀라울 정도로 고압적인 자세를 취해 역사상 가장 지독한 반목을 낳은 것도 그였다. 미국 역사학자 힐러 조벨은 그에 대해 다음과 같이 말했다. "한 남자가 미국 국민성을 상실하는 그 희박한 가능성 덕분에 힐즈버러는 미국 장관직을 보전할 수 있었다."

25 믿기 힘들지만, 문서로 분명하게 기록되어 있다. 이 기록은 검증만 가능하다면, 최초의 천연두 접종이 그동안 알려진 도싯의 옛민스터보다 1년 앞서 햄프셔에서 이루어졌다는 것을 뜻하게 된다. 어쨌든 그들은 실제로 가축 떼를 키우고 있었다. 1773년 5월 12일, 호들리는 다음과 같이 적었다. "우리는 당신의 귀여운 꼬마 소년을 다행스럽게도 접종시키게 되어 기쁘기 그지없습니다. 제 아이도 차라리 그와 같은 예방접종을 맞힐 수 있다면 좋을 텐데요. 제 딸은 건강 상태에도 불구하고 즐겁게 잘 지내고 있습니다. 비록 제가 해외로 데려가지도 않고 방문객들과도 격리시켜 다소 상심한 것 같긴 하지만 말입니다. (…) 지금 이곳에서는 모두가 다른 전염병만큼이나 백일해에 감염되는 것을 두려워하고 있습니다." 하지만, 간단히 설명하자면 이 '접종'이라는 것은 평범한 질병 벡터를 통해 자연스럽게 면역력이 생기는 과정이었다.

26 그녀의 마지막 직계 후손 중 장남은 당시 항정신병 약을 복용 중이었고, 2001년, 스무 살의 젊은 나이에 아버지의 엽총으로 자살한다. 그의 백작 지위는 메리 리케츠를 승계한 친척의 8촌에게 귀속된다. 가장 오래된 스코틀랜드 귀족 지위 중 하나다.

27 그는 HMS 말버러 선상에서 반란을 저지한다. 그는 1797년 11월, 반란군의 선박을 둘러싸도록 군함에 명령을 내렸고, 필요할 경우 포격을 가해도 좋다고 허용했다. 반란군들이 직접 자신들의 우두머리를 처형하도록 한 후, 저비스는 그의 장교들에게 "원칙대로 다스렸다"고 말했다고 한다.

28 피사Pisa, 1771년 11월 18일. 영국 국립도서관 소장.

5장

1   최근 일부 학자는 이날이 사실 1666년이었던 것으로 보고 있다.

2   그는 플리머스 출신의 청교도는 아니었다. 정확히 이 시기와 일치하는 새뮤얼 피프스의 일기에 적힌 기록을 살펴보자. 1665년 9월부터 11월까지, 피프스는 글랜빌의 런던 자택에 여러 번 묵었고, 그곳에서 성적 파트너 중 한명인 페닝턴 부인을 만나서 고급의 복고풍 벽난롯가에 앉아 술을 마시고 추파를 던지며 흥청거렸다.

3   모임은 1651년부터 이미 친구였던 그녀의 사서인 세라 베넷이 지켜보는 가운데 열린 것이 분명하다. 베넷은 1656년 그녀와 프랑스로 여행을 떠났고, 그곳에서 레이디 콘웨이는 두통이 극심한 나머지 마취제를 쓰지 않고 두개골을 톱질해 여는 방법을 진지하게 고민하고 있었다. 미스 베넷에 대해 더 알려진 바가 있었다면 좋았을 것이다.

4   코튼 매더에게 심오한 영향을 미쳤던 것이 주된 이유였고, 재판에도 추진력으로 작용했다. 매더의 『보이지 않는 세계의 불가사의Wonders of the Invisible World』는 이 책과 책에 나오는 신념을 근간으로 하고 있다.

5   일기 작가 존 에벌린은 1666년 레이디 콘웨이가 유년기를 보낸 집이 "굉장히 우아한 가로수 길을 마주 보고 서 있다"고 묘사했다. 그녀가 알고 있던 자코비언의 건물 원형은 렌이 설계한 부속 건물과 증축 건물 안에 그대로 남아 있다. 저택은 현재 웨일스 공주 다이애나와 가장 관련되어 있으며, 드레스를 전시하고 보물찾기를 중시하는 전통으로 인해, 켄싱턴 궁전은 최근에 저택의 진짜 상속인 앤 콘웨이에게는 즐길 수 있는 시간이 많지 않았다. 앤 콘웨이 사후인 1690년 출판된 책 *Principia Philosophiae Antiquissimae et Recentissimae*는 철학자 라이프니츠에게 많은 영향을 미쳤다. 이 책을 저술할 당시, 궁전의 웹사이트에 '당신이 가장 좋아하는 공주에게 투표하기'는 있었지만, 안타깝게도 '가장 좋아하는 신정론이나 단자론 옹호자에게 투표하기'는 없었다.

6   이 편두통이 얼마나 심신을 약화시켰는지 보여주는 일화로, 1658년 그녀의 남편은 다음과 같이 적었다. "지난주 일요일은 그녀가 자신의 방에 갇혀 지낸 지 7주째되는 날이었다. 그녀는 한 발자국을 옮기는 것도 힘들어하며, 침대에 꼼짝없이 누워 있다. 두 명의 부축을 받고 일어났을 때, 그녀는 쓸쓸하고 침울한 표정이었다. 그녀의 한숨과 신음 소리는 가슴속 저 깊은 곳에서 흘러나오는 것 같았기 때문에 나는 그녀의 근처에 가는 것조차 두려웠다."

7   부유한 의사였던 그는 은제 의료기기를 사용했으며, 이것은 그 자신도 몰랐지만, 철제 기기를 사용하는 다른 의사들보다 항균적인 이점이 있었다. 이로 인해 그는 자신의 환자들의 생존율을 높일 수 있었다.

8   궁정 의사였던 그는 제닛 하그리브와 메리 스펜서가 마녀임을 나타내는 신체적 증거가 있는지 검사했다. 대개는 악마적 생명체가 빨도록 가짜 젖꼭지로 사용되는 췌피贅皮였다. 적어도 열 명의 산파와 보조 의사들의 도움으로, 그는 이것들이 제 기능을 하는 젖꼭지라는 개념을 일축했으며 이것으로 일곱 명 중 네 명의 여자가 사면을 받았다. 당시 열 살 난 어린이였던 하그리브는 어머니를 마녀법 위반으로

신고함으로써 법적 선례를 남겼고 곧바로 세일럼의 판사들이 그 뒤를 이었다.

9 래글리 살롱에 가입한 지 얼마 지나지 않아, 글랜빌은 마녀를 다룬 첫 번째 책을 출간했다. 재미있는 아이러니는, 거의 모든 판본이 1666년 런던 대화재로 창고에서 전소되었다는 사실이다.

10 래글리에서 있었던 레이디 콘웨이의 심령 살롱에 대한 소설화된 기록은 J. H. 쇼트하우스가 쓴 빅토리아 시대의 삼류소설 *John Inglesant*(1881)다. 이 소설에서 그녀는 귀가 얇고 미신적이며 '짜증을 잘 내는' 인물로 묘사되어 있다. 현재 이 책은 그동안 잊혔던 그녀의 지적 유산을 재건하기 위한 철학적, 페미니즘적 움직임이 일고 있는 학계의 공분을 사고 있다.

11 이 이야기를 들은 글랜빌은 성경이 단순히 펼쳐진 것이 아니라 관련 페이지가 펼쳐졌다고 덧붙였다. 바로 부정한 혼령들과 관련된, 「마르코복음」 3장이었다는 것이다.

12 이 하얀 리넨을 뒤집어쓴 혼령의 이미지는 내게 다카시 미이케 감독의 독창적인 일본 호러영화 「오디션」(1999)을 강하게 연상시킨다.

13 테드워스 북치기 이야기는 1730년 미국에 다시 등장한다. 공교롭게도, '펜실베이니아 가제트'의 호의 덕분이었다. (메리 리케츠를 도왔던 바로 그 성 아사프 대주교의 친구였던) 벤저민 프랭클린이 썼다고 거의 확실시되는 풍자적인 서신들의 교환에서, 편지를 보낸 사람은 "테드워스 북치기에 비해 시끄러운 정도가 조금도 뒤지지 않는" 유령의 공격을 받은 두 명의 성직자에 대한 이야기를 언급했다. 여관에서 같은 방에 묵었던 성직자들은 침대 한쪽에서 들렸다가 다른 쪽에서 들리는 유령의 북소리에 밤새 잠을 잘 수 없었다.

14 종종 간과되는 사실은 런던에는 미국 식민지로 죄수들을 수송하는 오랜 전통이 남아 있었다는 것이다. 이 전통은 아마 오래 지속되었을 것이며, 좀더 잘 알려진 오스트레일리아행 죄수 호송보다 시기적으로 훨씬 앞선다.

15 마이클 헌터, 『테드워스 북치기에 대한 재조명: 왕정복고기 마녀에 대한 상반된 이야기』(2005) 참조.

16 나는 이 기록을 처음 읽었을 때 딘 라딘의 저서 『의식의 세계The Conscious Universe』(1997)의 서문과 유사하다는 것에 놀랐는데, 그 역시 연구실에서 100년간 계속된 실험 결과 PSI의 존재가 실제로 증명되었으며 1955년 캘리포니아 대학 통계학자 제시카 어츠의 검토가 이를 뒷받침한다는 사실을 회의론자들에게 언제나 설명해야 했다. "아무도 강의를 좋아하지 않기 때문에, 나를 대신해 이 모든 것을 설명해주는 책 한 권을 그들에게 건네준다면 얼마나 좋을까 하고 바랐다. (…) 그리고 이것이 내가 기다리던 바로 그 책이다."

17 내 간절한 바램은 컨트리뮤직 아티스트 콘웨이 트위티가 이 연결고리의 일부라는 사실이 언젠가 밝혀지는 것이다.

18 로버트 보일은 아직 어린 학생이었을 때 직접 이 이야기를 들었다. 그는 교육을 받았던 이튼 칼리지를 뜬 직후 만유 여행을 떠났으며 1644년에는 피렌체에서 갈릴레오를 방문한 후 집으로 오는 길에 제네바에서 머물고 있었다. 부엌 냄비들이 날아다니고 침대보가 찢겨 나가며, 마룻바닥 아래에서 머스킷 총이 일제 사격을 하는 듯한 소음이 들려오는 현상은 상당 부분 힌턴 앰프너 유령을 상기시키는, 꽤 전형

적인 폴터가이스트 유령이었다.

19 앤드루 랭, 『콕 거리와 일반 상식Cock Lane and Common-Sense』, 1894.
20 (레슬리 닐슨이 주역을 맡은 1951년 TV 쇼 「라이트 아웃」의 '란트 박사의 상실된 의지'와 마찬가지로) 나중에 미국 시청자를 위해 각색되었던, 제임스의 초창기 소설인 『미드도스론The Tractate Middoth』과 같은 이야기에는 글랜빌을 연상케 하는 부분이 나온다. 이 책은 도서관에 고서들과 함께 비치되어 있다. 그리고 17세기 마법의 거미 다리 같은 긴박함을 보여주는 이야기 「장미의 정원」과 「물푸레나무」 역시 마찬가지다. 『잃어버린 심장들Lost Hearts』은 근대 래글리와 매우 비슷한 저택을 배경으로 한 이야기로서, 생명을 연장시키기 위해 아이들의 심장을 수집하는 사악한 학자 애브니는 래글리 스타일의 '신플라톤주의' 책을 소유하고 있는 것으로 묘사된다.

6장

1 영국 및 북아메리카 폴터가이스트 사건 중 현현을 위한 초점 인물이 분명히 존재했던 약 200건의 사례에 대한 골드와 코넬의 분석에 의하면 이 초점 인물 중 약 75퍼센트가 여성이었으며 78퍼센트가 20세 미만이었다고 한다.
2 데이비드 파슨스, 『전쟁의 초자연적인 현상들The Supernatural at War』, 『가디언』에서 인용. 1941. 7. 25.
3 나는 나치와 폴터가이스트를 동일시하는 것이 이 단어가 독일에서는 일반적으로 사용되지 않은 하나의 이유가 아니었을까 하는 의문을 멈출 수 없다.

7장

1 그녀의 강제 결혼은 새뮤얼 리처드슨의 소설 『클라리사』의 모티프가 되었다고 전해진다.

8장

1 근대 핼러윈 미학은 모두 이들 장돌뱅이로부터 유래된 것이다. 이들은 대부분 아일랜드 출신이며, 이민 물결을 따라 미국으로 이주할 때 의식도 같이 옮겨 왔다.
2 M. R. 제임스, 『유령 이야기에 대한 견해들Some Remarks on Ghost Stories』, 1929.
3 디포가 이 이야기의 저자라는 것이 통설이며 1790년 이래로 간주되어온 사실이지만, 일각에서는 여전히 의문을 제기한다. 2003년, 조지 스타는 한 학술지에서 디포가 그러한 사실을 썼을 리가 없다고 주장했다. 그는 유령을 믿지 않았다는 단순

한 이유에서였다. 하지만 이는 만성적으로 빚에 허덕이는 작가가 빚쟁이들에게 쫓겼을 때 약간의 돈을 벌기 위해 무엇을 할 준비가 되어 있는지에 대한 가능성을 배제한 것으로 보인다.

4 미세스 빌의 이야기에 대한 여러 궁금증 중 한 가지는 셜록 박사와 왓슨 대위에 대한 언급이다. 결국, 시기적으로 앞섰던 유령소설 없이는 탐정소설도 탄생하지 않았을 것이다. 열렬한 심령론자였던 아서 코넌 도일도 이 사실을 너무나 잘 알고 있었다. 셜록 홈스는 기괴한 사건을 논리적으로 풀어내는 이야기다. 그는 고스트헌터와 너무나 닮아 있다.

5 디포의 묘비는 해크니박물관에서 볼 수 있다.

6 헨리 모어는 밤공기의 축축함이 유령들의 형체가 합쳐져서 만들어지는 데 도움이 된다고 믿었다.

7 이 편지는 존 플램스티드가 보낸 편지의 필사본 형태로 남아 있다.

8 그동안 문헌에서 주목받지 못했던 것으로 보이는, 무명인이 쓴 필사본 메모들이 몇 개 더 있다. 디포와 마찬가지로 반대자였던 그는 자잘한 글씨의 읽기 힘든 필체로 다음과 같이 정체불명의 출처를 인용하며 덧붙였다. "과거에 반대자들이 찰스 2세에 의해 숙청을 당했던 시대에 있었던 이 대화에서 오간 발언에 대해 미세스 빌은 다음과 같이 말했다. '사람들은 다 함께 영접으로 가는 길목에 있는 동안에는 서로를 처형해서는 안 된다.'"

9 사샤 핸들리, 『보이지 않는 세계의 환영Visions of an Unseen World』, 2007.

10 크루소는 다음과 같이 중재하는 것을 부끄럽게 여기지 않았다. "나는 지금 이 순간까지 허깨비, 유령, 또는 좀비와 같은 것들이 실제로 존재하는지 알지 못한다."

11 이와사카 미치코·바르 톨큰, 『귀신과 일본인: 일본의 죽음에 관한 전설을 통한 문화적 경험Ghosts and the Japanese: Cultural Experiences in Japanese Death Legends』, 1994.

12 1980년대 후반 이곳에 나타난 크롭 서클로 유명해진다.

13 하인들이 주인들에게 장난을 친 후 유령의 탓으로 돌리는 시나리오를 암시하는 사건들로는 스톡웰 폴터가이스트, 볼리 목사관 유령, 테드워스 북치기의 유령 출몰 사건을 들 수 있다.

9장

1 그 위에는 최고 수위선에 도달한 지구 기후현상이 자리하고 있었다. 그 이후, 돌턴 미니멈은 태양 활동이 비정상적으로 낮아졌던 15년 동안 지속되었다.

2 "만프레드는 층계에 다다른 이사벨라에게 주의를 빼앗기면서도, 막 움직이기 시작한 그림으로부터 눈을 뗄 수 없었다. 그녀를 따라 몇 계단 오르면서도 계속 뒤쪽의 초상화를 바라보던 그는 그림 속 인물이 액자를 떠나 음울한 기운을 풍기며 마룻바닥에 내려오는 것을 목격했다."

3 그녀는 홀번 가게 주인의 여식이었고, 따라서 20세기 심령 연구가 해리 프라이스

와 비슷한 환경에 태어났을 것이다.

4 가장 최근으로는 『앨비언Albion』(Vintage, 2004)의 저자 피터 애크로이드를 들수 있다.

5 뉴캐슬 부목사 헨리 본은 1725년 "당시 천박한 자들이 가톨릭교 신부를 제외한 누구도 원혼을 달랠 수 없다고 말하는 것을 흔히 볼 수 있었다"고 말했다.

6 "오후 3시의 아홉 가지 레슨과 캐럴의 의식"은 M. R. 제임스가 떠나기 전인 1918년에 도입되었는데, 그는 이 혁신을 탐탁지 않게 여겼던 것으로 보인다. 이 축제는 1880년 E. W. 벤슨이 트루로 성당에서 우연히 만든 것이었다. E. W. 벤슨은 이후 캔터베리 대주교 자리에 올랐으며, 헨리 제임스에게 『나사의 회전』의 씨앗이 될 이야기를 들려준 것도 그였다.

7 휘각의 뒷면에는 'Fur, Flabis, Flebis'라는 글자가 적혀 있었는데, 해석해보면 '오 도둑이여, [이것을] 볼면, 눈물을 흘리게 될 것이다'라는 뜻이다. 제임스는 이 이야기를 위에서 언급한 로버트 번스의 노래에서 차용한 제목보다는 'Fur Flebis'라고 부르곤 했다.

8 길더슬리브와 로지, 1867: '말을 걸거나 가리키게 되는 상대'

9 소년은 몬티 제임스, 혹은 창가에서 유령을 목격한 그의 유년기 자아의 복제품일 수 있다. 비록 이번에 그는 유령의 위치에 서 있었지만 말이다.

10 이 편지의 수신인은 그웬돌린 맥브라이드였다. 그녀와 그가 왕래한 서신은 1958년 『친구에게 쓴 편지들Letters to a Friend』(에드워드 아널드)이라는 이름으로 출간되었다. 이 편지들에서 밝혀진 중요한 사실 중 하나는 M. R. 제임스가 고양이에 무척 관심이 많았으며, 그의 고양이 옵이 의자 대부분을 차지하고 자신은 의자 모서리에 걸터앉아 작업하곤 했다는 사실이다. 제임스의 스토리텔링이 고양이로부터 인간에게 전염되는 기생충 톡소포자충에 감염되었던 것일까? 『뉴 사이언티스트New Scientist』(2011. 8. 27)에 따르면 이 부당한 원생동물이 미치는 영향 중 하나는 TV 드라마 『하우스House M. D.』의 한 에피소드에서 다뤄지기도 했는데, 공포를 '즐겁게' 느끼도록 한다고 한다.

11 마크 본드는 도싯 자연사 및 고고학 학회장(1972~1975)이 된다. 그가 M. R. 제임스의 이야기를 듣곤 했던 저녁을 잊지 못했다는 것은 분명한데, 제임스가 열거한 유령 묘지와 고대 명소들이 그의 마음속에 각인되었을 것이다. 적어도 제임스는 허락했을 것이다.

10장

1 호러스 월폴에서 호러스 맨까지. 1762. 1. 29.

2 흥미롭게도, 파슨스의 입지는 영국문학 연대기 초기에 언급되었다. 『농부 피어스 Piers Plowman』(1362년경)에서 랭글랜드는 '코크슬레인의 클라리스, 셰르슈의 총무Clarice, of cokkeslane, and the clerke of the cherche'에 대해 언급한다.

3 『올드 베일리 소송Old Bailey Proceedings』의 자매출판. 이 정기간행 소논문은

타이번에서 처형된 재소자들의 전기를 소개하고 있다.

4   7장 '엡워스 척도에 들어가며' 참조.

5   더글러스 그랜트, 『콕 거리 유령The Cock Lane Ghost』(St Martin's Press, 1965).

6   폴 챔버스, 『콕 거리 유령: 존슨 박사의 런던 자택에서 일어난 살인, 섹스, 그리고 유령The Cock Lane Ghost: Murder, Sex and Haunting in Dr Johnson's London』(Sutton, 2006).

7   같은 가족 중에서, 이상한 우연으로 힌턴 앰프너를 소유했던 레그스를 가리킴.

8   그리고 맨스필드 경의 저택이 사고로 파괴된다. 우연히도 그는 콕 거리 사건을 맡은 판사였으며 나이턴 조지스의 비셋 대위를 상대로 제기된 소송의 재판장이었다.

11장

1   놀랍게도, 니콜라이의 저택은 현재까지 베를린에 서 있는 몇 채 안 되는 18세기 가정 주택 중 하나다.

2   스카이 TV 프로그램을 제작하는 한 TV 프로듀서는 영국의 공연마술사 데런 브라운에게도 이 특징이 거의 들어맞는다고 말했다.

3   엄밀히 말해서, 그는 생리학과 의학 부문에서 노벨상을 받았다.

4   그는 루이 샤를 브리게(1880~1955)를 재정적으로 후원했는데, 그와 함께 최초의 헬리콥터를 만들기도 했다. 자이로플레인 브리게리셰는 1907년 첫 비행을 했다.

5   그러나 1838년 여름이 끝나갈 무렵, 사업 전체의 의학적 측면이 상실되었으며, 오키 자매가 모든 일을 꾸며냈다는 의혹이 커졌다. 그들이 이슬링턴 그린에 위치한 묵시적인 복음주의교회의 일원이라는 소문이 퍼졌으며 교회의 신자들은 그들의 모국어로 이야기할 수 있었지만, 이 저녁 '쇼'에 참석한 귀족들은 자매의 소녀 같은 경망스러움과 그들의 잘 맞춰진 무릎 위에서 잠드는 것에 매혹되는 것 같았다.

6   막스 데소이어는 『요술의 심리학The Psychology of Legerdemain』에서 교육 수준이 높은 수사관일수록 쉽게 속는 경향이 있다는 의견을 피력했다. "무지한 사람일수록 교양 있는 사람보다 속이기 어렵다. 전자는 틈날 때마다 자신의 지성에 대한 자인된 불신을 보이며, 그를 속이려는 시도가 아닌지 불신하고, 이에 대해 전력으로 맞서지만, 후자는 환상에 대한 별다른 저항 없이 항복하는 경향을 보인다. 그의 목적은 처음부터 속아 넘어가는 것이었으므로."

7   취리히의 신경학자 페터 브루거의 연구를 비롯한 여러 연구는 도파민 수치(에테르 남용의 영향)가 높은 사람일수록 초자연 현상을 믿을 확률이 높다고 주장했다. 도파민은 '기분을 좋게 하는' 요소 및 패턴에서 의미를 찾으려는 경향과 관련된 신경 전달 물질이다. 1999년, 모스크바에 위치한 러시아 국립의학연구소에서 진행된 쥐에 대한 연구는 다음과 같은 결론을 내렸다. "암컷 쥐는 수컷에 비해 에테르 증기의 영향을 받아 강화된 행동을 보이기 쉽다." 이와 같은 의미에서, 셜록 홈스가 도파민에 영향을 미치는 코카인 주입을 이용했던 것은 패턴을 볼 줄 아는 그의

능력을 향상시켰을 것이다.

8 앤드루 M. 콜먼, 『전문가 증인으로서 법정에서 증언하기Testifying in Court as an Expert Witness』, 레스터 대학. 최초의 전문가 증인으로 등장했던 노칭의 역할은 현재 미국 황금 시간대에 방영하는 쇼에서 중심적 역할로 자리 잡았다.

9 월터 랜들과 스테퍼니 랜들, "태양풍과 환영: 자기폭풍으로 인해 일어날 수 있는 반응"(Bioelectromagnetics 12, 1991).

10 블랙모어 박사는 BBC 과학 프로그램 「허라이즌」의 게스트로 등장했다. 그녀는 다음과 같이 적었다. "하지만 결국 이 관측 결과들은 상관관계 그 이상은 아니다. 그것들은 측두엽의 신경활동이 심령 경험을 유발한다는 것을, 혹은 심령 경험의 효과라는 것을 입증하지 않는다. 누락된 것은 뇌의 이 부분에서 특정 뉴런의 발화에 의해 특정 경험이 생겨날 수 있음을 직접 시연으로 증명해 보이는 것이다." 놀랍게도, 이것은 머지않아 MIT의 에드 보이든 교수의 연구에 의해 기술적으로 가능해질 것이다. 그의 합성 신경생물학 연구진은 프로그래밍 된 바이러스를 이용해 실제 두뇌 뉴런에 조류藻類 단백질을 찍어내는 데 성공했는데, 이 뉴런들은 광원을 이용해 개별적으로 점화될 수 있다. 다시 말해서, 그는 마치 전등처럼 뇌의 일부를 껐다 켰다 할 수 있다.

11 이 문구는 T. S. 엘리엇에게 영감을 주었다. "항상 당신 곁에서 걷고 있는 제3자는 누구인가/ 내가 세어보아도 당신과 나 둘뿐이네/ 하지만 흰 도로 위를 쳐다보면/ 그곳에는 언제나 다른 한 명이 걷고 있네."(『황무지』)

12 잠깐 동안의, 제어할 수 없는 수면 발작은 1초의 몇 분의 일에서 10초까지도 지속될 수 있다. 피로에 대한 자연스럽고 생리적인 반응이며, 수용자가 중장비로 작업할 경우 매우 위험할 수 있다.

12장

1 전설에 따르면 그녀의 새틴에 대한 기호와 그녀의 검은 새틴 드레스는 이후 수십 년간 이 원단의 인기를 떨어뜨리는 요인으로 작용했다. 하지만 그녀의 전기 작가 앨버트 보로위츠는 이 이후 수십 년 동안 새틴이 유행했다는 사실을 발견했다. 2년 후 열린 대영박람회에서, 일곱 가지 검은 새틴이 직물상을 거머쥐었다.

2 비록 그는 당시 아홉 살밖에 되지 않았으며 처형을 실제로 보지는 못했지만, 드레스와 사형의 이미지는 토머스 하디를 늘 따라다녔다. 그는 많은 시간이 흐른 후, 노동자의 아내였던 엘리자베스 마사 브라운의 교수형에 대해 다음과 같이 묘사했다. "나는 그녀가 부슬비가 내리는 가운데 높은 곳에 매달린 모습이 얼마나 가녀린 존재로 비쳐졌는지, 그리고 그녀가 공중에서 원을 그리며 돌고 돌 때 몸에 딱붙는 블랙 실크 가운이 어떻게 그녀의 몸매를 드러냈는지 기억한다." 그의 상상력에 의해 드레스 그 자체가 일종의 유령으로 받아들여졌다.

3 그녀는 가장 최근에 『다운턴 수도원』에서 미스 오브라이언으로 구현되었다.

4 그녀는 서덜랜드 공작부인의 시녀였으며 빅토리와 여왕 궁전의 로브스의 정부이기

도 했는데, 이 디테일은 이 특정 유령의 옷감 및 드레스 요소를 부각시켰을 것이다. 『펀치Punch』는 그녀의 의상을 두고 '여자 사형수의 블라우스'라고 불렀다.

5   패트릭 오코너는 그의 돈과 재산을 노렸던 매닝 부인에 의해 민버 플레이스에서 살해되었다. 그 후 그녀는 그의 시체를 부엌 바닥 아래 생석회 안에 묻었다. 그녀가 도주한 후, 경찰의 몽타주에서 그녀는 키가 5피트 7인치로 크고, '통통하며', 오른쪽 뺨에는 목까지 죽 이어진 상처가 나 있다고 묘사됐다.

6   여러모로 그녀의 드레스의 블랙 컬러는 영국인들의 마음속에 매닝이 외국인이라는 사실을 부각시키는 요인으로 작용했다.

7   이 책을 집필할 당시, 포천 극장은 창립 23주년을 맞아 총 9000회 공연, 누적 관객 수 700만 명을 기념하는 행사를 준비하고 있었다.

8   '테드워스 북치기' '미세스 빌 유령' '콕 거리 유령', 힌턴 앰프너 사건 및 서머싯 그리고 찰스 1세의 추밀원이 조사 명령을 내렸던 1634년 마인헤드의 마더 리키스 핼러윈 유령 사건 참조.

9   애커라의 공연들 중 적어도 한 개는 사기로 여겨졌다. 항시 대기 중인 초심리학자 시아란 오키프는 그에게 허구적 캐릭터에 대한 정보를 제공했고, 마침 때맞춰 애커라는 이 허구적 캐릭터에 홀렸다.

10 2005년, 오프컴이 규제 위반 혐의로 쇼를 조사하면서 이 일은 결론에 도달했다. 오프컴의 조사 결과 『모스트 헌티드』는 혐의를 벗을 수 있었다. 프로그램이 "합법적 조사에 해당된다고 일반적으로 받아들여지는 우리의 이해를 넘어서는 높은 수준의 쇼맨십"을 보여주었다는 것이 오프컴의 결론이었다. 따라서 이 프로그램을 자칭 엔터테인먼트 쇼라고 부르게 되었다.

13장

1   개신교들의 유령 관련 미신에서 왜 그토록 홍해가 강력한 힘을 가진 모습으로 나타나는지는 분명하지 않다. 홍해가 갈라지고 사악한 자들이 홍해의 심연으로 떨어지는 이집트로부터의 탈출 이야기 등을 담고 있는 『구약성서』에서 홍해는 뚜렷한 공명을 일으키는 것으로 추정된다.

2   발가락과 손가락 마디를 꺾는 능력은 사기꾼들의 기본적인 특징으로 여겨졌다. 콕 거리 유령을 꾸며낸 범인으로 밝혀진 베티 파슨스 역시 같은 행동으로 비난을 받았다.

3   요즘에 그것은 일반적으로 게일어스코틀랜드 켈트어로 표현된다: Buaidh no bas(승리 또는 사망).

4   무함마드의 생애에 대한 조지 부시 교수의 첫 번째 저서는 이슬람교의 창시자에 대해 호의적이지 않았고, 2004년, 부시 가문에 이슬람을 멸시하는 가풍이 흐르고 있다는 것이 밝혀졌을 때 이 책은 아랍권에서 도화선이 되었다. 미국 국무부는 그가 당시 조지 부시 대통령과는 오촌지간인, 아주 먼 친척이라는 사실을 보도자료에 서둘러 내보내야 했다.

5   콕스 호텔은 이제는 거의 잊힌, 코이누어 다이아몬드의 주인 마하라자 둘립 싱의 두 번째 아내가 쓰던 작업실이었다. 에이다는 1880년대에 인도 통치자와 화려한 결혼을 하기 전까지 이곳의 객실 청소부였다.

6   전해지는 바에 따르면, 그는 프랑스 파리에 위치한 마자스 감옥에 투옥된 후 곧바로 러시아 황제의 대녀代女 사샤와 결혼했던 것으로 보인다. 알렉상드르 뒤마가 그의 신랑 측 들러리였다.

7   홈은 젊은 군인에게 그곳에서 활보하고 있는 유령들에 대해 경고했지만, 분개할 만한 사실은 그의 묘사 중 어떤 것도 기록으로 남지 않았다는 것이다. "탑의 여러 유령에 대해 가장 생생한 언어로" 묘사했던 홈은 린지에게 그가 유령과 곧 직접 대면하게 될 것이라고 말했다. 린지는 후에 홈의 예측이 실현되었으며, 그는 유령이 무엇이었는지에 대해 어떠한 기록도 남기지 않았다고 확인했다.

8   시간이 지난 후 과학 단체 변증법적 학회에서 이 사건을 분석했을 때, 린지 경이 이 사건이 다른 장소에서 일어났다고 말하면서, 그리고 창문 밖에 창틀이 있었는지에 대한 의견이 분분해지면서 사안은 더 복잡해졌다.

9   전기에 대한 발리의 이해는 신비주의에 맞닿아 있었지만, 니콜라 테슬라의 등장 전까지는 타의 추종을 불허했다. 예를 들어, 다음과 같은 기록을 살펴보자. "전기 기술자에게 철선은 전기가 자유롭게 지날 수 있도록 단단한 공기 압력에 뚫린 구멍에 불과하다."

10 피터 러몬트는 『최초의 심령술사The First Psychic』(2005)에서 조정되지 않은 값을 6만 파운드로 추산했다.

11 그의 성공적인 몰번 스파 수水치료법은 찰스 다윈에 대한 영화 「크리에이션」(2009)에서 그가 1851년에 방문하는 부분을 중심으로 대거 등장한다.

12 플로렌스 쿡의 나이에 대한 논란이 일었지만, 심령연구학회는 공문서 대조 후 그녀의 출생 연도를 1856년 6월 3일로 확인했다(Medhurst and Goldney, 62).

13 블랙번의 아내가 죽은 후, 플로렌스의 여동생 케이트와 그들의 어머니는 블랙번과 그의 정신이상 진단을 받은 딸을 돌보기 위해 그의 집으로 이사했다. 이는 한 명 이상의 전기 작가가 주장한 바에 따르면 쿡 가족이 블랙번의 재산을 노리고 범죄 음모를 꾸몄다는 증거다.

14 현재는 모닝턴 테라스로, 캠던에 위치.

15 2년 후인 1876년, 밸럼의 찰스 브라보가 독살된 뒤 사인을 조사하는 과정에서 걸리의 이름이 먼지 위에 쓰였다. 걸리가 훨씬 어린 나이의 플로렌스 브라보와 불법으로 성적인 관계를 맺었다는 사실이 밝혀졌을 때였다. 걸리가 임신한 그녀에게 낙태수술을 시켰다는 사실이 알려진 후 그는 의사협회에서 제명되었다. 찰스 브라보를 독살한 자가 누구인지는 결국 밝혀지지 않았다.

16 체강을 이용한 것은 여성들뿐만이 아니었다. 호주 출신의 강령 영매 찰스 베일리는 1916년 있었던 그르노블 강령회에서 항문에 살아 있는 참새를 몰래 숨겨오기도 했다.

17 알렉스 오언, 『어두운 방The Darkened Room』, 1989.

18 에드먼드 거니(1847~1888)는 SPR의 창립 멤버였으며, 역사상 최초로 전임 심령

연구자가 되었다. 잠시 동안 케임브리지 트리니티 대학 선임연구원으로 있었던 그는, 제자들의 영향을 받아 초자연 현상에 관심을 갖기 시작했던 물리학자 올리버 로지 문하에서 연구했다. 1886년, 그는 '텔레파시를 이용한' 환영에 대한 획기적인 연구 『살아 있는 자들의 환영Phantasms of the Living』의 주요 필자였다. 그는 신경통 치료 목적으로 추측되는 클로로포름의 다량 복용으로 브라이턴 호텔에서 사망했다.

19 성직자의 아들이자 또 한 명의 케임브리지 트리니티 대학 출신이었던 마이어스(1843~1901) 역시 SPR 창립 멤버였다. 일부 자료의 출처에서는 그를 '심령 연구의 아버지'라고 부른다. 윌리엄 제임스는 마이어스가 '찰스 다윈과 다르지 않은 천재성'을 지녔다고 여겼다. 또한 그를 심령학 분야의 선구자로 보는 시각이 늘고 있다.

20 셰이커 가구에는 폴터가이스트의 관심을 끌어당기는 무언가가 있었다.

21 생시몽의 백작 클로드 앙리 드 루브루아(1760~1825)는 유토피아주의적 사회학자였다.

22 테스트가 동전을 묶는 것이 아니라 핸들을 잡도록 하는 방식으로 진행되었을 때, 그녀는 단순하게 핸들 중 하나를 무릎 아래에 놓고 남은 빈손으로 기타를 치거나 종이를 모양대로 오렸다. 크룩스의 검류계 중 하나가 최근에 런던 과학박물관에서 발견되었을 때, 테스트 결과 사람들을 속이는 것은 식은 죽 먹기였다는 것이 밝혀졌다. 손잡이를 양말 속에 넣는 것도 방법 중 하나였다.

14장

1 유령 이야기가 출판되고 몇 년이 지난 후인 1965년 그는 영국 경찰을 옹호하는 책 『법의 방어벽The Thin Blue Line』을 집필했다.

2 영국 국립도서관에 소장된 이 책의 가장자리 여백에는 연필로 다음과 같은 코멘트가 적혀 있다. "65는 13×5의 결과다!"

3 USS 호닛은 오랫동안 유령이 나타났던 역사를 지닌 또 하나의 군함이다.

4 *Many Inventions*, 1893.

5 이것은 세실 드밀의 영화 「여자 조앤Joan the Woman」(1916)에 영감을 불어넣었으며 5세기 후인 1920년, 결국 그녀가 시성諡聖되는 데 한몫을 했다.

6 헬렌 드 베릴, 「"몽스의 천사들"에 대한 조사An Enquiry Concerning "The Angels at Mons"」『심령연구학회저널』, 1915년 12월호.

7 임피리얼 전쟁박물관, '몽스의 천사들', 도표, 24번, 서적 일람표 1256A, 날짜 미상.

8 K. 매클루어, 『천사의 환영과 궁수 이야기Visions of Angels and Tales of Bowmen』, 1994.

9 필자가 우드체스터 대저택에 방문했을 때는 마침 「모스트 헌티드」의 한여름 스페셜 화가 촬영 중이었다. 그때의 경험은 저예산 TV 프로그램 제작과 초청한 관객들을 조심스럽게 결집시키는 희한한 조합이었다. 하지만 이 난센스를 떨쳐버릴 수 있다면, 가장 무시무시한 야외 촬영지였다.

10 그 밖의 그리스 유령을 세 가지 더 들자면, 가엾은 울음 소리를 내는 어린아이 또는 아기 유령인 아오로이, 제대로 장례를 치르지 않아 고통받는 유령 아타포이, 처녀귀신이 된 원혼 아가모이가 있다. 여자 귀신은 남자 귀신보다 한에 사무친 원혼이 많았다.

11 이러한 보고에도 불구하고, 이것은 여전히 고대 그리스 로마 학자들 사이에서 마라톤 전투에 말들이 있었는지에 대한 논란의 주제로 남아 있다.

15장

1 휘턴 공작 필립에 대한 흥미로운 점이 한 가지 더 있다. 그가 왕과 도러시의 오빠 로버트 월폴에 의해 대역죄로 탄핵을 당해 모든 직위를 박탈당하고 재산을 압류 당했던 때는 1729년이었다. 1729년은 도러시가 죽은 해다. 그녀가 자신의 친오빠의 손에 의해 휘턴이 파멸하자 단식으로 자살을 택했다는, 월폴 가문에 내려오는 전설은 진짜였을까?

2 이 아이들 중 한 명인 에드워드는 노리치 학장이 되었다.

3 특히 초자연 현상에 관한 코미디에서 종종 등장하는, 초상화 속 인물의 눈이 방 안에서 당신의 동선을 따라 움직인다는 개념은 G. J. 화이트 멜빌의 단편소설 『노란 가운The Yellow Gown』(1858)에서 유래한 것으로 보인다. 이 이야기의 화자는 그를 지켜보는 그림 속 여인이 일으키는 "이상한 시각적 환상"에 매혹된다.

4 대부분의 출처는 그를 로프터스 대령이라고 기록하고 있지만, 글라디스는 그를 소령이라고 불렀으며 그녀는 결국 그의 친척이었으므로, 나는 그녀의 예를 따르기로 했다.

5 헤밍웨이가 좋아하던 작가이자 조지프 콘래드의 찬사를 받았던, 지금은 잊힌 인물 프레더릭 메리어트는 패트릭 오브라이언이 항해에 대한 책을 집필할 때 많은 영향을 미쳤다. 메리엇 대령(1792~1848)은 『해군소위 후보생 이지Mr Midshipman Easy』와 『새로운 숲의 아이들Children of the New Forest』을 저술했으며 임종을 앞두고 그린 나폴레옹의 스케치는 당시의 시대 상황을 보여주는 가장 잘 알려진 이미지 중 하나가 되었다. 1820년, 메리어트는 범선 '비버'를 지휘했으며, 이 범선은 세인트 헬레나에서의 나폴레옹 서거 소식을 영국에 전하는 역할을 했다. 그 역시 초자연 현상에 대한 글을 썼다. 그의 작품 『유령선The Phantom Ship』(1839)은 바로 『캐리비언의 해적Pirates of the Caribbean』의 원작이다.

6 이것은 실제로 열세 번째 계단 위로 떠다니는 창백하고 반투명한 모형을 보여준다. 많은 사람이 이후 '마리안'의 모습에 대해 내놓은 의견은, 동정녀 마리아의 전형적인 이미지와 닮았다는 것이었다. 이것은 특히 레이디 타운센드가 가톨릭 신자였고 월싱엄 근처에 있던 가장 존경받던 가톨릭 성지 중 한 곳에 특히 관심이 많았던 것을 생각하면 흥미로운 사실이다.

7 톰 러플스, "레넘 홀의 브라운 레이디", nthposition.com, 2009년 1월.

8 레이디 타운센드가 실제로는 앤드르 시라를 고용했으며, 그로 인해 누가 그 이익

을 얻겠는가? '브라운 레이디' 이야기를 첫 장에 수록한 책을 팔기 위해 정교하게 계획된 떠들썩한 선전일 가능성이 더 높아 보인다. 책을 통해 비춰지는 레이디 타운센드는 일각에서 암시하듯 음울한 가톨릭 귀부인이라기보다는 생기가 넘치고 약간은 짓궂은, 젊고 발랄한 여성에 가까운 인물이다. 몬머스 방에 대해 그녀는 자신의 하우스 파티에서 "그해 가장 사랑스러운 데뷔탕트사교계에 첫발을 내딛은 여성"가 이 왕당파를 보기 위해 이 방에서 잠 자기를 희망했다는 이야기를 소개한다. 그녀는 결국 유령을 보지 못했지만, 불과 이틀 후 그곳에서 잠든 한 노부인은 유령을 목격했다.

9   전직 목수였던 사진사 윌리엄 호프(1863~1933) 역시 이와 비슷하게 1920년, 살아있는 사람의 심령사진을 만듦으로써 대단원의 막을 장식했다.

10   염사를 뜻하는 단어 thoughtographs는 이후 nengraphs로 바뀌었다.

11   2007년, 『뉴 사이언티스트』에서 수학자 퍼시 다이아코니스는 모든 절차에 대해 다시 의문을 제기했다. 퍼시는 시리오가 속임수를 쓰는 것을 목격했다고 주장했다. 그러나 이것이 그가 한 모든 일이 속임수라는 결론을 수반하지는 않는다.

16장

1   스미스는 그의 보고서를 받지 못했다.

2   나는 나이턴 조지스(1장 '나의 유령의 집들' 참조)와 다 쓰러져가는 정원 오두막에 대한 비슷한 설명을 기억한다. 나는 한 현지 전문가로부터 이 오래된 집에 정원을 내다보는 창문이 없는 이유는, 제임스의 말을 빌리자면, 집주인이 유령이 분주해지는 "밤중에 눈에 보이는 것들을 좋아하지 않았기 때문"이라는 확신에 찬 말을 들었다. 실제로 그러한 경우, 이 이유 때문에 하인들은 고용주들이 잔디 위에서 차를 마시고 있는 동안에 그들을 빤히 바라볼 수 없었다.

3   그는 포이스터의 재임 당시 벽 위에 적힌 글자들을 좀더 조사하기 위해 돌아왔으나, 그게 다였다. 다시금, 그의 볼리와의 관계는 거의 시작하자마자 끝나버렸다.

4   몇 년 후 이언 그린우드에게 쓴 편지에서, 마리안은 "피셔는 속은 것이다. (…) 그는 내게 돈이 있다고 생각했고, 나도 속은 것은 마찬가지였는데, 나는 그에게 돈이 있을 거라고 생각했기 때문이다"라고 했다.

5   1941년, 마리안이 아내와 사별한 일반이었던 또 한 명의 남자, 데이비스를 속였다는 주장이 제기되었다. 그녀는 섹스를 하면서 절정의 순간에 그의 죽은 아내 트위티의 영혼과 연결된 것처럼 연기했다. 그녀는 6개월 동안 데이비스로부터 돈과 금품을 갈취했다. 그와 헤어진 후 그녀는 아내의 옷을 돌려주었는데, '인형과 같은 모양'으로 비틀린 옷에는 '신비스러운 상징'이 적힌 판지 조각이 들어 있었다. 데이비스는 그녀가 자신에게 저주를 걸고 있다고 느꼈다.(The Widow of Borley, 1992)

6   마리안은 한 시점에 세 명의 입양아 중 두 명을 유기하고 빈센트 오닐 한 명만을 남겨두었다. 이와 비슷하게, 그녀가 잠시 돌봤던 피난민 한 명도 어느 날 아무 예

고도 없이 역으로 걸어가서 런던 행 기차를 타고 떠났다. 오늘은 마리안이 죽은 후에야 볼리 목사관과 어머니와의 관계를 알게 되었으며, 얼마 동안 이 사건에 관한 선구적인 웹사이트를 운영하다가 2004년 이후에는 볼리 목사관 이야기와의 어떠한 관계도 부인하게 되었다.

7   마리안은 그녀의 중혼 사실을 감추기 위해 자신의 본명, 나이, 공문서에 기재된 주소 등을 속이는 지경에까지 이르렀기 때문에, 그녀의 가족 관계에 대한 기록은 분명하지 않다. 1950년대 트레버 홀은 모든 거짓의 엉킨 실타래를 풀려고 시도했으나, 그녀는 볼리 목사관을 떠난 후 입스위치와 렌들셤에서 피셔와 살면서 라이어널 포이스터를 자신의 늙은 아버지로 둔갑시킨 것으로 보인다. 이 두 번째 남편은 첫 번째 남편이 정말 아내의 병약한 부친이라고 믿었을 가능성이 높다.

8   5장 '카인드 오브 아메리카' 참조.

9   이 사항에 대해 조사한 후 둘이 서로 친인척 관계라는 증거를 발견할 수 없었던 계보학자 로버트 배럿에게 감사의 마음을 전한다.

10 엘리스 하우는 황금새벽당이라고 알려진 오컬트 운동에 흥미가 있었던 작가였으며, 그의 그래픽 디자인 기술은 1942년, SOE 위조의 명수 세프턴 델머 휘하에서 영국 정부의 전시 정책의 일환으로 나치 문서를 위조하는 데 핵심적 역할을 했다.

11 프라이스는 후에 헤닝 교구 목사에게 보내는 편지에서 이 외투를 언급했다. "헤닝은 내게 말하기를 이 외투에 대해서는 아는 것이 없으며, 목사관에 걸려 있는 것도 본 적이 없고, 그것이 어떻게 그곳에 '나타났는지'에 대해서도 알 길이 없다고 했다. 게다가, 그가 마을 주민들에게 물어보았지만 코트를 분실했거나 그것에 대해 아는 사람이 아무도 없었다. (…) 이 코트는 내가 발견한 곳에 남겨져 있었다. 내가 목사관에 재임하는 동안, 한 관찰자의 보고에 따르면 그것은 한 주 동안 완전히 시야에서 사라졌다고 한다."(해리 프라이스, 『영국에서 가장 유령이 많이 나타나는 집』) 불행히도, 프라이스가 생각했던 것만큼 집의 보안은 그렇게 철저하지 않았다.

12 로저 글랜빌은 후에 RAF에 입대했으며, 제2차 세계대전 동안 비행 중대장으로 복무했다.

13 유리 대신 목재 삼각형 또는 하트 모양의 포인터로 구성된 점괘판의 형태. 특히 1860년대 미국에서 이 점괘판 열풍이 일었다. 가장 최근에는 영화 「패러노멀 액티비티」에서 사용되었다.

14 프라이스의 지지자들에게도 공정성을 유지하기 위해 덧붙이자면, 벽돌은 이 유일하게 눈에 띈 인부로부터 아주 멀리 떨어져 있기는 했다.

15 1878년 8월 말, 18세의 에스더는 자신이 알고 지내던 남자에게 강간을 당했으며, 이 사건을 빌미로 그녀가 살았던 작은 집에서는 불가사의한 노크 소리, 탕탕 치는 소리, 부스럭거리는 소리 등이 들리기 시작했다. 성직자를 포함한 많은 사람이 집을 방문했으며, 그녀의 침대 위에는 "에스더 콕스, 넌 내가 죽일 거야"라는 글자가 나타났고, 그녀는 발작을 일으키고 몸이 붓기 시작했다.

16 인류학자 에릭 J. 딩월(1890~1986)은 해리 프라이스를 싫어했다. SPR에 대한 지능적인 전투견이었을 뿐만 아니라, 그의 직업적인 생활은 '명예 부副관리관'으로서 영국[박물관] 도서관에서 도서 목록을 만드는 일에 대부분의 시간을 할애했으

며, 특히 그는 성애물의 '개인적인 사례 자료'를 수집하는 일을 담당했다. 도서관에 대한 그의 공헌 중 하나는 "1890년부터 1970년까지 다양한 언어의 성애물 안내서 및 광고문"을 수집한 것이었다.

17 그가 한때 사서로 일했던 영국 국립도서관에서 찾을 수 있다.

18 M. R. 제임스가 유년기를 보낸 그레이트 리버미어는 볼리 목사관에서 겨우 20마일 떨어져 있었다. 동東 앵글리아의 교회에 애정을 갖고 있었던 그는 한 시점에서 볼리 목사관을 방문했던 것이 분명하다.

19 이 원고는 런던 대학의 해리 프라이스 컬렉션에 소장되어 있으며, 심각한 이야기가 전개되지는 않는다. 싱클레어는 오늘날 『데어 윌 비 블러드There Will Be Blood』를 저술한 것으로 가장 잘 알려져 있으며, 이 작품은 2007년 대니얼 데이루이스 주연의 영화로 만들어졌다.

20 "해리 프라이스를 깨어 있게 했던 유령"으로 불린 필사본일 수도, 아닐 수도 있다.

17장

1 그녀를 화장하고 남은 재에 방사성 잔여물이 있는지 검사를 실시한 결과, 마리 퀴리의 사인은 그녀가 연구했던 라듐에 노출되었기 때문이 아니라, 초기 엑스레이 기계에 노출되었기 때문이라는 증거가 발견되었다.

2 수전 힐의 소설을 원작으로 한 영화 「우먼 인 블랙The Woman in Black」(2012)에서 이것의 한 버전을 엿볼 수 있다.

3 기술적으로, 영국에서의 첫 상영은 영국인 선구자 버트 에이커스에 의해 1896년 1월 10일 하이 바넷의 '라이언스다운 포토그래픽 클럽'에서 상영된 것이 시초였다. 그러나 왕립 포토그래픽 협회 주관으로 말버러 홀에서 영사된 것이 최초의 대중 공연이었던 것으로 보인다.

4 "집에 막 들어온 사람들이 빛을 잃고, 먼지를 자양분으로 하며, 진흙을 음식으로 먹는 곳에서/ 그들은 빛을 볼 수 없고 암흑 속에서 살며/ 새의 날개와 같은 옷을 입고/ 문 위에는 먼지가 쌓여 있네." 「이슈타르의 지하세계로의 하강 Ištar's Descent to the Netherworld」, R. 보거 옮김, Babylonisch-assyrische Lesestucke vol. I(Rome, 2006).

5 https://www.youtube.com/watch?v=K4MnFACzKfQ

6 https://www.youtube.com/watch?v=8ZrATNzuksQ

7 에이브러햄 링컨은 워싱턴 D. C.의 포드 극장에서 이 배우가 무대 위에서 공연하는 것을 관람하던 도중에 살해당했다. 링컨은 백악관에 나타나고 멀러의 심령사진에 나타난다고 알려진, 역대 대통령 중 가장 초자연 현상과 관련이 깊은 대통령이다. 링컨은 예언적인 징조들을 믿었고, 거울 속에서 자신의 이중상二重像을 보았으며, 자신의 시체가 안치되어 있는 꿈을 꾸기도 했다. 율리시스 그랜트 장군과 그의 아내 줄리아는 포드 극장에서 대통령과 동행하기로 되어 있었으나, 그날 아침, 그랜트 부인은 워싱턴을 떠나 뉴저지에 있는 집으로 돌아가야 한다는 강한 확신을

느꼈다고 한다. 그랜트는 처음에는 아내의 부탁을 거절했다. 리 장군의 항복을 받은 것이 불과 며칠 전이었고 그날 저녁 그를 환대하는 행사가 열리기로 되어 있었다. 그러나 아내는 계속 고집을 부렸고, 낮 동안에 빨리 워싱턴을 떠날 것을 간청하는 메시지를 보냈다. 율리시스 장군이 링컨과 함께 앉기로 되어 있었던 관람석에서 살인이 일어난 후에야 그도 부스가 살해하려던 희생자 목록에 있었다는 사실이 밝혀졌다.

8 1585년 출판된 그의 저서 『자연 마법Magiae Natralis』에서 그가 제안한 '교감 전보'는 알파벳 글자 주위로 바늘이 흔들리는 형태로서, 전보라기보다는 점괘판에 가까웠을 것이다.

9 그것들은 홀바인의 『죽음의 댄스Dance of Death』에서 영감을 받았다.

10 그는 자신의 프리메이슨 교단도 만들었던 것으로 보인다.

11 헨리 덕스.

12 일부 기록에 따르면 1862년 크리스마스이브에 공연이 있었다고 전해진다.

13 『헤럴드』, 1863년 8월.

14 루시 E. 프랭크, 『19세기 미국 글쓰기와 문화 속에 나타난 죽음Representations of Death in Nineteenth-century US Writing and Culture』, 2007.

15 뢴트겐은 1895년 크룩스 튜브를 이용해 엑스레이를 발견했다.

16 13장 '테이블의 전율' 참조.

17 이 두 단어는 서로 반대되는 의미를 가지고 있으며, 따라서 영화 프랜차이즈 「패러노멀 액티비티」의 이름 역시 완전히 잘못된 것이다. 패러노멀은 아직 등록되지 않은 물리학 법칙에 단지 찬성하는 것이기 때문이다. 초자연 현상은 과학을 거부한다. 악마는 초자연 현상이 아니다.

18 이 사건이 일어나는 동안 뇌가 몰아쳤지만, 그는 꿈쩍하지 않으며 300개 목표물 중에 289개를 맞췄다고 한다.

19 워싱턴 D.C.의 루서 슐츠 목사는 1949년, 라인에게 보낸 편지에서 메릴랜드 집회에 참석한 한 신도의 열세 살 난 아들에 대해 적었다. 가톨릭 신부들이 개입하자 악마의 홀림은 더욱 심해지는 것 같았다. 소년은 신부들 앞에서 자위 행위를 하는가 하면 침대 위에서 외설적으로 몸을 비비 꼬기도 했다. 한번은, 소년의 피부가 페니스를 가리키는 화살표 모양으로 빨갛게 부풀어 오르기도 했다. 슐츠의 기록에 따르면, 정신과 교수는 소년이 '성장하기를 원하지 않는다'는 진단을 내놓기도 했다. 괴현상은 마침내 소리 소문 없이 사라졌다. 라인이 슐츠를 만난 것은 이 모든 사건이 종료된 후였다.

20 테트라페닐포르필린($C_{44}H_{30}N_4$)과 같은 유기물이 비지역적 특성을 보인다는 실험적 증거가 있지만, 어떻게 이러한 영귀한 물리학이 우리의 지각과 교류할 수 있는지 과학적으로 설명하는 일은 아직 요원해 보인다. Philippe Blanchard·G. F. Dell'Antonio, *Multiscale Methods in Quantum Mechanics: Theory and Experiment*, 2004.

21 『사이언스』, 2011. 12.

22 미군과 그 외에 다른 미국 정부기관들이 이러한 패러노멀 스페셜 프로젝트와 공식

적으로 거리를 둔 것은 1995년에 이르러서였다.

23 이 중 일부는 LSD를 포함한 약물의 유행에 따른 영향 아래 이뤄졌다.

24 초심리학에 총구를 겨눈 회의론 중 상당수가 편향된 것은 사실이지만, 설사 그렇다 할지라도, 원하는 모든 데이터를 만들어내는 것은 가능하다. 하지만 이 데이터를 읽을 수 있는 사람이 없다면, 본질적으로 그것은 무의미하다고 봐야 할 것이다.

25 12장 '유령의 저속함에 대하여' 참조.

26 유럽의 초자연심리학자들은 오늘날 의자에서 박차고 일어날 준비가 되어 있다. 당장 생각나는 인물은 시아란 오키프다.

27 www.lessemf.com

28 "사람들은 종종 어떻게 『고스트 버스터즈』를 쓰게 되었느냐고 묻는다"라고 댄 애크로이드는 2009년 그의 아버지의 책 『유령의 역사A History of Ghosts』 서문에 적었다. "진실은 1900년대 초, 우리 가족은 죽은 자가 원하든 원하지 않든 그의 영혼과 접촉하고자 하는 소망에 의해 발생한, 전 세계적인 문화적, 사회적 현상의 일부였다는 사실이다."

29 「매직 랜턴」, 1987. 35밀리미터 유성 영사.

30 유령이 깃든 공예품에 대한 TV 쇼 「웨어하우스 13」에 있지만 않는다면 말이다.

31 SPR은 1998년 스태퍼드셔의 웨스트우드 홀에서 일어난 사건을 조사했다. 이곳의 관리인은 집에 나타나는 유령이라고 여겨지던 레디 프루덴시아 트렌덤에 대해 문서를 작성하고 있었다. 맞춤법 검사기는 'Prudentia'에 밑줄을 긋고, 대안 단어로 '죽은dead' '매장된buried' '지하실cellar' 등을 제시했다.

18장

1 사건이 전환될 때마다 시청자들을 참여토록 한 것은 약삭빠른 조치였다. 온라인 라이브 쇼 시청자들은 불이 흐릿하게 밝혀진 방과 복도에서 몰래카메라를 통해 촬영된 실시간 영상을 보면서 비정상적인 활동이 감지되면 제작 팀에 보고하는 방식의 참여를 장려받았다.

2 그는 언론의 관심을 살피면서, 먼저 딘 장원에, 그다음 볼리 목사관에 적용시켰다.

3 www.thegoldenfleeceyork.co.uk

4 볼리 목사관과 마찬가지였다. 비록 지역 주민들은 밤마다 교회 경내에 끈질기게 드나드는 고스트헌터들에 신물이 나긴 했지만 말이다.

5 이 이야기는 '레이넘 홀의 브라운 레이디'에서 다뤄졌던, 레넘 홀의 메리엇 대령 사건에서 차용한 민담일 것으로 거의 확실시된다. 유령이 출몰한 사건을 빌려와 다른 상황에 끼워 넣는 방식은 유령 이야기가 구전되는 매우 전형적인 방식이며, 그 과정에서 세부 사항들이 언제나 바뀌곤 한다. 이 책 첫 번째 장에서 런던타워의 보초병이 자기를 향해 다가오는 유령을 총검으로 찔렀던 이야기를 참조할 것.

6 1924년 12월 고스트헌터 엘리엇 오도넬이 자신의 책 『이롭고 해로운 유령들 Ghosts Helpful and Harmful』(1924)을 위해 조작함.

7   *A Ragged Schooling*, Fontana, 1979.

8   멜로즈 수도원은 월터 스콧 경이 심취해 있던 장소였다. 이곳의 유령이 나타나는 침실 이야기는 최초의 근대 유령 이야기다. 로버트 브루스의 심장과 주술사 마이클 스코트의 시체가 이 수도원에 묻혀 있다. 미카엘 스코트는 일종의 켈트족 존 디였는데, 그는 혼령을 불러내 프랑스와 스페인 왕궁에서 음식을 가져오라고 명령했으며, 단테와 보카치오가 그에 대해 기술한 바 있다. 1200년이 지난 후, 수도원은 여전히 기이한 현상과 관련이 있었다. 일단 건물에 유령이 깃들면, 그 유령은 영원히 그곳에 나타나는 것으로 보인다.

9   *Haunted England: A Survey of English Ghost Lore*, 1941.

10 그것은 창문에 기대고 있는 빨간 머리의 창백한 여인이었으며, "내게 그녀의 몸은 물질이라기보다는 두꺼운 구름처럼 보였다".

11 *Memoirs of Lady Fanshawe*, 1830.

12 그녀의 유령은 블리킹 홀, 히버 성, 체셔의 볼린 홀, 에식스 샐의 교회 등 여러 전원주택과 관련이 있었다. 정의 실현에 대한 그녀의 탄원은 램버스 궁전에 있는 캔터베리 대주교의 저택 지하 저장고에서 들을 수 있었으며, 그녀는 강을 따라 런던 타워로 향하는 마지막 여정에서 템스 강 위에 유령보트를 타고 나타나기도 했다.

13 비록 목 없는 유령은 유럽 전역에서 전래되는 이야기이며 영국의 일부 색슨족 공동묘지에서는 시체들이 무덤에서 일어나는 것을 막기 위해 목을 자른 증거를 찾을 수 있지만, 목 없는 유령들에 대한 이야기는 앤 불린의 이야기보다 시기적으로 크게 앞서지 않는다.

14 햄릿을 연기해 이름을 떨친 18세기 배우 데이비드 개릭은 자신이 쓸 기계 가발을 만들었는데, 이 가발의 금속 머리카락은 그가 깜짝 놀라면 때맞춰 곤두서곤 했다.

15 4장 '지독하게 귀신 들렸던 집' 참조.

16 크리스마스를 얼마 남기지 않은 시점에서, 그녀가 죽은 후 불과 6주가 지났을 때, "방 안과 침대 주변에는 노크 소리와 소음이 들렸는데 마치 소 떼가 지나간 것처럼 사라졌다". 그다음, 마더 리키의 유령들이 완전한 모습으로 하나씩 나타났는데, 유령은 블랙 드레스와 흰 스토마커가슴과 아랫배에 걸쳐 가운의 앞쪽 중심에 덧대는 역삼각형의 장식물를 입고 있었다. 우리가 천국에서 왔는지 지옥에서 왔는지 물었을 때, 그녀는 탄식을 내뱉고는 사라졌다.

17 만약 꼬마 조지나가 오즈번 하우스를 방문했다면, 앨버트 왕자는 여전히 살아있었을 것이다. 가장 그럴듯한 상황은 여왕의 일행이 영국 극장을 탐방하던 중 한 곳에 방문했을 때, 그녀가 여왕 앞에서 퍼포먼스를 보였고, 언제나 자신을 선전하는 것에 관심이 많았던 그녀의 아버지가 이 시계를 스스로 만들어낸 것이라고 추정된다.

18 많은 사람이 생각하는 것과 달리, 이를테면, M. R. 제임스에게 친숙했던 유럽 지역인 스칸디나비아와 발트해 국가들에 비해 영국에는 아동 유령에 대한 기록이 별로 없다.

19 점괘판은 원래 어린이용 보드게임판으로 판매되었다. 윌리엄 풀드는 '플레이어의 불수의근不隨意筋 또는 다른 작용에 의한' 제품으로 특허를 받았다.

20 헤이 박사는 영국 의학 잡지 『랜싯』 지에 글을 쓰면서 고서에 숨어 있는 곰팡이의
    환각 유발 특성에 대한 논문을 작성했다. 그는 영국의 선구적인 균류학자이자 가
    이 병원의 피부과 교수다.
21 강신교회가 후디니의 죽음을 기획했다는 다소 히스테릭한 주장이 후에 제기되었다.

A NATURAL
HISTORY OF
GHOSTS

번역 제안이 들어왔을 때, 처음에는 다소 망설여졌다. 유령에 관한 영화를 보고 나면 밤에 집 안의 어둠이 깔린 구석진 곳은 쳐다보지 못할 정도로 무서운 이야기를 싫어하기 때문이다. 하지만 이 책은 공포심을 일으키기 위한 것이 아니다. 어렸을 때부터 유령에 관심이 많았던 저자가 당대를 뒤흔들었던 유령 일화를 소개하며 유령을 둘러싼 역사를 사실적으로 다루고 있는, 독특한 매력을 가진 책이다.

우리에게 유령이란 처녀귀신의 이미지로 주로 연상되지만, 2장에서 소개하듯이 사실 유령의 범주는 다양하다. 대자연의 정령, 시끄러운 소리와 움직이는 물체 등으로 나타나는 폴터가이스트, 절체절명의 위기에 빠진 가까운 지인을 목격하는 현상, 역사적 장소가 과거의 한 시점으로 되돌아간 듯이 보이는 타임슬립, 죽은 자의 혼령뿐 아니라 살아 있는 사람들의 혼까지. 그 종류가 다양한 유령은 역사 기록에서도 찾아볼 수 있듯이 늘 우리 곁에 존재해왔다.

누구나 한 번쯤은 꿈에 돌아가신 부모 형제가 나타난다든지, 조상의 제사를 지낼 때 영혼이 잠시 와 계신 것을 목격했다든지, 가위에

눌렀을 때 유령을 보았다든지 하는 경험담을 들어본 적이 있을 것이다. 유년기에 알게 된 유령 이야기는 우리가 성인이 되어서도 생명력을 가진 채 부활한다. 가족이 아닌 친구 또는 직장 동료들과 밤을 보낼 때 단골 화제가 되기도 하는 유령 이야기는 함께 있는 사람들 간의 유대를 돈독하게 하는 데도 한몫한다. 겉으로는 유령을 미신으로 치부하던 사람들이 유령에 대한 이야기를 털어놓을 때, 우리는 서로 감추고 있던 비밀을 공유했다는 생각에 내심 기뻐진다. 과학적으로 설명이 불가능한 으스스한 현상에 맞서기 위해 자신도 모르게 물리적으로나 심리적으로나 상대방과의 거리를 좁히게 되는 것은 아닐까?

유령이 자주 출몰했던 집에서 한 가문이 고통을 받았던 오래된 유령의 집 일화들이 과학기술이 눈부시게 발전한 현대에 이르러서도 먼지 쌓인 케케묵은 이야기로만 들리지 않는 것은 유령 목격담이 여전히 보고되고 있기 때문이다. 인터넷이나 텔레비전이 없던 시절, 주인가족과 하인들이 살았던 대저택은 외부로부터 고립된 환경이었다. 그곳에서 정체를 알 수 없는 이상한 소리와 폴터가이스트 현상들이 당시로서는 얼마나 큰일이었을지 짐작해볼 수 있다. 그래서 더더욱, 기현상에 맞서 의연하게 대처하려고 노력했던 책 속 인물들의 모습은 인상적이다.

책 중반에 소개되는 교령회(혹은 강령회)는 한국의 굿판을 연상시킨다. 교령회는 영매를 통해 영혼과 조우하고 신비한 현상을 체험하기를 원했던 사람들의 모임으로서, 비록 오락의 성격이 있었다 하더라도 과학문명이 발달하고 산업혁명이 일어난 뒤에도 이러한 비밀집회가 유행처럼 번졌다는 것은 주목할 만하다.

사람들은 인간의 능력을 벗어난 초자연적인 존재를 믿고 싶어하는 경향이 있다. 이것은 누구도 피해갈 수 없는 죽음과도 깊은 관련이 있다. 사랑하는 사람과 사별했을 때 영혼이나마 다시 만나고 싶어 심령술을 찾게 되기도 하지만, 그렇게 만나게 되는 영혼은 그 사람을 잊지 못하는 자신의 강렬한 정신적 에너지의 구현인지도 모른다. 또는 인간의 한계를 벗어난 상황에 처했을 때, 초자연적인 힘에 기대고 싶은 마음에 유령의 존재를 믿게 되는 것일 수도 있다.

저자가 말하듯, 이제 논점은 "과연 유령은 존재하는가?"에서 벗어났다고 봐도 좋을 것이다. 사람들은 역사적으로 유령을 어떻게 인식하고 대처해왔을까? 그리고 유령에 대한 조사와 연구는 어디까지 진행되었을까? 이 문제에 대해 저자는 마치 자신의 궁금증을 스스로 해결하려는 듯이, 광범위한 역사적 문헌 자료를 파헤치며 열정적인 조사를 마쳤다. 유령의 긴 역사에 대해 궁금한 독자 여러분께, 이 책은 시대를 뛰어넘어 인간과 함께해온 다채로운 유령 현상의 실상을 흥미롭게 전해줄 것이다.

A NATURAL
HISTORY OF
GHOSTS

유령의
자연사

초판인쇄 2017년 10월 27일
초판발행 2017년 11월 3일

지은이 로저 클라크
옮긴이 김빛나
펴낸이 강성민
편집장 이은혜
편집 이두루 박은아 곽우정 김지수 이은경
편집보조 임채원
마케팅 이연실 이숙재 정현민
홍보 김희숙 김상만 이천희
독자모니터링 황치영

펴낸곳 (주)글항아리 | 출판등록 2009년 1월 19일 제406-2009-000002호

주소 10881 경기도 파주시 회동길 210
전자우편 bookpot@hanmail.net
전화번호 031-955-8891(마케팅) 031-955-1936(편집부)
팩스 031-955-2557

ISBN 978-89-6735-454-1 03900

글항아리는 (주)문학동네의 계열사입니다.

이 도서의 국립중앙도서관 출판예정도서목록(CIP)은 서지정보유통지원시스템 홈페이지(http://seoji.nl.go.kr)와 국가자료공동목록시스템(http://www.nl.go.kr/kolisnet)에서 이용하실 수 있습니다. (CIP제어번호 : CIP2017026509)